高占祥简介

1935年生人。曾任团中央书记处书记、河北省委副书记、文化部常务副部长、中国文联党组书记兼常务副主席、全国政协常委。现任中华文化促进会主席、中国名人工委主席、文化部艺术评论委员会主任。先后出版了诗集、歌词集、论文集、书法集、绘画集、摄影集等著作八十余部。荣获“五个一工程”奖、中国图书奖、艺术成就奖、“中国最有社会责任感的作家”、“世界桂冠诗人”等数十个奖项。

王青青简介

1978年生人。北京大学信息管理系毕业，美国威斯康星大学麦迪逊分校新闻和大众传媒硕士。现为高占祥文化工作室副主任。参与创建北京大学中国图书馆学、编辑学发展基金，北京大学陈岱孙经济学基金，任常务理事。曾与人编著《商战论》、《中国藏书楼》、《中华人民共和国五十年成就事典》等图书。与高占祥合著的《道德力》一书荣获中宣部、新闻出版总署评选的第三届优秀通俗理论读物。

信仰力

国家出版基金项目
NATIONAL PUBLICATION FOUNDATION

高占祥　王青青 ◎著

北京大学出版社
PEKING UNIVERSITY PRESS

图书在版编目(CIP)数据

信仰力/高占祥,王青青著. —北京:北京大学出版社,2012.8
(文化力丛书)
ISBN 978-7-301-21085-7

Ⅰ.信… Ⅱ.①高… ②王… Ⅲ.信仰-研究-中国 Ⅳ.①B933

中国版本图书馆CIP数据核字(2012)第186399号

书　　名:信仰力
著作责任者:高占祥　王青青　著
责 任 编 辑:魏冬峰
标 准 书 号:ISBN 978-7-301-21085-7/G·3476
出 版 发 行:北京大学出版社
地　　址:北京市海淀区成府路205号　100871
网　　址:http://www.pup.cn
电　　话:邮购部 62752015　发行部 62750672　编辑部 62752824
　　　　　出版部 62754962
电 子 邮 箱:zpup@pup.pku.edu.cn
印　刷　者:北京大学印刷厂
经　销　者:新华书店
　　　　　730毫米×980毫米　16开本　20.75印张　293千字
　　　　　2012年8月第1版　2013年8月第2次印刷
定　　价:42.00元

目　录

CONTENTS

绪　论

信仰的力量

一

信仰源于古印度的梵语श्रद्धा s/raddha,唐代佛书《法苑珠林》将其译为“信仰”。佛教强调,在修行伊始,便要建立起坚定不可动摇的信心。《现代汉语词典》将信仰解释为“对某种主张、主义、宗教或某人极度相信和尊敬,拿来作为自己行动的指南或榜样”。

人生一般有三个层次:一是物质生活;二是精神生活;三是灵魂生活。信仰是人类的一种精神寄托,是通过内在的确定而选择的一种人生观、价值观和世界观,是人类对社会和人生终极目标的追求。它指引或潜移默化地影响着人的思维方式与行为方式。它可以是某种主义、某种真理,也可以是神,还可以是某种信念。

根据信仰的性质和作用,可将其分为向善的信仰和向恶的信仰,积极的信仰和消极的信仰:所谓向善的信仰,应该是与人类的本性相一致,具有平实性、具体化的,并对人的行为产生指引作用;向恶的信仰,是指违背人的本性,对人的思想与行为产生误导作用的信仰;积极的信仰反映了大多数人的心理要求,符合大多数人的合理愿望,能营造一种健康向上的心态,催人奋进,并对经济发展和社会进步起推动作用；而消极的信仰则充斥着反社会、反科学、反人性的内容，会诱人堕落、避世，阻碍社会发展。

根据信仰的对象，可分为宗教信仰、道德信仰、政治信仰。

宗教信仰是人类社会发展到一定水平出现的一种社会意识形态和社会文化历史现象，是人类文明有史以来最普遍、最广泛的信仰。它从原始的自然崇拜、巫术等异化而来，相信在现实世界之外存在着超自然、超人间的神秘力量，主宰着自然和社会的进程，决定着人世的命运及祸福，从而使人产生敬畏和崇拜。宗教信仰为信徒提供符合社会需要的世界观、人生观、道德观，规范人们的思想、言论和行为，满足了人们对信仰的需要，维护了社会的秩序。

道德信仰是对某种道德理想目标及道德价值体系的确认和笃信，是对理想人格的设定，是对道德的终极关怀。道德信仰是道德的精神本体，它设定道德原则和规范，为个人的道德修养和社会道德教育提供精神动力。道德信仰是人的行为选择的价值标准，指导人们向善的方向发展。

道德信仰也包括职业信仰，即一个人非常明确自己未来的职业方向或曰终极目标。只有认真做好每一件工作，才能实现最终的职业目标，这样，他就会把一件看似平凡的工作做得颇有兴趣，且会有创造力。

所谓政治信仰，就是一个阶级、集团或个人的社会政治的价值取向，表现为对一系列政治观念包括政治理想、目标、纲领、路线、方针、政策、方法、作风等的坚信。政治信仰建构着人类社会的理想形式，以及该阶级、集团或个人的政治确定性。千千万万个中国共产党人舍小我为天下，用鲜血和生命维护信仰。红十军团军政委员会主席方志敏被捕时，除了一块手表和一支钢笔，只有两个铜板。敌人无法相信，这位共产党的“大官”竟如此穷酸！他在狱中用劝降的纸笔写下《可爱的中国》后壮烈牺牲。曾任中共领导人的瞿秋白坚贞不屈，誓死捍卫比生命更值得珍视的信仰，他是唱着自己翻译的《国际歌》从容就义的。中国共产党从1921年建党到1949年建立新中国，28年的腥风血雨中，有名可查的英烈竟达370万之多。共产党人的“砍头不要紧，只要主义真”的生命绝唱激励、感动着一代又一代中国人。

由于人的信仰具有多面性，我们不能要求人们只拥有一种相同的信仰。正如哲学家汤一介先生指出的那样：“我认为只要有益于造福人类社会生活，引导人们向善的信仰，都应受到尊重，不应用政治权力干涉‘信仰自由’，因为这些有益于人类社会生活的信仰往往和他们的‘理想’有关。”

二

胡锦涛同志指出：“理想信念，是一个政党治国理政的旗帜，是一个民族奋力前行的向导。”梁启超也说：“信仰是神圣，信仰在一个人为一个人的元气，在一个社会为一个社会的元气。”

信仰是一种来自灵魂深处的道德力量，是一个民族和社会的灵魂所系，也是一个民族和社会得以生存与发展的精神支撑。

汶川大地震发生后，温家宝同志来到北川中学临时学校，看望在地震中幸存下来的师生，并在黑板上写下“多难兴邦”四个字勉励师生们。他说：“地震刚刚发生时，我曾经要求大家要镇定，要有信心、勇气和力量。现在，我希望大家要面向光明的未来，昂起倔犟的头颅，挺起不屈的脊梁，燃起那颗炽热的心，向前，向光明的未来前行。”

“多难兴邦”乃中国古训，是历史经验的总结，也是中华民族的写照。生活在这块多灾多难的土地上，我们的先人同各种严酷的考验相生相伴。什么水灾、旱灾、雪灾、蝗灾、瘟疫、火灾、地质灾害，都一再袭击中华大地。但是大灾大难是一笔特殊的精神财富，只会使我们的人民愈挫愈奋。从治河而兴的黄河文明，到近现代中国的浴血重生，中华儿女一次次团结起来，凭借坚定的信仰、百折不挠的毅力、遇险弥坚的勇气、克服困难的智慧与能力，创造了无数惊天地、泣鬼神的英雄业绩，谱写了辉煌灿烂、震古烁今的中华历史。

多难兴邦，多难可以砺民。1949 年 10 月，崭新的中华人民共和国诞生了。然而，仅过了半年多时间，朝鲜半岛爆发战争。毛泽东决定出兵与朝鲜共同作战。“抗美援朝”战争是个转折点，它的意义远不是保护邻邦那么简单，而是事关历经百余年磨难之后重建的国家尊严。三年后，中国在势均力敌的情况下结束了战争。这是一项值得瞩目的成就，美国——这一世界上最为强大的军事力量，曾横扫德国和日本，如今却和中国打了个平手。正是中国人民的勇敢与坚毅，才赢得了这场战争。当然胜利也付出了巨大的代价，据统计，有十七万多中国人牺牲，包括毛泽东的亲生儿子毛岸英。《朝鲜停战协定》是中国百年近代史上第一份平等的停战协定，镌刻着中华民族的尊严与骄傲。

祖国，像一座丰碑，凝聚着中国人的信仰；像一面旗帜，指引着中华民族从远古走向现代，从贫穷落后走向繁荣昌盛；祖国，像一束阳光，照耀着每一个炎黄子孙，温暖着每一位华夏儿女的心。

“国家的尊严比个人命运更有价值。”邓小平说过，中国人要有自信心、自尊心，要懂得珍惜自己民族的独立。特别是像我们这样第三世界的发展中国家，没有民族自尊心，不珍惜自己民族的独立，国家是立不起来的。中华民族的坚定信仰，中国人强劲的生命力、创造力、凝聚力，从根本上决定着我们的国家能否在激烈的全球竞争中始终立于不败之地。信仰的力量是中华民族伟大复兴的强有力支撑。

三

信仰是人生的目标、意志和创造力的源头，是心灵深处最深刻、最稳定的价值意识，体现了人们决心超越有限、渴望无限的终极意义。信仰是一种生活的状态和愿景，是一种在路上行走的过程，是一种被用来永远追求的理想。有了信仰，人的思想就会充实，知道自己应该做什么，如何去做。因为充盈，内心就会深感愉快和满足。如果人缺少信仰，有些事情就无法解答；而有了信仰之后，至少有一部分问题能获得满意的解决；由此再继续深入，就可以渐渐体会到生命的意义和价值。一个有信仰的人，总是在行动中不断追求着新的境界和新的高度。有信仰的人生往往是充满着激情、愉悦和诗意的人生，即使身处逆境也不会放弃人生的目标。因此，“信仰构成了人类精神寻求逃避永恒和无限的压迫以及驱除人类自身在宇宙存在中的漂泊感和孤寂感的驿站和家园”。也就是说，坚定的信仰使人生充满着价值、意义与信心，把我们从黑暗引导到光明，从虚幻引导到真实，从短暂引导到永恒。信仰有某种巨大的能量，它扎根在人们的心中，隐藏在人们的精神世界。当我们内心苦闷彷徨时，它能给予解脱和希望，从而继续追求信仰，奋力前行。

信仰是心灵最美好的栖居地。唯有信仰才能让我们心有所依，才能使我们的灵魂得以飞翔，只有灵与肉的完美结合，我们才称得上是一个真正的人。正如《圣经》所说：“身体没有灵魂是死的，信心没有行为也是死的。”

我们需要信仰，是为了拯救自己的灵魂。信仰的本质就是救赎。人作为一个精神生命个体，作为社会的存在，总是要赞同某种观念、学说、理论或某一人物，并根据自己的需要，将其作为向往追求的对象，这就是人的信仰所在。在历史的进程中，我们需要守望者。守望者关心精神价值甚于关心物质价值，在他们看来，无论个人还是人类，物质再繁荣，生活再舒适，如果精神流于平庸，灵魂变得空虚，就绝无幸福可言。所以，他们虔诚地守护着心灵中那一块精神的园地。“精神上的顿悟是存在的，它的种子必定早已埋在那个产生顿悟的人的灵魂深处。心灵中拥有开阔的空间也是重要的，如此才会有精神的自由。”

人生能够把个人事业与精神追求结合在一起，达到一种境界，才是最令人向往的。有一次在谈到人生时，丰子恺做了准确而形象的表述：人生可以看做“三层楼”，懒得（或无力）走楼梯的，就住在第一层，即把物质生活弄得很好，锦衣玉食、尊荣富贵、孝子慈孙，这样就满足了，这样的人在世间占大多数。其次，高兴（或有力）走楼梯的，就爬上二层楼去玩玩，即精神生活，这是专心学术文艺的人，这样的人在世间也很多，即所谓“知识分子”、“学者”、“艺术家”。还有一种人脚力好，对二层楼还不满足，就再走楼梯，爬上三层楼去，即灵魂生活。他们做人很认真,满足了物质和精神还不够,还要探求人生的究竟。在他们看来,财产名誉都是身外之物,学术文艺都是暂时的美景,弘一法师李叔同就是最好的一个典范。

信仰是短暂的人生建造的心灵家园。它是人们创造和享受精神生活的主观凭借和心灵依托,负载和支撑人们崇高而伟大的精神生活、审美享受,满足人们心灵的发育和成长,保证人们心灵的滋养和健康,决定人的生活质量和精神品位,也决定着人是否幸福。

四

幸福是人生的唯一追求,是人生的终极目标。幸福不是某种外在的标签或技术手段可以达到的状态,更不是任何物质的东西,而是一种精神世界的内在把握与感知。幸福是一种自我感觉,是灵魂的成就。幸福存在于人们对其信仰的不断追求和永恒向往的过程之中。越来越多的人已经认识到,信仰是构成幸福的一个重要因素。信仰可以使精神变成巨大的物质力量,驱动和引导着人们沿着幸福之路前行。

俄国作家列夫·托尔斯泰说过,做好事的乐趣乃是人生唯一可靠的幸福。影响了几代中国人的雷锋事迹,就是最好的诠释。50年前,毛泽东题字:"向雷锋同志学习"。从此雷锋精神家喻户晓,成为一种信仰的象征、道德的符号和新中国的一种社会现象,具有普世价值。快乐地做好事是雷锋精神最通俗的理解。有一次,雷锋在沈阳火车站用自己的津贴给丢失车票和钱的大嫂购买了去往吉林的火车票。雨天,雷锋脱下雨衣披在背着小孩的大嫂身上,又抱起她的另一个小女孩,送她们到火车站。上车后,又脱下贴身线衣给冻得发抖的小女孩穿上,还把带的馒头给她们吃。下了车,又冒雨把她们送回家。还有一次,雷锋搀扶着一位从关内到抚顺探亲的老大娘,用了两个多小时才找到她儿子家。人们说,雷锋出差一千里,好事做了一火车。难怪人们一见到做好事的人就誉之为"活雷锋"。

50年后的今天,鞍钢集团职工郭明义被中央精神文明建设指导委员会授予“当代雷锋”的荣誉称号。1991年,郭明义第一次献的200毫升鲜血救了一名孕妇。2009年春节前一天,他又捐了2个单位的血小板,挽救了患严重溶血症的产妇的生命。20年来,他累计献血60000多毫升。从1996年开始,他每天提前2小时上班,15年献工15000多个小时。他一家三口至今仍住在一间80年代中期建的不足40平方米的旧房,但却为希望工程、灾区和工友捐款12万元,资助贫困学生180多名。郭明义说得好:“什么最幸福?我做好事就最幸福。因为只有做了,我才能保持与善良人们的沟通,才能感受这个世界的气息,感受这个社会的力量。”“看到别人苦我心里也苦,看到别人乐我也觉得乐。吃喝玩乐都是过眼云烟。人活着,得干点有用的事儿。帮助别人改变命运,比啥都幸福!”

信仰是幸福的源泉,信仰能始终给人以幸福。真正的幸福并不在于人们所追求的信仰是否达到,而在于为追求这种信仰所进行的奋斗过程。当个体投身于自身所追求的信仰时,他不仅能体验到生活的充实,而且能超越现实、超越自我,使生命获得一种连续感、延伸感、尊严感和至高无上的幸福感。

五

信仰力是时代的大课题。

三十多年的改革开放造就了中国经济奇迹,实现了社会跨越式发展,创造了一个又一个财富神话。面对今天物质丰裕、资讯发达、交通便捷的优越生活,我们理应感到高兴和快乐,但恰恰相反,快乐却成了一件奢侈品,幸福感离我们越来越远。财富就像一个可怕的吸盘,牢牢地吸附着我们,让我们欲壑难填,焦躁忧郁,并带来诸多社会问题。人与自然的矛盾恶化,资源问题、环境问题越来越突出;人与人的关系紧张恶化,贫富日益扩大、犯罪严重、道德底线屡被突破,公序良俗惨遭恶意践踏。有的不法奸商为了攫取最大利润，生产有毒食品，伪劣彻底变异为造假，造假升级到纯化学阶段，什么三聚氰胺奶粉、瘦肉精、地沟油、染色馒头、塑化剂等等，令人不寒而栗。不可否认，当今中国经济繁荣的背后面临着信仰缺失危机，这对于社会的发展将是致命的。

人不可能没有信仰。尽管现在一些年轻人以标榜自己什么都不信为时髦，但古今中外，从来没有哪个浑浑噩噩、毫无信仰的人能够获得成功与辉煌。正如瑞典著名诗人特朗斯特鲁姆所言：

人总要相信些什么
才不会度日时
跌入未知的黑洞里

朱熹说："君子之心，常怀敬畏。"敬畏，是信仰的法则，是人类对待事物的一种态度，是从内心生发出对事物既尊敬又不敢逾越界限带些害怕的心理。

敬畏什么？孔子说："君子有三畏：畏天命，畏大人，畏圣人之言。"意思是说，君子有三种敬畏：敬畏天命，敬畏居于高位的人，敬畏圣人的言语。现代社会的人们应该敬畏生命、科学、规则、师长等。尤其领导干部更要有"敬畏之心，敬畏历史，敬畏百姓，敬畏人生"。

人类有所敬畏，才能知道何种言行是合理并值得追求的，何种言行则要回避甚至是禁止的。不管敬畏的对象是什么，敬畏之物如同道德的指示灯，指明什么是善，什么是恶，什么能做，什么不能做。常怀敬畏可以使人在纷乱的、常变的社会生活中坚守道德底线，并努力追求高尚理想，这也是社会传承和发展的不竭动力。目前社会上存在的一些丑恶现象，均是缺乏信仰、无所敬畏的产物。

内蒙古鄂伦春自治旗的居民认为，每座山林都有各自的保护神。他们敬畏山神，因为大山是他们的家，是他们的依靠，他们所拥有的一切都是山神慷慨的赐予，所以经常祭拜，祈福求安。多少年来，别说这些山林没有乱砍滥伐现象,就连树上掉下的枯枝,也无人肯轻易捡去。他们呈现给世界的是自然、和谐、安宁的本真面目和对原始信仰的敬畏。

信仰一旦缺失,人类将在认识、价值和自身的存在中丧失最根本的基础和意义,陷入迷茫、停滞、堕落甚至毁灭。一个社会要实现和谐、公正、稳定,要有坚定的精神信仰、核心的价值观、公允的道德伦理体系和有效的教化实施机制。

社会呼唤着重建信仰。首先应建立核心价值体系。

社会主义核心价值体系是建立在社会主义经济基础之上、反映社会主义经济、政治和文化制度要求、体现以人为本的社会发展趋势的核心思想意识和价值观念。也就是要用中国特色社会主义共同理想凝聚力量,用以爱国主义为核心的民族精神和以改革创新为核心的时代精神鼓舞斗志,用正确的荣辱观引领风尚,巩固全党全国各族人民团结奋斗的共同思想基础。

在五千多年的发展中,中华民族形成了以爱国主义为核心的团结统一、爱好和平、勤劳勇敢、自强不息的伟大民族精神。在改革开放新时期,中华民族又形成了勇于改革、敢于创新的时代精神。这一民族精神和时代精神,包括了天下兴亡、匹夫有责,富贵不淫、贫贱不移、威武不屈,先天下之忧而忧、后天下之乐而乐等民族优良传统;包括了共产党领导人民在长期革命斗争中形成的井冈山精神、长征精神、延安精神、西柏坡精神等优良传统;包括了在社会主义建设时期形成的大庆精神、雷锋精神、“两弹一星”精神等优良传统。这一民族精神和时代精神,是信仰力的核心,是中华民族五千多年来生生不息、发展壮大的强大精神动力,也是中国人民在未来的岁月里薪火相传、继往开来的强大精神动力。

伟大的事业需要并产生崇高的信仰力,崇高的信仰力支撑和推动着伟大事业的发展。在全面建设小康社会、加快推进社会主义现代化的进程中,信仰力已深深熔铸在中华民族的生命力、创造力和凝聚力之中,将指引中国人民为中华民族的伟大复兴而奋斗。

第一章　信仰是中华崛起的支撑

国家与民族的崛起，首先是人心的改变。一个社会要实现和谐、公正、稳定，需要坚定的精神信仰、核心的价值观、公允的道德伦理体系和有效的教化实施机制，而信仰是最重要的基石。信仰的确立，意味着人生意义（个体角度）与民族文化价值（社会角度）基础的奠定。信仰建构是中华民族伟大复兴的重要使命，需要几代人的努力才有可能完成的长期过程。

第一节　社会呼唤着重建信仰

我们需要信仰反思

中国在近三十年的发展中取得了举世瞩目的成就，成功举办了奥运会和世博会，载人飞船已遨游太空，正在准备实施登月计划。中国还建成了世界最长的高速铁路，实现了横跨半个中国的贴地飞行。在未来几年里，高速铁路网还将以惊人的速度蔓延全国。这是连财大气粗的世界唯一超级大国美国都望而却步的工程。然而这么艰难的科技上的突破，其难度却比不上让老百姓不要再吃从垃圾中回收的食品这么一件小事。从三聚氰胺到毒豇豆，再到地沟油，中国的食品安全问题一次又一次地挑战普通民众的心理极限。中国粮油标准化委员会油料和油脂工作组组长、武汉大学教授何东平揭露，全中国人每年吃掉200万到300万吨让人一听名字就会倒尽胃口的东西。日本网友以无比嘲讽的口吻，调侃中国人的生存能力堪比蟑螂。2011年4月，温家宝同志同国务院参事和中央文史研究馆馆员座谈时表示，近年来相继发生的“毒奶粉”、“瘦肉精”、“地沟油”、“染色馒头”等恶性食品安全事件足以表明，诚信的缺失、道德的滑坡已经到了何等严重的地步。这已经是2011年温家宝同志四论道德。具体到行业，上一次温家宝同志是对房地产商呼吁“道德的血液”，这一次则是痛斥食品企业道德的滑坡。

美国《世界日报》2010年2月公布的一项民意调查显示，在全世界23个国家中，中国、日本和韩国三国的民众最相信“金钱万能”，并列成为世界第一“拜金主义”国家。把价值和价格混同，甚至用价格取代价值，是一个很常见的现象。金钱成为很多领域的主要标准，甚至是唯一标准。对生命的漠视、精神财富的匮乏，成为有识之士和社会精英阶层的深切忧虑。北京大学夏学銮教授分析当下中国有八种不良的社会心态：浮躁、喧嚣、忽悠、炒作、炫富、装穷、暴戾、冷漠。冷漠是最可怕的社会心态，其结果是对他人的痛苦失去敏感性的反应能力，当人们需要正义行动时却无动于衷，此时冷漠变成了麻木。2011年10月13日，两岁的佛山女童小悦悦被一辆面包车两次碾压，肇事车逃逸后，三名行人经过小悦悦身旁，均没有停下脚步；几分钟后，又一辆货柜车碾过小悦悦，尔后7分钟内经过的15名路人均见死不救。最后，一位拾荒阿姨把小悦悦抱到路边并找到其家长。由于伤势过重，小悦悦离开了人世。面对一个受伤害的小生命，肇事司机不仅不及时救助，更涉嫌故意杀人和肇事逃逸；17个路人竟无一人停下匆匆脚步，采取任何补救措施，哪怕是大声呼喊一下家长，随手拨打一个120！一朵小花在“我们”共同的冷漠下凋零了。它如同一根棘刺，扎进每个人的内心。网友评价道：“最基本的道德底线都没有了，他们还配做人吗？”“这个社会每个人都需要反思，需要坚守自己的道德底线，需要寻找心底最朴实平凡的良心，只有这样社会才会有前途。”

时代决定社会心态，社会心态映照时代。信仰缺失导致了世态炎凉，人情冷漠。人在权力和金钱面前丧失了人格和尊严，变得自私可怕。善良的人越来越少，冷酷的人越来越多。贪恋财富的后果，就是精神被物质牵着走。

企业重利轻义，对社会道德、社会责任置若罔闻；官员以权谋私、腐化堕落；学者剽窃成风、人文精神丧失殆尽；医生不再救死扶伤、医德医风滑坡。在财富面前，传统的道德、良知、正义、责任变得不堪一击，功利和浮躁甚嚣尘上。许多年轻人最喜欢王朔的这句话："我是流氓我怕谁"，直接挑战中国"礼义廉耻"、"知耻近乎勇"的耻文化。中国人民大学周孝正教授更直言当今社会是"四荒八无"："四荒"即荒唐、荒诞、荒谬、荒芜。"八无"即无知、无能、无情、无义、无道、无德、无耻、无赖。毋庸讳言，我们处在信仰危机的危急时刻。当前文化建设特别是道德文化建设同经济发展相比仍然是一条短腿。道德文化建设关涉的是人类生活的终极目标和意义，与我们灵魂最深处的精神需要密切相关，关乎人类的本性和命运。道德环境的提升不仅需要法律制度的约束，更需要信仰的指引。依靠"他律"的法律尚且需要某种信仰使内心对法律原则臣服，依靠"自律"的道德就更是如此了。人的自我约束常常软弱无力，在传统礼俗衰亡而法治观念薄弱的条件下，人心惟危的状况必然出现。

信仰是一种来自灵魂深处的力量，是人们在一定认识的基础上为了实现理想而对某种理论、学说、思想体系的坚定不移的观念。纯洁的信仰是世界观和人生观的最高境界，是价值观和道德观的至高标准，是人类文明的精髓和脊梁，是人类最珍贵的精神宝藏。信仰是人生命的一条精神主线，指引或者潜移默化地左右人的认识，影响人的行动。因此，一个人拥有信仰，生命之树才会常青；一个有信仰的民族拥有深邃的文化底蕴和永恒的凝聚力；一个有信仰的社会拥有高尚的道德风气和稳定的意识形态基础。

信仰缺失乃国之大不幸

信仰是人类对崇高价值目标的敬仰和追求，它关乎一个人的精神境界，一个政党的目标指向，一个民族的兴衰存亡。不同的信仰反映的是不同的世界观，体现的是观察事物不同的方法论。一个国家要实现和谐、公正、稳定，需要坚定的精神信仰、核心的价值观、公允的道德伦理体系和有效的教化实施机制，而信仰是最重要的基石。信仰的确立意味着人生意义（个体角度）与民族文化价值（社会角度）基础的确立，信仰危机意味着人生意义和民族文化价值基础的危机。信仰一旦缺失，人类将在认识、价值和人自身的存在中丧失最根本的基础和意义，陷入迷茫、停滞、堕落甚至毁灭。

信仰是国家之魂。坚定的信仰是国家、政党和个人的精神支柱和前进动力，它不仅关系着人们的思想、灵魂、价值观和人生观，还决定着国家、政党和个人的兴衰成败、生死存亡。1922 年，第一个社会主义国家——苏维埃社会主义共和国联盟（简称苏联）成立。然而，立国 69 年的苏联最终在 1991 年解体。解体的原因很多，但信仰丧失是其中一个不可忽略的重要因素。普京说："苏联解体的根本原因是腐败，而腐败又始于信仰动摇。"列宁时期，苏共干部的革命意志十分坚定，没有特权，与群众同甘共苦。1918 年，苏联出现粮食危机时，有权调拨千百万吨粮食的人民委员瞿鲁巴竟在一次会议上饿得昏倒了。而到了勃列日涅夫时期，苏共干部的特权标准得到不断提高，逐渐形成了一个脱离人民群众的官僚特权阶层，导致了贪污腐败不良风气的盛行。勃列日涅夫的女婿贪污受贿 65 万卢布，制造了震惊苏联全国的"驸马案"。就连勃列日涅夫本人也"不再相信社会主义的胜利、马列主义的原则或者共产主义的前途"。他甚至对弟弟说："什么共产主义，这都是哄哄老百姓的空话。"

在一场战争里，军人怀有什么样的信仰很重要，要清楚地知道自己是为了什么而战。坚信自己从事的是正义的事业，坚信民族能够得到解放、繁荣，坚信自己能为此贡献一生，这就是信仰。解放战争打到中后期，很多国民党将士都开始疑惑自己究竟是为什么而战。被共产党的小战士和民兵活捉的国民党高级将领大有人在，仅少将级别以上的就有二百六十多人，其中包括不少抗日名将，如杜聿明、黄维。国民党为什么打不过共产党？为什么老百姓支持共产党？《张学良谈国民党为什么打不过共产党》一文中写道："不是国民党把大陆丢了，是大陆人民不要国民党啦。简单说，国民党在大陆时把大陆看成征服地一样，没有想到这是自己的国家，什么都要，房子、女人、钱。……他们什么都要，就是不要国家和人民。”张学良晚年回想起“剿共”战争时说：“那所谓‘剿匪’，真让人伤心啊，‘剿匪’的军队都实行坚壁清野，这可不是胡说八道。我是在后头，前头的军队呀，我也出去视察了，我一看伤心透了，那房子都给烧了，坚壁清野呀！事实用不着烧房子，为什么烧？因为烧了，军队可以占便宜，可以把好东西都拿走啊。……逼得老百姓都当共产党了，跟共产党一块儿和我们斗争。……我承认，这是官逼民反！”1948 年，蒋介石在军事检讨会议上检讨过党内信仰缺失的问题。他说：“我体察一般高级干部的情绪，大多数对革命前途信心丧失、心理动摇，以为本党的地位真的是岌岌不可终日。精神堕落、生活腐化，革命的信心根本动摇，责任观念完全消失。这样的将领如何可以取得胜利？”由此可见，信仰对于一个政党、一个军队的重要性。国民党之所以战败，一个重要原因就是缺少信仰。

人类社会若没有一种精神的动力，缺少一种信仰的架构，势必会出现这样那样的问题并最终引起危机。信仰危机是一颗不定时炸弹，当各种因素聚合到一起构成充分条件时，它就会被引爆，而信仰者自身连同他紧密相关的国家和民族也将崩塌。因此，信仰危机对于人类的存在与发展往往意味着致命的打击。

信仰照亮生命的灵魂

在茫茫宇宙中短暂有限的人生建造一个确定的精神家园，让人充满诗意地栖居。这个精神家园是人们创造和享受精神生活的心灵依托。它负载和支撑着人们崇高而伟大的精神生活、审美享受，满足着人们心灵的发育和成长，保证着人们心灵的滋养和健康，决定着人们的生命品位、生活质量和精神生活水平，也决定着人们是否幸福或幸福的程度。这个精神家园就是信仰。

信仰在汉语中的字面意思是信任并且尊崇。儒家尊崇仁爱、佛家讲求和谐、道家爱好真诚，尽管信仰表现不一，但其精神内核相同，即爱和真。

信仰是科学问题与价值问题的有机组合。“信”是科学问题，“仰”是价值问题。“信”是因其科学之“真”，“仰”是因其价值之“好”。信的评价标准是真与假，仰的评价标准是善与恶。所有的信仰都与人们的生活密切相关，都有一个共同的特征——人对某种对象的确信、崇拜、敬仰、追求。这种对象往往具有一种力量，可以帮助人克服在现实中遇到的异己力量，而且在信仰者看来，这种力量具有终极的性质。对于一个人来说，只要他有某种崇拜、信奉的对象，并依此作为其精神生活的寄托物，他就拥有了自己的信仰。

信仰对象不同，信仰的实践方法和最后效果就会大相径庭。信仰对象是指人们由衷相信的、牵动着人们的信仰情感并引起人们自觉追求的对象。卓新平教授将信仰对象归纳为“神、人，灵、物，外、内，彼、此，有、无，官、民”。信仰对象具有多层性、多样性的特点，即指在同一信仰层面，人们有不同的追求、不同的目标、不同的取舍。多层性是指信仰的不同层面，包括政治信仰、文化信仰、传统信仰、社会信仰、国家信仰、民族信仰、家族信仰、民间信仰、个人信仰、官方信仰、草根信仰、现实信仰、宗教信仰、哲学信仰、科学信仰等。多样性是指政治信仰的不同、宗教信仰的多样等。正如一位哲人所说：“凡属人类有益的、有价值的、神圣的东西，都被人类当做最可尊敬的宝物，陈列在信仰的神殿之中。”梁启超也说：“对象有种种色色，或人、或非人、或超人、或主义、或事情，只要为某人信仰所寄，便是某人的信仰对象。”

“人的一生应该怎样度过？”这是每一个人都需要思考的问题。人的终极思考就是信仰。信仰是一种希望、一种真理、一种信任。信仰还是一种寄托、一种道德、一种关怀。人的一生往往被某种意念支撑着，有了它，人们就有了不同的灵魂，就有了不同的奋斗动力和不同的生存意义，也因此有了不同的人生。这种意念可以称为信仰。“作为人类特有的一种精神现象，信仰是人生活的目标、生活的激情，是人生的意义与归宿的共同源泉，是人的世界观的体现和反映。”信仰是一种价值观，具有终极价值的意义；信仰是一种精神现象，表现为社会成员对一定观念体系的信奉和遵从；信仰是人的精神性基础，旨在解脱人心灵上的障碍，为实现人格的圆满提供条件，是人类调节自身和环境关系的必要条件和手段；信仰是人们对社会和人生终极目标的追求，是现实精神生活的依托，是人们世界观、人生观、价值观的境界体现。

信仰是人生的需要。心理学家荣格说："尽管大多数人并不知道为什么身体需要盐，但每个人都出于一种本能的要求摄取着盐分。……大部分的人从记忆难及的蛮荒时代起就感受到了一种信仰的需要，需要信仰是一种生命的延续性。"我们需要信仰，是为了拯救我们自己的灵魂。人作为一个精神生命个体、社会的存在，总是要赞同某种观念、学说、理论或某一人物，并根据自己的需要将其作为追求和向往的对象。这种追求与向往就是人的信仰所在。新中国成立前参加共产党的大多是官逼民反的穷人，但也有放弃高官厚禄、甘为人民解放而投身革命的人，开国元勋叶剑英元帅就是其中的一位。叶帅做过孙中山的警卫。黄埔军校筹建，他是20个筹建人之一，任黄埔军校副教育长。黄埔军校校长蒋介石不允许任何人佩枪、佩剑进入其卧室，只有叶剑英例外，可见蒋对他的欣赏和器重，后来蒋还让他做了国民革命军第2师师长。叶帅同时兼管广东、广西盐务，这是一个肥缺，半年就收入一百万美金。然而大革命失败后，为让劳苦大众过上好日子，叶帅毅然脱掉皮鞋穿起草鞋，抛弃荣华富贵，甘冒生命危险，辗转到了井冈山，肩负起解放人民的大业。20世纪最具传奇色彩的中国女性之一王光美的一生有很多身份：豪门望族的大家闺秀、北京中学生中有名的"数学三王"之一、中国第一个原子物理女硕士、万人仰慕的第一夫人。1946年春节，在辅仁大学任助教的王光美正欲前往美国留学读博士时，中共地下党组织交给她一张纸条，上面写着：中国共产党和国民党政府及美国三方为实施停战协定，调处国共两党军事冲突，将成立北平军调部，请她到那里担任中共方面的翻译。最终，王光美被进步和正义事业感召，放弃了梦寐以求的读博机会，奔赴延安。

弗洛姆说："人没有信仰也能生活吗？婴儿不相信母亲的奶水行吗？我们不相信我们周围的人，不信任我们所爱的人以及我们自己行吗？没有对我们生活的规范有效的信仰,我们可以生存吗?”没有信仰,人就不会做出成绩,就会叫人失望,就会在灵魂最深处充满恐惧。作为人的精神生活中最重要的层次和形态之一,信仰给人类带来光芒,带来梦想,带来尊严,同时帮助人们抵御心灵深处的黑暗、寒冷、孤独与绝望。

信仰导航中国发展

社会心理学家黎朋说:“决定人生和历史的真正因子就是信仰。信仰是不可避免的。它永远构成人类精神生活的主要部分。一种信仰也许被人推翻,但继之而起的又是一种新信仰。”人类文明史告诉我们,世界上所有先进、文明的民族都以不同的形式,在不同程度地追求着自己的信仰,中华民族也不例外。在历史的长河中,信仰是我们的明灯,照耀着整个民族前进的方向,把我们带入21世纪这样一个既复杂多变、又无限辉煌的时代。《中国人的信仰》一书中描述道:“中华民族是有信仰的民族。黄帝是我们信仰的开端,夏、商、周三代是我们信仰的展现,大汉使我们国家的魅力第一次向世界放射,大唐盛世是我们中国文化因信仰而独得的永远的荣光,宋朝是我们国家不同民族和谐相处的典范,大元是我们民族因学习而实践包容的创举,大明是我们民族在世界上具有巨大影响的伟大时代,康乾盛世是我们民族虽然遭受重创依然坚持自身文明的伟大盛世。民国建立,伟大的先行者孙中山把我们带入与全人类共享信仰的崭新时代。中华人民共和国诞生,伟大的思想家毛泽东为我们的信仰指引新的道路,在传统信仰的基础上设计了信仰的新方式,根植于中国国情的信仰已为全民接受。小平同志是我们改革开放的总设计师,也是我们信仰的全新诠释者。江泽民同志‘以德治国’开阔了我们信仰的灵光。现今,在以胡锦涛同志为总书记的党中央领导下,中国人全面建设有信仰的和谐社会、和谐世界、和谐生活。”

由于历史成因、文化传统、民族习惯、社会心理、人文底蕴等民族精神家园的不同,中西方的信仰观有很大差异。西方人的精神家园源于古典的民主社会。对普遍信奉基督教的西方人来说，信仰就是指宗教，指对上帝和基督教的信仰，或称之为基督教神学和西方哲学意义上的信仰。西方宗教认为，上帝无所不在，无所不能，它的光荣照耀全人类，使人类从蒙昧中间、黑暗中间看到了神的光荣，然后人类才有信仰。而中国人的信仰观多样且随意，佛道不分、既尊孔又拜佛的现象比比皆是，同时彰显着社会政治信仰、个体道德信仰、现实生活信仰的强烈色彩。这表明了中国文化对各种信仰兼容并包、"以我化人"的鲜明特性。李向平教授总结中国信仰的基本特征是以私人化的天人关系、神人关系为基础，感通天地，外接人间。其外合于国家，则是国家信仰；与权力结合，即为权力信仰；走向民间，就是民间信仰；与文化融通，就可谓文化信仰。私人化的信仰关系及其与各种社会、利益、权力关系的交往与整合，决定了信仰的方式与功能。西方人的信仰用来救赎自己，着意于解决灵与肉的对立，试图构筑灵魂的来世天堂，到彼岸世界过一种幸福美满的生活。与基督教、伊斯兰教等宗教不同，中国人的不朽不是一个彼岸的关怀，而是道德立身的一种此岸的理想。中国人的信仰用来解决当下问题，着意协调人与社会的关系，着力打造世俗的现世净土，力争"天人合一"，在现世过上美好生活，至于有没有进天堂，中国人并不介意。按照中国的文化，信仰本来在我心中。为什么学圣贤、成圣贤呢？因为圣贤是我的本性。内在超越的基础是我们所有人的本性是至善的。只要我们能真正洞悉自己的内心，就能够确立一个坚定的信仰，明白应该怎么去做人。

中国改革开放30年成果斐然，经济腾飞、国势崛起。然而，中国在歌舞升平的经济繁荣背后也面临着信仰缺失危机。2005年，美国《时代》周刊的一期封面是身着印满LV图案中山装的毛泽东像，寓意中国进入商业社会，物质崇拜代替了精神崇拜。现代中国面临的信仰危机不同于发生在世界其他国家的信仰危机，如宗教保守势力与科学、理性对抗造成的宗教信仰危机以及传统宗教分裂危机。中国的信仰危机主要指对精神信仰的理解以及在中国人的信仰究竟是什么等问题上的模糊和茫然。集中体现在两个方面，一是"信"

的危机，即在科学上由“真”向“假”的变化危机；二是“仰”的危机，即在价值上由“善”向“恶”的变化危机。具体讲：一，人与自然的矛盾恶化，资源问题、环境问题越来越突出；二，人与人的关系恶化，贫富扩大、犯罪严重、道德下降、人际关系紧张，为了谋求最大利润，伪劣彻底变异为造假，造假升级到纯化学阶段：极其便宜的小小一包化学原料直接掺进饲料养猪养鸡和养鱼，餐馆的高汤连使用味精鸡精都嫌贵，直接自来水加浓汤精，嫩肉粉转瞬使腐臭变鲜香，化学制剂直接配制麻辣火锅汤，豆腐也可以无须黄豆做原料了；三，人与自我的关系恶化，中国是自杀率最高的国家之一，每年自杀28.7万人，每2分钟9人自杀8人未遂；15岁到35岁年龄段，自杀成为死亡的第一原因；1亿人心理有问题，严重精神障碍者1600万，超过心脑血管病、肿瘤，成为第一大疾病。信仰危机使国民的人文精神淡化、弱化，精神世界出现严重的衰落。

中国信仰危机的产生有其时代背景。党的十一届三中全会以后，中国进入由计划经济向市场经济转型的重要历史时期。社会转型不但改变了人们的经济活动形态，而且使其从传统的同质文化走向了多元的、相互冲突的异质文化，从相对稳定、有序的生活方式走向了多变、无序的生活方式。这种变化增大了人的心理压力，削弱了人的承受能力，影响了人的心理健康，并在不同程度上形成了文化震荡背景下特有的人格障碍，动摇了原有的信仰，使其深刻地体验到了信仰缺失带来的困惑与迷茫。黄盛华在《信仰缺失：世纪之交无法挥去的一种迷茫》一书中写道：“随着市场经济的发展，人们依赖大一统的权威局面被彻底改变，每个人都不再被至高无上的权威严格地决定着，人生成了一种慨然的人生，几率的人生，一切都得靠自己去探索，去尝试。许多年了，人们这是第一次挣脱对别人的依附，真正让自己来主宰自己，这对已经习惯于依附群体的个体来说，无疑在心理上会有一种依托的丧失感和信仰的缺失感。”传统道德失范产生的道德迷失带来了“生命不能承受之轻”，现实物质挤压导致的存在迷失带来了“生命不能承受之重”，再加上传统世界和终极关怀的失落，最终导致了中国人信仰的迷失。

美国保守主义之父列奥·施特劳斯说:“没有信仰,就没有道德基础。如果道德上采取相对主义,那么吃人就仅仅是口味的问题。”信仰作为人存在与发展的根本支撑点和精神所在,是人的安身立命之本。没有信仰的生命只有躯壳而没有灵魂,如同行尸走肉。这种迷茫的感觉,正如思想家帕斯卡在《思想录——宗教和其他主题的思想》中描述的那样:“我们想抓住某一点把自己固定下来,可是它却荡漾着离我们而去;如果我们追随它,它就会躲开我们的掌握,从我们身边永远消失。没有什么东西为我们停留。这种状态对我们而言是自然的,却又是最违反我们的心意的。我们急切想要找到一块坚实的土壤作为最终的基地,以期在上面建立起一座能够上升到无限的高塔;但是,我们整个的基础破裂了,大地裂为深渊。”社会结构和秩序靠信心来支撑,以信任来维系。让我们记住一则广为转载的微博:“中国,请停下你飞奔的脚步,等一等你的人民,等一等你的灵魂,等一等你的道德,等一等你的良知!不要让列车脱轨,不要让桥梁坍塌,不要让道路成为陷阱,不要让房屋成为废墟。慢点走,让每一个生命都享有自由和尊严,每一个个体都不应该被这个时代抛弃。”

重建中国人的公共信仰

我们创造了经济上的奇迹,人们的财富和生活水平大幅度提高,但在这个物质世界繁华的背后,人们的心灵深处弥漫着精神虚无的焦虑和漂泊的感觉。工具理性创造的巨大的物质财富并不足以平缓人们精神世界的内在冲突,无法引领人们找到精神的真正家园。中国社会科学院哲学研究所做的一项大型社会调查显示,当被问及“有无信仰”时,28.10%的被调查者回答“有信仰”,22.24%回答“曾有过信仰”,36.09%回答“没有信仰”,13.57%“不想回答”。由此我们看出,信仰危机和价值危机在当今社会的确存在,且成为一个严重的社会问题。金钱、权贵、享乐成为一些人的终极追求。人生失去了总体的意义和目标,人们的精神无处寄托,心灵得不到慰藉,只好沉湎在名欲、利欲、淫欲的空虚中。难怪有人评论："这是一个考验信仰和英雄的年代。"

中国社会的伦理道德出了问题，原因在于信仰和价值观出了问题。信仰危机是对自身原有信仰的动摇和否定，其实质是价值观危机。信仰危机是精神危机最严重的形态，人们的信念和理想因信仰危机而动摇和丧失，从而削弱了人们追求真理和价值的内在动力，导致人们精神的痛苦、意义的失落、价值的迷茫、灵魂的虚无，以及生活中的无根感、疏离感和漂泊感。信仰危机的社会是极其危险的，因此，影响未来中国发展的因素不在物质层面而在精神层面。

信仰是人类天生的情结，与生俱来的本能。在人类所有的思维行为中，追求信仰是人生中最高尚、最纯洁、最有价值的思维活动和行为方式。信仰的建设意义重大，对个人、家庭、社会乃至整个人类的生存和发展至关重要。惠特曼说："没有信仰，则没有名副其实的品行和生命；没有信仰，则没有名副其实的国土。"信仰使人们感受到自我存在的价值。真正的信仰给人们生命所追求的价值或意义以终极支撑，提供培植良知的土壤；信仰的缺失或私人信仰横生则会导致道德体系丧失最终的合法性基础，使人在本质上向动物性沉沦。哪里有危机，哪里就有突破、超越和拯救。危机是转机，是人类获得新的确定的自我认识、自我理解的必经环节。正是在信仰危机中，人们的思想获得了解放，精神得到了自由。梁启超说："中国要有信仰才能进步。"盛世必然是信仰的盛世，信仰也必定是盛世的信仰。中国在世界上和平崛起，构建和谐社会，最核心的是重塑信仰，构建社会核心价值观，建设文明法治的制度环境。有信仰的民族是成熟的民族，有灵魂的民族，有希望的民族。一个强大的国家不仅仅需要发达的经济，同时也需要有信仰的公民。"做人要有信仰"，应成为中国社会各阶层的共识。

信仰为个人提供内在和外在超越的精神动力，促使其达成内在神圣性和外在超越性，使之有一个理想的内在自我（私己）和外在自我（公己）。信仰方式可分为私人信仰和公共信仰,二者有机关联。私人信仰仅仅关注个人的功利得失、个人的心神是否安定、个人的财产能否得以保全。公共信仰不仅关注个人的精神安定、价值皈依,同时还以个人的信仰为基础,把个人的信仰与他人的信仰共享。中国人不缺乏私人信仰。巫术八卦、阴阳风水、财神关公、炎黄祖宗、太上老君、王母娘娘、佛陀上帝……均在他们的信仰选择和信仰实践之中。虽然信仰是个人行为及其精神选择,但是真正的信仰是一种对生命的关怀,信仰的表达和实践需要一个公共的基础,将信仰置于社会网络中,它就体现了社会公共性的要求。因此,信仰不是信仰者个体的私事,对于信仰者群体也应负有一定的责任和义务。私人信仰只有演进为公民信仰,才有可能构成良性互动的社会秩序。针对中国信仰现状,李向平教授指出:"中国面临的真正的信仰问题是没有一个大多数人都认同并坚信的相互关怀的、彼此认同的、精神关怀的公共信仰,这是一个社会的信仰危机,不是个人的信仰问题。"

相对于私人信仰,群体的、社会的、国家的信仰问题更难解决。信仰的复兴是一项宏伟的精神家园建设工程。我们要正视信仰危机,反思危机的根源,采取科学的态度具体分析信仰危机,重建中国人的公共信仰秩序。越来越多的人在危机和困惑中寻求人类共同的信仰。他们认为:"当前信仰重构的核心问题不是人要不要信仰,而是要什么样的信仰;不是该不该建立信仰,而是该怎样建立信仰。"对人生不同的看待方式,对世界的不同理解和认识,决定了我们不同的人生追求;对自身价值实现方式的不同选择,对自己特别之处的不同认识,决定了我们不同的人生道路。信仰是一个由价值观、人生观构建出的系统。我们应着眼于个体的信仰确立,同时注重社会信仰基础的培育。"重建中国人的信仰",意指大家回到相同起点,一起追求人生的幸福,其关键在于重构社会共同价值观和重建中国人的内心世界。共同信仰是同一而非统一,应以人为本,尊重人性,使每一个人的信仰彼此渗透,你我共享,真实体现了一个信仰群体深处的休戚与共。信仰重建是心灵的工作,根植于人们对美好事物的渴望和认同。在灵魂深处建立起的信仰才是恒久的、强有力的信仰。通过"仁爱"、"和谐"、"真诚",心灵得到自由,社会得以祥和,迈向通往自由和谐之路。这种信仰能够团结人心、启发人的智慧,给人类带来和谐、安宁、和平。当这种信仰建立后,人们能够做到不再计较个人得失,去追求一种心灵驾驭的生活,一种超越自我利益的生活,一种拥有爱、感动、荣誉等美好情感的宽容而又热情澎湃的生活。

人们对宇宙的每一层探索、对人生的每一段思考、对信仰的每一步追求,都是人生中最珍贵、最精彩、最有意义的精神之旅。这段精神之旅是人类完善自我、实现人生终极价值的必经之路。民族要复兴,文化复兴是基础,信仰复兴是关键。中国人最宝贵的是信仰,最需要的是信仰,最有力量的是信仰。中国正处在历史上最伟大的复兴时期,我们顺应天时重建信仰。"重建中国人的信仰,其实质是对信仰失落者的珍视和关怀,是对民族的崇敬,是对和谐社会的憧憬,是当代中国人精神世界的诉求。"信仰从来就存在于世间万事万物之中,需要人去发现,去热爱,去传承。让我们在综合中国传统文化和西方现代文化的精华的基础上,逐步找回属于我们自己的真正的信仰,建立起一个精神的家园,使国人的精神有所皈依。重建信仰是全社会的大事,是关系到中华民族生死存亡的头等大事。没有共同信仰、共同价值作强有力的支撑,中国不可能成为强国。要实现中华民族的伟大复兴,就必须重建信仰。

雷锋精神是时代的共同信仰

1963 年 3 月 5 日,毛泽东亲笔题词:"向雷锋同志学习"。一个端着钢枪、头戴棉帽的憨实小伙子——雷锋走进了千家万户。雷锋精神哺育和激励了一代又一代人成长。2012 年是雷锋逝世 50 周年,雷锋精神再次受到关注。雷锋是新中国所有英雄人物中生命力最强的一位。正如胡锦涛同志所指出的:"雷锋这个光辉的名字和他崇高的精神品格在历史发展中始终焕发着光彩。"雷锋精神的实质是全心全意为人民服务。刘云山同志在第九届中国公民道德论坛上指出:雷锋精神以人民至上为价值取向,把关爱他人、助人为乐当做最大幸福,始终具有感动人心、温暖社会的道德温度。雷锋精神以艰苦奋斗为人生品格,崇尚勤俭节约,彰显优良传统,始终具有引领社会文明风尚的长久魅力。雷锋精神以敬业奉献为不变信条,干一行、爱一行、钻一行,始终把普通工作岗位作为实现人生价值的舞台。

然而,随着市场经济的不断发展,雷锋精神"过时论"、"超前论"、"同市场经济对立论"等观点不绝于耳。与此同时,小悦悦事件、彭宇事件反映出的现代社会的麻木冷漠让人恐惧,更引人深思。媒体这样评价:中国人严重失去了核心文化,成为了沙漠,经济成为了一切。在利益驱动的道德荒漠上,社会亟须自己的道德坐标。雷锋精神是否依然能够承载这个时代榜样的厚重,成为我们实现灵魂救赎的有效指引,撑起民族脊梁的精神财富?

答案是肯定的。雷锋是永远的榜样,雷锋精神是不朽的丰碑,是构成中国人的精神和价值的基本元素。雷锋是一个道德先行者,也是一种道德的象征、符号。雷锋精神是一种信仰,一种刻在人们心里的价值追求与共同信仰,一种化为民族精神的坚定信仰。雷锋精神是时代精神的集中体现,任凭风吹雨打、世事更迭,不同的时代从各种道德层面上释放着人们对雷锋精神的解读。党的十七届六中全会明确提出:"要采取措施,推动学习雷锋活动常态化。"新形势下大力开展学雷锋活动,有助于激发人们的思想道德建设热情,激扬人们心中蕴藏的美好思想品德,解决道德领域的突出问题,匡正道德失范,矫正诚信缺失,提升社会道德水平。

雷锋精神是中国人善良和美好的象征,也是人类共同的美好情感的象征。北京大学张颐武教授说,雷锋已经是中国人民集体记忆的一部分,也是中国人对于善良和美好的理解的一部分。对人充满善意,乐于助人,承担责任,对别人的痛苦有高度关切的好人形象是任何一个社会都需要的,体现了人类共同的价值。现在倡导学雷锋,其实是把中国人的传统美德与现代人对美德和精神境界的追求结合起来的集中表现。我们要建构的是一个充满人性光辉的市场经济社会，是一个把善意和美好作为基础的社会。

雷锋精神的时代内涵是帮助我们建立正确的人生价值观和社会观，树立助人为乐、与人为善、团结友爱、明礼诚信的社会主义价值体系。雷锋的行为，来自对人生意义和价值的理解和对幸福真谛的感悟。幸福并不存在于一种模式，关键看哪一种能够带来恒久且更高的精神享受。雷锋用短暂的一生回答了植根于人生本质的永恒追问："怎样做人、为谁活着。"真诚、善良、奉献是他的答案，这个答案代表一种永恒的价值和信仰。物质条件是生活的基础，个人有权过上体面的生活，但"人区别于其他动物的基本特征是，物质满足之后，心灵仍会饥渴，幸福不可能在封闭、孤独和自利中达成，参与公共生活、履行社会责任，帮助困难人员、追求高义大德，展示自我价值、实现人生升华，是小康之后人的必然追求"。雷锋精神扎根在人的本性之上，代表了人的社会性、互惠性、向善性和自我超越性的内在要求。"社会承认人们的利益诉求的合理性，但仍然需要有更高的精神支撑社会的进步和发展；社会支持个人的发展和成功，也永远需要奉献、善意和良知的承载。"因此，学习雷锋除了能帮助别人，还能拯救我们自己，找回那种让我们充实、让我们幸福、让我们快乐的高贵情感，追寻一种达致快乐的心灵钥匙。在这个物欲横流的时代，作为道德符号的雷锋将是无形的道德纽带，将我们重新团结在向善的道路中。

雷锋精神引领我们的道德实践。学雷锋不仅是一种信仰和精神，还是一种关爱他人、爱护集体的优良品质。人的本质是一切社会关系的总和。人生活在各种社会关系中，通过为他人服务体现自身的价值。社会越是现代化，人的这种需要就越强烈。雷锋精神告诉我们，社会大众只要努力，都可以成为美好社会的建设者，并且不可缺少。虽然普通人不能像伟大人物那样经天纬地，但只要努力就会产生积极作用。每个人的努力集合起来就能改变一切。

雷锋精神触及我们的灵魂世界。"雷锋"已经成为亿万人感同身受的文化现象，是一个普遍认同的美好境界。中国在发展，社会在进步，雷锋精神作为共同信仰和价值取向，将伴随国人行进于民族崛起之路。

第二节 信仰是民之魂国之本

信仰是国家和民族的基石

国家具有天然的信仰功能，是信仰的共同体。人因为共同的信仰走在一起就形成了国家。国家告诉国人什么是信仰，什么是生活，又从国人身上获取信仰。因为信仰，国人爱国家，国家爱国人；因为信仰，国人与国家融为一体。拥有信仰的国家和民族坚不可摧，没有坚定信仰和高尚品格的国家和民族一击而溃，不可能自立于世界民族之林。中国历史上的长寿朝代——周朝之所以存在八百年，在于建立了国家信仰。秦朝之所以二世而亡，在于只建立了国家机器，没有建立国家信仰。在任何时代、任何国家和民族、任何文明的社会生活中，都有一个占据民族精神世界的主流信仰。儒教、道教、佛教、基督教、犹太教、伊斯兰教、马克思主义信仰等都是影响久远的主流信仰。主流信仰作为时代精神的集中体现，是人的精神支柱和行动指南，为社会提供发展方向、前进道路、真理标准和价值尺度，使人们在理智上确认为真，在情感上体验为真，在心理上追求为真。

中华民族是一个富有智慧的民族，更是一个富有信仰的民族。1917 年，中国青年的领袖和导师恽代英在《论信仰》中写道："信仰之引人向上，固不可诬之事。且其功用能使怯者勇，弱者强，散漫者精进，躁乱者恬静，历史所载，其伟大之成绩，不可历数，令人震眩之以为不可抛弃盖亦非偶然也。惟信仰固有如此之功用，而除信仰外，尚不乏有此同一之功用者。"党的十六大报告也提出，民族精神是一个民族赖以生存和发展的精神支撑。民族凝聚力中最根本的因素是人的因素。人的精神生活包括很多方面，如思维方式、文化素养、人格、意志等，其中最重要的无疑是信仰。信仰之所以具有这么重要的作用,在于它对人的终极价值取向的凝聚和稳固持有。战争的暴力最多可以毁掉一代人,但是信仰的缺失却往往可以毁掉一个国家、一个民族。

有什么比生命更重要吗?肉体被摧残和泯灭的时候,是什么在支撑他们在炼狱中辗转煎熬?是信仰让一个平凡的人从容不迫地忍受切肤之痛,大义凛然地舍弃血肉之躯,慷慨悲壮地放弃生命、亲人和爱人。今天,当我们享受着先烈先辈们创造的幸福、和平与安宁,每一个中国人都不能忘记,是千百万革命者用鲜血和生命谱写了中国历史上最为波澜壮阔的历史画卷,而引导他们奋进的是这样一个崇高而又质朴的信仰——“为有牺牲多壮志,敢教日月换新天。”国共战争时,国民党军队总人数接近 500 万,力量最强的陆军主力部队的装备和盟军一样。当时共产党军队据说有 127 万,但这个数字有很大水分,主力部队的装备是步枪和缴获的日本山炮。就是这样的力量悬殊,从 1946 年 6 月内战爆发,仅用了两年 10 个月,中国人民解放军就占领了南京。为什么如此强大的一个政权那么短时间内就灰飞烟灭了呢?共产党拥有信仰的力量是其中一个重要原因。具有重要战略价值和政治价值的塔山战役中,共产党只有一个纵队,国民党却是五个军。但是,五个军竟没能取得胜利。高玉宝当时是塔山战役的通讯员。他回忆说,团长让他传达命令,让六连上去,但六连刚从战场上下来,40 多个人 3 天没吃饭了,正在战场上的一个死角捧着高粱米往嘴里塞呢。高玉宝传达完命令,当时连长站起来就说:“弟兄们,吃饱了吗,这是我们这辈子最后一顿饭了,吃完了给我上。”六连最后只有 9 个人活了下来。国民党军官检查战场时发现,战场上有许多木牌上都有字:“轻伤不下火线,重伤不哭”、“共产党员冲在前面”等。翻开《囚歌》,我们看到革命志士用鲜血凝成的一首首充满磅礴气概的诗。宋绮云烈士有诗:“人生百年终一死,留取清白上九霄!”白石坚在唱和傅伯雍的诗中写道:“只为祖国不为家,消灭群凶与爪牙。正气歌声震寰宇,要叫铁树开红花。”陈觉烈士在即将就义时给妻子写下了遗书,其情其志催人泪下:“谁无父母,谁无儿女,谁无情人;我们正是为了救助全中国人民的父母和妻儿,所以牺牲了自己的一切。”赵一曼就义之前最思念的是儿子。这封充满了舐犊之情、报国之意的遗书写于赵一曼赴刑场的途中，读来催人泪下：“宁儿：母亲对于你没有能尽到教育的责任，实在是遗憾的事情。母亲因为坚决地做了反满抗日的斗争，今天已经到了牺牲的前夕了。母亲和你在生前是永久没有再见的机会了。希望你，宁儿啊！赶快成人，来安慰你地下的母亲！我最亲爱的孩子啊！母亲不用千言万语来教育你，就用实行来教育你。在你长大成人之后，希望不要忘记你的母亲是为国而牺牲的。”是的，他们失去了青春、生命、骨肉，但同时他们拥有了信念、理想和真正的人生！在某些人眼中，那是傻；而在亿万被深深感动的心灵中，那是坚定的信仰与昂扬的激情凝聚而成的无与伦比的圣洁。

信仰渗透在生活的所有层面，决定了一个国家和民族的整体发展方向。没有信仰，没有人文精神，一个国家、一个民族就不会有真正根基深厚的民族自豪感和自信心，就会不打自垮。20 世纪 70 年代后期，随着商业化的急速发展，新加坡很多年轻一代纷纷抛弃了东方传统的价值观，提倡个人主义，社会道德一度呈现危机。第一任总理李光耀意识到这种情况的危害后，倡导了一场“文化再生”的运动。他号召新加坡人要保持发扬儒家的传统道德，并把“忠、孝、仁、爱、礼、义、廉、耻”作为政府必须坚持贯彻执行的治国纲领。李光耀的“东方理念”被历届新加坡领导人认同和继承。1988 年，时任副总理的吴作栋提议把东方价值观提升为国家意识，并在学校、工作场合和家庭中广为倡导和宣传，使之成为每个国民的行动指南。1991 年，政府还发表了《共同价值观白皮书》，提出“国家至上，社会为先；家庭为根，社会为本；关怀扶持，同舟共济；求同存异，协商共识；种族和谐，宗教宽容”五大共同价值观，成为儒家价值观与现代文明有机融合的蓝本。就这样，新加坡人逐渐形成了一种独特的、东西方结合的特殊的民族文化，既拥有西方商业社会的进取与活力，也具有东方传统社会的友善、包容与谦和。在倡导平等竞争和个人奋斗的基础上，坚持奉行东方集体主义。这就是信仰的结果。

一位哲人说：伟大源于信仰，信仰成就人生。信仰比铁还硬、比钢还强。没有强大信仰的国家绝不是真正的强国。信仰建构是中华民族伟大复兴的重要使命，是需要几代人的努力才有可能完成的长期过程。

共产党人用生命追求信仰

很多人不理解，为什么遥远而抽象的共产主义会有如此巨大的力量，使无数人为之抛头颅、洒热血。我们只能从起点追寻，才能理解先辈们的信仰。在信仰者那里，共产主义既是一种理想，一种思想体系，一种学说，同时又是一种活动，一种实践，一种千百万人为之不懈努力的过程。追求中难免痛苦，但过程中有无数的快乐；无所追求更痛苦，那是一种带有死亡气息的、毁灭中的痛苦。

毛泽东的诗："长夜难明赤县天，百年魔怪舞蹁跹。"高度概括了近百年中国的苦难历程。这魔怪不仅有中国土生土长的，更有外国强盗漂洋过海到中华大地烧杀抢掠。日本帝国主义悍然侵略中国后，野蛮地实施"杀光、烧光、抢光"的"三光"政策，犯下了滔天罪行。是共产党领导中国进行了中国近代史上最惊心动魄的抗日战争——游击战、地道战、地雷战、持久战，八年抗战取得最后胜利，日寇无条件投降。中国人民告别屈辱，建立新中国，自此中华民族昂首挺胸，立于世界民族之林。读中共党史，难有几人不心潮澎湃。千千万万的中国共产党人为了信仰放弃了家庭，牺牲了生命，留下了一段段令世人震惊和敬仰的生命绝唱。为革命，毛泽东痛失妻、子、兄弟，徐海东大将家族牺牲 70 多人，贺龙元帅的贺氏宗亲中，有名有姓的烈士就有 2050 人。革命前辈们为什么能够无私无畏地英勇献身？是为了实现崇高的革命理想，为了坚守崇高的政治信仰，为了在中国彻底推翻黑暗的旧制度，为了实现民族独立和人民解放。共产党人坚信：只要不屈不挠地奋斗，自由的阳光一定会照遍祖国的大地。

信仰是一种纯洁的东西，是幽暗人生中烛照精神的火光。作为人类最基本、最深刻的精神活动和精神现象，信仰对人类的生存状态、生存观念、生存价值产生根本性的影响，并通过人的精神生活和社会活动作用于社会的运行和历史的发展。坚守信仰远比单纯地拥有信仰艰难得多。百岁老党员帅孟奇老人年轻时遭受了近5年的牢狱之灾，忍受了非人的毒刑——坐老虎凳，砖头加到6块，她疼得晕厥过去；踩杠子，她的左腿骨被压折；灌煤油，她呛得七窍流血，左眼失明。她视死如归，保守了党的秘密。出狱后她得知女儿被敌人毒死，母亲被逼疯，父亲被逼得背井离乡，丈夫误得她“牺牲”的消息已另组家庭。“文革”期间，她甚至被剥夺了人生权利，忍受着人格的侮辱，1975年更被宣布为“叛徒”，开除了党籍。但是帅孟奇老人正视人生的不幸，对自己的信仰坚贞不渝。她说：“自己的一生是为信仰而苦，为信仰而死，苦得其所，死得其所。”

正是因为信仰，1921年建党时只有50多名党员的中国共产党28年后夺取了政权，到2010年年底发展为8000万名党员；正是因为信仰，在中国共产党的带领下，一个百年前仍匍匐着的封建王朝会在经历了由下而上的社会结构全面改组后迅速集合起来，从积贫积弱中一路走来，摸索着救亡图存、进而国富民强的路径，以最富史诗意义的壮举，从“东亚病夫”到东方巨龙，从百年沉沦到百年复兴，从苦难走向辉煌，让国民生产总值升至亚洲之巅，达到世界第二，成为世界版图的一支主导力量。《南方周末》史哲评论员分析道：残酷的政权争夺中，共产党几乎犯了所有能犯的错误，然而它最终通过牢牢抓住三次战略机遇，顺势而为地走到了今天：第一次是日本入侵、民族存亡悬于一线之际，这个国际主义的政党打出了“抗日”的民族自卫旗号；第二次是国共内战时期，这个政党牢牢抓住农民、土改、新民主主义、大“联合政府”；第三次是“文革”后，全国一片萧条，这个政党对于“贫穷不是社会主义”醍醐灌顶似的感悟。这三次选择的共同特征就是回应民众最强烈的呼声，顺应潮流，释放人民的创造性与活力。

信仰如生命的火炬长明不熄，似奋斗的旗帜指引方向。在创建新中国的艰辛征途中，为了民族独立，60 多万名中国共产党领导下的优秀儿女在抗击外敌入侵中献出了生命；为了人民解放，26 万子弟兵牺牲在解放战争中；为了新生的共和国，1949 年后又有 30 多万名官兵牺牲在保卫祖国、建设祖国的各个战场上。如今，共产党人在人民面临危险时依然毫不犹豫地选择献身。2003 年抗击非典，武警总医院内二科主治医师李晓红在救治非典患者的一线连续工作，不幸感染非典。住院治疗期间，这位非典患者仍坚持工作，并先后 3 次把转院到专业传染病医院救治的机会让给了他人。病情不断恶化，已经不能说话的李晓红在纸上写道："有什么新药需做试验，有什么新的治疗方法，可以先在我身上试一试，我愿当个试验品，为早日治好非典做点贡献。"这位 28 岁的女共产党员把青春永远地定格在了抗击非典一线。试问人类历史上，有哪一个政党能为祖国付出如此巨大的牺牲！

爱国应知国，知国需懂史。"古代史能够让国民了解祖国的悠久历史和灿烂文化，从而激发民族自豪感；近代史能够让国民了解不屈与抗争，从而增强民族自尊心。"在中国革命中逐渐形成的五四精神、大革命精神、井冈山精神、长征精神、抗战精神、延安精神、红岩精神，充分体现了中国共产党为共产主义信仰奋斗终生的坚定信念。2011 年中国共产党 90 华诞，评论家苏文洋用"90 年艰难困苦，90 年曲折坎坷，90 年风雨兼程，90 年波澜壮阔"评价中共 90 年历程。真正的共产党人深怀对祖国和人民无限的忠诚和热爱，用行动证明了自己的信仰。英国诗人波普说："人的心胸中，永远有希望在跳跃。"信仰是人类行为的支柱，值得用全部生命去追求。"信仰是灯，指引方向；信仰是火，点燃希望；信仰如山，坚定不移。"坚定的信仰是中国共产党的宝贵财富和政治优势，是值得我们中华民族世代相传、永驻心田的巨大精神财富。

爱国之心　报国之志

国家是个人归属的一种社会组织。世界上每一个人都隶属于一个国家，没有国籍的人是世界上最痛苦的人。对于一个人来说,祖国首先代表地球的一个地方,这里的一切——高山大海、原野河流、地下矿藏、地上鸟兽都深深地刻印在自己的生命轨迹之中。这里还有我们的兄弟姐妹和亲戚朋友,有熟悉的处事规则和社会秩序,有相同的祖先和共同的历史。这里是我们的物质、精神和思想发展的基地和摇篮。国家是一个人永远无法摆脱的文化烙印。我们与祖国和民族是灵魂和血液的联系,是精神和情感的联系,是文化和思维方式的联系。"我和我的祖国一刻也不能分割。"无论多么强大的物质及精神力量都无法割断我们和祖国的联系。

国家以尊重每个个体生命的价值,保护每个公民的自由、幸福和安全为立国之本;国民以公民责任感、爱国热忱为为民之本。爱国精神是历史形成的,以维护祖国利益为最高职责,反映历史进步趋势的思想观点和行为模式。它以对祖国深厚的思想感情为基础,以符合历史进步趋势的祖国利益为核心,以自觉维护祖国的尊严为准则。爱国精神是融民族大义和个人品质于一体的高尚情怀。列宁说:"爱国主义就是千百年来巩固起来的对自己祖国的一种最深厚的感情。"教育家苏霍姆林斯基形容:"热爱祖国,这是一种最纯洁、最敏锐、最高尚、最强烈、最温柔、最无私、最温存、最严酷的感情。一个真正热爱祖国的人,在各个方面都是一个真正的人。"

爱国不仅仅是一种责任,更是一种虔诚崇高的信仰。人们对信仰的追求是自发的爱国行动。信仰是一种不可或缺的精神指引和行动航标,具有强大而神奇的力量,可以凝聚起整个民族、整个国家,让有限的生命爆发出难以置信的光芒。爱国是中华民族和中国人民的精神支柱。它不仅能支撑一个人顶天立地的身躯,还能铸造一个人钢铁般的意志。大丈夫要有血性。大丈夫的血性是指崇尚灵魂自由,天性刚烈、不奴颜媚骨,以自由之身反叛一切桎梏,是内敛的英雄,不是外放的暴君。一个人拥有傲骨,才能在浩瀚宇宙之内纵横捭阖、谱写辉煌;一个国家、一个民族拥有傲骨,才能于沧海桑田之间赋雄浑之史诗、扬文明之风帆。关天培面对英国侵略者,在弹尽援绝的困境下发出“人在虎门在”的誓言，率领部下与敌人决一死战。面对攻上炮台的英军，他奋不顾身，“格杀数人，枪箭雨至，负创奋斗，力竭殁于阵前”。甲午海战中，邓世昌面对强敌毫不畏惧，激战中战舰受创起火，他开足马力撞向敌舰。舰毁后，他拒绝了部下给他的救生圈。爱犬“太阳犬”竟浮到他的身边，用嘴叼住他的发辫，使他不致沉入海中。邓世昌决心与舰共存亡，毅然将爱犬按入水中，自己也沉没在祖国黄海的滚滚波涛中，年仅45岁。全舰二百余名将士除27人遇救获生外，其余全部壮烈牺牲。

“在中华民族的悠久历史上产生过许多为世世代代人民所景仰的民族英雄，毫无疑问，其中最杰出的是毛泽东同志。”（《毛泽东思想永放光芒》，《人民日报》1983年12月26日）毛泽东以强烈的民族自尊心和深沉的民族感情，成为维护中华民族根本利益的代表。在毛泽东看来，“我们中华民族有同自己的敌人血战到底的气概，有在自力更生的基础上光复旧物的决心，有自立于世界民族之林的能力”（《毛泽东选集》第1卷，人民出版社1991年第2版，161页）。是毛泽东凭借杰出的政治、军事才能，一次次地把革命、党和红军从危机中挽救出来，领导中国人民砸碎了近百年来架在国人头上的“洋枪洋炮”，让外族的欺凌和侮辱成为历史；也是毛泽东以农民般朴实而准确的语言，科学系统又通俗易懂地诠释着马克思主义信仰，给大多数出身于农民家庭的共产党人以信仰的教诲和灌输，充分发挥了信仰在政治中的导向功能、凝聚功能，为共产党人指出了奋斗的方向。刘白羽回忆道：“当讲到前途是光明的，道路是曲折的时候，毛主席安详而沉静地朝前望着，举起右手掌慢慢向前方推去，这是推动历史前进啊！这时你的心情特别庄严，什么艰难险阻，困苦重重，都不在话下，就是付出生命，也会马上站起毅然决然走上前去。”1949年10月1日，毛泽东代表中国人民向全世界庄严宣告：中华人民共和国成立了！中国人民从此站起来了！并宣布废除所有不平等条约。而在随后的朝鲜战争中，毛泽东再次粉碎了“联合国军”弹压中国崛起的企图，让中国人重获失落许久的自尊。

国的本质与指归是这个国土上的人，爱国就是爱同胞。奋勇直前、奋不顾身的大无畏英雄气概，始于古老的中华民族，伴随着新时代的诞生，它被赋予了崭新特色。2008 年汶川地震是新中国成立以来破坏性最强、波及范围最广、救灾难度最大的一次地震。中国人民发扬“一方有难、八方支援”的传统美德和“多难兴邦”的民族精神，在第一时间积极为灾区捐款捐物。一个民族、一个国家是要有一种精神的，一种能鼓舞人奋发进取的精神。我们团结的力量来自于共同的信仰——爱国。它像一根贯穿华夏历史的红线，保证了中华民族的存续和中华文明的延伸；它像一面旗帜，指引着中华民族从远古走向现代，从贫穷落后走向繁荣昌盛；它像一束阳光，照耀在每一个炎黄子孙的身上，温暖着每一位华夏儿女的心田。

民族大义　多难兴邦

“多难兴邦”的意思是国家多灾多难，在一定条件下可以激励人民奋发图强，战胜困难，使国家强盛起来。语出《左传・昭公四年》：“邻国之难，不可虞也。或多难以固其国，启其疆土；或无难以丧其国，失其守宇。”每当国家危难、外族入侵之时，中华民族总有君子豪杰以身许国，无数仁人志士宁死不屈。庄子甘为“孤豚”，不愿到楚王驾前为相；屈原不忍亡国之痛，毅然投汨罗江殉国；苏武无畏十九载荒芜岁月，一任白发覆顶终不改其志；身处逆境的诗仙李白唱出“安能摧眉折腰事权贵，使我不得开心颜”的心声；宋人周敦颐则以“自李唐来，世人甚爱牡丹，予独爱莲之出淤泥而不染”言明自己的操守；司马迁深陷囹圄，撰写《报任安书》；文天祥面对死亡，吟咏《正气歌》……他们或一身正气，为百姓肝脑涂地；或刚直不阿，为社稷毁家舍命；或舍生取义，为国家九死不悔。

多难兴邦，是因为我们有坚强不屈的伟大人民。中国人民有着勤劳、勇敢、智慧、善良的品格，创造出辉煌灿烂、震古烁今的中华文明，创造过无数惊天地、泣鬼神的英雄业绩。“挽断白发三千丈，愁杀黄河万年灾。”几千年来，水灾让华夏子孙充满忧患,也让中华民族与水患斗争的故事写满历史。1998 年夏天,中国遭遇了一场历史上罕见的大洪灾,长江流域、嫩江、松花江流域都出现了洪水泛滥。全党、全军和全国各族人民紧急行动起来,在党中央的领导下,团结奋战,同特大洪水进行了惊心动魄、气壮山河的殊死搏斗,终于取得了抗洪抢险斗争的重大胜利。国家博物馆馆藏一块白底红字的木制"生死牌",是"九八抗洪"的珍贵见证。这块"生死牌"上面记载的内容是黄义成、唐仁清、李建强等 16 位驻守在武汉市江汉区龙王庙闸口的共产党员,在"誓与大堤共存亡"的誓词下面,用鲜红的颜料签上自己的名字,时间落款是"一九九八年八月七日"。还有更多的英雄让我们铭记:湖南省安乡县环保所副所长李建国在疾病缠身的情况下在抗洪第一线坚守 35 个日夜,因劳累过度猝死在大堤之上;空军某高炮团指导员高建成拖着持续高烧疲惫不堪的身躯,多次救起洪水中的战友,终因体力消耗殆尽被洪水无情地卷走……他们正是用自己的铮铮铁骨和殷红鲜血,恪守并诠释了高尚的信仰,为人生做了最精彩的信仰标注。"万众一心,众志成城,不怕困难,顽强拼搏,坚忍不拔,敢于胜利"的抗洪精神,形成了一股强大的震撼力和凝聚力,成为中华民族克服千难万险不断前进的精神力量。

2003 年春节前后,一种人类从没有见过的疫病——传染性非典型性肺炎悄然肆虐广东地区,并向北京、山西等地迅速扩散。面对突如其来的重大灾难,党中央、国务院高度重视,迅速组建了专门的领导决策机构,举全国之力进行抗击。在这场没有硝烟但同样充满危险的战争中,医护人员置个人安危于不顾,前赴后继,日夜奋战在抗击非典的第一线。各行各业的干部群众心往一处想,劲往一处使,展现出"万众一心、众志成城,团结互助、同舟共济,迎难而上、敢于胜利"的抗击"非典"精神。广东省中医院二沙分院急诊科护士长叶欣在这场战役中献出了宝贵的生命。她与急诊科主任一起尽量包揽病人的检查、抢救、治疗、护理等工作,不让或少让同事受病毒感染。"这里危险,让我来吧!"即使被传染倒在病床上,她也通过呼叫仪询问其他"非典"患者的护理情况。当叶欣病重至说不出话时,她用笔吃力地写下:“不要靠近我,会传染……”2003 年 5 月,红十字国际委员会授予叶欣南丁格尔奖。叶欣用生命践行了南丁格尔的名言:“在可怕的疾病与死亡中,我看到人性神圣英勇的升华。”

六十载沧桑巨变,神州大地英雄辈出。国家是一座丰碑,凝聚着每位英雄的信仰;祖国是一座圣殿,耸立在亿万国人的心中。“国家的尊严比安全更为重要,比命运更有价值。”邓小平说,中国人要有自信心、自尊心,要懂得珍惜自己民族的独立。特别是像我们这样的第三世界发展中国家,若没有民族自尊心,不珍惜自己民族的独立,国家是立不起来的。中国人自身的生命力、创造力、凝聚力和自信力从根本上决定着中华民族能否在激烈的全球竞争中立于不败之地。一种充满民族自信和自尊的文化力量,是一个民族在经济全球化进程中能够保持民族独立自主、国家坚强有力的精神支撑。

人民军队爱护人民

国无兵则不强,兵无志则不刚。作为维护国家安全和社会稳定的神圣工具,军队是爱国主义和精神信仰最为集中体现的地方。军人常说:“我们的生命属于祖国,如果祖国需要,我们什么都可以付出。”一位将军也说过:“出色的部队都有节奏,一种整体感,一种精神力量。”信仰是军人坚毅的动力、献身的力量。世界上绝大多数的军队都有其信仰,不过军队里把信仰称为“核心价值观”。美国军人的核心价值观是“正直、进取、忠诚、无畏、奉献”。法国军人强调的是“纪律、忠诚、献身”。印度军队倡导的是“克制、自尊、守纪、集体精神”。中国军人的价值观是“忠诚于党、热爱人民、报效国家、献身使命、崇尚荣誉”。

中国工农红军的万里长征是一部惊心动魄、可歌可泣的英雄史诗,是人类历史上一场追求信仰的远征。这场远征挽救了红军,挽救了党,为中国革命的最终胜利奠定了坚实的基础,锤炼熔铸出坚定信念、勇往无前、艰苦奋斗、实事求是、顾全大局的长征精神。四路红军历时两年,行程 65000 余里,途经14个省，翻越21座雪山，进行重要战役战斗近600个。超过16.6万红军官兵牺牲或失散在这条征途中。聂荣臻元帅生前回忆，长征中每打一仗下来，党团员负伤人数常常占到伤亡数的25%，甚至50%。《西行漫记》描述道："长征的统计数字是触目惊心的：路上一共有368天，有235天用在白天行军上，18天用在夜间行军上。接下来的100天——其中有许多天在打遭遇战——有56天在四川西北，因此总长5000英里的路上只可休息44天，平均每114英里休息一天，平均每天行军71华里，即近24英里……"长征中，天上有飞机轮番侦查、轰炸，地上有数十万敌军的围追堵截。由于国民党的歪曲宣传和人为破坏，红军只能走人烟稀少、贫穷落后的地区，物资供应得不到保障。夹金山海拔4500米，险峻之极。进到山里雪花飞舞，山上空气稀薄，人喘气都困难。有的战士没有毛衣，只穿单衣，有的披着兽衣，有的打着赤脚……饥饿、严寒、疾病、追剿，时时刻刻威胁着红军的生命。鼓舞他们前进的是什么？是信仰的力量，是对革命事业必胜的信念。聂荣臻元帅当时问过很多红军战士："为什么要当红军？"他们回答："为了打土豪、分田地"、"为了苏维埃新中国"，这恰恰是中国工农红军的核心价值观。在无数的困难面前，红军战士只有一个念头，就是无论如何都要克服这些困难，实现自己的理想。

那曲军分区所属部队驻守在平均海拔4530米的藏北高原，空气中含氧量不及内地一半。在那曲生活5年以上，大多数人会不同程度地出现心、肺、脾、肾异常。在这个被称为"生命禁区"的地方，一个体重41公斤的女军人，那曲军分区门诊所护师彭燕，却坚守了12年。她是全军海拔最高军分区中唯一的女军人，官兵叫她"大姐"，牧区群众称她"菩萨"，24位藏族孤寡老人叫她"女儿"，35名藏族孤儿喊她"妈妈"。正是凭着坚定的理想信念和顽强的拼搏精神，彭燕一次次战胜艰难险阻，翻雪山、趟冰河、过沼泽，累计行程一万多公里，足迹遍及那曲军分区所属连队，配合医生为官兵们诊治各类疾病数千人次。一次，彭燕巡诊路过一个冰滩时暴风骤起，吹得她失去平衡，摔倒在地，顺着斜坡往下滑。情急之中，她死死抓住一个凸出的冰块，转眼间，10个手指头牢牢和冰块粘在一起。护送她的两名战士急忙用石头砸碎冰块,彭燕的手指头被锋利的冰碴扎破,鲜血不停地从指缝中流出来。战士们劝她早点返回分区,但她忍着疼痛,硬是坚持巡诊完最后一个哨点。在雪域高原工作,面临的不只是艰苦,有时甚至要以生命为代价。彭燕身患风湿性关节炎、慢性胃病、心肌缺血等5种疾病,全身上下留下了23处伤疤。12年来,彭燕放弃了14次工作调动的机会。她说:“是官兵和牧区民众感动了我,让我决定留下。我只是为他们做了一点分内的事,他们却给了我加倍的回报。我走了,他们会伤心的。”

无论是面对战争还是灾难考验,中国军人从来都把人民的利益高高举过头顶。在信仰的感召下,中国军队坚守信念,精诚团结,战无不胜,攻无不克。

见危授命　为国效劳

“见危授命”是指在危急关头勇于献出自己的生命。语出《论语·宪问》:“见利思义,见危授命,久要不忘平生之言,亦可以为成人矣。”见危授命体现了一种浩然之气。孟子说:“其为气也,至大至刚,以直养而无害,则塞于天地之间。其为气也,配义与道,无是,馁也。”意思是,“浩然之气”第一,它是正义积累的结果;第二,它和道义相伴生;第三,它一旦为道义和正义所培养,就最伟大、最刚强,能够充盈于所有的地方。势源于气,气源于义。有义则有气,有气则有势。正义在胸,则气势磅礴。可见,“浩然之气”根植于人心中的仁义,是“集义”所生,培养它的根本途径是“直养”与“无害”。“义”是道德的太阳,“义”高于一切。为了“义”,“志士不饮盗泉之水,廉者不受嗟来之食”;为了“义”,富贵不能淫,贫贱不能移,威武不能屈。

司马迁说:“人固有一死,或重于泰山,或轻于鸿毛。”“至大”——“塞于天地之间”——充满整个宇宙;“至刚”——无坚不摧——以至于富贵不淫、威武不屈、贫贱不移。人间正道是沧桑,这是取胜的根本,是士气高昂的源泉。倪征燠(音“育”)出生在1906年的晚清时期。他在美国留学和工作期间,如饥似渴地研习西方法律，掌握了深厚的法学知识。倪征燠回国时正值东京国际法庭审判日本战犯，中方因为证据不足，难以使土肥原、板垣等十恶不赦的战犯伏法。深谙英美法律的倪征燠临危受命，挺身而出。他说：“虽然采证艰难，但是如果我们不能把对中国人民犯下滔天罪行的日本战犯绳之以法，天理难容！我们无脸再见父老乡亲！”倪征燠不辱使命，用丰富的学识和高超的辩论技巧对侵华主要战犯提出了有力的控诉，维护了中华民族的利益和尊严。1984 年，倪老以高尚的品格和资深的阅历当选为联合国国际法院法官，成为新中国历史上第一位享有国际司法界最高荣誉的国际法官。

人在富贵通达时，可率性而为，可任性而为，亦可为所欲为，不易见到真正的心底，而困厄之时最易剥掉伪装，看到灵魂的颜色。人们不会忘记“卫星之父”孙家栋的三次“临危”决断。1967 年，钱学森点将，让 38 岁的孙家栋担任中国第一颗人造地球卫星“东方红一号”的总设计师。在一次工作会议上，孙家栋说：“总理，目前卫星的初样试验已经基本完成，可是正样卫星的许多仪器上都镶嵌有毛主席的金属像章，安装紧凑的卫星仪器可能会由于毛主席像章而导致局部发热，还会涉及重量分配使卫星运行的姿态受到影响，另外也会增加卫星的整星重量，使火箭的运载余量变小。”当时正是“文革”的高潮期，个人崇拜把人们的情绪推向了极端。可想而知，对毛主席像章发表不同意见要冒多大的政治风险。周恩来认真地听完汇报，神情严肃地说：“我们大家都是搞科学的，搞科学首先应当尊重科学，应该从科学的角度出发，把道理给群众讲清楚，就不会有问题。”在周总理的支持下，毛主席像章被拿掉。1970 年，“东方红一号”卫星一举发射成功。1974 年，第一颗返回式遥感卫星即将发射，调度指挥的扬声器里传出洪亮的口令声：“一分钟准备！”就在火箭托举着卫星即将点火升空的刹那，研制人员突然发现卫星没有按照设定的程序转入卫星内部自供电。这意味着运载火箭如果发射，将会带着不能正常供电的卫星升空，送入太空的将会是一个重达两吨重的毫无用途的铁疙瘩。千钧一发之际，孙家栋不顾一切地大喊：“停止发射！”发射程序终止了，可孙家栋却由于神经高度紧张而昏厥过去。处理完故障后，卫星和火箭重新进入发射程序。4个小时后，“各系统转内电”的口令再次发出，随着“点火”命令的下达，火箭在震耳欲聋的呼啸声中冲出了发射台……1984年，“长征三号”运载火箭携带“东方红二号”通信卫星在西昌卫星发射中心发射成功。然而，卫星在经变轨、远地点发动机点火进入地球准同步轨道，向预定工作位置漂移时，西安卫星测控中心通过遥测数据发现，装在卫星上的镉镍电池温度超过设计指标的上限值，如果温度继续升高，刚刚发射成功的卫星将危在旦夕。这时，孙家栋再次发出了打破常规的指令：“立即再调5度！”正常情况下这一指令需要按程序审批签字后才能执行。但情况紧急，各种报批手续都已经来不及了。工作人员在立即执行的同时，为了慎重，临时拿出一张白纸在上面草草写下“孙家栋要求再调5度”的字样要孙家栋签名。他毅然拿起笔签下“孙家栋”三个字。天上的卫星执行了地面的指令后，热失控被制服，终于化险为夷，保证了定点和长期稳定运行。

正气是不为敌强我弱所屈服、不考虑自身利益、虽死也要坚持的一种品德。为国家、为民族、为百姓，中国的浩然正气之士在强暴和淫威面前昂首挺胸，敢于斗争，不丧志，不变节，经得住血与火、生与死的考验，舍生取义，粉身碎骨全不怕，留得正气在人间，谱写了一曲曲激荡人心的忠烈诗篇。2008年4月，北京奥运会火炬接力在巴黎进行环球传递第5站的活动。传递途中，极少数“藏独”分子试图从坐在轮椅上的27岁的残疾击剑运动员、火炬手金晶手里抢走火炬。面对突如其来的袭击，金晶毫不畏惧，紧紧护住火炬不被抢走。她说：“你想从我手中抢走火炬，除非从我尸体上爬过去！”这个画面打动了在场所有人的心，金晶被誉为守护“祥云”的天使、“最美最坚强的火炬手”。金晶用柔弱之躯挡住残暴，让全世界读懂了奥运的神圣和中国人的骄傲和自豪，被评为“2008年十大感动中国人物”。历史把这些英雄推上了价值和境界的高峰。是信仰在支撑他们为正义、为真理、为光明尽力，为国家尽忠。英雄造时势，艰险出英雄。

第三节　信仰激发心灵的高贵

让灵魂跟上时代

21世纪,戕害人类健康的三大疾病是癌症、艾滋病和忧郁症。前二者是生理上的疾病,后者则是精神层面上的。忧郁症俨然已经成为新世纪的主流疾病。研究表明,精神疾病占了发达国家的15%,超过所有癌症的总和。另有统计,美国等西方发达国家青年人感到快乐幸福的比率仅占30%,而日本这个数字仅为10%。也就是说,在物质生活高度丰富的发达国家生活着一大批精神苍白心灵贫穷的"富有者"。心灵穷比口袋穷更可怕。发生经济危机,我们有应急措施,其他国家还可以支援;但如果人的思想和心灵出现了危机,危害远远大于经济危机。难怪专家预言:"从现在到21世纪中叶,没有任何一种灾难能像心理危机那样带给人们持续而深刻的痛苦。"有学者甚至断言:随着中国社会向市场化转型,心理问题对自身生存的威胁将远远大于一直困扰中国人的生理疾病,成为人们面临的重大危机。

信仰的本质是一种自我超越,是一种信奉、持守和追求,也是一种生活方式和思维方式。真正的信仰可以将人的精神生活提升到最高境界,赋予人生积极的意义和动力、充实人的精神生活。因此,一个人在任何时期、任何地方,大到维护国家民族的团结统一,小到维护家庭单位的安定和谐,都应当树立自己的信仰,有个人的精神追求和目标。在追求信仰中,人的"经济理性"与"道德理性"追求的效用最大化有时会产生冲突。正如英国经济学家威廉·斯坦利·杰文斯所说:"以为自己的福利,并为他人的福利时,较高的道德是非的计算是需要的。"通俗地说,人们在做决定前要权衡是以个人利益为重,还是以社会长远利益为重。而要达到后者的高度,人必须具备以他人利益和社会集体利益为重的价值观和道德心。

数十年前，留学热也曾弥漫中国。曾留学德国10年的季羡林先生形容："其声势之大绝不亚于今天，而且当年出国的吸引力比现在大。"当时的留学生之所以选择出国留洋，是因为他们有着崇高而坚定的爱国信仰，怀揣"师夷长技以制夷"的思想和富国强兵的志向，去学习国外的先进技术。他们学成后，秉承"不嫌祖国穷、不嫌母亲丑，要把新中国建设好，要让母亲更漂亮"的决心，为祖国带回先进的知识和技术，在不同领域创造出举世瞩目的成就。因此，"那时出国没有哪个人是不回来的"。1950年，26岁的邓稼先在美国获得物理学博士学位，毕业当年他就毅然回国报效祖国。1958年，邓稼先接受了国家最高机密任务——秘密研制原子弹。随后他人间蒸发，隐姓埋名，身影闪现在核武器研制的基层第一线：在北京郊外的高粱地里参加研究所的兴建，在罗布泊国家核试验场的土路上颠簸，在云遮雾罩的山区指挥着原子弹、氢弹的研制。邓稼先为中国的核武器研制事业兢兢业业、呕心沥血、孜孜不倦地奋斗了28年，为中国第一颗原子弹和第一颗氢弹试验成功立下了卓越的功勋。整整28年，邓稼先生死未卜，不知去向。夫人许鹿希信守离别时相互托付的诺言，无怨无悔地痴情等待。1986年夫妻重逢，邓稼先却因为受辐射身患重病，几个月后在妻子怀中离开人世。许鹿希紧紧抓住丈夫的手，不相信地问："二十多年的等候，就是这样吗？"许鹿希说："邓稼先最后留下了两句话。一句是'苦了你了'，当时我感觉得到，他对我很担心，不知道今后我该怎么办。还有一句是'死而无憾'，这句话是说他自己这一生没有空虚地度过。"邓稼先被誉为中国的"两弹"元勋。他用自己的一生实践着科技强国的抱负和梦想，是当之无愧的中国新一代优秀知识分子的光辉榜样。

只讲财富的人生是可悲的。谁是真正的富翁？往往不是家财万贯的守财奴，而是心灵的富有者。当被各种富豪榜单围绕的我们看到"2010中国心灵富豪榜"时，都会眼前一亮。通过评选心灵富豪，我们对自己的灵魂进行救赎，以心灵度量财富，用精神为富豪定义，倡导让更多的人"心灵富裕起来"。

共有65人获得提名，13人最终上榜，袁隆平、张海迪、黄福荣、雷锋等成为“心灵富豪”。他们中的大部分物质上并不富有，可他们的心灵和精神却富可敌国，足以让物质财富相形见绌。42岁的李桂林是四川凉山二坪村的教师，妻子陆建芬是代课教师。由于小学建在峡谷的悬崖峭壁之上，孩子们上下绝壁都要攀爬5架木制的云梯。每次上学、放学，李桂林夫妇都要把孩子一个个背上背下，18年如一日。李桂林夫妇当选“感动中国2008年度人物”。颁奖典礼中提到，在李桂林夫妇之前的17年里，一直没人愿意到二坪村当老师，李桂林夫妇最终留了下来，并且一留就是18年。而此前，当地青年的文盲程度居然到了不认得钱、进城后不认得男女厕所，到了厕所只能先等在门口，看见有人进去再“按图索骥”的惊人地步。“不要做物质的奴隶，我们要做心灵的富翁；不要做机器的附属，我们要做自己的主人。”成千上万的人们吟唱着心灵解放歌、人生国际歌。

柏拉图强调：“你不可能尝试只救身体而不救灵魂。”价值观需要日常的培养；道德心需要一天天地养成。在凤凰古城一个叫做“火柴天堂”的小店门口摆放着两把椅子，椅套上有字，一把写着：请留步，坐下歇会儿，好让我们的灵魂跟上；另一把写着：老公、老婆寄存处，免费。心外寻心，终不可得。“要想撬起世界，它的最佳支点不是地球，不是一个国家、一个民族，也不是别人，而只能是自己的心灵。要想改变世界，你必须从改变你自己开始；要想撬起世界，你必须把支点选在自己的心灵上。”国家和个人的崛起，首先是心灵的崛起。一个不贪恋财富的人生才可能是真正富裕的人生。

仰望星空　涵养德性

提到五四新文化运动，人们马上会想到“德先生”和“赛先生”，即民主与科学。然而在这两位先生之外，五四运动后期还有一位鲜为人知的女士，即“穆勒尔”（英文moral的音译）——“穆姑娘”。欢迎“穆姑娘”的口号是当时新文化运动的重要人物吴稚晖提出的。在1923年科学与人生观的大论战中，吴稚晖撰文指出:“我们中国已迎受到两位先生——‘赛先生’、‘台[德]先生’——迎之固极是。但现在清清楚楚,还少私德的迎受。”在他看来,“赛先生”代表智识,“德先生”则主要代表公德,因此他强调应该欢迎“穆勒尔”姑娘来“主中馈以治内”,希望通过对“穆姑娘”的迎受来挽救道德衰微的趋势,提高国人的素质。1924 年,新文化运动的另一位猛将钱玄同也对此进行了呼应:“孔家店真是千该打、万该打的东西,若不被打倒,则穆姑娘无法来给我们治内。”

哲学家康德说:“有两种东西,我们对它们的思考越是深沉和持久,它们所唤起的那种越来越大的惊奇和敬畏就会充溢我们的心灵,这就是繁星密布的苍穹和我们心中的道德律。”然而不知从何时起,“除了我们对星空探索的热情有增无减外,我们心中的道德律却似乎越来越少,心中残存的那一点敬畏也奄奄一息。粗暴地掠取自然资源、摧毁烈士陵园、不敬师长、生产有毒食品、暴力拆迁……各种丑恶事件不时见诸报端,数千年来被世代中国人奉为神圣的天地、神灵、君亲、生命、历史文化、民心民意,在当代社会似乎统统被打倒”。道德与法律底线不断被突破,公序良俗被破坏,这是我们共同的悲哀。

道德是调节社会人际关系的规则,是人安身立命的基础,是一个人之所以为人的灵魂。道德是一种自律,靠一个人内在的自觉性来约束人的行为,维持社会的稳定;道德还是一种良知,是一个人心灵领地肮脏或纯洁的集中表现。但丁说:“道德常常能够填补人们智慧的缺陷,而智慧却不能填补道德的缺陷。”道德表现在一个人对社会行为规范的态度和具体实践中,特别表现在对社会弱势群体的态度和行为中。最高的道德层次是利他主义和无私无我——这是圣人和殉道者的道德。一般的道德层次则是雷蒙德·阿伦所说的“合理的利己主义”:个人的行为既不是圣人,也不是犯罪,而是在履行社会责任和遵守法律的范围之内合理地谋求自己的利益。道德和法律是使信仰直接付诸行动的中介和桥梁。道德行为是人类的一种自觉行为,表征了人的个体存在和类的存在的一致性。法律则表征了类的信仰和个人信仰的不一致方面，因此要借助于物质的力量和强制的手段得以实施。各种法律的不断出台，表明个人信仰和类的信仰的矛盾不断产生，而新的道德规范的不断形成，又表征着个体与类的信仰趋于统一的一面。自孔子起，儒家就将伦理道德看得极为重要。人类为什么需要道德呢？孟子指出："人之有道也，饱食暖衣，逸居而无教，则近于禽兽。圣人有忧之，使契为司徒，教以人伦：父子有亲，君臣有义，夫妇有别，长幼有序，朋友有信。"这就是儒家思想中有名的"五伦说"。"五伦"，即古代社会中五种最为主要的社会关系或伦理关系，孟子在提出"五伦"后更进一步指出了维系这五种关系的道德原则。在他看来，"父子有亲"，应该靠"孝"、"仁"、"义"等道德品质来维系；"君臣有义"，靠"忠"、"仁"、"义"来维系；"夫妇有别"，靠"顺"来维系；"长幼有序"，靠"悌"来维系；而"朋友有信"，要靠"信"、"恭"来维系。

道德自觉是一种隐藏于人们内心深处、对于思维方式和行为方式具有非强制性作用的心理构成，是人类具有共性的一种美好情感。一个人的道德自觉在平常也许表现不出来，但一旦受到偶然事件的刺激，就会喷射出灼目的人性光辉。杭州一小区两岁女孩突然从10楼高空坠落，眼看就要酿成悲剧，刹那间，过路女子吴菊萍毫不犹豫地冲过去，徒手接住了女孩儿，手臂被巨大的冲击力撞成粉碎性骨折。女孩稚嫩的生命得救了。无数国人为之动容，纷纷称赞吴菊萍为"最美妈妈"。一般人手臂承重只有45公斤，而吴菊萍用手接住坠楼女童的刹那，相当于一个330多公斤的重物砸在了手臂上，用医生的话说，（这么大的力量）砸在脖子上就是瘫痪，砸在脑袋上就是死亡。媒体披露了一个细节：吴菊萍在冲上去接孩子之前，把高跟鞋脱掉了。这说明吴菊萍知道这么做是有危险的，并作了一定程度的防范，只是她选择了把他人的利益置于自身之上。

就肉体和生理来说，人与人的区别不大，与灵长类的其他动物区别也不大。人之所以最高级，就在于更多地具备这样一些品质，如正义感、同情心、仁慈、慷慨、坚毅、勇敢、耐心和聪慧等，因此构成较高的人格和精神。道德最深厚的基础是同情，设身处地，体谅别人，即明白伤害自身的事物也会令别人有同样的感受。孔子的“己所不欲，勿施于人”，是道德的金律。同情心来自人的良知、道德，是一种内在的力量。培根说：“同情在一切内在的道德和尊严中为最高的美德。”从重庆到广州务工的张氏两兄弟持刀劫持女人质，与警方对峙90分钟后被擒。他们称抢劫是想为其母筹集医药费。此说法被证实后，不少热心民众为张母捐款。其中一位说：“这不是鼓励犯罪，而是出于最起码的同情心。”“有力者疾以助人，有财者勉以分人”，不同阶层的普通人闪现的人性光芒，共同证明了罗尔斯所说的“道德人格”并非乌托邦——人有能力获得善的观念和正义感。

德国哲学家叔本华说：“行善是表现在外的良心；良心是隐藏的名誉。”2011年1月，凤凰网“征集中国人的信仰”调查显示，中国人依然把道德放在一切社会价值和社会标准的最顶端。信仰是人类的基本精神和依托，帮助人们净化心灵，建立道德规范，找到人生归宿，并指引人们踏上求真之路。不同人的道德判断力是相同的，但道德行为各式各样。道德是基本的善，道德是燃烧的光，道德也应是我们的生活方式。社会也好，个人也好，应该具有道德自觉。在种种利益的诱惑与追逐中，道德自律的重建源自每个人的自我约束，也源自有效的外部制约。只有道德自觉，我们的社会才能奏响最美的旋律。

知识分子是社会的良心

北师大房地产专业的一位教授在微博中告诫学生：“当你40岁时，没有4000万不要来见我，也别说是我学生。”这位教授因此一夜成名。以财富作为成功人生的标准，自然不是这位教授的发明，但象牙塔精神净土内的大学教授居然用财富区分学生的成功与失败，不禁令人愕然。《人民日报》时评员李泓冰分析道:从“车不如我爸”到“40岁赚4000万才能认师”有着清晰而一贯的逻辑线索:在财富膜拜的背后是对普通劳动者的轻慢,对平凡生命的蔑视,而平等和民主意识在他们的脑海中已无处容身。更令人悲哀的是,将这样的逻辑应用得如此纯熟且理所当然的是年轻的学生或他们的老师。

知识分子是中国文化的天然传道人,是心灵导师。中国的知识分子向来对社会政治进程有强烈的使命感和参与意识,以拯救天下为己任,这来自集学与仕于一身的儒家传统。古代的士大夫阶层自许“士不可以不弘毅”;“五四”之后,现代知识分子阶层更以救亡和启蒙为己任,推崇“德先生”与“赛先生”;而以饱学之身投入“英特纳雄耐尔(音译,即共产主义)一定要实现”的洪流中的一代共产党人为了人民的幸福,慨当以慷,不惜抛头洒血……学者周国平对知识分子的思考很有借鉴意义。他写道:“我所说的智者是指那样一种知识分子,他们与时代潮流保持着一定的距离,并不看重事功,而是始终不渝地思考着人类精神生活的基本问题,关注着人类精神生活的基本走向……我相信,这样的人的存在本身就会对社会进程发生有益的制衡作用。智者是不会有失落感的。只要他守护着人类最基本的精神价值,即使天下无一人听他,他仍然是一个智者……他所关怀的那些终极性的精神价值不仅仅属于他个人,而是真正具有人类性和普遍性的,关系到人类社会的根本走向。一个人若能像苏格拉底那样守护着它们,批评社会上背离它们的倾向,他就代表了人类精神的一种高度,为社会提供了一种清醒的声音。”

“做发现社会病灶的医生”是知识分子最主要的担当和责任。秉承着良知和道德自觉,知识分子时时处处保持着一种审视的态度和批判的精神,去观察、发现和批评那些畸形的扭曲的社会现象,并提出建设性的意见,不再让它侵袭社会和文明的健康机体。作家柏杨就是这样一位斗士,他不仅是历史的见证人,更是文化改革的行动者。《丑陋的中国人》一书自问世以来,在华人世界引起了风起云涌的争论,至今余焰未熄。这部备受争议的著作,使柏杨成为世界华人圈最具知名度的作家,也由此被海内外新闻传媒称为“是一位最能代表中国人良心、又最有决心追求中国人尊严、也重视人类尊严的人”。柏杨说:我理想中的中国人是在世界这万邦之林受到人家内心尊敬的一个族群。这个族群,人家不会看不起你,人家也不会怕你,人家也不会厌恶你。人家怎么能够尊敬你?你必须要活得很有尊严,而不是活得很蛮横,活得很卑微。

从梁启超到梁思成,再到梁从诫,梁氏家族三代知识分子走过了一条共同的忧国忧民、报效国家的典型中国知识分子的人生道路。梁启超自号“任公”,寓意“以天下为己任”。在其半生中,他的名字与中国近代史上几乎每一件大事都联系在一起。梁启超 12 岁中秀才,16 岁中举人,被称为“天才少年”,17 岁时拜康有为为师。尽管“戊戌变法”功败垂成,但至此梁启超登上了中国思想、政治舞台,倡言开民智、启新学,成为新时代的启蒙者。毛泽东曾对美国记者斯诺说,“五四”之前最影响他的人是梁启超。胡适说,他少年时代读了梁启超的文字,如同受到了电击。1917 年,44 岁的梁启超辞去了北洋政府财政总长的职务,告别了“从政”生涯,转而一心“治学”。“但开风气不为师”,是梁启超对自己的评价。和同时代的学人一样,梁启超一生都在东西方文明的冲突和交汇中探寻适合中国的道路。他最后写下的一行字是:“所不朽者,垂万世名。孰谓公死,凛凛如生。”梁思成是梁启超的长子,清华大学毕业后赴美学习建筑,学成归国后受聘于东北大学,在那里创办了中国第一个建筑系。他回到北平后参加中国营造学社,开始了长达八年的中国古建筑野外勘察和测绘工作。尽管他双脚有缺陷,生活条件又很艰苦,天气很冷只能用报纸做被子睡觉,却始终牢记父亲梁启超引用的孟子的话“梓匠轮舆能与人规矩,不能使人巧”,坚定信念,勤奋工作。新中国成立后,梁思成承担中华人民共和国国徽和人民英雄纪念碑的设计工作,成为北京旧城的“保护神”。也正是因为他护城的角色,梁思成在此后的运动中一次次被批判,然而他说:“50 年之后,一定有人后悔的。”晚年的梁思成在不被人理解时常感叹地说:“我是辽代的一块木头。”梁从诫的一生,又接着唱响祖父梁启超、父亲梁思成“我不入地狱,谁入地狱”的生命主旋律,晚年创办了蜚声中外的中国第一个民间环保团体——“自然之友”。梁氏家族展示的就是中国传统知识分子里的“士”对家国的情怀。有人评价：放眼过去一百多年，梁氏家族的数代知识分子总是能够把自己的生命能量释放至社会最急需的危苦处，暖化冰冷者，活化死寂者，热化悲观者，激化漠视者，转化围观者，度化邪恶者。他们用自己最简单却又最坚实的生命轨迹，向国人一次次地证解着知识分子的人生方程式。

知识分子的心都敏感，眼睛都锐利，都能感知社会的苦难。发现这些苦难，进而让有心为之的人能“起而行之”，为缓解苦难、阻止苦难、追求美好而赴汤蹈火，是知识分子的重要责任之一。只要我们不被自私隔绝，愿意让自己成为公众的一部分，那么我们每一个人都能成为公众信任的人，替公众请命的人，为公众献身的人。

奉献滋润着美好心灵

“奉献”一词的“奉”，即“捧”，意思是“给、献给”；“献”，原意为“献祭”，指“把实物或意见等恭敬庄严地送给集体或尊敬的人”。两个字合起来就是“恭敬的交付、呈献”。奉献是一种多么高贵的精神，是一种多么高尚的情操，是一种多么深沉的爱，是一种多么无私的付出。有两句唐诗写得好：“春蚕到死丝方尽，蜡炬成灰泪始干。”

王万青大夫是藏族牧民最欢迎和尊敬的汉族干部。1968 年，毕业于上海第一医学院的王万青放弃了上海优越的生活，到甘南藏族自治州条件最艰苦的玛曲草原当了一名普通的医生。乡卫生院缺医少药不说，仅有的医疗设备就是“三大件”：血压计、听诊器、体温表。他还得经受饮食关、语言关、骑马关，乃至高原缺氧关的考验。草原行医 40 年，王万青练就了过硬本领，他实施过甘南州第一例开颅手术，他是甘南州医疗卫生行业第一个正高职称获得者。1984 年，一名 10 岁牧童南美被牛角顶穿了肚子，外露的肠管都已变色。事发一天后，家人把奄奄一息的南美送到了乡卫生院。“血压测不到，转院会死在路上，必须马上做手术。”但当时简陋的乡卫生院根本不具备做手术的条件。在征得家长和乡里领导的同意后，王万青把两个办公桌并在一起，当做手术台；一个电灯泡加上把手电筒，充当无影灯。实施麻醉后，王万青为南美切除了坏死的肠管，缝合了伤口。十余天后，南美开始进食活动。还有一次，王万青黎明时分飞马赶到放牧点，果断地为一个急性喉阻塞、窒息濒死的牧民做紧急颈部环甲膜穿刺，建立通气道，又救了一命……王万青在藏区草原名声大震，藏民都说他是神医。为了减轻牧民群众的痛苦，在玛曲县阿万仓乡工作的二十多年里，王万青一个人骑马完成了全乡人畜共患的布氏杆菌病的普查摸底工作。他和妻子起早贪黑，逐一给当地的牧民孩子实施计划免疫。王万青当选中央电视台“感动中国 2010 年度人物”。颁奖辞是：“只身打马赴草原，他一路向西，千里万里，不再回头。风雪行医路，情系汉藏缘。四十载似水流年，磨不去他对理想的忠诚。春风今又绿草原，门巴的故事还会有更年轻的版本。”

“光荣的人把业绩造在人类的需要上，虚荣的人把成就描绘在名利的画面上。”真正高尚的人并不追求伟大，只愿把赤诚的心灵留给大家。74 岁的英国人斯坦·布洛克没有收入，没有存款，没有汽车，没有房子，没有老婆孩子，但被很多媒体尊称为“当代英雄”、“圣人布洛克”。他创办的“偏远地区医疗志愿团”（缩写为“RAM”）在全球十多个国家为穷人提供免费医疗服务，其中超过六成是在美国。仅 2008 年，RAM 在洛杉矶一次就治疗了 6334 人。截至 2009 年年底，RAM 志愿者总数 48129 名，累计治疗 416081 人，65170 只动物，免费提供的医疗价值 44672632 美元。每次治疗 RAM 都要出动大队人马运载大量志愿医生和医疗器材的车队，有时还要出动飞机。对病人他们不作任何甄选，只按先来后到的顺序接待。工作就是布洛克的全部。他告诉记者：“我没时间从事兴趣爱好，但这不成问题。这种志愿工作多种多样，你会很忙，一天过得很充实。实际上，每天的时间还不够用。”

“落红不是无情物，化作春泥更护花。”土地把养料送给大树时，并没有盘算着索取报酬。人并非为获取而给予，给予本身即是无与伦比的欢乐。感官总有满足的时候，灵魂却是无边无际的。人最大的欢乐、最大的幸福来自奉献。每一次奉献都会洗净我们灵魂中某个小小的斑点和污渍，每一次奉献都有可能斩断我们性情中的劣根。

精心呵护生命之花

白居易的诗《鸟》："谁道群生性命微？一般骨肉一般皮。劝君莫打枝头鸟，子在巢中望母归。"诚挚感人，充满了仁爱之心。是啊，小鸟再小也是生命，它有血有肉，有亲人。生命很美丽，也很脆弱。生命自大自然中孕育而生是艰难危险的，任何一个微小的环境变化都会使生命出现夭折。在青藏高原上，如果人不小心踩倒一棵小草，对它都是毁灭性的。生命是伟大的，是崇高的，没有人轻易放弃生命。细小的种子不断努力，根拼命往下钻，芽使劲往上顶，就是在坚硬的石堆中也毫不畏惧，只为了接受清风的爱拂，阳光的淋浴；墙角的壁虎为了延续生命，毫不犹豫地舍弃自己的尾巴。这些毫不起眼的动植物尚且努力争取享受生命的乐趣，自诩万物灵长的人类又岂能漠视生命的存在。

2008 年北京残奥会上，残疾人运动员合奏了一曲感天动地的生命颂歌。何军权，著名的"无臂飞鱼"，3 岁时不幸被高压电击伤失去双臂；王周彬，5 人制盲人足球队选手，9 岁时，大年三十晚上，他去看一个点燃后未响的鞭炮，脸刚凑近，鞭炮爆炸，从此失去了光明；王周彬的队友张强，一只眼睛先天失明，另一只眼睛 13 岁时被跷跷板间的一根长钉子扎中。中国残疾人艺术团的 18 名聋哑演员中，绝大部分是在 2 岁前后因为发烧时使用抗生素而导致耳聋。孩子是祖国的花朵，是每一个家庭的希望。假如，孩子们不会那么容易碰到高压线；假如，全社会早点普及燃放鞭炮的安全教育；假如，跷跷板的质量能够好一些；假如，医生用药时能够慎重一些，家长能够多学习一些婴幼儿用药的知识……生命从来没有"假如"，一次次几率极小的意外让何军权们从此陷入人生的痛苦之中。

2011 年 11 月 16 日，甘肃省庆阳市正宁县榆林子镇又发生一场令人痛心的重大交通事故：一辆运煤货车与幼儿园校车迎面相撞。事故造成 20 人死亡，44 名幼儿受伤。该校车核载 9 人，实载 64 人，属严重超载。据调查，我国每年有超过 1.8 万名 14 岁以下儿童死于道路交通事故，儿童因交通事故的死亡率是欧洲的 2.5 倍、美国的 2.6 倍。在美国，每天早上黄色的校车准时到达每个学生的家门口，载着他们到学校。放学了，校车会准时等在校门口送孩子回家。美国的校车制度非常严格，包括校车的制造标准、驾驶员的筛选、交通优先规则等多个方面。校车必须由专业厂商制造。美国交通部颁布了 36 项关于校车的安全标准。在这种高标准下，美国校车质量高，造价昂贵，有"客车的设施、卡车的骨架"之称。校车每天接受安全检查，每半年由专业的机械师进行 1 小时的安全检查。美国校车的"待遇"与警车、救护车、消防车一样，甚至优于救护车和消防车。《驾驶员手册》上有一段用红色大号字体标示的警示语："在田纳西州，孩子的生命安全超过一切最有价值的财富！"田纳西州有复杂严格的"校车避让规则"，包括：一、当校车准备停车时，司机会在驾驶室外预先伸出一个红底白字的"Stop"牌，并闪烁停车信号灯。此时，无论从校车前方与校车相向而行还是从校车后方与校车同向而行的所有接近校车的车辆，都必须立即减速并完全停车；二、在校车停车、上下学生的时候，任何车辆包括警车、救护车、消防车必须处于完全停车状态，且必须停在离校车不少于 20 英尺的距离之外，在全美国 50 个州，都有同样的一条交通规则：超越正在停靠和上下学生的校车是最严重的交通违法行为之一；三、所有车辆在经过有"School Zone"的标志区域时必须减速，当"School Zone"标志上的黄灯开始闪烁时，所有车辆的时速不得超过 15 英里。在多种措施的共同保证下，校车成为美国最安全的交通工具。坐校车的孩子死亡率很低，平均每年 5 个，且大多与重大自然灾害有关。

2010 年，加拿大温哥华市主办冬季奥运会。一条名叫"加拿大线"的快速轨道交通干线连接温哥华市中、温哥华国际机场和举办速滑比赛的列治文市中心。就在“加拿大线”可能提前半年完工的喜讯传出前不久，数十年不遇的大雪侵袭列治文市，全市交通几乎陷于瘫痪。“加拿大线”可望提前完工、早日交付使用的呼声有多高涨是不难想象的。但出人意料的是，工程发言人几乎第一时间就泼过一盆冷水：该工程不会提前交付，而会严格按照原计划交付使用。在他们看来，工程进度太快未必是好事，有可能因为速度的关系导致某些必要的安全环节出现差池，某些安全隐患被无意中疏漏，因此提前完工非但不能放松交付前的检查和测试，恰恰相反，应该在检查、测试等方面做得更严格、更仔细。“加拿大线”是温哥华所在的卑诗省有史以来最大的公共基建工程，正因如此，在质量、安全上才应格外高标准、严要求。

《中华人民共和国残疾人保护法》强调：“国家有计划地开展残疾预防工作，加强对残疾预防工作的领导、宣传、普及优生优育和预防残疾的知识，针对遗传、疾病、药物中毒、事故、灾害、环境污染和其他致残因素，制定法律、法规，组织和动员社会力量，采取措施，预防残疾的发生和发展。”在全社会越来越重视残疾人权益保护的同时，如何更加重视生命安全，积极地预防残疾的发生，尤其是避免一些完全可以不发生的意外致残，是对同胞最大的责任，对残疾人最好的尊重！

第四节 信仰奠定事业的成功

人人皆是命运的建筑师

信仰是对理想、信念所依附的价值系统的坚信和敬仰，因而也蕴涵着对未来的寄托、憧憬和向往。

信仰是人类精神世界的核心，是一种综合性的精神状态，是人们在认识和接纳某种理论、学说、思想体系的基础之上所形成的强烈的情感倾向和坚定的意志力。一位哲人概括得好："信仰是这样一种东西，拥有它的时候，我们会不惜一切代价为争取它所描绘的美好世界而奋斗，哪怕敌人的钢刀架脖我们也不会动摇；信仰是这样一种东西，拥有它的时候，我们才会有非常明确的判断价值和是非判断标准，才会认识到什么是美，什么是丑，什么是善，什么是恶；信仰是这样一种东西，拥有它的时候，我们会感到非常充实，不会因为没有方向而感到空虚和无聊；信仰是这样一种东西，拥有它的时候，它让我们按照自己的信仰做事，在其中我们会感到无尽的快乐。"信仰使人具有无穷无尽的意志力量、强烈的情感力量、不同凡响的心理优势，可以使柔弱者坚强，也可以使普通人具有非凡的智慧和才能。

列夫·托尔斯泰说，信仰是人生的动力。信仰给我们的人生树立起目标，决定了我们的人生之舟驶向何方。信仰一旦确立，就成为人们世界观、人生观、价值观的重要组成部分，成为人们坚定不移、百折不挠追求精神目标的推动力。为了一个又一个目标的达成，我们才会一次又一次地努力。正如罗曼·罗兰说的那样："整个人生是一幕信仰之剧。没有信仰，生命顿时就毁灭了。"美国第35任总统约翰·肯尼迪是一个一生都在与死神赛跑的人。不满3岁，他就患了令人闻之色变的猩红热，医生断言他活不过10天。18岁，他又患上一种无法确诊的怪病，以致天主教的神父为他举行了只有重病教徒才有的临终涂油礼。第二次世界大战，20岁的他参加了海军。然而1943年，他所在的PT-鱼雷艇被敌军击沉。他虽然依靠自己的力量和勇气游了几个小时到达临近的一个荒岛，但为此脊髓受损，随时有可能瘫痪，一生都需要靠注射剂和药片来减轻痛苦。几年后，他又染上永远不可能治愈的阿狄森氏综合征。这种病导致他身体虚弱，全身血液循环不正常，肌体失去抵抗感染的能力，生命垂危。另外他还有不明起因的过敏症、听力下降等疾病。即使他后来成为国家最高元首，却只能经常躺在床上或在水温高于32度的游泳池里下达指令，因为温度太低将会诱发他的多种致命疾病。而他出行时，身边始终离不开一位手提黑匣子的助手——黑匣子里面装的是防止他疾病突然发作以挽救生命的药物。就是这位终生受尽病痛与苦难折磨的不幸者,创造了那个时代几乎无人企及的成就。长年因病卧床的他阅读了不计其数的历史和军事著作,是哈佛大学和斯坦福大学的高才生。在助手的帮助下,他创作了《勇敢者》一书,并凭借该书问鼎了 1957 年的普利策奖。同时他又是一位卓越的社会活动家,连续 3 届竞选上了国会参议员。43 岁那年,他又力挫群雄,成为该国历史上最年轻的国家元首。肯尼迪总统的回忆录中有这样一句震撼人心的话:没有不可战胜的缺陷,人人都是自己命运的建筑师。

鸡蛋成为小鸡时,鸡蛋的第一个破口是小鸡自己啄开的。小鸡的嘴发育之后,它就本能地不断地啄蛋壳,直到把蛋壳啄破。但小鸡啄破蛋壳的口太小,出不来,此时老母鸡会帮小鸡把整个蛋壳啄破,就这样小鸡破壳而出。因此,能否成为小鸡,最关键的是小鸡的努力,老母鸡只是起了一个推动作用。人生也是如此。只有一个人能够限制我们的发展,那个人就是我们自己。邓丽君在全球华人社会影响力巨大,赢得了"有中国人的地方,就有邓丽君的歌声"的美誉。1986 年她获选美国《时代杂志》世界七大女歌星、世界十大最受欢迎女歌星之一,是唯一一个同时获两项殊荣的亚洲歌手。就是这样一位巨星,韩松落在《我们的她们》一书中形容:贫寒是邓丽君性格的底色。邓丽君的童年并不愉快。上小学时,贫寒使她成为孩童取笑的对象,孩子们常做的游戏之一就是把邓丽君的头发绑在椅子上,然后躲到一边,等待下课她起立时发出惊叫。邓丽君 6 岁时就进入空军炮防所属下的第 93 乐队(一个挂着军队招牌的民间乐团),开始卖唱生涯。贫穷是一种命运,邓丽君本应成长为一个皱巴巴的、苦涩的人,但我们所知道的邓丽君却不是这样,至少在事业上,邓丽君是传奇王国里的人。自她 1995 年魂归离恨天,16 年来,每年都会有数次关于她的纪念活动。她的歌曲被传唱,她被热爱,被铭记,被纪念,时至今日也没有稍稍减退。这其中,邓丽君付出了多少努力,可想而知。一位诗人说:使世界活跃的不是真理,而是信心。信心是人类最伟大的力量之一。它对人类的重要性正如电在物理学中的意义一样。一个人有了信心,才能找到事实的真相和它所包含的意义。信心并不是指没有证据便加以采纳和相信，而是指不畏艰难坚持去做，宁静忍耐贯彻始终，以事实证明我们相信的是事实。

每个人都是被上帝咬了一口的苹果，拥有和缺陷总是并存，这是谁都无法改变的逻辑，重要的是怀着怎样的一颗心去面对。完美的人生固然令人羡慕，如果去抗争并试图改变，有缺陷的人生也将丰盈和富有激情。永远不要抱怨命运的不公，造物主有一千个理由给我们遗憾，生活就有一万个理由让我们的美丽以另一种方式盛开不败，而这一切紧紧把握在我们温暖的手心——这就是缺陷的哲学。

理想是人生的力量源泉

中国青年报社会调查中心通过民意中国网和新浪网进行的一项有 5440 人参加的调查显示，多达 91.8% 的人感觉现在的年轻人普遍热衷当领导，66.6% 的受访者表示想当领导，明确表示不想当领导的人只占 4.8%。受访者中，“80 后”占 46.7%，“70 后”占 33.9%。青年为何热衷于当领导？“唯官是尊”的社会价值观决定了“当领导”才有尊严。人做事情或出于利益，或出于性情。出于利益做的事情不一定非常愉快，这就是为什么名利场上的健将一面奋斗不止，一面叫苦不迭。相反，为了满足心灵而做的事情，愉快就是基本的标准。时代在变化，历史在前进，新的文化形象、文化理想不断诞生。但是无论从个人的发展还是社会的进步而言，这个理想绝不应该是“实用主义”。周国平说：一个民族如果全体都陷入某种理想主义的狂热，当然太天真，但如果在它的青年人中竟然也难觅理想主义者，这个民族又实在太堕落了。如果争取一官半职成为当代青年普遍的理想信念，甚至变成一种信仰，很有可能在青年中间形成扭曲的价值观，不利于青年的健康成长。同时，“唯官是尊”也会影响整个社会的价值取向，使后起青年的上升通道变得越来越狭窄。一个人的价值实现和社会尊严不应只体现在头顶的官帽上，还应该有更多元化的体现。

信仰是一个人追寻的终极目标，是对生命的再创造，是人生的最高信念。人类的时代永远是信仰的时代。从某种意义上说，人生是围绕着一个人的理想和信仰展开的。理想是人们在实践中形成的具有实现可能性的关于未来的追求和向往，包括职业理想、生活理想、社会理想等。理想是以一定信念和信仰为基础的价值目标体系，是价值意识的最高范畴。这种目标体系以个人或社会的未来形象为标志，为人的价值追求提供自觉的典范或“样板”。理想有一个内在的精神和理念的核心。这个核心是一种精神，一种价值，一种指挥人们社会行为的基础。理想的培育、确立和追求，是人的精神生活的最高层次。信仰是对理想的一种把握与持有，是理想的延伸与升华，它在终极价值目标上给人们提供一种动力和支持。

高尔基说：“一个人追求的目标越高，他的才能就发展得越快，对社会就越有益，我确信这也是一个真理。”喷泉的高度不会超过它的源头；一个人事业的成就不会超过自己的理想。理想是对人生价值的目标选择，给人以前进的动力。理想是明灯，照亮崎岖的路径；理想是号角，鼓舞奋斗的豪情；理想是旗帜，引领前进的航程。崇高的人生理想的追求和实现是人的生命的最高自我价值和社会价值。大事是指那些能够对社会生活和历史进程起到重大影响的事件。成大事者必须把理想建立在为社会、为人类全心全意谋福利之上。理想越崇高、越远大，成大事的可能性就越大。沈浩烈士在日记中写道：“搏！一生青春有几何？青春又有几回搏？事业艰危，治学坎坷，四化宏图，先辈重托，一代精英的铸造，全靠我们当今的年轻开拓者，去搏！搏使青春光彩夺目，搏使生命充满光和热……搏的每一步艰辛、成功、胜利、欢乐，是血与泪的凝成，是理想与信念的结晶，也是一曲动人心魄的拼搏之歌。”正因为有理想，一代代中华民族的优秀儿女加入中国共产党的行列，投身民族独立、人民解放、国家富强的时代洪流，担当起光荣而艰巨的历史使命。

百岁老将军曾思玉在建党 90 周年前夕，将他的人生智慧口述给年轻读者。他说："年轻的朋友，我想告诉你们，永远不要怀疑理想和信念的力量。我的理想是共产主义，革命斗争几十年，不管遭遇怎样的艰难困苦，这个信仰从没动摇过，是理想信念给了我勇气和力量。谁都会遭遇脆弱、困惑、挫折和失败，理想常常在现实中碰壁，我也不例外。我曾有过战斗失利的痛苦，曾有过死亡线上的挣扎，在周遭扭曲而阴沉的氛围中，我也曾愤懑、怀疑甚至绝望。但最终，对光明未来的向往与执著总能让我在困难面前一次次地挺起胸膛。"曾思玉家境贫寒，当时的他只有两个选择：要么苟延残喘地活着，要么起来反抗。他选择了后者。他16岁参加革命时，谈不上什么共产主义信仰，"吃饱饭，不受气"就是参加革命的原因。漫长的征途、血与火的淬炼，使曾思玉心中萌生出一种从未有过的希望：原来世界上还能有这样一种光明的生活，还有这样一种无数人为之奋斗的理想，消灭剥削和压迫，造福天下人。这是世界上最伟大的事业。因为有了明确的理想和信念，曾思玉要求加入中国共产党。1935年1月，长征途经贵州，曾思玉突然流起鼻血，一流就是3天，怎么也止不住，捏住鼻子，血又从嘴里流出来。部队开拔在即，眼看就要掉队了。敌军已经迫近，留下就等于死。部队首长来看曾思玉，他说什么也要跟着队伍一起走。最后首长下了决心："派一副担架来，抬着走。"那一刻决定了曾思玉一生的命运。曾思玉24岁时任通信主任，毛泽东派他给红四方面军总指挥徐向前送一封信。曾思玉翻山涉水，以最快的速度把这封信安全送到了徐帅手中。当时他并不知道，这封信对于维护党和红军的团结、保持中国革命的正确方向意义重大。而长征队伍决定落脚陕北的那张关键的报纸也是曾思玉找到的。曾老说："历史就是由这样无数的偶然瞬间决定的，所以任何时候都要认真，即使你只是个小人物，但你一样也可以参与历史。"曾老还告诉我们："我觉得一个人要想活得有价值，不在于职位的高低，不能只盯着升官发财，而是要有高于物质层面的精神追求，要对社会做出贡献，要对人民有用，战争年代是这样，任何年代都是这样。一个人一辈子做什么并不重要，重要的是怎样做一个有益于人民的人。唯此，无论生命是短暂还是漫长，才拥有了跨越百年的质量。”

2007 年 5 月，温家宝同志在同济大学作即席演讲时说：“一个民族有一些关注天空的人，他们才有希望；一个民族只是关心脚下事情，那是没有未来的。我们的民族是大有希望的民族！”温家宝同志与网民在线交流时，曾用亲身经历展现理想和信念的重要。他说：“当我上地质学院的时候，正赶上困难时期。第一个学期我就患上了肺结核，休学半年。这对我是一个很大的打击。为了怕传染给其他同学，我被隔离了。但是住在小屋里、病房里，我没有一天放弃学习。我几乎用比别人多一倍的时间来学习，晚上人们都睡了，我还在自习室里，一直到深夜才回来。早上，同学们还没起，我又爬起来到自习室去学习。没有表，也不知道时间，就这样五年时间过去了，我的肺病也好了，我的学习，36 门课有 35 门获得了优秀。当时我的理想就是希望能到边远的地方去，毕业时曾经写过两份血书，志愿到西藏去，但是后来学校留我做研究生。研究生毕业以后，即使有留在北京的条件，我依然到了西北。到西北以后，开始在农村劳动一年，后来从事专业工作。先是做小组长，然后做大组长；先是记录，然后能写报告。冬天整理的时候，有了空闲，我每年都要做一个计划，今年学力学，明年学数学，后年学英语，再有时间学点历史，我从来没有灰心过。”温家宝同志语重心长地说道：“我不仅承受过不理解，甚至承受过挫折，我的成长不是一帆风顺的。但是我没有一天屈服过，屈服困难、屈服压力。我总是想，我会成为一个有用的人。我想青年人只要坚持自己的理想和信念，就一定能够取得成功。”

因为理想，我们豪情万丈；因为信念，我们执著坚强。人有了理想，生活就有了方向，行为就有了核心，人生就有了价值目标。人生的路其实有很多条。周国平说：“人生之大趣，第一源自生命，第二源自灵魂。一个人只要热爱生命，善于品味生命固有的乐趣，同时又关注灵魂，善于同人类历史上伟大的灵魂交往，即使在一个无趣的时代，他仍然可以生活得有趣。”理想和信仰引领时代铿锵前进，推动着历史的车轮滚滚前行。

怀揣信念去远航

信念是认知、情感和意志的有机统一体，是人们在一定的认识基础上确立的对某种思想或事物坚信不疑并身体力行的心理态度和精神状态。信仰是信念最集中、最高级的表现形式，是一定历史文化条件下，人们的价值建构所能达到的最高状态。李德顺教授说："信仰是人们关于普遍、最高（或极高）价值的信念。信仰使人的整个精神活动以最高信念为核心，形成了一个完整的精神导向，并调动各种精神因素为它服务。"罗中枢教授认为："任何信仰，尤其是宗教信仰，都具有追求'终极'并以之为生活支撑和意义诠释的显著特征。信仰作为对终极关怀的实质性回答，表征着人对终极关怀的渴望，为人们提供价值体系中的'应当的应当'。"

有一种精神，穿越历史的云烟，历久弥新；有一种信念，历经时代的风雨，愈显醇厚。一个国家、一个民族、一个政党在任何情况下都必须树立和坚定明确的理想信念。信念的力量，在于即使身处逆境，也能帮助我们鼓起前进的风帆；信念的魅力，在于即使遇到厄运，也能召唤我们鼓起生活的勇气；信念的伟大，在于即使遭遇不幸，也能促使我们保持崇高的心灵。如果没有或丧失理想信念，我们就会迷失奋斗目标和前进方向，像一盘散沙形成不了凝聚力而自我瓦解。20世纪的中国有一位始终被尊敬的伟大人物孙中山。他从事革命自始至终很少想到个人的利益，一辈子只当了临时大总统、军政府的"大元帅"，多少钱财（华侨捐款）经由他手，到头来他还是两袖清风，什么也没给自己或亲人留下。孙中山外不仰仗西方列强，内不培植个人亲信，岿然独立、光明磊落，且不迷恋权力。为了顾全大局，他把总统桂冠交给袁世凯。对他而言，信念比权力重要得多，而那种"屡战屡败、屡败屡战"的革命精神更是不朽的。

印度诗人泰戈尔用诗性语言描述"信仰是在黎明前黝黑时触着曙光而讴歌的鸟儿"。正是信念支撑着人们生活，催促着人们奋斗，推动着人们进步，创造了世界上一个又一个的奇迹。电影《胜利大逃亡》讲述的是被称为英国“鼹鼠”的约翰·范西在战俘营逃生的经历。主人公新婚不久,第二次世界大战爆发,他加入英国空军,1940年被俘,开始了长达5年的战俘生涯。被俘那天,范西恰巧获悉妻子产下女儿珍妮特。为了逃出魔窟见心爱的妻子和女儿,范西利用包括餐刀在内的各种简陋工具前后挖了8条地道逃跑,被德军评价为“最坚定的逃跑者”。前后5次的试图逃跑,使范西受到了多次残酷的惩罚。德国人把他绑在一根柱子上,整整暴晒3天。他还被关进潮湿阴暗的地牢,连续5天没有水和食物。德国人几次想杀一儆百,可即将行刑时又忽然改变了主意。不管遭受了多么残酷的折磨,范西心中的信念始终没有熄灭:只要存活一天,就要想办法逃出去,与妻子和女儿团聚。1945年范西被救。他急促地说:“现在最重要的事情是马上见到我的妻子和女儿,为了这个愿望,我已经努力了5年。”2008年,95岁的范西因病去世。女儿珍妮特·范西撰文悼念:“父亲是个非比寻常的男人。正是知道了自己要当爸爸的消息,支撑他生存下来,并促使他不断地试图逃跑。他的信念在别人看来也许非常渺小,但在他心中是无比神圣的,而且他为此一直奋斗不止。父亲的努力最终让他的敌人也由衷地肃然起敬。”

国学大师辜鸿铭说:“如果说中国人的精神是一种永葆青春、民族不朽的精神,那么不朽的精神就是灵魂和理智的绝妙组合。”阿里巴巴的创始人马云和新东方的创始人俞敏洪都经历过两次落榜。马云第一次高考时的数学成绩是1分,俞敏洪第一次高考时的英语成绩是33分。他们都来自教育条件不好的地区,他们都历经人生的坎坷,但他们都靠不变的信念及不懈的努力实现了自己的目标。如果我们曾经历过冬天而不畏惧,那么不久后就会拥有满目春色;如果我们始终怀揣着信念去乘舟远航,那么理想的彼岸一定不会遥远;如果我们正在人生的园圃中辛勤耕耘,那么总有一天会拥有满园鲜花。

正视历史坚守信念

恩格斯说,历史就是我们的一切。列宁讲,忘记历史等于背叛。历史是对过去的记忆，书写着人的灵魂，指引着人类将来的命运。每个民族都会有一些不堪回首的回忆。敢不敢揭露全民族的精神创伤和民族的耻辱，正视其中淋漓的鲜血，正确总结沉痛的历史教训，是一个民族是否真正通过苦难走向成熟的重要标志。摆脱历史记忆，生命将变得毫无意义。米兰·昆德拉强调："对过去记忆的丧失，将使人变得比大气还轻，会高高地飞起，离别大地亦即离别真实的生活。他将变得似真非真，运动自由而毫无意义。"因为有记忆，个人和集体才会对自己的过错、罪孽忏悔，才可能不重蹈覆辙；受害者才有可能原谅、宽恕迫害者。忘记历史并不能带来和谐。健忘的集体总会不断地重复错误、罪孽，难以自拔。人类社会也将陷入"冤冤相报何时了"的悲剧循环之中。

奥斯维辛集中营是波兰境内6个纳粹集中营中的一个，大约110万人在这里遇害，一些人死于过度劳累、饥饿和疾病，大多数人则死在毒气室。1979年，联合国教科文组织将奥斯维辛集中营列入世界文化遗产名录，予以永久保留，以警示世界人民"要和平，不要战争"。2009年12月，奥斯维辛集中营纪念馆门前的门牌被盗。门牌是用一块空心钢材制成，长5米，重43公斤，由当时关押在集中营的囚犯制造，上面用德语写着"工作将还你自由"。消息一出，立即震动波兰朝野。波兰总统莱赫·卡钦斯基在第一时间发表声明，强烈谴责这一"可耻行径"，并严令有关部门协同作战，采取一切行动，限期追捕罪犯。唐纳德·图斯克总理提出了更高的要求："要把追回门牌视为国家的头等大事，不管付出多大代价，也要不遗余力追回门牌！"国际社会也纷纷发表声明，强烈谴责这一卑劣行径。德国外交部发言人指出："德国一贯清醒地知道自己所承担的历史责任。我们一如既往地支持对奥斯维辛纪念馆的保存，更希望波兰方面尽快找回被盗的门牌。"3天后，波兰警方在一个僻静处找到了失盗的门牌。令人痛心的是，门牌已被盗贼切割成了3块，失去了原有的面貌。门牌虽然失而复得，但民众的心情却一点也不轻松。唐纳德·图斯克总理说："盗贼完全丧失了起码的良心，也完全忘记了他们先辈所遭受的苦难。这是一个深刻的教训。它提醒我们所有人，越是优越的环境，越不能迷失方向，只有永不懈怠，奋发进取，才不会自甘堕落，也才能避免历史悲剧的重演，这也是为什么把寻找门牌作为国家头等大事的根本原因。我们依然会将保护奥斯维辛集中营纪念馆作为波兰国家的头等大事去做。提醒人们在享受幸福生活的同时，时刻不忘曾经历的国耻。”

南京大屠杀纪念馆有一堵刻满遇难者姓名的墙壁，被称为“哭墙”。每年12月13日，遇难者亲友、当年幸存者以及普通民众都会前来凭吊。耶路撒冷老城也有一座“哭墙”。当年犹太先民罹遭亡国之痛，在这堵墙下痛别故土一去两千年，饱受歧视、冷落乃至屠杀。一代又一代，“哭墙”的传说在犹太人中顽强传承，牢牢建筑在他们心上。以色列人今天的奇迹何尝不是从这心中“哭墙”的修筑开始的？历史是不能被忘记的。要从精神上摆脱和战胜昔日的屈辱，首先必须学会正视它、了解它。俄罗斯人认为，俄国在20世纪几次影响人类命运的巨变并非凭空产生，而是与俄国历史有着紧密的内在关系，因此，俄罗斯人民了解历史的热情空前高涨。德国人对历史的态度是：不绕过去，也不重做，更不掩盖，想办法让历史延续下去。德国总理曾为德国在二战所犯下的罪行向犹太人下跪道歉谢罪。历史应书写在心中，所书写的并非是仇恨、历史的积怨，而是前人的教训、今人的反思和后人的警示，这就需要人们在坚守与宽容之间做出选择。

目标指引人生走向

田野上有一片果实累累但隐藏着无数大大小小陷阱的玉米地。一群意气风发的哈佛大学毕业生将要进行一场有趣的竞赛：看谁最早穿越玉米地，到达神秘的终点，并且他手中的玉米又最多。这是“玉米地游戏”的三个生存要素：速度、效益和安全。他们的智力、学历、环境条件都相差无几。在临出校门时，哈佛对他们进行了一次关于人生目标的调查。结果是：27%的人没有目标；60%的人目标模糊；10%的人有清晰但比较短期的目标；3%的人有清晰而长远的目标。25 年后，哈佛再次对这群学生进行了跟踪调查。3% 的人，25 年间他们朝着一个方向不懈努力，几乎都成为社会各界的成功人士，其中不乏行业领袖、社会精英；10% 的人，他们的短期目标不断地实现，成为各个领域中的专业人士，大都生活在社会的中上层；60% 的人，他们安稳地生活和工作，但都没有什么特别成绩，几乎都生活在社会的中下层；剩下的 27% 的人，他们的生活没有目标，过得很不如意，并且常常抱怨他人、抱怨社会、抱怨这个"不肯给他们机会"的世界。其实，他们之间的差别仅仅在于 25 年前他们中的一些人知道为什么要穿越玉米地，而另一些人则不清楚或不很清楚。

埃德蒙斯说，伟大的目标构成伟大的心。没有目标的人生，彷徨一世；有目标的人生，奋争一生。2003 年 10 月 15 日，杨利伟作为执行中国首次载人航天飞行任务的航天员，乘"神舟"五号飞船在太空飞行 21 个小时，实现了中华民族的千年飞天梦想，为祖国、为人民、为民族赢得了巨大荣誉。杨利伟入选航天员之前是一名优秀的空军飞行员，面对祖国的召唤，他毅然投身全新的载人航天事业。为适应新任务，他惜时如金，不到两年学完了载人航天工程基础、航天医学基础等十多门高新技术课程。为掌握过硬的航天技能，他日复一日苦练，在 5 年时间内圆满完成了 8 大类 58 个专业近百项的训练任务，以专业技术考核第一名的优异成绩入选首飞梯队。杨利伟说："感谢祖国和人民对我的培养，光荣属于祖国，光荣属于人民，光荣属于千万个航天人。我为祖国感到骄傲。我将继续努力工作。时刻准备接受祖国和人民交给我的任何任务！"

乔安娜·凯瑟琳·罗琳是一个普通的英国女孩，没有出众的外表，没有显赫的家庭，上的是一所普通大学。但是，她的想象力非常丰富。大学时期，她经常去图书馆看一些童话书，她的脑海中常会出现童话中的情景。毕业后，她去了具有童话色彩的葡萄牙，找到了一份英语教师的工作，业余时间继续想象着她的童话世界。在当教师的日子里，她与一名年轻记者结婚并有了一个女儿。起初丈夫很爱她，但妻子终日的奇思异想和那些远离人间烟火的故事让他苦不堪言。很快,他们的婚姻走到了尽头,她的生命遭受了最沉重的一击。祸不单行的是,离婚不久她又被学校解聘。无法在葡萄牙生活的她带着女儿回到了英国,租住在一间没有暖气的小公寓里,靠领政府的救济金生活。罗琳并没有放弃自己的梦想,依然喜欢童话。一次去领救济金的时候,她坐在椅子上等地铁,一个童话人物形象突然涌上心头。回到家,她铺开了纸笔,多年的积累让她的灵感和创作热情一发不可收拾。几个月后,她的第一部长篇童话《哈利·波特》问世了。书一上市就畅销全国,销量达到几百万册。罗琳凭借《哈利·波特》系列小说,缔造了当代出版界的销售神话,同时也使自己成为财富超越英国女王的超级富婆。罗琳接受采访时披露,在没有成名前,她的生活一度穷困潦倒,在极度抑郁绝望之下,她曾经考虑过自杀,但她在接受心理咨询后终于熬过了生命中最艰难的日子,走向了今天的成功。每一个人都有梦想,不同的是当遭遇挫折时,很多人都放弃了梦想,顺从了别人的意志,屈就于现实。可是罗琳却坚持着,因为坚持,才有了今天的成就。

“有些人活着没有任何目标,他们在世间行走,就像河中的一棵小草,他们不是行走,而是随波逐流。”让我们坚定地、大声地对自己说:我要成就我自己,我一定要实现至高的人生使命,我要成为生活的主宰者,最终获得心灵的智慧。

第二章　信仰是人类的精神需求

信仰是人的精神境界的核心，是人的全部价值意识的定向形式。信仰构成了自由、平等、博爱的精神驿站。信仰的意义在于潜移默化地影响着人们的思维方式与行为方式，把人们从黑暗引导到光明，从虚幻引导到真实，从短暂引导到永恒。常怀敬畏，是信仰的重要法则。没有信仰的生命只有躯壳而没有灵魂，如同行尸走肉。

第一节　信仰是一种道德敬畏

敬畏天地　道德良心

中国传统文化从周易、孔、孟到庄子、老子、荀子等都不讲神，只讲“天”。天人合一是中国人信仰中的重要组成部分。历史文献记载，天不仅是天下所有人的造物主，而且是人间的上帝，是人的最高主宰。天道福善祸淫，就是天能赏善罚恶的意思。孔子认为，人的生死、寿命、富贵都由天决定，是早已安排好的，这就是“命”。孟子说：“祸福无不自己求之者。”他引述《尚书·太甲》里的话“天作孽，犹可违，自作孽，不可活！”老百姓常把“老天有眼”、罪大恶极的人是“无法无天”、“丧尽天良”、“天杀的”，该遭“天打雷劈”、下 18 层地狱挂在嘴边。中国民间还传说人是神管着的，神不许人说谎话，谁说了谎话神都知道；撒谎是鬼干的事情，谁要是说谎话，鬼就以他为友，会在晚上来找他；人人都要孝敬父母，否则要遭雷电劈死。“文化大革命”中，北岳恒山境内，一个小学教师带学生去砸菩萨像（菩萨像是铜的没被砸坏），下山时就提不起腿了，一年不到就死了。当地再没人敢动庙宇，北岳大帝像得以完好保存。

冥冥中是否有一种神秘的因果，常人不得而知。儒家讲君子要慎独，靠的就是这些世俗敬畏规范自己的行为，将之作为一种内心的根本信仰以及立身的基本准则。佛教讲“轮回”、“因果报应”：你这辈子活得好是因为上辈子积了德，你这辈子活得失败是上辈子没积德；你想下辈子幸福你就要行善，不准做坏事，做了坏事，这辈子没遭报应，下辈子就要遭报应。十世班禅曾在中国佛学院说：“佛教是个好东西。为什么是个好东西呢？它的果报理论，告诫你不要做坏事。你如果做了坏事，下辈子你就可能变猪、变狗或者变成其他畜生。那人如果害怕，他就不敢去做坏事。所以，宗教能够给人一种寄托，同时也给人一种敬畏。”

不可否认，世俗敬畏中有迷信思想的糟粕，但也有一些合理的行为导向元素，使人产生一种敬畏心理，在无形中维护了社会道德的底线。现在这些“迷信”被一扫而光，人们更相信“人不为己，天诛地灭”，真话越来越少，假话越来越多，人们变得越来越大胆，越来越没有道德约束。难道就不怕神灵听见，不怕夜里鬼敲门？回答是：不怕。天不怕、地不怕、神不怕、鬼不怕！什么都不怕！如果人们什么都不怕，法律意识又淡薄，人自身就变得可怕了。

北京大学钱理群教授说，每个时代都会有假冒伪劣产品，但假冒伪劣也有一个限度，就是不能伤害人的生命。这是底线，超过线就是“伤天害理”，为社会所不能容忍，即所谓“盗亦有道”，做坏事也是有规矩，有约束的。而我们现在的问题是，这样的底线被突破了。那么多让人丧命的假药假酒，那么多让农民颗粒无收的假种子，什么事都敢干，没有任何约束。人最怕的就是无法无天。人的心灵必须要有一个信仰，必须要存在一个敬畏。所谓敬畏是既敬重又害怕，用武汉话来说更通俗，叫做“怕惧”。怕惧与敬畏是实实在在的大众道德法典。敬畏给人们的道德行为以指令，给道德评价以度量，使人们内心产生情感体验。道德的寄托是人和人关系的一种规范性表达，既规范你的行为，也规范我的行为。道德敬畏的存在，使得人们在纷乱的、常变的社会生活中能够既坚守道德底线，又保持对高尚价值的追求，这也是社会道德传承和不断发展的不竭动力。

让我们铭记“举头三尺有青天”、“头顶三尺有神明，不畏人知畏己知”、“人可欺，天不可欺”，这些警句。现世中的我们无一例外地逃不出最普遍的道德准则，只是后果的显现或迟或早，用老话说就是“不是不报，时候未到”。一个人丧失良心，作恶多端，即便侥幸逃脱法网，最终逃不脱大众道德法典。而一个社会的道德底线被打破，那么这个社会就难以维持下去了。

敬畏生命　善待人生

朱熹说：“君子之心，常怀敬畏。”敬畏是人类对待事物的一种态度，这里的“敬”除了“彬彬有礼”“恭恭敬敬”外，还指做事严肃认真，免犯错误。“畏”除了“担心忧虑”外，还形如“战战兢兢”之态。所以，敬畏是从内心中生发的对事物既尊敬又不敢逾越界限带有些害怕的心理。敬畏什么？孔子说：“君子有三畏：畏天命，畏大人，畏圣人之言。”意思是说，君子有三种敬畏：敬畏天命，敬畏居于高位的人，敬畏圣人的言语。现代社会的我们敬畏生命、敬畏科学、敬畏规则、敬畏师长……被爱因斯坦称为20世纪最伟大的人物之一、创立了“敬畏生命”伦理学的法国思想家阿尔贝特·史怀泽说：“敬畏生命，生命的休戚与共是世界上的大事。”他在《敬畏生命》一书中写道：“我在非洲志愿行医时，有一天黄昏看到几只河马在河中与我们所乘的船并排而游，突然感悟到了生命的可爱和神圣。于是，‘敬畏生命’的思想在我的心中蓦然产生，并且成了我今后努力倡导和不懈追求的事业。”敬畏生命的思索起点是人类，终点是所有生命。生命之所以值得敬畏，是因为生命的不可重复性和生命的创造性。人承受不起肆意伤害生命和毁灭生命的责任，生命的消亡也带给他人痛苦的体验。所以，善待生命和敬畏生命是人应具备的内在德性。只有我们拥有对生命的敬畏之心时,世界才会在我们面前呈现出它的无限生机,我们才会时时处处感受到生命的高贵与美丽。

敬畏生命包括三个层次:尊重自己,尊重他人,尊重人类以外的其他生命。这是一种将人伦道德由此及彼的推及,也是思想境界的升华。一个失去双臂的瘦弱青年用双脚弹奏理查德·克莱德曼的经典曲目《梦中的婚礼》,所有的听众都沉浸在他所营造的缠绵悱恻、浪漫多情的音乐氛围中,去感悟人生与爱情的神圣和庄重。这是东方卫视《中国达人秀》栏目中的一幕。青年名叫刘伟,23 岁,他的一句"我的人生只有两条路,要么赶紧死,要么精彩地活着!"感动了许许多多的中国人。刘伟并不是英雄,也没有惊天动地的事迹,却令人不得不对这位被折断翅膀的钢琴王子的那种无畏、充满激情的生命心存敬畏。他也曾经迷惘过、哭泣过、失望过。他说:"刚开始,困难简直是一座山,但是后来通过努力拿到全国第一时,再回头看,那困难只是一个小小的台阶。"在这场与坎坷命运的博弈中,刘伟无疑是胜利者,他告诉了我们什么是乐观,什么是坚强,什么是人生的真谛。"我从来没有把自己当成什么特殊群体,就是你们用手做的东西我用脚做,只是换了一种方式而已,没有不一样。我能像正常人一样生活,养活自己,虽然我体会不到拥抱别人的幸福感,但我能够在琴声中感受到更多幸福。"2010 年,刘伟毫无悬念地登上《中国达人秀》的冠军宝座,成为第一位"中国达人"。冰心的感喟很适合用来形容刘伟的经历:"假如生命是乏味的,我怕有来生;假如生命是有趣的,我今生已是满足了。"

我们给这个世界、给他人留下过什么,比生命的长短更重要。英国退休护士金玲(Lyn Gould)和丈夫古英俊(Alan Gould)是中国首个儿童临终关怀中心——"蝴蝶之家"的创始人。16 岁以下、预期寿命 6 个月以内的孤残儿童将在爱的呵护中走完人生路。从 2010 年 4 月正式成立起,"蝴蝶之家"先后接收了 32 个病重的孩子。通过无微不至的护理,将近 10 个孩子奇迹般好转、康复,有的甚至已经离开了"蝴蝶之家",过上了正常孩子的生活。凡是见过金玲工作的人，无不对她的敬业精神和爱心感到敬佩。她对孩子的饮食、日常护理的要求近乎苛刻。例如，奶粉和水必须按1∶3的比例调配；必须严格按照时间表喂食，而不是孩子哭了饿了才喂；抱孩子的时候必须双眼直视，用手抚摸，按摩，并且有语言交流，一定要给孩子最大的舒适感和亲近感。正是这些细致入微的护理，让孩子们的病情得到了有效的改善。金玲说："生命就是一个礼物，我们没有权利漠视。儿童临终关怀不需要昂贵的设备和药品，最重要的是爱心。这里的阿姨会和孩子们一起哭，一起笑。在孩子临终时给他们换上干净漂亮的衣服，尿布上不留尿渍，抱着他们并告诉他们'你是最乖的宝宝'，让每个孩子都有尊严地离去。"金铃的行为是对奉献最好的注脚，是对人生价值最有说服力的诠释。

一位先哲说："判断一个民族的道德水平，往往要看他们如何对待动物。"动物是人类亲密的朋友，人类是动物信赖的伙伴。专家告诉我们，我们敬畏地球上的一切生命，不仅仅是因为人类有怜悯之心，更因为它们的命运就是人类的命运：当它们被杀害殆尽时，人类就是最后的一块多米诺骨牌，接着倒下的便是自己了。保护动物就是保护我们的同类。正因如此，我们会在几年前铺天盖地地声讨一只踩在猫身上的"高跟鞋"。为了宣传保护鲨鱼，英国表演艺术家爱丽丝·斯泰德把自己挂起——脸涂了白色的颜料，腿上戴青色的鱼尾，衣领上挂上几个钩子，化妆成一条被渔猎的鲨鱼。表演的主题是："你们杀死鲨鱼，我便杀死我自己。"在欧洲的一些公园里常见一种架在草坪上的望远镜，这是为观鸟而设的"望鸟镜"。游客能仔细欣赏鸟雀的一举一动，却对它们毫无惊扰。有的国家还规定，宰杀动物必须采取速死的方法，甚至杀鸡时因为刀钝（或者其他原因）而使鸡发出痛苦的呻吟都被视作非法。

"善是保存和促进生命，恶是阻碍和毁灭生命。"当我们摆脱偏见，抛弃对其他生命的疏远性，与周围的生命休戚与共，那么我们就是道德的。只有这样，我们才是真正的人。一个公交车司机在行车途中心脏病突然发作，他做了三件事：一、先把车开到马路边，用最后一点力气拉动制动闸，让车停下；

二、按下按钮，打开车门；三、将发动机熄灭。汽车和旅客都有了安全保障，这位司机趴在方向盘上停止了呼吸。是的，生命总有无法承受之重。拥有生命神性光辉的人类丰富了生命世界的底蕴，书写了对生命深彻的怜悯与敬畏之心。

敬畏规则　才成方圆

人类经历了漫长的共同生活，逐渐发现并确立了一些最普遍和最基本的个人品性和相处原则，如善良、诚实、公平公正。就是这些品行和原则成为良心的内核。敬畏规则是指人们对人与人之间的关系准则（如法律准则、道德法则、社会习俗等）的一种既敬重又畏惧的道德情感。“规则之于本身，既包含外在的法律、制度、规章、准则等，也包含人们内心的道德原则或为人之道。规则之于社会，是社会良序形成和运行的保障。规则之于个人，既是个体生命获得世俗幸福的保护之神，也是个体成就优秀品质，达到心灵自由的道德明灯。”池莉在《敬畏什么意思》一文中说，人类是群体动物，每个人都活在他人环链之间，唯有按照约定俗成的规则游戏，大家才能够相安无事，共同生存。“不以规矩，无以成方圆。”人与人之间若没有规则作为约束，即没有规范何种行为是合理的和值得去追求的，何种行为是要逃避或者禁止去做的，整个社会势必会陷入一种人人自危的境地。

汶川大地震后，一台摇号机被公安机关用运钞车押运到北川，它将决定很多人的新家。摇号的规则是“官民一致”。结果，县长家被摇到了顶层；副县长王玉梁家被摇到了临街，楼下是店铺，一天到晚叮叮当当敲个不停；一位全程参与分房工作的县房管局副局长自己却没有轮到摇号。北川人企盼的公平公正的新生活开始了。

在西方国家，钱和权都是选民和纳税人给的，所以官员受到民众和政府的监督和限权，不敢也不能随意浪费纳税人的钱。政界人士若想成就一番事业，不仅要拿出政绩，还需要在道德上做公众的榜样。美国制度规定，总统的薪水里包括了吃穿诸项开支，不会因为有外事活动就另花一笔钱为其脸上贴金。英国女王到美国访问,美国前总统布什为表诚意,专门到街上租了一套燕尾服以参加欢迎盛典。前苏联领导人戈尔巴乔夫曾赠送美国首位黑人国务卿鲍威尔将军一把手枪。因系“国际伟人”相赠,意义非同寻常,鲍威尔对此枪爱不释手。然而依照美国法律,政府官员收到价值 15 美元以上的礼物,必须上交归公,违者必遭严惩。鲍威尔不得不忍痛割爱,依法上交,但灵机一动,打算自掏腰包,把这支颇具收藏价值的手枪自费购回。没想到,白宫总务署竟然索要 1200 美元私人“赎金”。这把普通的手枪价值约 180 美元,但一旦有“国际伟人”题签相赠,自然身价百倍。如果听任政府官员利用职权,“平价”购买名人赠礼,岂不是让他们既在官场出尽了风头,又在经济上占尽了便宜?鲍威尔尽管心怀不满,只能忍气吞声,乖乖付钱。美国总统大选,落败的一方要致电对手道贺,还要发表一次落落大方的退场感言。2008 年美国总统大选,麦凯恩的败选演讲被不少专家认为是同类讲辞中最令人佩服的代表作。麦凯恩告诉他的支持者,这次失败“是我的错,而非你们的”;还压制倒彩,极度宽宏地呼吁大家要支持奥巴马,说“他是美国总统,我的总统”。他没有否认双方的分歧,但他也看到了对手胜出的意义与民主的真谛,认为这次选举证明了每个公民都不该忽视自己那看似微弱的影响力。麦凯恩还不忘慰问刚刚失去外祖母的奥巴马。麦凯恩的演讲表现出一位政治家尊重游戏规则的格调。既然大家都参与了民主普选,就该遵守“愿赌服输”的规则;只要双方在开始的时候没有对规则本身提出异议,便要接受这场竞技的最终结果,不能输打赢要。

遵守规则,尊重他人,尊重生命,是一个健康社会基本的价值信仰和道德底线。规则就像悬在人们头顶的“达摩克利斯之剑”,给人们以行为的禁令,时刻提醒人们不能越雷池去践踏自我的敬畏之物,否则将会遭到敬畏之物的惩罚和引起良心的不安。人类的生存是离不开秩序的。遵守规则看似受到约束,实际上是维持了公共秩序。只有人人都敬畏规则,社会才能正常运行。生命不能讲价,规则不可侵犯。载舟覆舟,系于一心。

敬畏权力　为民所用

我们的权力是谁给的？是人民群众给的。在现代社会，民众当家做主，委托政府及其公务人员服务社会、服务民众。保留权利理论是现代契约论的核心，它告诉我们，人民在转让权利组成权力时保留了五项最重要的权利，即生命、自由、财产、平等和批评政府的权力。保留权利是真正的天赋人权，是人民永不让渡的权力。因此，我们对民众所赋权力要始终保持最大的敬畏之心。在保留权利中，生命权是基础，生命至高无上，不可剥夺；自由权的基石是契约自由，人民不但在契约中有表达真实意思的契约自治的自由，而且在社会生活中有免除恐惧的自由；财产权是指私有财产神圣不可侵犯；平等权不但指政治权利，更是指在市场契约中的当事人平等。

孙子说："道者，令民与上同意也，故可以与之死，可以与之生，而不畏危。"人民的信任票是一切权威赖以合法生存的基础和条件，政府只有为人民服务，才能产生国家的信仰凝聚力。"为人民服务"是中国共产党的宗旨，最早由毛泽东提出。邓小平进一步发展了毛泽东的"为人民服务"思想，他明确地指出："人民满意不满意、人民高兴不高兴、人民赞成不赞成，应当成为检验我们一切工作的标准。"2003 年，胡锦涛同志倡导"权为民所用，情为民所系，利为民所谋"。2011 年 4 月，习近平同志提出"对待人民赋予权力上要始终保持敬畏之心"，这是他继 2010 年 9 月首提"权为民所赋，权为民所用"后，再次对权力来源这一现代政治的根本问题做明确阐述。

权力的行使与责任的担当紧密相连，有权必有责。全心全意为人民服务、为人民谋幸福，出自对人民、对祖国最诚挚、最浓厚的感情，是最崇高的理想和信仰，在中华民族代代相传，指引着无数仁人志士为之奋斗不息。古人讲："居官守职以公正为先，公则不为私所惑，正则不为邪所媚。"就是说，公正是为官之本、用权之绳。公职人员作为社会服务者，理应是社会大众的典范，对人民真心关怀、真正尊重、真诚服务是对其人品道德的起码要求。执政为民必须体现在实际工作中，落实到为群众办实事上，基本要义就是文明执政、为人民谋利益。领导干部无论官当多大、权有多重，都有为人民服务的义务，把人民群众的满意作为行使权力的根本标准。

“为人民服务”是2011年全国道德模范候选人杨善洲同志的安身立命之本。杨善洲担任保山地委书记时大力发展农业，和老百姓一起种田种地，把深山大沟建成了全国闻名的“滇西粮仓”，被群众誉为“草鞋书记”、“泥腿书记”、“粮食书记”、“种树书记”。他经常拿工资接济困难群众，一生没有积蓄，连家里房子漏雨修补的钱都拿不出来。他没吃过一顿免费的饭，没让子女搭过一次公车，没用公权为亲属办过一件私事，没给亲友批过一张违背原则的条子，妻子和女儿至今还是普通农民。退休后，为了实现“退休后一定帮家乡办点实事”的承诺，杨善洲放弃城市优越的生活条件，扎根大亮山22载艰苦创业，带领群众义务植树造林，逐步建成了占地面积约5.6万亩的大亮山林场，使大亮山重新披上了绿装。他还带领群众修建了18公里的林区公路，架设了4公里的输电线路，使深山农户通电通路。2009年，他将活立木蓄积量价值超过3亿元的大亮山林场经营管理权无偿移交给国家。杨善洲说：“干部手中的权力是党和人民的，只能老老实实用来办公事。我们干工作是为了群众幸福，只要活着就有义务帮群众办事。”“杨善洲，杨善洲，老牛拉车不回头，当官一场手空空，退休又钻山沟沟；二十多年住深山，拼了老命办林场，创造资产几个亿，分文不取乐悠悠……”这首在当地广为流传的歌谣，是杨善洲“一辈子忠于党的事业，一辈子全心全意为群众谋利益”的真实写照。口碑是老百姓对领导干部执政得失和思想道德的一种口头评价。口碑就是心碑。谁心里装着百姓，百姓就把谁刻在心坎上。“以人为镜，可以知得失。”以杨善洲为代表的优秀领导干部牺牲了“小我”，撑起了国家、民族、人民这个“大我”。

2009年，《人民日报》刊登文章《在意人民的表情》。文中写道：“在意人民的表情，是每一名领导干部必备的素养。人民的表情中，蕴含着丰富的信息。人民的笑脸，洋溢着对政府工作的褒奖；人民的叹息，表明他受到了委屈，或者他遇到了生活上过不去的坎；人民的指责，则是对有些失职的不满。”胡锦涛同志的“把群众呼声作为第一信号，把群众需要作为第一选择，把群众满意作为第一标准”、“每一个共产党员都要把人民放在心中最高位置”、“只有我们把群众放在心上，群众才会把我们放在心上；只有我们把群众当亲人，群众才会把我们当亲人”的表述是对人民的深情诠释；温家宝同志在天津火车站对一位怀抱孩子的妇女“你怎么了？”的关切询问和在政府工作报告中“让人民群众买得放心、吃得安心、用得舒心”的庄严承诺，是对人民的深深牵挂……希望每一位公务员都能通过这份深情和牵挂，在意人民赋予的权力。

敬畏法律　公平正义

孙中山说“天下为公”，毛泽东说“全心全意为人民服务”，而且还要“完全、彻底”，讲的都是公平、公正。温家宝同志的“公平正义比太阳还要有光辉”更是令人动容。公平是指按照一定的社会标准、正当的秩序合理地待人处事。力量来自公正，公平是最高尚的信仰。公平正义作为人类文明进步的基石，是构建和谐社会的灵魂，对于中国而言弥足珍贵。早在2005年，胡锦涛同志在省部级主要领导干部专题研讨班的讲话中就深刻指出：“维护和实现社会公平和正义，涉及最广大人民的根本利益，是我们党坚持立党为公、执政为民的必然要求，也是我国社会主义制度的本质要求。只有切实维护和实现社会公平和正义，人们的心情才能舒畅，各方面的社会关系才能和谐，人们的积极性、主动性、创造性才能充分发挥出来。”

公平正义是每一个现代社会孜孜以求的理想和目标，是衡量一个国家或社会文明发展的标准。许多国家和地区在尽可能加大公共服务和社会保障力度的同时，高度重视机会和过程的公平。公平包括社会成员之间的权利公平、机会公平、过程公平和结果公平。令人遗憾的是，接二连三发生的造假事件清楚地表明,公职人员队伍中存在以权谋私的害群之马,损害社会公平。重庆考生何川洋的民族造假刺痛社会神经,其父是巫山县招生办主任,其母是县委组织部副部长。虽然考生的父亲一再声称改民族是考生的姑姑所为,自己没有参与造假,但他承认自己是知情的,也就是默许了造假。武汉经济适用房摇号造假,以“六连号”这一极端的方式把公众对这个领域的不信任推向了顶点。2010 年,北京市海淀区限价商品房审核公示的名单中,188 名申请人都是国家知识产权局的工作人员。在家庭年收入一栏,一个 4 人家庭的年收入居然只填写 11.1 元。尽管海淀区住房保障办公室工作人员称,所有申请人都是街道审核通过后申报上来的,并不存在违规操作,但这一解释在网上招来更猛烈的骂声。本应是社会公平的维护者,却变成了社会公平的破坏者。少数公职人员的恶劣行为,打击的是公众对建立诚信的信心,削弱的是公众对公权的尊敬,破坏的是公众对社会秩序的维护。

美国著名法学家哈罗德·伯尔曼说:“法律必须被信仰,否则形同虚设。”其实,在被信仰之前,法律还必须被畏惧。司法的廉洁和公正是全社会的希望所在,也是建设法治国家的关键所在。司法公正与否直接反映出公众对国家、对政府的公权力认同程度的高低,同时也折射出一个国家、一个政府的社会控制能力的强弱。一次不公的司法裁判不仅会影响法律的尊严、损害司法机关的形象,而且会损伤整个司法系统和司法人员的公信力,毁坏人民群众对司法的尊重和对法治的信仰。中国的官员不如百姓敬畏法律,因为法律有时会对官员违法网开一面。巨贪原泰安市委书记胡建学曾说:“官做到我们这一级,也就没有人管了。”原中央纪委副书记刘锡荣概括为:“上级监督下级太远,同级监督同级太软,下级监督上级太难,组织监督时间太短,纪委监督为时太晚。”最高人民检察院公诉厅负责人披露的信息可谓惊世骇俗:从 2005 年至 2009 年 6 月,全国被判决有罪的职务犯罪被告人中,判处免刑和缓刑的共占 69.7%,竟达七成之多。海南省琼中县一个犯罪嫌疑人于数年前遭刑讯逼供致死,历经周折后,涉案警察被判刑,法院判琼中县公安局赔偿死者父母 58.45 万元人民币，但判决书生效 5 个月后，死者父母仍未拿到分文赔偿金，原因是琼中县公安局拒绝支付。警方称："如果支付巨额行政赔偿，必将极大挫伤和打击广大公安干警工作的积极性和主动性。"虽然因舆论广泛关注，当地警方受到很大压力，事态出现转机，赔偿有望解决，但警方拒绝赔偿的逻辑令人深思。他们显然认为，对这件事具有最终决定权的不是法院和法律，而是他们自己。法院的判决，他们认可就执行，不认可就拒绝。2010 年，湖北阳新 16 岁少女邱阿红（化名）在湘西凤凰古城不堪受辱，跳楼身亡，尸检检出迷奸粉。5 名涉案嫌疑人中，竟有凤凰县公安交警大队民警（兼法制股长）和公安交警大队的协警。连执法人员都干这种事情，可见某些地方某些人员的无法无天到了什么程度！

掌权者"不畏法"，官、民皆"信权不信法"，是人的思想对法治不彰现状的客观反映。古人云，治国即治吏。如果不将官员和权力作为法律规范的重心，使官畏法，法治就只是一句空话，法律也永远只是"官管民"的工具。美国某政要有一段名言："人类千万年的历史，最为珍贵的不是令人炫目的科技，不是浩瀚的大师们的著作，而是实现了对统治者（即权力）的驯服，实现了把他们关在笼子里的梦想。"要做到使官畏法，就必须完善已有的"治官"法规，改革司法体系。只有当法律能够对人施以强制惩罚、被人畏惧后，它才会逐渐成为人的信仰，进而使人自觉遵循法律的规范。再好的制度也难免存在漏洞。因此，一方面要依靠权力体系内的监督和管理；另一方面要支持权力体系之外民众和舆论的力量，"创造条件，让人民批评政府、监督政府"。《国务院关于加强法治政府建设的意见》也特别强调"支持新闻媒体对违法或者不当的行政行为进行曝光"。

公平正义是社会稳定的基础。社会上存在的许多不公平现象应该引起我们的重视。温家宝同志说："中国的现代化绝不仅仅指经济的发达，它还应该包括社会的公平、正义和道德的力量。"司法是维护全民合法权益、保障社会公平正义的最后一道防线。构筑一个公平正义的社会，需要全社会进行长期的努力。每位公民在捍卫自己权益的同时,也在加固社会的正义防线,促进法治社会的进步,为进一步健全法律法规提供"案例",进而消除传统积弊和"潜规则"。一个国家应该让任何一个生活在这块土地上的国民(甚至是非国民)都感受到他们是最重要的,感受到国家是为他们而生,为他们而存在,为他们服务的。

第二节　信仰是一种价值观念

信仰是衡量价值的尺度

人作为一个生物体,存在于大自然和与他人、与环境互动的社会之中。每个人都有三重生命:自然生命、社会生命、精神生命。自然生命是人存在的有形生命。社会生命是人在社会中承担的角色和职责。精神生命是人的思想和精神的存在。从佛教的角度讲,精神生命就是"福"、"慧"两种功德。"福"是为众生奉献、造福;"慧"是般若、无我的智慧。精神生命使人具有独特的自主性和能动性,力争在有限的生命过程中不断追求生命之外某些无限的东西,如信仰、道德、价值等,为高于生命的意义而生活,创造最大价值的自我。人类认识世界,不仅是为了能够更好地生存,而且是为了追寻自我的价值,这是人类区别于动物的标志,是人类的天职。正如一句格言所说:"人类的天职就在于勇于探索真理。人生最大的意义就是实现自己的价值,而要找到实现自身价值的路径,坚守自己的信仰无疑是最佳的选择。"

价值是人(主体)的需要与满足他的需要的外界物(客体)之间的一种关系。人生价值是指人的生命、生活的价值,或者说生存和发展的价值。它包括诸多因素,如人们生活中的一些基本价值:信仰、理想、爱情、事业等。人生价值的实现主要表现在两个方面,即人生的自我价值和社会价值。人生的自我价值是指一个人对自己存在的意义及对自己的估价。人生的社会价值是指一个人对社会存在的意义及社会对他的估价。两种价值在多数情况下表现为和谐统一。价值的形成和创造,取决于人在不同阶段,在与周围世界所发生的现实的具体关系中形成的人类确定的自我意识和对象意识,即信仰。因此信仰是一切价值形成的前提,也是衡量一切价值的尺度。信仰帮助人们确立最高的价值观念,树立人生价值目标,提供人生善恶的最高标准,从而将人的各种零散的信念和价值观念统一起来,成为调节和指引人们的框架和规范。

中国历朝历代的思想家和文人墨客都从不同角度、立场出发思考人生,论证人的价值。春秋时期,老子就曾论及人的价值。他把人作为宇宙的四大之一,“故道在,天大,地大,人亦大。城中有四大,而人居其一焉”。通过人在宇宙中的地位来承认人存在的价值。孔子提出“贵仁”、“泛爱众”、“天地之性人为贵”,高度赞扬人性价值。荀子从古代朴素唯物主义区分出人与其他动植物不同,论证人的价值。“水火有气而无生,草木有生而无知,禽兽有知而无义,人有气、有生、有知,并且有义,故最为天下贵也。”指出人以“义”为重,是万物中最有价值的。今天的我们在思考生命意义和价值时常常会自问:“我是什么?”——一种地位意识,对自己生存空间及个性主体的思考。“我在做什么?”——一种行为意识,对于自己实践和创造结果的思考。“我能做什么?”——一种能力识别,对作为个体的自我实践和创造能力的思考。“我应该做什么?”——一种使命意识,对自己与客观世界能动关系的思考。

每个人从踏入社会生活时起就面临着信仰的选择,这是任何人都无法回避的人生问题。对信仰的选择,是人主体意识的一种生动体现。不同的人有不同的思维方式、意志状态、文化素养,因而形成不同的信仰。从某种意义上讲,一个人选择什么样的信仰,将决定他最终会成为什么样的人,也在一定程度上决定了他的人生道路。真正有选择能力的人,会在复杂的选择对象中做出恰当的选择。今天处于“天下熙熙，皆为利来”的经济社会里，不少中国人过于“物化”，每个人的目标虽不相同，但根本上都是为了自己。因为太注重自己的利益，所以有时忽略了良心或良知、公平或正义、创造性或博大的爱心。梁晓声讲过的一段经历至今让人记忆犹新。他在美国时有一次要横穿马路，红灯亮了，左右两边并没有汽车，但他身边有位老太太也照章停下，安安静静地等候绿灯。他问道：“这儿没有汽车，为什么不走过去？”老人回答说：“也许，我们身后那栋房子里正有一个小孩看街景。如果他看见我们走过去，以后照我们的样子横穿马路，也许就会出事。”回国后，梁晓声有一次在路口红灯前停车，左右两边都无来车。他后面的车一辆接一辆“勇往直前”闯红灯，绕过他身边时还冲着他大骂：“（你神经有）毛病！”“社会的苦难必然变成个人的苦难。因为社会是一个整体，所以它的毛病便传遍它的各个部分。”对于个人而言，缺乏正确的价值观和信仰的结果就是生活虽然五光十色，但是人们的幸福指数却越来越低，内心困惑、焦虑或痛苦。对于社会而言，一个社会有了统一的社会核心价值观，会带来社会和谐；没有统一的社会核心价值观，就是社会崩溃的前兆。信仰是精神生命的“主心骨”，是人的精神境界的核心，是人的全部价值意识的定向形式。汶川大地震中，二十多名日本救援队员在遇难者遗体前围成一圈，向罹难者鞠躬致意。这样的场景打动了无数国人。一部描写为逝者化妆的特殊职业的日本影片《入殓师》获得了奥斯卡最佳外语片奖。在镜头下，入殓师那双为遗体穿衣的手，轻轻摇晃着已经僵硬的关节和肌肉，仿佛生怕惊醒了沉睡的逝者。在冰冷的肉体上覆盖人性的温暖，一部电影或是一个片断显露出一个民族深刻的信仰。

信仰是一个人的精神支柱，行为的源头，内在的精神寄托。信仰使人们真正感受到自我存在的价值，使人生充满意义，使生命获得一种强大的精神力量，使灵魂获得一种永恒的寄托和无限的慰藉。信仰帮助我们实现内心的成长而不是追随外部的诱惑；让我们坚持独立的理性判断而非寻找标准的答案；帮助我们理解多元差异从而学会宽容。对于众多浮躁郁结的“心病者”，

“东海佛国”普陀山法雨寺外的墙上写的唐朝高僧无际大师的心药方，不啻是一副良方。药方是：“慈悲心一片，好肚肠一条，温柔半两，道理三分，信行要紧，中直一块，孝顺十分，老实一个。阴骘全用，方便不拘多少。”末尾道：“以上十味，若能全用，可致上福上寿，成佛作祖，灭罪延年，消灾免患”云云。心药方的旁边还写道：“此药用宽心锅慢炒，不要焦，不要躁，去火性三分，于平底盆内细细研碎……每日进三服，不拘时间，用和气汤送下。果能依此服之，无病不痊矣。”看来，我们只有真正填充了内心这块空地，真正解决了“信仰”这个宏观命题，我们才会有真正的幸福。

良心是做人的根本

作为重要道德范畴的良心，自古以来便受到重视。《孟子》中将恻隐、羞恶、恭敬、是非之心称为良心，主张人应当注重找回被流放的良心。朱熹则将良心视为宰制人心的“道心”。王阳明将良心看做澄澄朗朗的“本心”。人在良心的支配下，不论是在公众场合还是在无人知晓的地方，都会去履行自己的道德义务，承担自己的道德责任。

何谓良心？《新华词典》的解释很简明，良心就是“好的心地”；《辞海》的解释更全面：“良心古谓本然之善心、仁义之心，今谓存在于内心的是非、善恶之认识。”按《辞海》的解释，所谓凭良心做事，就是凭存在于各人内心的是非、善恶的认识做事。心以为是者是，心以为非者非，心以为善者善，心以为恶者恶。依据这样一种内在于心灵的是非善恶标准来判断选择，决定做什么、不做什么和怎么做，就叫凭良心做事。不同的人对良心有不同的理解。小学生说良心是善良之心；农民说良心是做好事的心；大学生说良心是道德的基础，是行为的准则。卢梭说：“在我们的灵魂深处生来就有一种正义和道德的原则，尽管我们有自己的准则，但我们在判断我们和他人的行为是好还是坏的时候，都要以这个原则为依据。我把这个原则称之为良心。”良心，关键在于“心”字，即以我心换你心。而要做到将心比心，就要待人以爱心、善心、仁心和宽心。

2010年，温家宝同志在与网民对话时特别提到了一位医生。他就是中国艾滋病高发区的最早发现者桂希恩教授。1999年，一位来自河南上蔡县的医生告诉桂希恩，村里很多人得了一种“怪病”，发烧、拉肚子，怎么也治不好，一些人因为染上了“怪病”而相继死亡。多年养成的职业敏感驱使桂希恩去实地考察。他发现这个村子里病人很多，而且他们都卖过血。化验显示有10份血样HIV（艾滋病病毒）呈阳性，这个结果令桂希恩非常震惊，同时也让他意识到了问题的严重性。他将自己的调查结果向当地的政府和卫生局作了汇报，可是两个多月过去了都没有回音。心急如焚的桂希恩再次进村又抽取了140份血样，结果血样中竟有一半HIV呈阳性。经过他的调查了解和核实，证实血站非法采血交叉感染导致了艾滋病的流行。在那个谈“艾”色变的年代，桂希恩的行为无疑触动了当地一些人的利益。他被认为破坏了当地政府的形象，影响了当地的经济发展，成了“不受欢迎的人”，被强行阻拦进村开展更多调查。桂希恩不为之所惧，秘密深入文楼村调查，并将详细的调查报告送到北京，引起了高度重视，中央派出艾滋病防治工作组来到文楼村。在桂希恩等人的努力促成下，中国艾滋病第一村——文楼村成为全国第一个接受艾滋病免费治疗的村子。温家宝同志说：“我到他家去过，艾滋病病人到他家里做客，他们同桌吃饭，在他家里留宿，他们夫妻两个人睡在地上，而把床让艾滋病病人睡。有一件事情我尤为感动，他有一次带一个护士去给一个村的居民进行血液抽血化验，护士不小心把自己的皮肤刮破了，他心里十分不安，很快就让医院给这位护士检查，当发现没有问题的时候他放心了。但从此以后，成千上万的抽血实验都是他自己来做。我们需要这样的医生，需要这样的医德。我们不仅要搞好制度建设，而且要推崇高尚的医德风尚。”桂希恩教授以极大的勇气，承担着一个普通医生身份以外的道德和责任。他是美国《时代》周刊“全球18名医疗英雄”之一，还荣列“2010中国心灵富豪榜风云榜”。上榜词是：他是一个医生，却从来不止步于病房；他是一个教授，却从来不满足于理论。他用医者的专业，揭开了“中国艾滋病第一村”的惊心实情，更用医者的仁爱驱赶着患者头顶的阴云。在医患矛盾激烈的当下，他唤醒着整个社会的良知。

美国非暴力主义者、“诺贝尔和平奖”得主马丁·路德·金说过：“无愧的良心是床上最好的枕头。”良心看不见摸不到，却有着巨大的精神力量。记者简光洲就是凭着良心，第一个点名报道了“三鹿奶粉事件”。其实在他之前，媒体已有关于结石患儿的报道，但在提到患儿所食奶粉的生产企业时都统称为“某企业”。在决定是否直接点出企业名字时，简光洲也曾犹豫：三鹿是知名企业，这篇报道可能会让企业面临灭顶之灾；当他向三鹿集团求证时，得到的是对方信誓旦旦的保证：三鹿奶粉绝无问题。然而，当简光洲看到许多父母哭着把不满周岁的孩子送进手术室，患病婴儿接受治疗时不得不痛苦地忍受5毫米的管子从尿道里插进，医生冒着被指责手术不当的风险为婴儿实施全身麻醉，护士们需要在婴儿的头上多次寻找能够扎针的血管……这一切让他下定决心，在报道中写出三鹿的名字，因为如果继续写“某企业”，他感觉良心不安。当“毒奶粉事件”成为社会焦点，简光洲在博客中写道：“我没有丝毫的兴奋，而是有着诸多悲伤，是对于一个有着悠久历史的知名企业的社会责任感的丧失，对于国内企业传媒关系上的‘弱智’，对于媒体‘社会良心’的失落。”“我不想去指责这些媒体，在生存有问题的时候，良心的价值几何？”他还说：“其实，这也是我的本职工作，自己不要把它真的当回事，我总是希望我们记者的每一点努力累积起来，能够聚沙成塔，我们的每一次‘冒进’，能够促进社会的进步与改良。”

生活的实践告诉我们：为人最怕没良心。一个没良心的人是一个最可耻、最可悲的人；一个不讲良心的民族是一个最可怕、最可哀的民族。高占祥曾创作过一首《良心的呼唤》，希望我们每个人都有像天地那样宽阔的气度。

良心——
是“真”的流露，
是“善”的化身。
是“美”的使者啊，
是“爱”的纯真。

良心——
是清澈的山泉，
是燃烧的青春。
是幸福的种子啊，
是无悔的耕耘。

良心——
是孝敬父母的天性，
是知恩图报的回音。
是永不消逝的记忆啊，
是感恩之时的泪痕。

良心——
是审判自己的法官，
是和谐社会的基因。
是人格的分量啊，
是生命的黄金！

一个人没有良心，
他便会产生狼心。

人心一旦变狼心啊，
顿时坠入虎狼群！
翻手为云覆手雨，
有奶就比亲娘亲！
朝秦暮楚巧钻营啊，
见利忘义绝天伦！

在大千世界的舞台上，
到处都呼唤着良心：
听——
大海的怒涛在呐喊：
——良心呀，良心！
小溪的流水在低吟：
——良心呀，良心！
白发的母亲在呼唤：
——良心呀，良心！
天真的孩子在哭喊：
——良心，良心，良心！

来吧，朋友们：
让我们聚焦在阳光灿烂的广场上，
来检阅自己的良心！
让我们步入大仁大义的殿堂里，
来修炼自己的良心！
让我们攀登在人格的阶梯上，
来升华自己的良心！

让我们站在人生的金字塔上，
来捧出自己的良心！

来吧，朋友们：
用我们的天理良心，
托起那七彩祥云，
让道德的光芒照耀乾坤！

做好事最快乐

人生一世顺利不顺利，并不完全取决于自己，也取决于环境和他人。每个人的价值观念和价值需求不尽相同，相互碰撞时往往构成信仰选择中的冲突。可以说，人世间绝大多数的冲突都是人跟人的矛盾引起的。如何解决？做好事就是一个好方法。做好事指的是做有益的事情。做好事并不是为求名，也不是为求功德，抱着尽本分的心去做好事，才是真正的好事，至诚无私的善事。韦斯利说，人要随时随地利用所有的方法，使用各种手段，在有生之日尽力为善。1979 年度诺贝尔和平奖获得者德兰修女告诫我们："当我们与世界相遇时，我们遇到的都是一个人，那个人或这个人，总之是具体的人，而不是抽象的人类。只有爱具体的人才能真爱人类。"通过帮助别人，我们创建了一个快乐的环境，大家都比较容易实现快乐总量极大化的目标。所以，做好事既是为了别人，也是为了自己。难怪经济学家和社会问题研究专家茅于轼说，人生的意义是享受人生，并且帮助别人享受人生。

杨万俊是北京市房山区南窖乡水峪村的会计，也是一位有着四十多年党龄的老党员。2006 年，因为工作表现突出，政府奖励老杨一台豆浆机。看到家人开心的笑脸，老杨想起了村里那些新中国成立前入党、入伍的老人和孤老病残人员。"他们买不起什么营养品，如果每天能喝上一杯新鲜豆浆，该有多好。"老杨的想法得到党支部的大力支持。第一次送豆浆恰逢大雪天，他愣是趟着大雪，深一脚浅一脚地把豆浆送到了老人们的炕头上。面对老人疑惑而感激的目光，老杨拍拍胸脯："只要爱喝，我天天给你们送！"只为信守这句承诺，他在这条4公里长的路上风雨无阻走了6年，为同村的21位老人送去了一碗碗热气腾腾的鲜豆浆。乡亲们算了一笔账：6年来，他加工豆浆用黄豆2000多公斤，加上电费等，花费15000多元，累计送豆浆行程达6000多公里。对于这些开销和每日的辛劳，为人风趣的老杨用顺口溜评价："干了件好事，锻炼了身体，推销了黄豆，教育了子女。只要还走得动，就会一直送下去……"

古希腊哲学家德谟克利特说，人生的目的是追求快乐和幸福。杨万俊快乐吗？答案是肯定的。快乐和幸福不仅表现于肉体或感官，更体现于精神。心理学认为，当一个人经常帮助别人，他的心理就常处于积极、乐观、和谐、满足的状态中，这些都属于积极能量。"做好事"是几代中国人对雷锋精神最通俗的理解。《让"快乐雷锋"成为整个社会流行色》一文倡议挖掘"快乐雷锋"，认为对雷锋精神的弘扬和拓展应当凸显他最本然的人生和精神状态——快乐。物欲带来的快感和满足是短暂、肤浅的，经不起考验，只有内在的付出和奉献才是幸福和快乐的永久动力。雷锋有句名言："活着就是为了使别人生活得更美好。"豁达、奉献、无私的助人者付出的是有限的财富，得到的恰是无限快乐和幸福。

有不少名言赞扬做好事，还是咱老百姓、"当代雷锋"郭明义的话最朴实，也最温暖人心："什么最幸福？我做好事就最幸福。因为只有做了，我才能保持与善良人们的沟通，才能感受这个世界的气息，感受这个社会的力量。"他还说："看到别人苦我心里也苦，看到别人乐我也觉得乐。吃喝玩乐都是过眼云烟。人活着得干点有用的事儿。帮助别人改变命运，比啥都幸福！"对工作对社会有怎样的态度，就会有怎样的行动和付出。其实，无论是每天提前两小时到岗，还是拿出300元钱资助一名特困儿童，或是送鲜豆浆给老人都不是什么难事，任何人只要努力就能做到。如果说难，就是难在坚持。让我们再次聆听郭明义的感人言语："我选择为社会、为企业、为他人多做一些力所能及的事，从而使自己被党组织所信任、被群众所信赖、被社会所需要，每天生活在有理想、有信念、有追求，讲诚信、讲奉献、讲团队的氛围中，大家一起去做一些高尚的事，我感到很充实、很快乐、很幸福。对社会这个大家庭来说，只有每个人都怀着友爱之心伸出帮助之手，才能和谐。”

真性情尽展生命本色

越战期间，穆斯提每晚都点着一根蜡烛，站在白宫前面表明反战立场。有记者问，你真以为你一个人拿着一根蜡烛站在这里，就能改变这个国家的政策吗？穆斯提回答：“我这样做不是想改变这个国家，而是不想让这个国家改变我。”一个人在衡量任何事物时看重的是它们在自己生活中的意义，而不是它们能给自己带来多少实际利益，这样的一种生活态度就是真性情。所谓真性情，一方面是对个性和内在精神价值的看重，另一方面是对外在功利的看轻。只有活出真性情，才没有虚度人生。

马寅初就是这样一位真性情的学者。他时时处处为国家为人民着想，恪守良知，坚持真理，生怕自己的理论造成“决策一点珠，黎民万滴血”。1914 年，马寅初获哥伦比亚大学经济学博士学位后回国。那时中国的经济学家凤毛麟角，许多利益集团都想高薪聘他为“顾问”、“董事长”。面对有油水的职位，马寅初一概拒绝。他说：食人俸禄得替人说话，不能对不起经济学家的良心。为了便于经济学的实践和研究，马寅初接受了兴业银行顾问和中国银行总司券的职务。然而不久，这个职位因他战败“万国储蓄会”而失去。“万国储蓄会”是法国人在上海开办的，至 1934 年已经收取彩民（中国人）6500 万元。马寅初通过调查发现其实质是鼓励投机，搜刮民财，掠夺国资。于是他不顾“万国储蓄会”同兴业银行有关联，不吝自己将失去兴业银行给予的优厚待遇，不惧各方威胁，写了《有奖储蓄之害及其计算方法》和《有奖储蓄与民族自觉》等文章予以揭露。他还到学生中说，到市民中劝，到公开场合去演讲……“万国储蓄会”灭亡了。马寅初遭到法国的抗议，得罪了一些从中渔利的官员和经济界人士。但他不后悔，公开声明“不做投机生意，不买一两黄金，一元美钞”。国民党统治时代，马寅初不为当局利诱，他的《在今日的中国，何以学非所用，用非所学》一文中写道：“中国没有独立国的经济政策；有之唯次殖民地的或附庸国的经济政策。至于苛捐杂税，叠床架屋，老百姓以负担过重，向政府请愿，虽至百次千次，亦置若罔闻，这是百分之百的虐政。”他公然高呼“打倒官僚资本”。新中国成立后，马寅初认为和平年代必须有计划地生育。1957 年前后，他通过多次调查后大声疾呼：“人口出生率高得不得了，人口增长速度快得不得了，这样发展下去简直不得了！”他的《新人口论》受到了不公正的待遇。他在《我的哲学思想和经济理论》一文中说：“因为我对我的理论相当有把握，不能不坚持，学术的尊严不能不维护，只得拒绝检讨。”

北大教授王重民是目录学、版本学权威，曾被打成“右派”，受到降级、降薪、撤掉系主任之职的处分，“文革”开始被关进“牛棚”。“文革”“评法批儒”中，广被推崇的法家代表人物是李贽。1974 年，江青在天津的一个“儒法斗争报告会”上宣布：“福建泉州新发现了一部李卓吾（李贽）的《史纲评要》准备出版。”然而经过专家鉴定，这部书并不是李贽所作，是“伪书”。这个结论使江青等人大为恼怒，为了实现他们的政治目的，他们让王重民再作鉴定。王先生是权威，如果他说不是“伪书”，便可堵住其他人的嘴。王重民抱着实事求是的态度进行鉴定，鉴定结果也是伪书。江青等人要求王先生到图书馆再作研究、鉴定，实际是要他明白：鉴定是政治需要、是政治任务。让他们没有想到的是，经过几个月的图书馆内研究，王重民找到了更多的证据，更证明了《史纲评要》是伪书。回想在十年浩劫中，面对“四人帮”的淫威，有的人忍气吞声，有的人腹诽而不敢言，有的人甚至缴械投降，像王重民这样敢于针锋相对，“顽抗”到底的，实属难能可贵。

“开封府”大门右侧的亭子里矗立着一块两米多高的石碑——开封府题名记碑。碑上密密麻麻镌刻着历任开封知府名单，一共 183 人，却没有包拯的名字。工作人员指着石碑上第三排名字中间的一片空白说:“这是第九十三任开封知府包拯。”这片空白因为磨得油黑发亮,所以虽然无字,在斑驳的碑面上反而更加突出了。原来,包公的名字是被历朝历代的游人百姓抚摸掉的。远在南宋时期,就有人记述:“开封府尹题名……独包孝肃公(包拯卒后,朝廷赠礼部尚书,谥号‘孝肃’)姓名常为人所指,指痕甚深。”这真可谓是:名字在心不在碑。人生之大趣,第一源自生命,第二源自灵魂。人可以欺骗一切,但唯独无法欺骗心灵。唯愿保持住一份生命的本色,此中的快乐远非浮华功名可比。

北大荒人的无私奉献

湖南是雷锋的故乡,湖南省委书记周强表示,雷锋精神最本质的是两个字“奉献”。雷锋精神永不过时,跨越时空。北大荒的开发建设经历了一个漫长曲折的过程,承受了种种磨难,付出了沉重的代价,其中包括鲜血和生命。这部壮丽史诗中最动人的词句就是“无私奉献”。已故北大荒著名散文作家平青深情地写道:“北大荒的历史变迁就是一部壮丽的史诗。每一寸土地上都刻写着闪光的诗句。这部史诗的作者正是那些千千万万的垦荒战士。他们用勤劳的双手,年年月月地刻写着,一代一代地刻写下去。”

20世纪六七十年代,54万全国大中城市的知识青年浩浩荡荡地走进了北大荒。浙江宁波女知青陈越玖是其中杰出代表。无论是在猪舍养猪,还是担任畜牧卫生员,陈越玖都兢兢业业,一丝不苟,时时处处以罗海荣、张德信等烈士为榜样,将青春和智慧献给了北大荒。就在陈越玖忘我工作的时候,她经常出现剧烈的腹痛反应。但她依然带病劳动,修水利,割大豆,割玉米,背饲料……哪里紧张,哪里活累,她就出现在哪里。最后,领导强令她停止工作。陈越玖恋恋不舍地离开了连队,临行前,她紧紧握着战友们的手说:“我很快就会回来,我一定要回来!”经多方检查确诊:结肠癌后期,广泛扩散。1975年,陈越玖在生命的最后一刻向党组织提出了唯一的要求:“转告党组织……一定把我的骨灰送回雁窝岛……我是北大荒人!"1976年5月4日,《人民日报》和中央人民广播电台同时以"我是北大荒人"为题,报道了陈越玖的事迹。

在当年开发北大荒雁窝岛的垦荒队员中,有三十多人是中央领导干部的子女。他们埋头工作,默默奉献,就连身边的许多干部和职工都不知道他们的特殊身份。其中包括朱德的孙女朱玉珍、贺龙的侄孙子贺兴桐……

北大荒人无法忘怀在扑灭虎林山火中英勇献身的14位知青。1970年隆冬,一场荒火在黑龙江省虎林县境内的山林里燃烧,原黑龙江生产建设兵团第39团(现云山农场)的知青接到扑灭山火的命令后冲向失火现场,大火终于被扑灭了,但14位知青却献出了宝贵的生命。这14人中,13人是花一般的女孩子,年龄最大的不过22岁,小的仅17岁。20年后的1990年,在中国革命历史博物馆举办的盛况空前的"魂系黑土地——北大荒知青回顾展"上,来自北京、上海、天津、哈尔滨等地的十余万名知青们在这14位英勇献身的知青遗像前流连凭吊。为了开发建设北大荒,许许多多的知青在黑土地上英勇捐躯。据统计,至今已有近千名城市下乡知识青年长眠于辽阔而神奇的北大荒,永远守望着这片青春的处女地和至今依然战斗在这里的北大荒人。

绝大多数知青已成为共和国各条战线上的中坚。从北大荒的土地上走出了聂卫平、张德英、姜昆、赵炎、何新、梁晓声、张抗抗、李晓华等一大批享誉海内外的棋圣、世界冠军、艺术家、作家、企业家。他们中的许多人认为自己的知青生活无悔于青春,无悔于时代,正是在那里铸造了他们刚毅顽强、百折不挠、刻苦学习、勤于思考、自强不息、勇于开拓的北大荒精神。他们说,北大荒精神哺育了他们,没有北大荒就没有他们的今天!

第三节　信仰是真善美的追求

宗教信仰向善祛恶

信仰这个词多与宗教有关。宗教存在于世界上任何一个国家和民族，一些民族依靠宗教信仰而长久屹立。据统计，1997 年全世界 60 亿人中，有宗教信仰的约有 48.6 亿人，占世界总人口的 81%。其中，信仰基督教（包括天主教、东正教等教派）的多达 20 亿人，信仰伊斯兰教的有 12 亿，信仰印度教的有 8 亿多，信仰佛教的有 3 亿多人。在中国 13 亿人口中，约有 1 亿人信仰佛教，1700 万人信仰伊斯兰教，1400 万人信仰基督教（包括天主教等教派）。宗教信仰是指信奉某种特定宗教的人们对所信仰的神圣对象（包括特定的教理教义等），由崇拜认同而产生的坚定不移的信念及全身心的皈依。这种思想信念和全身心的皈依，表现和贯穿于特定的宗教仪式和宗教活动中，并用来指导和规范自己在世俗社会中的行为。宗教信仰从原始的自然崇拜、巫术等中异化而来，成为人类自有文明史以来最重要的信仰。宗教信仰的对象是神，神是超自然、超理性的。经过几千年的文明淘洗，宗教逐渐走出了对政治、对法治、对人类生活的干预和控制，转而固守信仰，变得更加纯粹和洁净。

自古至今，宗教信仰一向是最丰富的价值观源泉，是“人的终极关切”，是人的内心信仰和崇拜，是人类精神生活的一种方式。信仰宗教是人追求无限的生动体现：一方面表现为个人将宗教看做约束自身行为的理性原则；另一方面则意味着在精神上超越肉身有限的社会存在方式，从而使自身获得永恒的追求。人们生活的现实世界并不圆满，会产生许多不平衡的心理——愧疚、愤愤不平等。宗教信仰通过对宗教神圣价值的推崇，以及对世俗价值的贬抑和宗教性忏悔等方式，对人们不平衡的心理进行调节和治疗，使人们的不平衡心理逐渐趋于平衡。一个虔诚的宗教信仰或者其他坚定的信念终归有利于我们在这个世界上生存和发展。

宗教的根本是规劝世人弃恶扬善、仁慈博爱，为信徒提供适于社会需要的世界观、人生观、道德观，规范人们的思想、言论和行为，维护社会秩序。信仰是人类的一种美好情感，对许多信徒来说，信仰更多的是个人内心的需求，是精神层面的东西。宗教信仰给人们带来精神的慰藉和心灵的滋润，满足人们对信仰的需要，使人生充满希望。心理学家荣格认为宗教提供了存在最为迫切需要的东西，如信仰、希望、爱和理解，能治疗心灵的苦痛和心灵引起的肉体疾病。鲁迅阅读《贤愚经》、《瑜伽师地论》等佛教经典后，对佛陀的智慧感叹不已。他对朋友说："释迦牟尼真是伟大的圣哲，我平常对人生有许多难于解决的问题，而他居然大部分早已明白启示了，真是伟大的圣哲！"信仰一旦确立，将对个人和社会产生多方面影响。研究发现，有虔诚宗教信仰的人在面对错误和挫折时有更强的适应能力和承受力，他们比没有信仰的人更容易平静下来。佛教领袖赵朴初说："信仰是佛教文明的基石，信仰是佛教的生命之所系，同时也唯有信仰才使佛教具有化导现实人生的功能。佛教文化的发展、佛教对现代社会的适应都必须以强化佛教信仰的建设为前提，而绝不能以淡化信仰为代价。"在美国，宗教贯穿一个人的生命始终，人一生中最重要的几件事——出生、成年、结婚、死亡，都有宗教仪式。人们常用上帝的震慑力量来规范自己的道德操守，约束自己的行为举止。他们认为，不敬畏上帝的人往往胆大妄为，很容易陷入罪恶之中；只有敬畏上帝的人才会规规矩矩做人。所以在美国，宗教信仰是最基本的个人信仰和社会道德的源泉，宗教的善恶意识构成了美国文化和美国政治的核心价值。

宗教信仰是人们自觉承担社会使命的出发点和动力。许多宗教家都拥有相当强烈的社会使命感和责任感。丘处机是全真教第二代领袖。其诗《登州修真观建黄醮》曰："不有圣贤开教化，那知动植本虚空？"即指民众需要圣贤教化才能明白万象皆空的道理。言外之意，表示传教度人是自己义不容辞的社会使命。丘处机还以救民于战乱之中和率全真教走向鼎盛二事为更大的社会使命和责任。公元1220年,他不顾72岁高龄,率领18名弟子,毅然接受成吉思汗之邀,西去雪山(今阿富汗境内兴都库什山)行营拜见。拜见中,丘处机劝说成吉思汗在征讨战争中不杀败军降民。丘处机返回中原时,成吉思汗下旨,授权丘处机全权掌管全国道教事务,免除宫观差役,命各地官府、部队切实加强保卫。丘处机借重成吉思汗的授权,各处规劝蒙古将领在战争中少动武、多招安,并在黄河流域大建全真道宫观百余座。他派弟子持度牒,招收战争中沦为奴隶者和濒死者入道,因此而恢复自由人身份和活命者不下二三万人。史书将蒙古军队的招安抵抗者和丘处机"刀下救人"等事迹概括为丘处机"一言止杀"。"一言止杀"在一定程度上使蒙古统治者推行的残酷杀戮政策有所收敛,有助于恢复中原地区的经济,缓和了一些民族矛盾,客观上为元朝统一中国做出了贡献。

孔汉思(Hans Kung)是瑞士神学家和伦理学家,以维护世界和平与正义为自己的社会使命和责任。20世纪70年代,他倡导世界各宗教一起共建世界伦理(the Universal Ethics,又译为"普世伦理"、"全球伦理"或"普遍伦理")。他在《世界伦理构想》一书中说:"没有宗教间的和平,就没有国与国之间的和平;没有宗教间的对话,就没有宗教间的和平;没有对各种宗教基础的研究,就没有宗教间的对话;没有基于全球伦理标准的国际关系新范式,就没有全球的和平与正义。"孔汉思的倡导影响很大。1993年,世界宗教组织在芝加哥召开了由"几乎来自每一种宗教"的6500人参加的世界宗教大会,在会上制定了人类历史上第一份《走向全球伦理宣言》。它宣布:"我们确认,在各种宗教之间已经有一种共同之处,它可以成为一种全球伦理的基础——这是关于一些有约束力的价值观、不可或缺的标准以及根本的道德态度的一种最低限度的基本共识。"1997年,联合国教科文组织启动世界伦理研究项目。

丘处机和孔汉思都是宗教信仰坚定的人。他们发自内心的驱动、高尚的道德自律、对美好社会的理想和对现实的人文关怀,来自他们的宗教信仰。

信仰不同宗教的人各有不同的社会使命，也有共同的社会使命。只要勇于承担自己的那份社会使命，坚持做下去，那么他就是值得钦佩的人。

美国心理学家奥尔波特说："世界上的一切伟大宗教都为那些接受它的论点和诊断的人提供了一种世界观，它逻辑严明、庄严神圣。"佛教说，追求快乐的因是做善事，避除痛苦的根源是断除恶业。全世界有无数宗教，每个宗教都有各自的教义，但不管信仰哪一个，都需要有理性的智慧。只有建立在智慧、正义基础上的信仰才是最为可靠的。

少数民族靠信仰生活着

每一种宗教都含有某些真理成分，都向善祛恶，为芸芸众生提供了一种超越自我道德的楷模，使人去追求高贵的精神和崇高的人生价值。正如西方宗教学创始人麦克斯·缪勒所说："无论什么地方的宗教，它的意图总是神圣的。一个宗教无论多么不完善，无论多么稚气，它总是把人的灵魂放置在神的面前；一个关于神的观念，无论多么不完善，无论多么稚气，它总是代表当时的人在心灵上所能达到的和掌握的关于完美境界的最高理想。宗教使人的心灵开启，超过一般的美德标准，最终使人们渴望一种更高尚和更美好的生活——沐浴神之光辉的生活。"

西藏的生活条件并不丰裕，气候条件也极其恶劣，可幸福指数却相当高，百岁老人比比皆是。很多科学家认为，这与当地人的心理健康有关。而在西藏，唯一的心理调整方法就是大乘佛教。"磕长头"是藏传佛教信仰者最虔诚的礼佛方式之一。磕头朝圣的人在其五体投地的时候，是为"身"敬；同时口中不断念咒，是为"语"敬；心中不断想念着佛，是为"意"敬。虔诚的藏民磕长头的总数可以达到10万个，如果每天不停地做，需要半年时间。很多住在拉萨以外的藏民，以一个家庭或一个村庄为单位，倾家荡产，供奉几位代表去朝拜，被选上的教徒就是以这种三步一个全身伏地的磕头，从家乡一路磕到拉萨（大昭寺），历时几年甚至十年，其中一些人就在严酷的高原气候中，在漫漫长路中，在经过可可西里无人区、翻越高海拔的唐古拉山时离开人世……2009年玉树地震死伤惨重。然而当地人因为有信仰，对死亡的来临早有准备，所以他们没有怨天尤人、痛不欲生。《中国新闻》的一位记者这样描述："我见过国内外许多灾难场面，包括汶川大地震，我也亲自到过现场，目睹了不计其数的惨状：有些人发现家人都死了，无法面对就自杀了；有些人见所有财富毁于一旦，精神上实在受不了也跳崖了，这种现象特别多。可是到了这里，却见到与预期完全不同的场景。这么多人在灾难面前，心态竟然非常安详，甚至有些人的家人全部死光了，他还在医院里一边拿转经轮一边念观音心咒，脸上带有微笑。我问他：'你伤心吗？'他回答说：'不，我很高兴。人终有一死，无常是免不了的，可这次有这么多出家人进行超度，死者实在非常幸运，我也替他们感到开心！'"作家范稳以描写西藏而闻名。他说，藏文化博大精深，尤其是藏民族作为一个全民信教的社会形态，那种信仰的虔诚在这个信仰荒漠的时代很让人震撼。他们可能没有房子没有车子，生活很艰难，住在高山上，但他们的生活幸福指数比我们高。藏传佛教里最常用的一种说法叫"解脱"。烦恼从何而来？来自物质欲望、世俗欲望，藏传佛教就要帮我们打掉这些欲望。

联合国教科文组织国际专家小组的报告集《多种文化的星球》指出："伊斯兰教不仅是一种信仰体系和宗教仪式，它提供了生活的指南、综合的原则和所有生活方面的规章制度——从人际的到国际的。"《还原新疆真实容颜》一文中描述道：新疆是另外一个信仰着并生活着的地方，多民族多文化交融与汇合，嵌入新疆的历史。有句话说，如果到了新疆而没去喀什，就等于白来新疆。喀什是新疆最让人沉迷的城市，而喀什色彩中最浓烈的一笔就是宗教。无论外部世界如何变化，喀什不会变，因为喀什的中心艾提尕尔清真寺不会变。艾提尕尔对周边地区及中亚、西亚的穆斯林的吸引是非凡的。据说，一个修行的人如果能到这里作一次礼拜，其功德如同到麦加朝圣。喀什是世界上少有的围绕着一座清真寺而运转的城市，它的商业、街市、市井生活都由艾提尕尔清真寺塑造和改变。每天，这座城市随着艾提尕尔的呼喊被唤醒，夜晚整座城市又在艾提尕尔的祷告声中睡去。“安塞拉甫——哈依鲁木比乃——那吾来——”（“沉溺于睡眠的人们啊，快点起来吧，快点起来做礼拜吧……”）斋月期间的喀什，所有的清真餐馆都不开门，喀什成了一个禁绝炊烟的城市；而当节日祈祷一结束，艾提尕尔清真寺穹顶上的达甫鼓和唢呐响起，上万人开始在艾提尕尔广场上跳舞的那一刻，满城一瞬间处处炊烟，巷巷飘满了抓饭的香味。正是对信仰的虔诚，深刻地改变和塑造了西藏和新疆。宗教信仰使信众产生了归属感和责任感，增强了社会的凝聚力和向心力，帮助人们建立起有利于社会稳定的道德观念，促进了社会的发展。

良知永远不会过时

一颗健全的心灵应该有一根锋锐的、伴人一生的尖刺，始终对应着自己的恶行。这根刺的哲学名称叫“良知”。“良知”最早由孟子提出：“人之所不学而能者，其良能也；所不虑而知者，其良知也。”他所指的良知，是指人生来具有的、不需要学习就可知的内在品质。就如同小孩很小就知道爱父母，长大后知道敬重兄长等。“盖良知之在人心，亘万古塞宇宙而无不用，不虑而知。”“良知即是未发之中，即是廓然大公，寂然不动之本体，人人所同具者也。”就是说，良知是天赋予人心，人人具有的，这种本然状态的良知是亘万古、塞宇宙、廓然大公、寂然不动的无善无恶的道德本体。作为普遍的伦理标准，“良知”就是“理”、就是“道”、就是“义”、就是五伦。“致良知”是明代王守仁的心学主旨，语出《孟子·尽心上》：“人之所不学而能者，其良能也，所不虑而知者，其良知也。”《大学》有“致知在格物”语。王守仁认为，“致知”就是致吾心内在的良知。“致”，意指体验、实践。“致良知”就是用自己全身心的情感和生命去体验、去发现、去实践良知。“致良知”的最终成果是使人的精神境界提升，获得完善的人格美，铸造出有利于人类社会健康发展的社会实践主体。

"良知者,心之本体,即前所谓恒照者。"良知是个是非之心,具有纯然皎洁"知善恶、辨美丑"的性质,使我们清楚自己的言行失范之处,在自我面前被怀疑,被贬低,甚至被唾弃。1997年,一份《请允许他们回家》的报告详细披露了从19世纪60年代开始一百多年的时间内,澳大利亚土著儿童被迫离开家园并接受白人家庭虐待的事实,引起了澳大利亚社会的重视。然而,澳大利亚政府对此漠然视之,不理不问,拒绝道歉。他们认为土著儿童的遭遇是过去政府所为,属于过期行为,他们完全没有道歉的义务;同时担心道歉可能会引发土著人数额巨大的索赔。2007年,陆克文力排众议,毅然决定向土著人公开道歉。他解释说:"确实,澳大利亚土著人所遭受的不公待遇是过去政府所为,但我们作为澳大利亚的领导者,有义务承担过去政府所犯下的错误。因为在一个崇尚文明、自由、发展的现代化国度里,行为可以过期,良心却永不能过期!"一向要求索赔的土著人在得知陆克文公开道歉一事后竟纷纷偃旗息鼓,放弃了一切索赔的要求。他们这样解释:"我们不要求赔偿,是因为他们的道歉已经给了我们心灵上最大的慰藉。更重要的是,我们也有良心!"

1904年,一个斗志昂扬的小伙子走进了芝加哥肉类加工厂旁边的贫民窟。他说:"我是厄普顿·辛克莱。我来为劳工运动写一部《汤姆叔叔的小屋》!"辛克莱在工人中间生活了七周,亲眼目睹了许多令人发指的黑幕:病死动物成为肉类加工原料;毒死的老鼠被加工成火腿肠;掉进锯末堆里的火腿肠被包装出厂;劳累过度的工人一旦不慎跌入高温的大肉桶中,除去骨头便立时一无所剩,整个人都被送到了公众手里,成了"高级食用猪油"。成年人在吃进大量熏肠时,那些为掩饰腐肉的质地而使用的化学物质也使他们自己慢慢地中毒。然而政府的食品监督员在重金贿赂之下,对这一切熟视无睹,听之任之。作为一个有良知和正义感的知识分子,辛克莱感到异常的痛楚和悲愤。他用饱蘸正义之笔写下了这段难忘的经历。1906年,小说《屠场》一经问世,旋即引起巨大轰动,在美国刮起了一阵催生《纯净食品与药品管理法》的旋风。辛克莱受到爱因斯坦的高度评价,后者盛赞他是"我们的时代里最敏锐的观察家之一”。

“良知”既是一个道德范畴，也是一个价值范畴、境界范畴、审美范畴，还是一种知识，一种体现人类生命力量的意志状态和生存方式。刘向《说苑·辨物》中记载了孔子和颜渊的一段对话：“子曰：‘成人之行，达乎情性之理，通乎物类之变，知幽明之故，睹游气之源，若此而可谓成人。既知天道，行躬以仁义，饬身以礼乐，成人之行也’。”就是说，完善的人格是真善美相统一的人格，是知天道、行仁义、文(纹)之以礼乐。有这样人格的人，方可称为“圣人”。只要保守真己，排除不利于健康发展的杂念的干扰，保持高尚的有社会责任感的“初心”，那么“满街都是圣人”了。良知永远不会过时。

自由是人的本性

自由是人特有的最宝贵的东西。西方有一句著名的格言：不自由，毋宁死。人莫不恶死而贪生，却为了自由的缘故，不惜以牺牲生命为代价来追求它，说明自由的价值与生命的价值同样贵重，甚至超出生命的价值。因此，人类生活史上的一切努力都是为了追求自由，“人之于世，不自由而生存可也，生存而不自由不能忍也”。自由也是辛亥革命一百年来中国社会进步的主旋律。五四运动以后，我们告别“包办婚姻”，实现了“择偶的自由”；改革开放以后，我们又告别“统一分配”，实现了“择业的自由”。如今，我们希望获得心灵的自由。

自由是自我认知和自我实现的程度。它既不意味着为所欲为的权力在握，也不是“睡觉睡到自然醒，数钱数到手抽筋”这么简单。自由是最大的公平，最大的正义。只有当每个公民都享有充分的自由，包括择业的自由、迁徙的自由、创造的自由、言论的自由等，我们才有可能讨论和争取公平与正义，所以马克思才会把“每个人的自由发展”看做“一切人自由发展的条件”。在哲学上，自由的意思是一事当前，人可以选择这样做，也可以选择那样做。人面临道德上的取舍时，做好事还是坏事是由意志决定的。在意志自由的情况下选择的信仰才有价值。好事之所以好,做它的人之所以受赞扬,是因为那个人本来有自由可以不做它,但仍然选择去做它;坏事之所以坏,做它的人之所以受谴责,也是因为那个人本来有自由可以不做它。

心灵的自由是人的思想解放的前提和基础。没有心灵的自由,思想解放就难以实现,人们就不能自觉地发现和实践生活的意义。反之,思想解放能够从更深的层次、更广的范围、更大的程度上促进心灵的自由。而二者的解放又能极大地推动社会的发展,从而促使人自身得到解放。《故事新编》中有这样一个故事。上帝耶和华造了两个人下凡,以了解人间的情况。一个叫"忘记",另一个叫"铭记"。"忘记"是一个快乐的小伙子,他对人间的万物产生了浓厚兴趣,整天高兴不已。"铭记"是一名中年汉子,他到人间后将所经历的事情一一铭记在心。当二人被重新召回时,上帝询问此行的感受。"忘记"说:"人间实在是太有趣了!"而"铭记"却说:"做人太累!"

什么能夺去我们心灵的自由?是恐惧、伤害、禁锢、愚弄、疾病、挫折、贫穷、盲从……伯纳德·麦道夫是美国华尔街的传奇人物,曾任纳斯达克股票市场公司董事会主席。多年来,他一直是华尔街最炙手可热的"投资专家"之一。其操作的"庞氏骗局",以高额资金回报为诱饵,吸引大量投资者不断注资,以新获得的收入偿付之前的投资利息,形成资金流。这个骗局维持长达20年、数额高达500亿美元,愚弄了华尔街的诸多投资家,欺骗了一大批具有丰富投资经验的受害者,如西班牙国际银行和瑞士银行联盟等大财团、史蒂文·斯皮尔伯格等大富豪。2009年,麦道夫作为美国历史上最大的诈骗案制造者,被判处150年监禁。为什么他能轻易骗取500亿美元?心理学和笔迹学家曼努埃尔·莫雷诺分析说:"我们很贪婪,这就是诱因。欺骗我们的是人性当中的贪婪。"

现代社会的价值观建立在梦想一夜暴富的基础之上。《2010年中国居民生活质量指数调查报告》指出:约1/5受访者认为自己比周围人穷。调查结果还显示,人们对贫穷的畏惧甚至远超过情感背叛、友谊和尊严丧失。这些都呈现出现代人对物欲的无止境追逐。西班牙移动电话公司规定,凡是签订租赁电话线路的客户,电话公司均赠送一部手机,其价格取决于签订合同的月租金。一旦客户签了合同、拿了手机,一年半内必须按时交纳费用,不能违约,否则罚款。但这样的优惠政策却被一些中国留学生钻了空子。很多留学生在学业结束准备回国前和多家移动电话公司签订合同,选择最贵的月租价格,拿到最新型号手机。拿到手机后,这些学生立刻注销银行账号,打包回国。电话公司不但得不到一分钱月租费,还损失了一部价值五六百欧元的手机。为此,一些电话公司针对中国留学生客户修改合同条款,要求必须支付押金,在合同期满后才能退还。

有些错误一旦铸成就永远无法弥补。轻信、无知和贪婪……所有人性的弱点混成一杯迷药,使我们深陷其中无法自拔。原全国人大常委会副委员长成克杰是新中国成立以来第一个因腐败被判处死刑的国家领导人。1994 年到 2000 年案发,成克杰通过批项目、要贷款、提职级等多种方式,伙同其情妇或单独非法收受贿赂款物合计人民币 4109 万余元。成克杰在监狱曾提出三点要求:第一是监舍的灯太亮,晚上不适应,睡不好觉;第二是他去卫生间的时候有三个武警战士跟进去,方便的时候也不太适应;第三是在一个上边没有盖的小斗室放风时得到的阳光太少。除了第一点把灯调暗、保证睡眠满足了,其他的没能被满足,因为要保证他的安全。一个曾经的国家领导人因为一缕阳光也要向组织提出请求,令人感慨。成克杰说:“能不能向中央反映一下,一分钱也不要了,什么官也不要了,到偏远地区盖个小房,做老百姓行不行?”可是无论级别多高的官员,只要犯了国法,想回到原来的起点,只能是一种无法实现的奢望。贪而弃义,必为祸阶。贪污腐败是理想、信仰丢失的明证。为了贪得金钱的光彩,为了多捞权欲的光辉,回家的路总是黑的。贪婪是自由的桎梏,廉洁是自由的明灯。

汇丰的一份调查显示,月收入在 1.2 万元以上或流动资产在 50 万元以上的中国内地富裕人群中,60% 计划在未来十年移民,首选是澳大利亚和新加坡，其次是香港和加拿大。在北京电影学院教授崔卫平看来，移民者是在追求一种无支配的自由，其中就包括心灵的自由。一位身家数亿的温州商人坦言，越来越不喜欢每周有四天时间得在外应酬、打点各路官员、朋友，觉得很累心。他向往公私分明的生活方式，希望把更多时间留给老婆和孩子。“与天斗其乐无穷，与地斗其乐无穷，与人斗其乐无穷”，这是一种自以为是的快乐；而自由的心智已了然要与天、地、人斗的意义，把这种快乐引向持久和深邃。日本物理学家汤川秀树说得好：“我认为觉悟到生活的意义而活在世上，才是真正的现实主义的生活方式。”自由是公民权利，自由是核心价值，自由是人类理想。自由的旗帜一旦高高飘扬，我们就能实现社会进步、国家富强和个人幸福的梦想。自由和快乐一样重要，要获得自由，必须做出努力。

平等是心灵的乐声

中国正致力于建设和谐社会。和谐不仅仅是政府和百姓之间的和谐，官员和人民之间的和谐，也包括个人和个人之间的和谐。人与人之间要和谐，出发点是人与人平等，不能把自己看得高高在上。罗伯特·科赫是德国著名的医生和细菌学家。一天，他被召到皇宫给国王看病。国王说：“你为我看病，不能像看别的病人那样！”“请原谅，陛下，”科赫非常平静地说，“在我眼里，病人都是国王。”

平等催人进取。英菲尔德是一名普通的波兰学生。他想在柏林求学，但每到一处都受到歧视。因此他想起了爱因斯坦这位伟大的科学家。若他愿意给自己写一封推荐信，也许情况会有所改变。他怀着试试看的心情求见爱因斯坦，提出了请求，没想到爱因斯坦立刻就答应了。爱因斯坦为他写了一封热情洋溢的推荐信，并签上自己的名字。英菲尔德接过信，激动地说：“真是太感谢您了！可是恕我冒昧，您能给我一张您的签名照片吗？”爱因斯坦笑了，他说：“好的，可是我也有个请求。我可以送你我的签名照，但你也得送我一张你的，这样才公平。”很多年后，已是知名物理学家的英菲尔德谈起这件事时，泪水一下子涌出了他的眼睛："他的话让我感到平等，让我充满自信，并且成为我前进的强大动力！"

平等促人成功。200个客人中有150个回头客的火锅店"海底捞"，雇用了大量农民工。朱银花入职仅一年，就从小员工晋升为店长，她将自己的进步归功于"海底捞"公平的竞争环境。"我们这里所有的员工都来自农村，没有人是老板的亲戚，或者其他关系户。"在《海底捞你学不会》一书中，作者揭示了这家企业的秘诀：人是群居动物，公平感主要来自于和同类的对比。中国长期以来的城乡差别使得几近认命的农民不再奢望同城里人比，但是他们会同自己人比。如果在一个大部分是农民工的企业中，他们追求公平的希望又受到挫败，他们一定不会感到幸福。人不幸福，不仅卫生间扫不干净，对别人自然也不会友善。

平等源自内心。好莱坞著名影星金凯瑞主演的影片《一个头，两个大》结束时，荧屏上突然跃出一段话：下面播出的是影片播出中被删掉的镜头，在向这些演员致歉的同时，请观众记住他们的名字，记住他们为影片所做出的贡献。然后郑重其事地把这些被删掉的镜头以图片的形式一一播放，并特意用加粗的箭头指向这些无名演员，标注上他们的名字。这些演员多数是群众演员，他们中有天真可爱的小孩儿、鹤发童颜的老人、威武健壮的警察、风情万种的街头美女……向来以追求情节紧凑，力求最大商业利益的好莱坞制片方竟然愿意为这些无名小卒留出长达五分钟的播出时间，专门介绍这些一闪而过最后被删掉的小人物，令人深思。

《简·爱》里有一段关于平等的著名对话："你以为我穷，不漂亮，就没有感情吗？如果上帝赐给我美貌和财富，我也会让你难以离开我的！就像我现在难以离开你一样。可是上帝没有这样做。可是我们的精神是平等的，就像我们都将有一天经过坟墓，平等地站在上帝面前一样！"自大是心灵的毒药，平等是心灵的乐声。生活在底层和角落里的人，更值得我们去关注。正可谓：爱人止于敬，处事持其平。

第四节　信仰是理想的加油站

工作是不渝的必需

一个乞丐遇到了上帝，他请求上帝满足他三个愿望，上帝答应了。乞丐的第一个愿望是变成一位有钱人，上帝立刻满足了他。成为有钱人后，乞丐又希望自己能年轻40岁，上帝挥挥手，老乞丐就变成了20多岁的小伙子。乞丐兴奋极了，又向上帝提出第三个愿望：一辈子不要工作。但是这次乞丐立刻又变回了原来的他——一个整天蜷在街角、又老又脏的乞丐。乞丐很是不解地问："这是为什么？我为何又一无所有了？"上帝说："工作是我能给你的最大祝福了。想一想，如果你什么都不做，整天无所事事，那将是多么可怕！只有不断投入工作，才有生命的活力。现在你居然把我给你的最大恩赐都扔掉了，当然就像以前那样一无所有了。"

20世纪最伟大的科学家爱因斯坦在《我的信仰》里明确指出：人是为劳动而生的，他认为人只有把自己奉献给工作才是有意义的。一个人的职业是他志向的表示，理想的所在。如果一个人对工作怀有一种生命的信仰，他会把工作当做神圣的天职和一生的事业，就会有源源不断的工作激情，并从中体会到神圣的使命感和成就感。即使再平凡的工作，也会从中获得某种人生价值。加拿大密西沙加市被加拿大评为"最安全的城市"和"最适合人类居住的城市"。市长麦卡利恩女士自1978年就任市长以来，已连续33年连任该市市长。别看她已89岁高龄，却身体健康，思维敏捷，干起工作来雷厉风行，大刀阔斧，自称是全球最"年轻"的市长。麦卡利恩没有私人司机，每天上下班，到基层检查工作，都是她自己驾驶着一辆普通的别克轿车。麦卡利恩也没有专职的秘书。许多讲话稿、文件起草都是她亲自动笔，从不要别人代劳。白天忙完工作，她每天晚上还要到社区参加活动，跳舞、唱歌、演讲，到处都能看到她的身影。有记者问，您什么时候退休不干市长了？麦卡利恩笑道："我还年轻着呢。如果哪天密西沙加市老百姓不选我当市长了，到那天我才正式退休了。"

有人说："干一行，怨一行。"世上好像没有好职业。他是医生："这不是个好职业，忙起来没有假日，饭都吃不到一口热的。医生给人治病，到最后自己落一身病。"她是教师："下辈子再也不干这一行了，劳心费神、收入不高，还被一些素质差的家长冤枉。"她是作家："干别的什么都比干这个强，不仅压力大，还会得颈椎病，头发也大把大把地掉。"央视《第一时间》报道：英国 74 岁的老人布莱恩默默无闻地做了一辈子的园丁。某天，他买的彩票中了 2500 万英镑的大奖。"你会拿这些钱做什么?"老头的回答出人意料："我要用一部分钱雇一个胡萝卜专家，学习种胡萝卜！"原来，他一直想在菜园里种胡萝卜，但多年来都未成功，这成了他一个心病。现在突然有钱了，他要实现这个梦。布莱恩因此被评为"最敬业的园丁"。照片上，老人白西装，白头发，长得很精神，志得意满地左手拉着老婆，右肩扛着劳作时的工具——四个齿的耙子。他和老婆都在笑，是那种热情、昂扬、富有感染力的笑。老人是那么热爱自己的工作。钱多了不一定快乐，但热爱自己工作的人却一定是快乐的。他们明白自己生存的意义，并因此而感到幸福和自我满足。

巴顿说："我离不开战场，那里有我的信仰。"邓肯说："我爱舞蹈，它是我的信仰。"美国石油大王约翰·洛克菲勒说："除了工作，没有哪项活动能提供如此高度的充实自我、表达自我的机会，也没有哪项活动能提供如此强的个人使命感和一种活着的理由。工作的质量往往决定生活的质量。"比利时的《老人》杂志曾在全国范围内对 60 岁以上的老人开展了一次题为"你最后悔什么"的专题调查活动，调查结果是：72% 的老人后悔年轻时不够努力，以致事业无成。工作是我们生而被赋予的权利，是每个人的使命，是人与生俱来的责任和义务，是我们本来就应该做的事情。

学习是一生的习惯

古人曰:“学而时习之,不亦说乎。”莎士比亚说:书籍是全世界的营养品。任继愈老人说:“返老还童,我还会选择读书,因为它开启智慧,让你不会糊涂,避免愚昧。”生活里没有书籍,就好像没有阳光;智慧里没有书籍,就好像鸟儿没有翅膀。然而现代人在经济社会的压力下,却往往放弃了对学习的追求。去年,北京的街头有不少尚德机构的公交站牌广告,标题是:学习是一种信仰。说得真好! 原来我们还可以有学习这么一种信仰,一种遥远神圣却又非常实用的世界观。

“学习是一种信仰”,源自《学习是一种信仰:犹太人教育和创造力的奇迹》一书,书中传递的理念是:爱学习的国家和民族进步快。这从群星璀璨的犹太人和诺贝尔奖中的“犹太现象”可以得到证实。“学习是一种信仰”,把学习变成了世界观中的意识,表现了对学习的信服和尊崇、行为上的敬仰和顺从,使学习成为一种使命,一种责任,成为每个人终生不懈的奋斗目标和精神追求。“学习是一种信仰”,得到了世界很多国家的认同。德意志和日本就是通过学习跻身发达国家的。德国高速公路加油站的便利店里除了食品和杂志,必定有一小块地方是卖书的——很多严肃文学类图书,以小说类居多,还有获诺贝尔文学奖的作品。小小便利店让我们以小窥大,看到了一个民族一个国家对精英文化的尊重和热爱。

中国古人把学习总结为“理性”的学和“感性”的习。“理性”就是从书本、报纸、杂志、网络等各种传媒获得的知识;“感性”就是从实践中学,在实际工作中通过和事物的接触获得的知识。随着科技发展,人类进入到网络时代,就书而言,书不仅可读,也可听。打开听书网站,闭上眼睛,去聆听古典诗词、历史评书、玄幻武侠、世界名著;也可边做其他事情,边聆听书籍。看书,是在无声世界里探索冒险、愉悦心神;听书,用耳朵激活想象,耳朵变成杯子,斟满美酒让人陶醉。

朋友是黑暗中的明月;书籍是心海里的航标。台湾著名企业家陈茂榜只有小学学历,15 岁辍学到当时台湾第二大书店“文明堂”当店员,他白天在书店工作,晚上住在店里,每天晚上 9 点打烊后,书店就成了他的私人书房。他把读书当成了嗜好与享受,依照自己的兴趣,先从小说、传记等通俗读物读起,渐渐养成了每晚至少读 2 小时书的习惯。久而久之,通俗读物已不能满足他的阅读需求了,他开始涉猎经济与管理等专业性较强的书籍。陈茂榜说:“初进‘文明堂’时,我只有小学文化程度;8 年后离开时,我的知识水准已经不亚于大学生了。”8 年每天晚上不间断的学习,为他奠定了日后成功经营企业的重要基石。海尔集团掌门人张瑞敏每天的工作时间都在 12 个小时以上,但他绝不放弃任何一个可以用来阅读的机会,几乎所有的空闲时间都用在了阅读上。每次在机场候机,他做的第一件事就是在候机厅书店里买本最新的管理书籍,然后找个安静的角落畅游其中。加拿大临床医学家威廉·奥斯勒成功地研究了第三种血细胞(现称血小板)。为了从繁忙的工作中挤出时间来读书,奥斯勒给自己制定了一条规则:每晚睡觉前必须读 15 分钟的书。从此,不管忙碌到多晚,即使是清晨两三点钟,他也一定要读 15 分钟书再睡觉。这个习惯他坚持了整整半个世纪,一共读了 1098 本书。

这些成功人士的经历验证了两个著名理论。一是哈佛大学的理论:人的差别在于业余时间,而一个人的命运决定于晚上 8 点到 10 点之间。二是“三八理论”:一个普通成年人的一天应该分为“三个八”:八小时工作、八小时睡觉、八小时自由安排时间。前面两个“八”,大多数人是一样的,并无多大变化;人与人之间的不同就在于剩下的八小时怎么度过。时间是最有情也最无情的东西,每个人拥有的都一样,非常公平。但拥有资源的人不一定成功,善用资源的人才会成功。白天图生存,晚上求发展,这是 21 世纪对人才的要求。学习不仅仅是汲取知识,更要了解人生,懂得如何做人。

物质生活的贫困、精神生活的匮乏并不可怕,可怕的是不肯为改变这种现状去吃苦。爱因斯坦和鲁迅说过同样一句话:人的差别在于业余时间。我们如何利用业余时间，将最终决定我们的一生是在浑浑噩噩中还是轰轰烈烈中度过。让我们每晚抽出两个小时的时间用来阅读、进修、思考或参加有益的演讲、讨论。我们会发现，人生正在发生改变，坚持数年之后，成功会向我们招手。

敬业是最好的自我形象

国民是国家的缔造者和最基本的单位，其最基本的社会角色是国家的建设者和保卫者，这也是他们对国家最大的贡献。正是国民勤恳的工作改变了中国百年积弱的面貌。敬业精神是人们基于对一件事情、一种职业的热爱而产生的一种全身心投入的精神，是社会对人们工作态度的一种道德要求。"敬"，原是儒学的一个基本范畴，孔子主张人在一生中始终要勤奋、刻苦，为事业尽心尽力。他说过"执事敬"、"事思敬"、"修己以敬"等语。北宋程颐进一步解释道："所谓敬者，主之一谓敬；所谓一者，无适（心不外向）之谓一。"可见，敬是一种思想专一、不涣散的精神状态。古往今来，事业上有所成就者都具备两个条件：一是有强烈的事业心和责任感；二是锲而不舍的勤奋和努力。二者的有机结合即为敬业精神。

韩伟是北京邮政的投递员。21年来，他送信送报累计的距离，相当于绕地球转了三圈，送出的信件和报纸达500余万件。不少是平房、大院住户和居民楼住户共用信箱。一天，韩伟送信来到一个大院前，刚要把一张明信片放入信箱里，明信片上"公安分局拘留"的字样让他收回了手。原来这是一张拘留所通知被拘留人员家属探视送衣物的明信片。韩伟心想："这种事收信人最忌讳让外人知道，我们投递员应当尊重用户的隐私，顾全他们的面子。"于是他走进院子，挨户敲门打听收信人住在哪个屋。"小伙子，你把信给我吧，我转交给她。"听到邻居热情的招呼，韩伟只好编了一句善意的谎话："不啦，这是封挂号信，得由本人亲自签收。"打听了半个多小时，韩伟终于找到了收信人，将明信片塞进了这位焦虑的母亲手中。当天下午，这位母亲便来到韩伟单位，百感交集地对投递部主任说：“你们的投递员太为我们着想了。我儿子因打架被拘留了，我怕他年迈的爷爷奶奶知道，就说孩子出差了。为了不让别人看到这份通知，我在院门口等了好几天了。没想到投递员这么心细，他都想到我的心里了。”每每看到有搬家车辆停靠在胡同里，韩伟都会上前打听，向要搬走的住户要他们新家的地址。正是由于他的不懈努力，3 万余封寄到老地址的信件才送到已搬走住户的手中。韩伟发现有许多外来人员居住在自己负责投递的路段，于是他自掏腰包置办了“流动邮局”。在“邮局”的口袋里，邮票、信封、包裹单等一应俱全，随身携带的地图、火车时刻表方便了这些离家在外的人们。韩伟自己设计了一张名片，上面印着“共产党员韩伟”几个字，下面还写了这样两行小字：“您好，我是投递员，如果您对我的工作有意见或有事情，请拨打电话……”他说：“每一封信件在我看来都是亲情、友情、商情、国情的载体，只有多为收信人着想，我才会觉得无愧于这份职业，无愧于党员的光荣称号。”

孟子说：“天将降大任于斯人也，必先苦其心智，劳其筋骨，饿其体肤，空乏其身，行拂乱其所为，所以动心忍性，增益其所不能。”毕业后不久，白岩松受邀到中央电视台《东方时空》节目组担任主持人。并非播音专业出身的白岩松一下子被推到了幕前，压力可想而知。按中央电视台当时的规定，主持人念错一个字就要罚款 50 元，白岩松因为发音不准常常受罚，最糟糕的一个月，不仅工资被罚完了，还倒欠节目组的钱。回忆那段时光，白岩松说：“我那时连续四五个月一分钟都睡不着，天天都琢磨自杀……”尽管如此，他并没有放弃，而是在妻子的帮助下，不断纠正普通话发音，甚至不惜在嘴里含一颗石头，练习绕口令。就是在这样炼狱般的煎熬中，白岩松练就了一口标准的普通话，再加上他过人的才华和犀利的语言，最终成为家喻户晓的著名节目主持人。

放弃对职业伦理的尊重，缺乏职业精神，是当今社会的通病。这种病弥漫于各行各业，甚至已经成为一种民族劣根性。人们不停地抱怨，希望“少干活多赚钱”。人的本质是劳动。我们的人生幸福与否,取决于人的现实社会关系是否和谐,由劳动结成的现实社会关系最集中的表现就是职场生活。鸟巢中央那些密布于四周的小钢条是如何一一焊接而起的?那么高的建筑没有电梯和托运设备,上下一次最少也得十几分钟。原来,每一个焊接人员每天换班时都会自带几块婴幼儿用的“尿不湿”,这样上去之后就不用再下来了。是怎样的一种热情,驱使那么多工作人员默默地遵守这么一个几乎屈辱的不成文定律?答案是敬业精神。每个职业都有其核心伦理,对一个从业者的评价应基于在这种核心伦理上的表现。干一行不一定非得爱这行,但既然身在其位,就要有这一行的职业精神。敬业精神是一种工作态度,更是一种生命态度。只有尊重这个行业,这个行业才能尊重我们。今天我们如火如荼地学习雷锋精神,“做一颗永不生锈的螺丝钉”,正是雷锋精神最令人感佩的闪光点之一。我们在平凡的岗位上兢兢业业,就是学雷锋,就是为社会做贡献。

如临深渊　如履薄冰

“如临深渊”就是警惕,一不小心就会掉进深不见底的地方;“如履薄冰”就是戒备,一不留神就会踩在薄冰上,跌入冰窟中去。“如临深渊,如履薄冰”,语出《诗经·小雅·小旻》,意思是如同处于深渊边缘,如同在薄冰上行走,比喻行事极为谨慎。

“如临深渊,如履薄冰”,是协和名医张孝骞教授面对病人作诊断和治疗决定时遵循的八字方针。他给病人查体时,每个细节都不放过。一个大家都诊断不了的疑难病人,张教授发现病人右侧腹股沟有一个小肿物,从而确诊了一种极罕见的病,这是世界发现的第八例。张教授一生坚持检查学生病历。一次查房时,他发现病历写得不够详细,一言未发,静静地坐到病床前开始问病史,并认真查体,详细记下了所查病情。张孝骞这样的名医到了80岁时仍然自谦,说自己没有资格写书,永远在学习,对病人的病情永远是“如临深渊，如履薄冰”。他去世时，协和医院曾写了一副很长的挽联，试图用尽可能多的字来概括他的一生：

协和泰斗，湘雅轩辕，鞠躬尽瘁，作丝为茧，待患似母，兢兢解疑难。戒慎恐惧座右铭，严谨诚爱为奉献，公德堪无量，丰碑柱人间。

战乱西迁，浩劫逢难，含辛茹苦，吐哺犹鹃，视学如子，谆谆无厌倦。惨淡实践出真知，血汗经验胜鸿篇。桃李满天下，千秋有风范。

妇产科名医林巧稚教授经常守在产妇的床前，握着病人的手，直至病人度过危险期。20 世纪 50 年代，一批见习医师去妇产科实习，导师林巧稚要求每个人完成 10 例初产妇分娩全过程的观察，并用英文写出完整的产程病案。学生们仔细观察和记录了分娩的全过程，林教授看完后，只在一个学生的作业本上批了“Good”，其余的全都退回。这些学生于是更认真地观察和记录，结果林教授仍不满意。学生们只得找来那本被批了“Good”的作业，发现那位同学的病案记录上只比她们多了一句话：“产妇的额头上冒出了豆粒大的汗珠。”没有任何医学知识的人都可以发现那“豆粒大的汗珠”，但如果不把患者当做一个活生生的人来看待，即使医术再高明，都会对此视而不见，更不可能看到患者的痛苦了。因此在林教授的眼里，这样的学生才有可能成为一名合格的医生。

医生“如临深渊，如履薄冰”的工作态度，体现了对生命的敬畏。“如临深渊，如履薄冰”，也适用于其他行业。领导干部主政一方，责任重大，决策中的一个小失误就有可能对区域经济、社会发展产生深远影响，因此一定要时刻保持“如临深渊、如履薄冰”的心理状态，对每一项决策都要慎之又慎、三思而行。“如临深渊，如履薄冰”，也是海尔张瑞敏的自警语。张瑞敏白手起家经过三步，应和了老子的话：“常无，欲以观其妙。常有，欲以观其徼。”第一步，他初接手工厂时，工厂亏损一百多万，人心涣散，纷纷跳槽。张瑞敏砸了几十台冰箱，教育员工树立品牌意识。第一步成功了。第二步搞产品的多元化：

白色家电、黑色家电、米色家电，三色家电也成功了。第三步是海尔的国际化。三步走过来，海尔成了一个大企业。难怪张瑞敏说："学孔子，学做人。学老子，学赚钱。"

梁启超说："人生须知负责任的苦处，才能知道尽责任的乐趣。"工作不是我们谋生才做的事情，而是我们要用生命去做的事情。工作就是付出努力。没有卑微的工作，只有卑微的工作态度，而工作态度完全取决于我们自己。

有志者必远见而明察

远见的意思是远大的眼光，高明的见识，语出《韩非子·孤愤》："智术之士，必远见而明察。"英国作家凯瑟林·罗甘说："远见告诉我们可能会得到什么东西。远见召唤我们去行动，心中有了一幅宏图，我们就从一个成就走向另一个成就，把身边的物质条件作为跳板，跳向更高、更好、更令人快慰的境界。这样，我们就拥有了无可衡量的永恒价值。"

1985 年，牛津大学发生了一件大事。校方在工程检查后发现，有 350 年历史的学校大礼堂的安全出现了问题，20 根由巨大橡木制成的横梁已经风干朽化，失去了支撑力，必须得更换才行。校方请人估算更换横梁的价格。由于那么巨大的橡木非常稀少，预估每根横梁要花 25 万美元，但也没把握能找到那么大的橡树。巨额预算一出来，校方焦头烂额。这时，一个天降的好消息化解了危机。园艺所负责人前来报告：在 350 年前，设计大礼堂的建筑师已经想到后代将要面临的困境，所以早早请园艺工人在学校种植了一片橡树林。现在，每一棵橡树的尺寸都超过了横梁所需。无名建筑师的良苦用心让人肃然起敬，这才是真正的远见。

上海世博会以色列国家馆有一件非常珍贵的遗迹：一封爱因斯坦在 1938 年写的信，题目叫"给 5000 年后子孙的信"。当 1939 年美国总统罗斯福决定正式研究原子弹时，爱因斯坦颇为惊讶，他力劝罗斯福总统放弃原子弹的生产。可是，爱因斯坦的声音显得是那么的弱小，他已无法控制核武器的研制和生产局面。一直到晚年,爱因斯坦都认为人生的最大遗憾是推动研制了核武器,这是他心中永远的痛。就是在这种情况下,爱因斯坦以一种充满欣喜和忧虑的语言写了这封信,以一种远大和智慧的眼光看待未来,告诫子孙。他一方面用赞美的语言描述了科学的进步给人类所带来的幸福和快乐;但是另一方面又用悲哀的语言表达了自己的忧虑。爱因斯坦深情地写道:"我们的时代充满了创造性的发明,这也大大方便了我们生活,我们使用电能,把人类从繁重的体力劳动中解放出来。我们能横渡大洋,我们学会了飞行,甚至通过电波,我们能轻松地把消息传递到世界的每一个角落。但是,商品生产和分配却完全是无组织的,人们不得不为自己的生计焦虑地奔忙。而生活在不同国家的人们总是过一段时间就要互相杀戮,这让每个想到将来的人都会充满忧虑和恐惧。"

我们都希望下一代继续过美好的生活,然而我们这一代人却以前所未有的速度破坏自然,耗尽资源,享受空前奢华的物质生活,同时,内心却并不快乐。我们缺乏的正是建设性的远见。杀鸡取卵的方式是短视的行为。

第三章 信仰是人类的心灵家园

信仰是一种来自灵魂深处的力量，从终极关怀上激励着人的精神世界和行为实践。它可以是某种主义、某种真理，也可以是神，还可以是某种信念。信仰是人生的目标、意志和创造力的源头。唯有信仰，才能让我们心有所依，才能使我们的灵魂飞翔，只有灵与肉的完美结合，我们才可以称得上是一个真正的人。

第一节 信仰让我们心有所依

信仰创造美丽的人生

《庄子·知北游》曰："天地有大美而不言，四时有明法而不议，万物有成理而不说。圣人者，原天地之美而达万物之理。是故至人无为，大圣不作，观于天地之谓也。"三十多年的改革开放，造就了中国的经济奇迹，实现了社会跨越式发展，创造了一个又一个财富神话。国际某些金融机构更是做出大胆预测：中国有望在2025年左右取代美国成为世界头号经济体。相对于30年前，我们今天物质丰裕、资讯发达、交通便捷。面对如此优越的条件，我们理应感到快乐。但恰恰相反，快乐在这个时代却成了奢侈品，幸福的感觉离我们越来越远。物欲就像一个神秘的怪兽，日渐吞噬我们内心的价值观、生命信仰和精神财富，传统的道德、良知、正义、责任变得不堪一击。人们习惯了以"物"的尺度来衡量幸福与否，那些本属于人的精神生活和感受纷纷被抛弃。社会分配的不公,让越来越多的人产生了“被剥夺感”。月入过万的白领对未来也充满不确定感,他们担心的不是“穷”得吃不起饭,而是“穷”得没有富起来的机会和条件。我们从反思中得到教训:单纯的富裕并不足以使一个文明社会受到尊重,使人心得到幸福和安宁,尤其对于中国这样一个有着几千年文明的国家。我赞同日本教育家福泽谕吉说过的话:“一个民族要崛起,要改变三个方面:第一是人心的改变;第二是政治制度的改变;第三是器物与经济的改变。这三个方面的顺序,应该先是心灵,再是政治体制,最后才是经济。”国家的崛起,首先是心灵的崛起,而心灵的崛起和强大,则需要信仰提供强大的精神力量。

1998 年,美国人丁大卫到位于甘肃兰州的西北民族学院任教。当时学校给丁大卫定的月工资是 1200 元,经过了解后他觉得工资过高,主动要求降到 900 元,学校一再坚持,最后定了 950 元。在《实话实说》节目里,丁大卫展示了自己的全部家当:一顶家乡足球队的队帽,一本有家人、朋友、学生照片的相册,一幅家人合影,两套换洗的衣服(其中一件军装是丁大卫爸爸年轻时当兵穿过的,整整 40 年了)和一双普通的运动鞋,还有一些生活必需品和一面随身带着的五星红旗。这些东西都装在一个帆布袋里,是丁大卫在中国 5 年积累的财富。镜头前许多丁大卫的同事、教过的学生以及学生的家长交替出现,他们叙说着丁大卫的可敬与可爱之处。一个大学生说:“丁老师从来没骂过我,但我真的好怕他啊,因为我怕看他因我而失望的样子!”丁老师教过的那所小学的孩子们流着泪喊:“你回来教我们吧!”后来,丁大卫在甘肃省东乡自治县教育局教研室任教育顾问,帮助当地出版了东乡语和普通话双语字典。他还筹款在县里建起 11 所学校,帮助各地通水通电,并组织当地教师到北京师范大学接受培训。而丁大卫的生活依旧艰苦简单,快乐和精神上的满足是他与妻子最大的收获。丁大卫说:“每个人都应该问问自己的内心,这些是不是你真正想要的?你的心踏实吗?满足吗?平静吗?”

有怎样的心灵就有怎样的社会,有怎样的社会就有怎样的国家。唯有美丽的心灵才会创造美丽人生,唯有真实的心灵才能让我们不势利、不短见。纽约市中心的一条主干道上有一家生意很好的报亭,老板是一位年过花甲的盲人。监控录像显示,所有光顾过这家报亭的顾客都无一例外地按照报刊的定价把钱交给盲人老板,甚至还有一部分人付钱买了报纸并不带走,而是在附近的长椅上迅速浏览,再把报纸放回原来的位置。一个重要原因是:盲人老板在报摊货架中央安放了一个红木做的盒子,盒子是心形,盖子上写着:"报刊愉悦您的眼睛,我只想听听来自您心灵的声音。"于是,第一次光顾报亭的人会恭恭敬敬地付上报刊钱;再次光顾报亭的人快到报亭时会整一整衣衫或领带,然后昂首挺胸地走进去,取下报刊,付钱,再虔诚地走出来,像是走进一间朝圣的圣殿。心理学家分析,他们不是在整理自己的着装,而是在整理自己的心灵;不是给盲人看,而是给自己的内心检阅。盲人老板的脸上始终洋溢着同一种微笑,那笑容中透着真诚和信任,像极了一个天使。他说:"我能听得见每一个路过的读者怦然的心跳,他们的心跳是那样的真诚,那样的善良,像极了产房里的婴儿的一颗初心,我着迷于倾听这样的心跳……"

生活就是一部书,要学会读、能读、爱读,从读中品,在读中赏;读出自己的阳光和雨露,读出自己的养分和空气,从中我们不仅能获得知识,而且能收获发现美欣赏美又拥有美的机会和能力。追求财富本身没有错,但人不能在财富面前迷失,不能因为物质上的享受而沦落为精神上的乞丐。我们要学会在财富面前修己克己,为心灵的美丽而生活工作,为人生的充实而奋斗,让物质财富成为真正推动社会进步的原动力,从而不断造就辉煌的现代文明。"如果说30年前中国开始了经济觉醒,是国富民强充满渴求的时代;那么30年后的今天,中国正处在心灵崛起从富裕走向文雅的时代。"当我们在职场上奔命、在名利场上周旋的时候,记得要留下一点时间仰望星空,使心灵摆脱世俗的滋扰,端正灵魂的方向,让安妥了的灵魂回到心灵的故乡。温家宝同志说:"我们确实需要一些仰望星空的人,心里装着整个国家和世界,同时又需要一些脚踏实地的人,踏踏实实地去做苦功夫。"我们仰望星空,是为了放怀于创想与创造。让我们再次体味他的诗作《仰望星空》，学会对欲望的节制、对灵魂的净化、对正义的诉求，让心灵真正崛起。在内心深处，永远给最初的理想、道德、信仰备留空间。

仰望星空

温家宝

我仰望星空，
它是那样寥廓而深邃；
那无穷的真理，
让我苦苦地求索、追随。
我仰望星空，
它是那样庄严而圣洁；
那凛然的正义，
让我充满热爱、感到敬畏。
我仰望星空，
它是那样自由而宁静；
那博大的胸怀，
让我的心灵栖息、依偎。
我仰望星空，
它是那样壮丽而光辉；
那永恒的炽热，
让我心中燃起希望的烈焰、响起春雷。

虔诚守护精神宝藏

一个生命怎样才能完整呢？只有通过对生命意义的认可与领会，才能将生命整合为有秩序的整体。

2010年，作家史铁生去世。史铁生年轻时双腿瘫痪，后得尿毒症，一直靠透析维持生命，自嘲“职业是生病，业余写东西”。正是这样一位残疾人作家，用残缺的身体说出了最为健全而丰满的思想，在中国当代文学史上留下了重要的篇章。史铁生不仅仅属于文学，也远远不只是一个“身残志坚”的典范，在这个人们经常感到恐慌和无力的年代，内心强大的史铁生带给了人们许多精神的力量，《我与地坛》、《我的遥远的清平湾》、《务虚笔记》等诸多名篇让很多人找到了精神的家园。所以，他才被赞誉为“中国最具神性的作家”。蒋子丹说：“史铁生说他活着不是为了写作，写作是为了活着，虽然他的身体残疾，思想却没有一刻的停顿，他的苦痛一定比我们多，但他的彻悟也比我们多。”铁凝、张海迪、刘索拉、余华、濮存昕、顾长卫等各界人士五百多人出席了北京史铁生追思会。主持人张越说：“没有遇到过一个人能像史铁生一样赢得这么多人的尊敬和爱戴。”中国作家协会主席铁凝说：“在当代中国作家里，他坚持着精神的高度，坚守着心灵的高贵和生命的尊严，秉持着文学的崇高信念。他坐在轮椅上那么多年，却比很多能够站立的人更高；他那么多年不能够走太远的路，却比很多游走四方的人有更辽阔的心。”作家张炜说：“铁生是这个时代难以消逝的声音。他以常人难以想象的顽韧强旺的生命力，不断地将思与诗投掷到这个异常喧嚣的世界上。我不知道还有谁像他一样，在这样的情与境下凝神打量或闭目冥思，燃烧自己。写作者的艰难和光荣都体现在铁生这里了。”在生命的最后时刻，史铁生捐献了肝脏。受捐者因为有了这个充满生命力的肝脏，才能亲眼看见他刚出世的孩子。

学者周国平说：“人不但有外在的眼睛，而且有内在的眼睛。外在的眼睛看见现象，内在的眼睛看见意义。”内在的眼睛就是精神。在历史的进程中，我们需要守望者。守望者关心精神价值甚于关心物质价值，在他们看来，无论个人还是人类，物质再繁荣，生活再舒适，如果精神流于平庸，灵魂变得空虚，就绝无幸福可言。所以，他们虔诚地守护着那一块精神的园地。1944年，担任中国战区文物保护委员会副主任的梁思成奉命向美军提供中国日占区需要保护的文物清单和地图，以免盟军轰炸时误击损伤。梁思成希望美军能将日本的京都和奈良也排除在轰炸目标之外。他的这个建议令人难以理解。1932 年上海淞沪会战中，梁思成的亲弟弟梁思忠在激战中因无医无药殉于阵中。在长沙大轰炸的烈火中，谦谦君子梁思成怒吼："多行不义必自毙，总有一天我会看到日本被炸沉的！"因为国恨家仇，他进入营造学社后从不与日本人交往。梁思成是这样解释提出上述建议的原因的："要是从我个人感情出发，我是恨不得炸沉日本的。但建筑绝不是某一民族的，而是全人类文明的结晶。"

台湾作家蒋勋说，知识完全不等于智慧，也完全没有办法转换成智慧。因此，人应该常常在镜子中审视自己，思考人生的各种可能性。"精神上的顿悟是存在的，它的种子必定早已埋在那个产生顿悟的人的灵魂深处。心灵中拥有开阔的空间也是重要的，如此才会有精神的自由。"

肩负重担走在朝圣路上

一个人只要活着，他的灵魂与肉身就不可能截然分开，在他的尘世经历中，处处可以辨认出其灵魂行走的姿态。许多时候，尘躯的小爱会妨碍灵魂的大爱，俗世的拖累会阻挡精神的步伐。这正是检验一个人的心灵力度的场合。大爱赋予小爱以精神的光芒，在爱父母、爱妻子、爱儿女、爱朋友中体味一种万有一体的情怀。

30 岁的胡文传是一位安徽木匠。7 年前的一天，他正在做晚饭，忽然听到院外有人扯着嗓子喊："有人落水了，快去救命呀！"他拔腿就往池塘边跑。水面上有几个小脑袋沉沉浮浮，最远处那个竟是自己的儿子！胡文传一头扎进三米多深的水里。突然，几只小手露出水面，拼命地划动，试图抓住他。那是本村的四个小孩。他实在不忍心把揪住自己的几只小手拨开，一咬牙左手抱住三个，右手抓住一个，扭头向岸边游去。他拼尽最后力气再次扑进水里，却没有了儿子的踪影。悲剧发生后，妻子一连几天以泪洗面，不吃不喝，不停地质问他:“你为啥不救儿子?”他无言以对,只能默默流泪。2008年,妻子又生下女儿明娜。然而两周后,他发现女儿经常咳嗽,嘴唇发乌。医生告知,小明娜患有严重的先天性心脏病,随时都有生命危险。不,要留住女儿,让她的生命“延续”下去!经过再三劝说,妻子最终同意了他的想法——捐献眼角膜。三天后,病魔带走了小明娜。次日,省儿童医院为她做了眼角膜捐献手术,两名在黑暗中苦苦煎熬的患者重见光明。胡文传高票当选安徽电视台主办的2008十大新闻人物,颁奖辞是:“6年间,他经历了人生的两次选择。在生与死、得与舍面前,我们触摸到一颗大爱之心。透过困顿与坚强,我们看到了一个质朴的灵魂。他是一个好人,好人也许会流泪,会伤心,会孤独无助,但好人却永远是这个世界的魂。”

汶川地震,什邡市妇幼保健医院大楼成为危房。院长桂逢春想起仅一街之隔的罗汉寺,想将滞留的18名产妇和20多名孕妇安置到寺院空地,但怕寺庙忌讳妇人生产会带来血光。他硬着头皮去找住持素全说明来意。一分钟的沉默后,素全答应了,但院内40名僧人、30名居士中有人反对,因为犯忌。素全说:“出家人最大的忌讳是见死不救,其他的都不是忌讳。”他要求僧人必须无条件接受灾民,无条件提供生活所需,把寺院的东西无条件给她们用。凌晨,孕妇陈世抄需要剖腹生产。没有产床,素全想起寺里的禅凳,于是三张禅凳拼成了一张床。地震后停电,没有足够的光线,医生打着僧人找来的手电,顺利地完成了手术。共108个孩子以这种方式在寺院里出生。素全怕产妇和刚出生的婴儿淋雨,亲自将“报本堂”里给马祖像遮雨的棚子搬到院中,搭起避雨棚。有居士跑来拦住素全:“你这样不对,连菩萨都不管了。”“现在救活人要紧,哪里顾得着泥菩萨。”素全扔下这句话,又忙去了。地震后,他以62万票入选什邡市十大抗震英模。

生命就是由这些美好凝成的。上善若水,大爱无言。用爱传递爱,便是生命的大爱。境界在这里升华,生命在这里延续。人生中难的不是避世修行,而是肩负着人世间的重担,依然走在朝圣路上。

榜样是一面旗帜

这个社会有许多英雄。他们可能是仁慈的医生和护士，为了救人生命，在碰到传染病人时也不退缩；他们可能是船长，一直等到船上人员都离开了船，才与船一起沉没；他们可能是司机，当遇到一场不可避免的碰撞时，仍旧留在岗位上，尽量减低震动的威力，直至殉职。一位位平凡而伟大、真实而善良的英雄，或乐于助人，或诚实守信，或见义勇为，或爱岗敬业。他们对救助生命的直觉和果断采取的行动，是对生命价值的最好诠释，也是对信仰追求的最好表白。他们让道德的馨香沁人心脾，让道德的呐喊振聋发聩。榜样是一种态度，一种动力，一种力量，更是一面旗帜。榜样的力量教育人、鼓舞人、激励人。一个榜样就是一盏灯，折射出道德的光芒；一个榜样就是一本鲜活的教材，引领人们走向道德的彼岸。胡锦涛同志在接见全国道德模范时强调指出："道德力量是国家发展、社会和谐、人民幸福的重要因素。加强社会主义道德建设，倡导爱国、敬业、诚信、友善等道德规范，形成男女平等、尊老爱幼、扶贫济困、礼让宽容的人际关系，培育文明道德风尚，是社会主义精神文明建设的重要任务。"

2007 年，重庆市遭遇罕见暴雨，一幢幢民房成片垮塌，一个屋顶上站满了大声呼救的群众。退休小学教师李明素表现出将军般的沉稳和果敢，带领一家三口展开营救，割掉家中所有绳索拼接在一起，用绳梯在两屋之间架起救生桥，将 32 名被困群众安全转移到自家屋顶。当消防官兵赶来救援，用绳索搭起一条滑道，李明素再次挺身而出，安排妇女儿童先走，然后是老人、群众，却把自己的儿子留在了最后。这是多么令人景仰的场面！

2010 年，江西省宜春市伯塘街一处民房起火，幼童被困火海，谭良才和王茂华翁婿二人挺身而出，先后 3 次冲进火海，救出 5 名被困儿童。被救孩子安然无恙，但谭良才烧伤面积达 85%，王茂华全身烧伤面积高达 98%，因伤重不治，献出了年仅 27 岁的生命。这是何等令人动容的道德和令人感怀的壮举！

"种树者必培其根，种德者必养其心。"榜样不是一个简单的符号，是民族精神和时代精神的缩影，用大爱善举生动诠释了社会主义核心价值体系的精髓。一位网友深情地写道："善行不分大小，好人不分长幼。好人的美德已深深扎根于社会，植入了我们心田。"榜样是城市的精英，他们行走在时代前沿；从平凡到非凡，是一种经历。"拨亮一盏灯，照亮一大片。"一种精神只有转化为人的价值观念和行为方式，成为人们的行为准则、大众的普遍行为，才能根深叶茂、代代相传。榜样的事迹传遍神州，榜样的精神激励人民铭记历史，鼓舞现在，照亮未来。

在巨富中死去是耻辱

企业家可分为五个层次：一是资本企业家；二是产业企业家；三是艺术企业家；四是社会企业家；五是灵魂企业家。卡内基说："一个企业家的最高境界是灵魂企业家，这种灵魂源于慈善。"财富不仅是金钱，它还代表着一种信仰和品质。财富失去了信仰和品质，"富豪"必然会缩水。

尽自己应尽的责任和义务比享受生活更重要，这是世界上许多富豪恪守的人生理念之一。1911 年，美国钢铁大王卡内基借助灵魂的召唤和醒悟，创立了卡内基基金会，奠定了现代慈善事业的基础。作为美国第一代超级富翁，他捐出了全部身家，还留下了一句触及企业家灵魂的话："在巨富中死去是一种耻辱！"这是一句经典，更是一把灵魂之剑，悬在每一个巨富企业家的心头。它像魔力无比的企业家心灵升级转换器，正在改变人类的财富观念和心灵密码，成为企业家的终极财富、终极慈善和终极理想。

邵逸夫说："一个企业家的最高境界是慈善家。"20 世纪初，洛克菲勒创立的世界上最大的慈善机构——洛克菲勒健康和教育基金会，帮助奠定了现代研究型大学的雏形，提高了医生的培训条件，为黄热病找到了疫苗。它所倡导的绿色农业革命让世界上许多国家摆脱了饥饿，挽救了 15 亿人的生命。李嘉诚基金会自 1980 年成立以来，已捐出及承诺的款项超过 80 亿港元，其中超过90%的资源用在内地及香港的教育、医疗、文化、公益等行业。李嘉诚说："真正的富贵是作为社会的一分子，能用你的金钱让这个社会更好、更进步、更多的人受到关怀。无论什么国家，什么政策，教育都是最重要的。教育能够令社会进步，而医疗是一种关怀。"

在中国，富豪们过于明星化，喜欢摆阔和作秀。不少富豪缺少慈善观、社会责任感和信仰。在富豪榜上名列前茅的企业家在慈善榜上的排名却很靠后，有的甚至榜上无名。业内人士评价："这一现象从侧面说明中国企业家某种程度上对社会公益意识的缺位。"可喜的是，越来越多的中国富豪对社会责任感有了认同，回报社会的理念贯穿其企业经营管理之中。被媒体誉为"中国首善"的陈光标出身贫苦农家，靠奋斗成为亿万富翁。截至2010年，他累计向社会捐赠款物13.4亿元人民币，直接受益者超过70万人。温家宝同志称赞他是"有良知、有灵魂、有道德、有感情、心系灾区的企业家"，并向他表示致敬。汶川地震中，陈光标是第一个进入灾区救援的内地企业家，向地震灾区捐赠款物超过亿元。他带领120名操作手和60台大型机械组成的救援队千里救灾，挽救了131条生命，其中他亲自抱、背、抬出200多人，救活14人。2010年，陈光标宣布死后捐出全部财产50余亿人民币。他说："作为一名企业家，有责任和义务去回报社会。一个人活着如果能影响更多的人，并能使更多的人活得更好，这样的生命是有价值、有意义的生命，是值得骄傲和自豪的生命。我捐的不是钱，而是一种理念，通过这种理念来唤醒人们的灵魂与良知，并且是在呼唤这个社会的公平与正义。"2011年，日本发生9级大地震，陈光标组织12人的慈善团队赴日救灾。他说："人类的慈善是不分国籍的，世界会因为我们的慈善行动而多一些和谐，多一些平等，多一些爱，并且会变得更加美好。这正是我们共同的期望。"

迄今为止已为慈善事业捐出290亿美元的盖茨认为，自己名下的巨额财富"不仅是巨大的权利，也是巨大的义务"。做慈善是一种坚持。富豪做慈善，不仅仅是悲天悯人，更是一种精神坚守，还是一种对公平的追求。灵魂在深处、在高处，以至于我们常常不能触及。但引领企业家到达生命极致和价值之巅、推动社会文明升级和镌刻历史的，恰恰是灵魂之光。“给予”和“接受”，是一事物的两个面。当我们帮助别人时，我们也在帮助自己；当我们帮助自己时，也是在间接地帮助他人。

第二节 信仰让灵魂得到永生

自律与担当的贵族精神

中国崛起，富人遍地。很多富人自认为是贵族。在他们眼里，贵族就是有特权、有身份，高人一等。其实不然。牟宗三先生说过，一般算卦相面的都知道富和贵不是一回事儿，富是物质的，贵是精神的。何谓贵族呢？俄罗斯哲学家别尔嘉耶夫说：“贵族的首要标准是看一个人精神所达到的高度，而不是看他拥有多少物质财富。”许纪霖教授说得好：“所谓的贵族精神就是教养、责任和自由。教养意味着每一个人要有精神的追求和品质的追求；责任是要有担当，承担起公共责任；而自由不仅要追求不受强制的权利，而且要有政治参与的自由和内心的自由。”

贵族精神包括高贵的气质、宽厚的爱心、悲悯的情怀、高尚的精神、承担的勇气、高雅的审美情趣，以及坚韧的生命力、人格的尊严、人性的良知、不媚、不娇、不乞、不怜，始终恪守“美德和荣誉高于一切”的原则，奉献自己，服务国家。中国著名报人储安平在《英国采风录》中写道，英国的贵族制度之所以能延续至今，是因为得到了大家的认可。英国的老百姓普遍认为贵族精神代表了一种尊严，一种高超的品行。第二次世界大战时，有一张照片在英国流传甚广，当时的英国国王爱德华到伦敦的贫民窟视察，他站在一个东倒西歪的房子门口，对里面一贫如洗的老太太说：“请问我可以进来吗？”这充分体现了对底层人民的尊重。威廉王子和哈里王子被送到陆军军官学校学习。毕业后，哈里王子还被派到阿富汗前线做一名机枪手。为国家奉献自己、承担风险是贵族的本职，是本分所在，理所应当的。

真正的贵族当然是有权利的，但与权利相关联的是责任和义务。责任意味着担当，真正的贵族一定富于自制力，具有强大的精神力量，而这种精神力量需要从小加以培养。越是有名的贵族学校，越要培养出有超常责任感和自律心的贵族。英国伊顿公学建于1440年，有“贵族摇篮”、“绅士摇篮”之美誉。校训是：独立、个性、友爱、忠诚、尊严、勇敢、传统、绅士、幽默、优越。伊顿公学学生在校必须接受严格的管束和高强度的磨炼。校方规定，家长在开学后的三周内一律不准探望自己的孩子；每栋宿舍楼为一个集体，统一起居、就餐、锻炼、娱乐……伊顿公学确实用这种方式培养出了很多优秀的人物，如打败拿破仑的威灵顿将军。威灵顿和拿破仑决战时，冒着炮火在前线观察，参谋人员多次劝他撤下去，威灵顿就是不动。参谋人员只好问他，您万一阵亡有什么遗言？威灵顿头也不回地说：“告诉他们，我的遗言就是，像我一样站在这里。”

贵族精神的高贵之处是有自己脱俗的信仰和理想，干净地活着，优雅地活着，有尊严地活着。他们不会为了一些现实利益去背信弃义，不择手段。精神的贵族不一定富有，富有之人不一定是贵族，因为贵族精神不能用钱买来。平民只要坚持修炼自己的灵魂和塑造自己的人格状态，同样可以具有贵族精神。全国道德模范朱玉林是吉林省白山市育林孤儿院的创办者和院长。孤儿院自1994年创办以来，已收养约300名孤儿。朱玉林视这些孤儿如亲生，对孩子关怀备至，孩子们都叫他“院长爸爸”。孤儿院中供电、供水、供暖、闭路电视等设施一应俱全，还有多功能大厅、微机室、图书室、实验室等，满足孩子们生活学习等各方面的需要。孤儿院开设九年义务教育，按照国家统一的教学大纲进行教学，已培养出64名大学生，成为国家和社会的有用人才。无论是正在读书的孩子，还是从这里走出去的孩子，谈起“院长爸爸”时总是充满感激，他们也将成为传播爱的火炬手。

电影《泰坦尼克号》中，在大船开始沉没的时候，船长请船上的小乐队到甲板上演奏，以安抚大家的情绪。演奏完毕后，首席乐手向大家鞠了一躬，乐手们开始离去。船上非常混乱，大船马上就要沉没了。首席乐手又回到原来的位置，架起小提琴，拉起了一支新曲子，已经走远的乐手听到音乐声，不约而同地又回到了首席乐手身边，大家重新开始演奏。船要沉没了，大家相互握手，互道珍重。首席乐手说："今天晚上能和大家一起合作，是我终身的荣幸。"泰坦尼克号沉没，亡 1502 人，获救 705 人，获救者全是妇女和儿童。船上的男人们将生还的机会让给了弱者，自己主动选择死亡。银行大亨古根海姆在给太太留下的纸条上说："这条船不会有任何一个女性因我抢占了救生艇的位置而剩在甲板上。我不会死得像一个畜生，会像一个真正的男子汉。"这正是：有一种死比平凡的生更伟大。

士大夫精神是崇高的情操

中国传统文化里，士大夫的精神和思想一直是民族文化的价值取向，被视为中国道德观念中最崇高的情操。"周礼祭祀规定，天子七庙，诸侯五庙，大夫三庙，士一庙，庶人祭于寝。"士、农、工、商，士乃四民之首。"大夫"是官职，引申为官吏之泛称。"士大夫"泛指官吏及有声望、地位的知识分子，是中国古代官僚人文知识分子的统称，主要由文人学士、志士仁人和一些进步官员组成。儒家思想是士大夫血液中的一部分，"修身齐家治国平天下"是他们的共同理想。士大夫的处世智慧，不仅仅在于他们面对危机、困境或人生选择时的应变之法，更多地体现在他们追求的人生信仰和支持他们选择的价值取向：为天地立心，为生民立命，为往圣继绝学，为万世开太平。"士可杀不可辱"是"士"为人处世最后也最有力的道德防线，显示了"士"应有的凛然正气和壮烈情怀；"士不可以不弘毅，任重而道远"，就是说"士"要有远大的抱负，要志存高远，不要被眼前利益束缚住；"士"应有宽广的胸怀，不能小肚鸡肠、斤斤计较；士只有弘毅之至，才敢希望于必要时走成仁取义的一步。就是说，“士”应有强毅的精神，不能脆弱胆怯成懦夫。季羡林先生评价道：“中国人对士的要求不单是要有学问，还要有骨气，要有硬骨头精神。当代人中我佩服的，文的是梁漱溟，武的是彭德怀。中国的士就是不畏强暴，坚持真理。士跟侠有联系，它们其实是中华民族优秀民族精神的一部分。路见不平，拔刀相助，这就是很了不起的举动。士的心中有一个是非观，看见不对的，不是‘是’而是‘非’的地方，他就起来抗拒。这是中国士的一个特点。现在有人把士翻译成知识分子，太浅薄了。士是知识分子，但并不仅仅是知识分子。”

士大夫高风亮节、忍辱负重、为民请命，是社会的精英群体。朱自清就是这样一个以生命的代价维护了中国士大夫的尊严和大节的人。朱自清很重视吃，不时出现因为进食过量而胃痛的情况。然而，当吴晗请他在《抗议美国扶日政策并拒绝领美援面粉》的宣言书上签字时，朱自清毅然签了名，说：“宁可贫病而死，也不接受这种侮辱性的施舍。”他在日记中写道：“此事每月须损失六百万法币，影响家中甚大。但余仍决定签名。因余等既反美扶日，自应直接由己身做起，此虽为精神上之抗议，但决不应逃避个人责任。”他在给朋友的信中说：“半年来胃病发作三次，骨瘦如柴……”1948 年，弥留之际的朱自清对妻子陈竹隐断断续续地说：“我……已……拒绝……美援，不要……去……买……配售……的……美国……面粉。”这成为他的遗言。

士大夫精神的最高境界是淡泊名利，不与世俗同流合污。梁实秋写道：梅，剪雪裁冰，一身傲骨；兰，空谷幽香，孤芳自赏；竹，筛风弄月，潇洒一生；菊，凌霜自得，不趋炎热。合而观之有一共同点，都是清华其外，淡泊其中，不做媚世之态。2001 年，清华大学历史系为著名历史学家、翻译家何兆武先生举办八十大寿庆祝会，邀请一些著名学者座谈。但何先生说：“一个很普通的平凡的人有什么可祝寿的呢？”他认为自己不配开祝寿会，也不配出纪念集。庆祝会的早晨学生去接他，他已锁好家门，悄然离开。新世纪初，清华在蓝旗营盖楼，分给何先生一套新房子，比他居住的挤满书的斗室条件要好许多，但又被他拒绝了，他笑称："年纪大了，嫌麻烦。"何先生欣赏诗人济慈的墓志铭——"这里躺着一个人，他的名字写在水上。"他说，人生一世，不过就是把名字写在水上，一面书写就一面消逝了。

"士"是中国传统文化中最值得继承的遗产之一。修身处事、治国理政，要靠"士大夫精神"；执政为民、天下为公，要靠"士大夫精神"；矢志不渝、建功立业，要靠"士大夫精神"；两袖清风、流芳百世，要靠"士大夫精神"；功成身退、永保名节，要靠"士大夫精神"。我们呼唤"士大夫精神"，"士大夫精神"的回归，必将为扫除当下人们心灵的迷茫、重塑中国人的精神家园起到重要作用。

信义源自内心的追求

池田大作说，怀着共同的目的、共同的志向、共同前进的美丽的同志爱和友谊，是世上不可取代的宝物。友谊存在于爱之中，其根本是信义。情谊与信义并非来自遥远的索求，而是人的内心。

赵小兰是美国历史上第一位进入内阁的华裔。父亲赵锡成是赵小兰心中的巨人，更是她为人处世的榜样。赵锡成是美国航运财经界的知名人士。1981 年，他帮助朋友出售一艘 1.6 万吨的货轮，当价钱合同均已谈妥要交货时，买主却因为从银行拿不到贷款而无法兑现承诺，令这桩买卖搁置。卖主大为恼火，一边指责买主出尔反尔不守信用，一边埋怨赵锡成办事欠妥。买卖双方均为赵锡成的朋友，他夹在当中甚为尴尬，便答应自己买下这条船，免得朋友之间伤了和气。卖主要求在一周内了断此事，但赵锡成的公司过去只与香港银行打交道，在美国各家银行中均无信用记录和历史背景，很难找到一家银行愿意给他发放贷款。他不断地去敲各家银行的大门，但遇到的都是客气的拒绝。星期五的早晨，也是周末前银行开门的最后一天，赵锡成索性找到一家美国的大银行试试，接待他的是一位名叫努欧的年轻人。赵锡成以最大的热忱向努欧先生介绍国际航运业的大好形势，努欧被他的热情和无懈可击的理由说服了,当即表示会认真考虑他的贷款申请并尽快给予答复。星期一上午,赵锡成接到努欧的电话,银行决定给他以个人名义发放 80 万美元贷款。后来赵锡成得知,这家银行是破天荒第一次给航海运输业提供贷款,努欧表示相信赵锡成的为人和能力,他愿意承担风险并极力说服了上级主管。一年半后,赵锡成的航海事业还在上升期便果断地卖掉了这条船,不仅迅速还清了银行贷款,还使自己获利不薄,并从此敲开了银行的大门,迈出了在美国金融界具有良好信誉的第一步。这正是应验了瓦鲁瓦尔的一句名言:竭诚相助亲密无间,乃友谊之最高境界。

乔家大院经历了中国近代史上的战争和动乱,至今保存得相当完好。光绪年间,曾有土匪想抢劫乔家,欲在乔家大院或乔家堡村找一个“内应”。但乔家善待家中的佣人、长工,对他们从不打骂,尊重其人格,帮他们解决各种困难。每年除吃、住、用外,尚有 50 ~ 100 两银子的工钱。佣人、长工感恩于乔家,当然不肯当土匪的内应。乔家也善待乔家堡的乡亲,乡亲们有困难都能得到乔家的帮助。平常乔家大院外都拴几匹马或几头牛,供乡亲们无偿使用,逢年过节时还把肉、面送给困难的乡亲,乡亲们自然也不肯当土匪的内应。土匪看到这种情况,只好打消了抢劫乔家的念头,乔家躲过一劫。1900 年,山西的义和团相当活跃,他们到处追杀洋人和教民。一座意大利教堂的七个修女被义和团追杀,乔家救下了她们,并用柴车把她们送到山西与河北交界的安全地带。意大利大使馆感恩于乔家,赠送了一面意大利国旗。1937 年,日本人侵犯山西,所到之处烧杀抢掠。乔家把意大利国旗挂在门口,日本人看见是盟国的院落就没有进入,乔家又躲过一劫。抗日战争期间,乔家人都逃往天津、北京,但乔家的佣人、长工仍然保护乔家大院在战争中免遭破坏。新中国成立后,乔家被分给贫下中农,但当地群众感恩于乔家,不肯入住,于是乔家大院被祁县政府使用,以后又成为晋中地区党校所在地,没有受到破坏。“文革”中,红卫兵企图进入乔家大院,但守大院的原成瑞老人把大门关上,一个人驻守这座空城。面对十几米高的院墙,红卫兵也无可奈何。在困难的境遇中更能考验出信义的真正价值。正是乔家为富而仁、宽厚、善良、重信义，才保全了乔家大院。

坚守原则　无私无畏

原则是我们观察问题、分析问题、处理问题的准则。中国古代虽无“原则”一词，但为人需坚持原则的思想却早已有之。《论语·为政》中“从心所欲，不逾矩”的“矩”就是规矩、法度、原则之意。屈原《离骚》中“循绳墨而不颇”的“绳墨”，原意是匠人以绳濡墨打直线的工具，屈原以其喻指规矩和法度，用今天的话来讲就是应遵循的原则。

1949 年，解放军攻打蒋介石故乡浙江奉化的过程中，毛泽东指示部队：“在占领奉化时，不要破坏蒋介石的住宅、祠堂及其他建筑物。”首先进驻的部队是 7 兵团 21 军 61 师。时任师长的胡炜回忆道：接到抢占溪口、奉化的命令后，我军立即调整进军部署，并向部队传达学习毛主席的指示，防止少数同志出于对内战的怨恨而发生违纪行为。刚进溪口镇时，师机关就住在蒋家丰镐房。蒋家有很多精米细面、腊肉火腿、海鲜等。部队连续多日行军作战，官兵体力消耗较大，但面对这些美味，大家丝毫未动。宋美龄住的洋房里有美国总统罗斯福送给她的一架钢琴。几名刚参军不久的女学生看到后异常兴奋，走过去弹了几下。因为有纪律规定，组织科长赶紧上去劝阻。以后，部队再也没人动过那架钢琴。还有一次，一名同志在蒋经国住的小楼里捡到一支派克钢笔，他主动交给看房人员，并嘱其妥为保管。蒋家各房间内都铺着豪华地毯，住在那里的人晚上睡觉时都把地毯卷起来再睡。师政治部还把看管蒋府、蒋母墓的人员召集起来，宣传党的政策纪律，要求他们坚决履行好看管职责。

“非常情况下能否坚持原则，常常是判断一个人道德水准的重要依据。”三百多年前，建筑设计师莱伊恩受命设计了英国温泽市政府大厅。他运用工程力学的知识，依据自己多年的实践，巧妙地设计了只用一根柱子支撑的大厅天花板。一年后，市政府权威人士进行工程验收时却说，只用一根柱子支撑天花板太危险，要求莱伊恩再多加几根柱子。莱伊恩自信只要一根坚固的柱子足以保证大厅安全，他的固执惹恼了市政官员，险些被送上法庭。他非常苦恼，坚持自己原先的主张吧，市政官员肯定会另找人修改设计；不坚持吧，又有悖自己为人的准则。矛盾了很长一段时间，莱伊恩终于想出了一条妙计。他在大厅里增加了四根柱子，不过这些柱子并未与天花板接触，只不过是装装样子。三百多年过去了，这个秘密始终没有被人发现。直到前两年，市政府准备修缮大厅的天花板，才发现莱伊恩当年的"弄虚作假"。消息传出后，世界各国的建筑专家和游客云集，当地政府对此也不加掩饰，特意将大厅作为一个旅游景点对外开放，旨在引导人们崇尚和相信科学。

波兰作家莱蒙特说："世界上的一切都必须按照一定的规矩秩序各就各位。每个人应有正确的原则和坚定的信念作为自己的精神支柱。"在现实生活中，真正能够坚持原则的人并不多，一部分人是因为心存侥幸，一部分人是因为经不住眼前利益的诱惑。作为一名建筑师，莱伊恩并不是最出色的，但作为一个人，他无疑非常伟大，这种伟大表现在他始终恪守着自己的原则，给高贵的心灵一个美丽的住所，哪怕是遭遇到巨大的阻力，也要想办法抵达胜利。

实事求是　求真务实

不少人都在批评中国是一个"礼崩乐坏"的社会，主流价值甚至已经崩溃。的确，对物质享受的追求冲击了中国人传统的生活方式，有些人为了权钱丧失了道德，但中国社会并未完全被拜金主义所左右。确实有人说出"我爸是李刚"、"宁在宝马车上哭，不在自行车上笑"这样的狂语，但立刻遭到了多数人的谴责。2011 年 1 月初，凤凰网与新生代市场监测机构联合主办的一项关于国人生活信条的大调查"征集中国人的信仰"，共收集了 63707 个有效样本，覆盖了来自社会各界、各阶层的人士。一半以上的被访者表示坚持真诚、正义和孝道。这说明扎根于大多数中国人内心深处的仍然是儒家文化中的仁、义、礼、智、信。从中我们体会到,看问题要全面,思考问题也应该遵循实事求是的方法。

"实事求是"是指从实际对象出发,探求事物的内部联系及其发展的规律性,认识事物的本质。毛泽东在《改造我们的学习》中指出:"实事"就是客观存在着的一切事物,"是"就是客观事物的内部联系,即规律性,"求"就是我们去研究。"实事求是"是一种勤奋刻苦、锐意进取的敬业精神和严肃认真、谦虚谨慎的科学态度,也是一种公正无私的高尚情怀和光明磊落、诚实正直的人格操守。无私才能无畏,出于公心才能行于正道。

周恩来最早在党内明确地提出调查研究问题,并始终不渝地坚持实事求是的作风。1963 年,周恩来得悉我国自行研制的第一艘万吨货轮"跃进号"不幸在首航日本途中沉没,当即指示海军迅速派军舰前往营救。当时还不清楚沉没原因,外电议论纷纷,被救回来的船员也众说不一。周恩来决定先查明情况再作处理。他先后四次主持召开专家、船员会议,向事件亲历者、专家、技术人员和有关负责人反复调查了解情况。他在听取东海舰队和上海海难救助打捞局工作汇报后指出:"我们在调查'跃进号'沉没的原因时一定要实事求是,要有科学态度。"并向东海舰队领导提出:"对于重大问题,我们主要领导干部一定要亲自出马。这要成为一条规矩。"调查发现,"跃进号"出航前班子组建仓促,试航训练的时间很短,对航线、海域、暗流等情况不熟悉,很可能是偏离航线造成触礁沉没。为进一步摸清事实真相、取得物证,周恩来派人出海进行现场调查。出海编队克服重重困难,拍下了现场有关照片,取回了航海日志和其他实物,以确凿的物证证明"跃进号"是偏离航向触礁沉没的。新华社随即发表声明,平息了外国的猜测和议论,外电转而赞扬中国的务实态度。

1960 年秋,国家处于困难时期。一天,毛泽东收到一份特殊的礼物——一包用油渣和榆树皮粉掺和而成的食物,它是当时甘肃天水一带人赖以生存的东西。看着这包食物,毛泽东十分难过。他对身旁的工作人员说:“我在陕北时见过这东西,非常难吃啊。我们的人民吃苦了。”说着,毛泽东眼圈红了,仰天长叹。这位给毛泽东送东西的人就是邓宝珊。邓宝珊的这一举动曾引起省委领导的埋怨与担忧:“邓省长,你把这东西送给毛主席,影响不好,到时候轻则挨批评,重则会受处分的。”邓宝珊说:“我只是实事求是地向毛主席、党中央反映问题,个人的进退荣辱并不是什么大事,群众的吃饭问题才最要紧啊。”

凡·高说:“你是麦子,一定要把你种到麦田里去,才能生根发芽,不要在巴黎人行道上枯死!”吴冠中说:“真要搞艺术,还是要回到自己熟悉的生活里去,只有到自己的家乡、自己的民族,才能搞出有感情的东西来。”实事求是并非易事。这种良好道德品质的形成是一个长期的、艰苦的道德修养过程。

第三节 信仰让意志更加坚定

追求信仰一往无前

信仰是人格深处最深刻最稳定的价值意识,体现出人们决心超越有限、渴望无限的理想。因此,信仰是人生的目标、意志和创造力的源头。意志是人的一种带有明确目的性的心理状态或心理过程,是为完成一定任务尤其是艰难而又持久的任务时所必需的心理因素。人的意志行为具有明显的自觉目的性的特点。正如目的具有不同层次、不同性质一样,人既有追求具体目标的意志行为,也有追求抽象目标的意志行为;既有追逐蝇头小利的意志行为,也有追寻远大理想的意志行为。人类追求生命最高价值的意志被称为生命意志。由生命意志所激发的意志力量,是人类需要信仰并成就信仰的必要主观条件。

一个有信仰的人，如果能对领袖敬爱和忠诚，对组织信任和服从，对所从事事业的正义性、神圣性坚信不疑，并有必胜的信念，那么他无论是在集体的或是个人的环境下，在面对强大的敌人和困难时，都会表现得英勇顽强、坚忍不拔，即使赴汤蹈火也在所不辞。意志坚强和勇敢的人被尊称为英雄。在希腊，那些为保卫斯巴达而战死的勇士们的美名千古流传。2011 年是中共中央组织部原副部长曾志的百年诞辰。王青青编著的《曾志画传》一书用图片的形式展现了她波澜壮阔的一生。曾志出身于知识分子家庭，是典型的大家闺秀，有着如花似玉的容貌和不俗的文人气质。为了国家的安危、民族的灾难，她毅然投身革命。曾志 70 余年的革命生涯历经无数坎坷与磨难，为革命事业付出了巨大牺牲。她的第一任丈夫夏明震和第二任丈夫蔡协民先后为革命英勇牺牲，3 个小孩或忍痛送人或为筹集党的活动经费而被迫卖掉。1935 年春，因党组织遭到严重破坏，她孤身一人辗转汕头、宜章、广州、上海等地寻找组织关系，打杂做工。经过 20 个月的艰难寻觅，才在上海与党取得了联系。延安整风时，她被诬陷为“怕死鬼”受到审查，却始终抱定实事求是的态度，不讲一句假话，直到甄别平反。“文化大革命”初期，丈夫陶铸被迫害致死，曾志和唯一的女儿也屡遭劫难，但她挣扎着活了下来，并不计较个人荣辱，加倍努力地为党工作。女儿陶斯亮总问曾志一个问题：爸爸死得那么惨，你在“文化大革命”中受了那么大的罪，你怨不怨毛主席？曾志在回忆录中答道：“这是个很肤浅的问题。我跟随主席半个世纪，并不是靠的个人感情和恩怨，而是由于信仰，我对我选择的信仰至死不渝，我对我走过的路无怨无悔，那么我对我的指路人当然会永存敬意！”她晚年对儿女坦露心迹：“只要为了党的利益和需要，我可以舍弃一切，包括生命。因为我不仅是一个女人，更是一名战士。”曾志是真正的巾帼英雄，其坚强的意志正是源于她伟大的信仰。在当今信仰缺失的年代，曾志就像一尊光芒四射的自由女神，为我们树立了信仰的丰碑。

有这样一句名言：“我们到底可以成为一个怎样的人，这取决于我们自己。我们的身体就是我们的园地，而我们的意志就是这块园地的园丁。我们可以种植荨麻，也可以播种莴苣；可以种植海索草，也可以种植白星香；可以种植单性的药草，也可以分种多种药草；可以懒惰地让它成为不毛之地，也可以通过勤奋施肥让它成为沃土。改变这一切的力量都在于我们的意愿。”一个缺乏信仰的人，其生命是灰色的，其生活是没有方向的，一旦遇到重大的挫折，就容易身心疲惫，万念俱灰；而那些拥有信仰、意志力坚定的人，则创造了许多奇迹。1994年，沈金康到香港组建自行车队。15岁到35岁的香港永久居民都可以参加训练，还可以优先参加比赛。结果来的人只有一个，是位厨师，而且很胖，名叫黄金宝。他的目的很单纯：骑着自行车可以到处玩。没完没了的训练，4个月后，黄金宝参加了广岛亚运会，竟然得了第4名。他表示：下届亚运会要夺金牌。听了这话，教练沈金康郑重地对他说：“那么接下来的4年，你就要骑满15万公里，还要留出一年专门练战术，你将没有假期。这些你能做到吗？”黄金宝坚定地回答：“我能做到。”有一次香港刮台风，大街上都没人了，只有他在风雨里奋力骑车。一年后，黄金宝获得了国际自行车环台赛冠军。4年后，他在曼谷亚运会获得金牌，被誉为“亚洲车王”。胡锦涛同志称黄金宝“比黄金还宝贵”。为了夺得2008年奥运会的参赛权，黄金宝把每一天都当成是奥运会比赛日，每骑一圈都是向着理想迈进一步。2008年他来到北京，这是他第4次参加奥运会。他拼尽全力，却只在场地自行车赛中得了第15名。黄金宝说他对比赛是满意的，他尽了自己最大的努力，发挥了自己最好的水平，这就够了。黄金宝选择了自行车，自行车事业便融进了他的血液，只要他还有力气，只要他还能参加比赛，他就要勇往直前。沈金康教练说，在精神上，黄金宝已经是个不折不扣的奥运冠军了。他说得没错。对自己的选择不退缩的人，对自己的事业能坚持的人，对自己的人生负责任的人，就是奥运冠军，就是成功者。

美国麻省 Amherst 学院进行了一项很有意思的实验。实验人员用很多铁圈将一个小南瓜整个箍住，以观察当南瓜逐渐长大时对铁圈产生多大压力。

最初他们估计南瓜最大能够承受约五百磅的压力。在实验的第一个月，南瓜承受了五百磅的压力；到第二个月，南瓜承受了一千五百磅的压力；当它承受到两千磅的压力时，研究人员必须对铁圈加固，以免南瓜将铁圈撑开；最终，整个南瓜承受了超过五千磅的压力后才产生瓜皮破裂。为了吸收充分的养分以便于突破限制它成长的铁圈，南瓜所有的根往不同的方向全方位的伸展，甚至延展超过八万英尺。最后，这个南瓜控制了整个试验园的土壤和资源。实验人员打开南瓜发现它已经无法再食用，因为它的中间充满了坚韧牢固的层层纤维。可见，生命力和意志力是强大的，无坚不摧。

成功是信仰的儿子，成功是意志的儿子，成功是行动的儿子。让我们再次聆听这首打动了无数人的歌《在路上》，词作者是中国经济界的四位精英：蒙牛的牛根生、联想的柳传志、海尔的张瑞敏、阿里巴巴的马云。没经历过大风大浪、大起大落，是很难听出《在路上》的深层骨力的。“那一天，我不得已上路，为不安分的心，为自尊的生存，为自我的证明。路上的辛酸已融进我的眼睛，心灵的困境已化作我的坚定。在路上，用我心灵的呼声，在路上，只为伴着我的人，在路上，是我生命的远行。在路上，只为温暖我的人，温暖我的人。”

追逐梦想辛苦春锄

美国有个天才人协会，里面全是智商特别高的人。但是许多人不但没做脑力工作，反而做了粗工。原因是在学校里，不管他们看什么，瞄一眼就都懂了，于是不下工夫，功课很差，到社会上也难得专注，到头来没一样专精。这正是：懒惰犹如生锈，会腐蚀懒惰者的身体。《纽约客》记者马尔科姆·格拉德威尔的文章《解构成功》告诉我们：巨大的成功需要两个条件，其中一个是10000 小时的累计练习。1960 年到 1962 年年末，著名音乐组合披头士到汉堡去了 5 次：第一次，他们演了 106 晚，每晚 5 个小时以上；第二次，他们演出 92 次；第三次，他们演出 48 次，在台上待了 172 个小时；最后两次汉堡之行在

1962 年 11 月和 12 月，一共是 90 个小时的演出。加起来，他们在一年半的时间内演出了 270 晚。到 1964 年，他们一鸣惊人时，大约现场演出了 12000 小时。今天的很多乐队，整个职业生涯也没有演出过 12000 小时。10000 小时的练习是什么概念？每天练习 3 小时，也要练习 9 年多，真正的十年磨一剑。

爱迪生说，伟大人物的最明显标志就是他坚强的意志。不管环境变换到何种地步，他的初衷与希望不会有丝毫的改变，最终克服障碍以达到期望的目的。“希望是一种坚持，使灵魂深处保有一片自由的天空，为相同的生命做出不同的解释。”非凡之人必有非凡精神，行非常之举者必有非常之心志。超凡的毅力是我们事业成功的动力源泉，决定了我们在面对困难、失败、诱惑时的态度——是倒下去还是屹立不动。饶宗颐和季羡林齐名，学界称“南饶北季”。饶老一生著述 3000 万言，治学领域遍及敦煌学、甲骨学、考古学、史学等诸多学科。香港大学副校长曾这样评价：“香港如果出了一个饶宗颐，就不会是文化沙漠了。”饶老有一年在法国考察，听说法国南部有个原始山洞，其岩壁上画有两万年前的岩画，其中画有一匹中国的蒙古马。为了证明远东和近东的人类在两万年前已有沟通接触，老先生决定亲自去岩洞看个究竟。因为有关部门担心人们的呼吸会破坏洞内的景观，所以这个岩洞对外一周只开放一次，而且一次只开放一个小时。老先生为了一睹这匹蒙古马，硬是看了一年。难怪他以“辛苦待春锄”来评价自己的一生成就。

1993 年，冯军揣着两百多元钱来到中关村，仅两个人、一个柜台，开始了创业生涯。冯军每天在中关村各装机档口游荡着，一手拎着键盘、一手抱着机箱，满脸堆笑，不停地向装机老板强调只赚“五块钱”。冯军的坚持与执著，让他在装机老板的心里烙下了“冯五块”的印象，当他们需要键盘、机箱的时候，也自然会想到“冯五块”。20 世纪 90 年代初的中关村，上千家做电子的企业，“走私”是一个众人皆知、心照不宣的秘密。冯军也眼红，虽说自己是“机箱大王”、“键盘大王”，可是一个机箱一个键盘才挣五块钱，看看人家轻轻松松一提兜进来就赚几百万。眼巴巴地羡慕着，可冯军还是老老实实地蹬着三轮车，将批发来的计算机键盘或机箱送到客户家门口，做着他“五块钱”的生意。打私开始后，一大批企业倒下了，冯军终于“剩者为王”，还亲手打造了一个切合自己终极理念的品牌——爱国者。如今，爱国者年营业额超过20亿元，拥有17家全国平台，4家海外分公司，并成立了多家实验室、研究院。冯军的经历告诉我们：创业更需要坚持。只有在自己熟悉的领域执著地做下去，才会专业，才会卓越。

非洲草原上有一种尖毛草，它是那里长得最高的毛草之一，有“草地之王”的美称。它的生长过程极为特别。在最初的半年里，它几乎是草原上最矮的草，只有一寸高，但半年后雨水一旦到来时却像施了魔法，三五天后便长成一米六至两米的高度。原来，在前六个月里，尖毛草不是不长，而是一直在长根部，雨季前它虽然露头一寸，但却扎根地下超过28米。“天才就是无止境刻苦勤奋的能力。”上进者的座右铭应是：自己能做的事决不假手他人。莫问收获，但去耕耘。

经历挫折是人生常态

暮年的国王心绪惶惶，他下令全国的学者探讨生命的意义，并完成结论。学者们完成的《论生命的意义》是一部巨著，国王没有精力和时间阅读，又要求编书的人摘述提要。学者们再三推敲，将精华浓缩成一本小册子。无奈这时的国王已经病危，无法阅读。“生命的意义到底是什么？”他要求一位年老的哲学家用一句话回答。老哲学家说：“生命的意义就是上帝派遣一个灵魂到世上来受苦，然后死去。可是由于这个人的努力，他所受的苦，后人不必再受。”说得真好。所有的仁人志士撒手西归之际，世上的灾难、缺陷、危机都会比他呱呱落地时要减少一些：有人减少了水灾，有人减少了天花、小儿麻痹症，有人减少了人与人之间的隔阂……

“人之生也，与忧患俱来。”无论是来自外部世界，还是来自我们的内心世界，人生总是会有大大小小的问题。战胜困难需要勇气和毅力，而勇气和毅力来源于信仰。信仰的力量是强大的，它能使一个弱者顽强如钢铁巨人，能使一个民族迸发出最璀璨的光芒。几经入狱的南非领袖曼德拉、滑铁卢战败的拿破仑、三落三起的邓小平都是不平凡的人，是生活的磨难造就了他们的不平凡。世界超级小提琴家帕格尼尼1岁时险些死于猩红热，4岁时一场麻疹又让他险些进了棺材，13岁时患上严重肺炎，46岁时突然长满脓疮，只好拔掉所有的牙齿。牙病初愈，又染上严重的眼疾，于是幼小病弱的儿子成了他的拐杖。50岁后，关节炎、肠道炎、喉癌等疾病不断地向他袭来，后来声带坏了成了哑巴，最终仅仅活到58岁就吐血而亡。然而上帝在给予他苦难的同时也给了他另一个馈赠：帕格尼尼3岁学琴，8岁时便创作了第一首小提琴奏鸣曲，9岁加入市立歌剧院的管弦乐团，11岁就登台演奏自己创作的《变奏曲》，12岁时一举成名，轰动了舆论界。他用独特的技法和充满魔力的旋律征服了整个世界。李斯特为他大喊："天啊，在这四根琴弦中包含着多少苦难、痛苦和受到残害的生灵啊！"帕格尼尼用自己的琴弦将苦难与成才这两项馈赠演奏到了极致。因为他没有在苦难面前低头，而是用顽强的毅力去战胜苦难，最终成了真正的天才。

一个人想怎么样，他就会成为怎样的人。一个人承受不幸的能力越大，就越不容易屈从于不幸。1976年，时年21岁的乔布斯和26岁的沃兹尼艾克在车库里成立了苹果电脑公司。只用了10年时间，苹果公司就成长为拥有4000名员工、价值达到20亿美元的企业。然而由于乔布斯经营理念与当时大多数管理人员不同，加上蓝色巨人IBM公司也推出了个人电脑，抢占了大片市场，使得乔布斯新开发出的电脑节节惨败，总经理和董事们把这一失败归罪于董事长乔布斯，于1985年撤销了他的经营大权，乔布斯愤而辞去董事长一职。乔布斯在演讲中说道："在头几个月，我真不知道要做些什么。我成了人人皆知的失败者，我甚至想过逃离硅谷。然而有一种东西慢慢照亮了我：我依然爱着我所爱的东西。在苹果公司发生的一切丝毫没有改变我。虽然被抛弃了，但我的热忱不改。我决定重新开始。"接下来的5年里，乔布斯开创了一家名叫 NeXT 的公司，接着又建立了一家名叫皮克斯的公司。皮克斯制作了世界上第一部全电脑动画电影《玩具总动员》，现在这家公司是世界上最成功的动画制作公司之一。再后来，经过一次戏剧性的收购，苹果公司买下了 NeXT，于是乔布斯又回到了苹果公司，在 NeXT 研发出的技术成为推动苹果公司复兴事业的核心动力。乔布斯非常肯定，如果没有被苹果公司炒掉，这一切都不可能发生。他说："你的工作将会占据你人生大部分时间，因此获得成就感的唯一途径就是做你自己认为是伟大的工作，而成就一番伟业的唯一途径就是热爱你的事业……事实证明，我被苹果公司解雇，是我这一生所经历过的最棒的事情。事业成功所伴随的那种沉重不见了，取而代之的是重回起跑线的那种新手的轻盈。每件事情都不再那么确定，我获得了解放，进而开始了我一生中最富有创造力的时期。伟大的工作只会在岁月的酝酿中越陈越香。在终有所获之前，不要停下寻觅的脚步。"

几米的漫画《我的错都是大人的错》一书开头，小孩无辜地问："如果我变成一个令人失望伤心的小孩，你还愿意爱我吗?"书的结尾，大人温暖地说："不管人生有多么艰难，成长的路有多少挫折，请答应我要好好长大……"生命中总有这样那样的瓦罐，就如车尔尼雪夫斯基所说："历史的道路不是涅瓦大街上的人行道，它完全是在田野中前进的，有时穿过尘埃，有时穿过泥泞，有时横渡沼泽，有时行经丛林。"出生的时候，人用哭声宣告问世，死亡的时候，别人用哭声为我们送行。悲剧是贯穿人生始终的旋律，挫折和失望是人生的常态。然而艰难时刻往往孕育着良机。对于任何一个人而言，处于劣势并没有什么，关键在于面临困境之时，在心中打开一片明媚，心怀希望，永不放弃。让我们记住丘吉尔于 1941 年在牛津大学毕业典礼上的讲话，也是历史上最短的毕业演讲："永远，永远，永远不要放弃!"(Never, Never, Never give up.)，这是我们人生最好的礼物。

成功的诀窍在于专注

"痴"字，《辞海》解释有三：一精神失常，二愚笨，三迷恋过甚。前两解是指人笨傻，愚不可及，第三解“迷恋过甚”的意思是特别投入，专心致志，达到忘我的程度。古往今来成大业者少了这个“痴”字是万万不成的。20世纪70年代末，徐迟的报告文学《祁连山下》感动了一代人，主人公常书鸿为了拯救濒于毁灭境地的敦煌艺术宝库毅然回国，来到孤烟大漠的荒滩进行保护和修葺工作，虔诚地做了一辈子敦煌守护者。因为对敦煌艺术的痴迷，常书鸿忘记了大漠的风沙、严寒、难以下咽的水和食物；克服了经费紧张甚至发不出工资、无米下锅的窘境；忍受了成年累月远离人世的寂寞，最艰苦时曾经只剩下他和两个工人，几近孤军奋战；经历了妻离子散、家破人亡的种种不幸和打击。常书鸿也是血肉之躯，也深切地感受到种种痛苦。诚如他在日记里写的那样：“从我们到达莫高窟的第一天起，我们就感到有种遭遗弃的服‘徒刑’的感觉压在我们的心头，而这种压力正在与日俱增。”但他却“虽九死其犹未悔”，不管条件多么艰苦，困难多么大，他仍然坚持着，其信念一点也没有改变。正是因为有了常书鸿的“痴”劲，才有了敦煌艺术的重见天日，发扬光大。

雨果说：“艺术的大道上荆棘丛生，这也是好事，常人望而却步，只有意志坚强的人例外。”蒲松龄说：“性痴，则其志凝；故书痴者文必工，艺痴者技必良。——世之落拓而无成者，皆自谓不痴者也。”画家多痴。梁枢兼善篆刻，人称“石痴”；潘是稷长于水墨画，号“墨痴”；朱祺专攻山水画，号“痴赖”。东晋画家顾恺之则有“才绝、画绝、痴绝”之称。法国画家雷杜德一生只做一件事：画花，尤其是玫瑰，所以他的玫瑰无人能超越。沈宗骞在《芥舟学画编》中说：“作画宜痴，痴则与俗相忘而不伤其雅。”即忘记俗世的各种干扰纷争，达到痴迷程度。

丰子恺集文学、翻译、美术、音乐才华于一身。“痴”是他读书用的方法。他在《我的苦学经历》一文中是这样描述当年情景的：“我在这十个月，前五个月是上午到洋画研究会中去习画，下午读日文。后五个月上午学日本文，而每日下午到音乐研究会中学提琴，晚上又去学英语。然而各科都常常请假，拿请假的时间来参观展览会，听音乐会、访图书馆、跑旧书店……”他学外语的经历更令人钦佩:“我每晚伏在东京的旅店中自修。我自己限定于几个礼拜之内把书中所有一切生字抄在一张图画纸上,把每个字剪成一块块的纸牌,放在一个匣中。每天晚上,像摸算命一般向匣子中摸纸牌,温习生字。不久,生字都记熟了,而读起英语小说来也很自由了……我正式求学的时间只有十个月,我回国后回想在东京所得的,只是描了十个月的木炭画,拉完了几本琴谱,此外又带了一些读日文和读英文的能力回国。”他还写道:“读我这篇自述的诸君!你们也许以为我的读书生活是幸运而快乐的;其实不然,我的读书是很苦的。你们都是正式求学,可以堂堂皇皇地读书,这才是幸运而快乐的,但我是非正式求学,我只能在余暇偷偷隐隐地读书。”

尼克松说:“胜利的道路是迂回曲折的。像山间小径一样,这条路有时先折回来,然后伸向前去;像山间小径一样,走这条路的人需要耐心和毅力。累了就歇在路边的人是不会得到胜利的。”不论社会如何发展,科技如何昌明,没有一点“衣带渐宽终不悔,为伊消得人憔悴”的“痴”劲,想干出一番像样的事业来是不可能的。

攀登人生需要鲶鱼效应

挪威人对沙丁鱼情有独钟,尤其喜欢吃鲜活的沙丁鱼。然而捕获的沙丁鱼运抵渔港时大多会死去,存活者寥寥无几。偶然一次,渔民发现一个抵港的鱼舱里沙丁鱼中混有几条鲶鱼。鲶鱼喜欢四处乱窜乱钻,搅得沙丁鱼不得安生,只好跟着鲶鱼一起游动。渔民们得到启发,他们在装沙丁鱼的鱼舱里放上几条鲶鱼,解决了沙丁鱼运输途中的死亡难题。这种因紧张活动而得活的现象,人们称为“鲶鱼效应”。

古希腊一位哲学家曾说:“人类的一半活动是在危机当中度过的。”感受压力、消除压力、化解压力,是人寻求生存发展的空间和机遇,这就是我们善待压力的动力所在。压力和动力是共生的,适度的压力对人反而有益。研究表明,处于适度紧张状态的人思维积极,情绪稳定,最具效率,即使遭遇挫折,也能再接再厉；就生理而言，适度紧张使人心跳加快，以便排出更多的血液供应全身各器官，血管的收缩功能也会因此得到锻炼，有益于身心健康。

拥有18个世界冠军头衔的“乒乓女皇”、英国剑桥大学经济学博士、国际奥委会官员、共青团北京市委副书记、人民日报社副秘书长兼人民搜索总经理，邓亚萍经历了几次成功的大跨度人生转折，以自己的经历告诉青年人，什么才是成功的人生攀登。在一次访谈节目中，邓亚萍说：“竞技体育的残酷告诉了我，人生没有捷径，只有靠自己去拼。”从5岁开始练球，邓亚萍的人生每前进一步都比同龄球员艰难得多，也正因为这个原因，她比其他人付出了更多的努力。1996年，邓亚萍被前奥委会主席萨马兰奇提名为国际奥委会运动委员会委员。奥委会的办公语言是英语和法语。然而，邓亚萍的英语基础几乎是零，法语也一窍不通。面对如此重要的工作岗位和自己外语水平的反差，邓亚萍形容自己“心里急得火上房”。同年，邓亚萍以英语专业本科生的身份初进清华。她回忆说：“老师想看看我的水平：‘你写出26个英文字母看看。’我费了一阵心思总算写了出来，看着一会儿大写、一会儿小写的字母，我有些不好意思，‘老师，就这个样子了。但请老师放心，我一定努力！’……上课时老师的讲述对我而言无异于天书，我只能尽力一字不漏地听着、记着，回到宿舍，再一点点翻字典，一点点硬啃硬记。我给自己制订了学习计划：一切从零开始，坚持三个第一——从课本第一页学起，从第一个字母、第一个单词背起；一天必须保证14个小时的学习时间，每天5点准时起床，读音标、背单词、练听力，直到正式上课；晚上整理讲义，温习功课，直到深夜12点。我相信：没有超人的付出，就不会有超人的成绩。这也是我多年闯荡赛场的切身体验。”由于全身心地投入学习，邓亚萍几乎完全取消了与朋友的聚会及无关紧要的社会活动，就连给父母打电话的次数也大大减少。除学习之外，邓亚萍每周还要三次往返几十里路到国家队训练基地进行训练，疲劳程度可想而知。就是这样的努力奋斗，使邓亚萍从只认识英文字母到英文达到母语水平，将剑桥大学的经济学博士学位收入囊中。剑桥大学近八百年的历史中，第一次有邓亚萍这种重量级的世界顶尖运动员拿到博士学位。

英国诗人波普说:“人的心胸中,永远有希望在跳跃。”京剧艺术大师周信芳的女儿周采芹很小就去了英国留学。40 岁时,她经营房地产失败,离开英国来到美国后,心中充满了绝望。这时她在电视上看到了王蒙。王蒙在新疆当“右派”时面临两种选择:自杀或者往前跑,王蒙选择了往前跑,最终成功。周采芹从中受到激励,重新奋起。她进入美国的大学学习,同时开始演戏,终于在60 岁时闯入好莱坞,成为好莱坞历史上不可思议的一件事。周采芹常常告诫那些人生进入低潮或者面临生活磨难的人:不想死就只有一条路——往前跑。成功当然有所得,可是付出的代价只有当事人最明白,创业所费的时间心血不足为外人道。

大庆人有句名言:井无压力不冒油,人无压力轻飘飘。这里讲的“压力”就是动力。人在成长过程中经历的逆境造就了超强的抗压能力和心理素质,为日后迎接挑战储备了充足的精神资源。这正是:在美和坚韧中寻思忧患意识,在忧患意识中培育我们新生的美感和坚韧。压力是一个人动力的源泉,生活因压力而变得更有活力。

第四章　信仰是人类的幸福源泉

幸福是人生的唯一追求，是人生的最终目标。信仰可以使精神变成巨大的物质力量，驱动和引导人们沿着幸福之路前行。幸福存在于人们对信仰的不断追求和永恒向往的过程之中。幸福不是某种外在的标签或者技术手段可以达到的状态，而是一种精神世界的内在把握和感知。幸福是一种感觉，是灵魂的成就，而不是任何物质的东西。

第一节　幸福是人生的大追求

人生在于获得幸福

一个人的终极满足，一定是来自一种精神状态。人生的追求，归根到底是为了幸福。幸福是理想实现的喜悦，是安详的快乐。人为什么要有信仰？因为只有依靠信仰才能找到幸福，我们的心灵才能找到寄托，我们的灵魂才能找到出口，生命才有安顿，生活才能安定。信仰的影子追随着人的一生，影响着人的生存质量，其中表现得最突出、受影响最明显的是自我和他人的关系。信仰是对人生意义的一种假定，有信仰本身就是一种可贵的价值。人不能没有信仰，没有信仰的生命等于没有灵魂，而没有灵魂的生命无疑没有任何幸福可言。人只有坚持信仰，精神才会有所寄托，行动才会有所追求。

一位哲人说，人要活得幸福需具备三个条件：第一，尽情地享受生活；第二，做一个自由而负责的公民；第三，成为一个思想家或哲人。幸福需要学习和感悟，是一门修身、齐家、治国、平天下的学问。幸福成为世界的一门新学科，心理学把人生幸福当成最高的研究目标。有专家论述：当今世界五大信仰——基督教、伊斯兰教、佛教、儒学和共产主义，都是以追求幸福为终极目标。前三个是宗教信仰，以来世幸福为目标。后两个一个是道德信仰，一个是社会信仰，以追求现世幸福为目标。

幸福感是对生活的客观条件和所处状态的事实判断，也是对生活的主观意义和满足程度的一种价值判断。幸福感存在于人们对信仰的不断追求和永恒向往的过程之中。信仰可以使精神变成巨大的物质力量，驱动和引导人们沿着幸福之路前进。内蒙古鄂伦春人生活在大山里，大山是他们的家，他们的依靠，更是他们的信仰。他们敬畏山神，认为所拥有的一切都是山神慷慨的赐予。他们经常祭拜，祈福求安。多少年来，别说这些山林没有乱砍滥伐现象，就连树上掉下的枯枝也无人肯轻易捡去。他们呈现给世界的是自然、和谐、安宁的本真面目和对原始信仰的敬畏。

信仰使人在困难中仍然感到幸福无比。2011 年 3 月，日本福岛第一核电站 2 号反应堆发生爆炸后，一位半年后就要退休的日本人自愿成为坚守在核辐射严重超标的岗位的 50 名专业人员中的一位。《纽约时报》称，这 50 位已经做好慷慨赴死准备的无名英雄或是在日本核危机中力挽狂澜的最后希望。“福岛 50 壮士”的工作环境极度恶劣，他们将面临终身的健康问题，甚至付出生命的代价。他们不是为了钱，就像这位老员工说的那样：是为了给灾区的人安全感。德国媒体评论：牺牲不能超越死亡，但是却能超越折磨和死亡带来的痛苦。灾难激发人性，无论是出于爱国、善心还是责任感，整个世界都要向这些人表达最深切的敬意和感谢。25 年前，也曾有过一群“清理者”拯救了欧洲。“切尔诺贝利”这个名词指向灾难，指向恐惧，也指向最深沉的勇气。1986 年，一支由老专家组成的志愿者小组前往切尔诺贝利。3 个月后，这批人中有 28 人因过量核辐射死亡。切尔诺贝利的陈列馆里能见到信纸上小儿子稚嫩的笔迹：妈妈在哭，爸爸快回来……下面画着小男孩所理解的撤离路线图。

幸福虽然是主观的体验,但也需要有外部条件,国家的责任就是为公民创造幸福的条件。几年前,租住在澳大利亚的一位来自中国内地的非法移民到玻璃厂面试时,被玻璃扎伤而死亡。惨案发生后,华人社区组织起来帮助这位同胞打官司。玻璃厂的老板辩称,这位中国黑民是到厂里来看看的,不是来工作的,结果发生了意外。既然他不是来做工的,又没有签订任何合同,当然就不赔偿。死者方的代表律师讨不到任何便宜。但故事并没有结束,3 年后,澳大利亚政府推翻了原判,政府直接介入,宣布将从一个政府基金中拨款,对死者远在中国的妻子一次性补偿 30 多万澳币(接近 200 万人民币);同时决定对死者未成年的孩子行使抚养权:按照抚养澳洲孩子的标准,每两个星期给一次钱,一直给到这个孩子年满 18 周岁。澳洲政府做出这个决定的根据是,这位中国黑民只有 37 岁,没有保险,死在澳洲,而雇主又“无良”,不肯支付赔偿,于是作为一个堂堂正正的国家,他们肩负起了国家的责任——对外国公民的责任。2012 年奥运会将在英国伦敦举行。在奥运场馆的选址上,英国人做出了一个令人不可思议的决定:将奥林匹克公园建在伦敦东部斯特拉特福德的垃圾场和废弃工地上。这块 2.5 平方公里的土地被数十年的工业生产严重污染,大量有毒的工业溶剂已经渗透到土壤中。伦敦市政部门并没有直接把受污染的土壤挖出来运到垃圾场填满,而是在经过 3000 次现场调查后制订了详细的恢复生态计划。他们在周边建起了两座土壤修复工厂,用泥土清洗和生物降解法对大约 100 万立方米的受污染泥土进行清洁。有毒的土壤被挖起,运进巨型土壤“洗衣机”,分离掉沙子和碎石,然后清洗提炼出污染物,最后用超大“电磁铁”分离掉重金属,直至土壤完全恢复“干净安全”的标准。清洗过的土壤要经过严格的测试和实验室的检测来评估其清洁程度。据一份测试报告说,被清洗过的土壤即使被小孩儿不小心吞下都不会有问题。英国人主动承担了让被自己玷污的环境再现生机这一重大责任,他们为泥土洗澡的行动被认为是一项了不起的创举。

信仰的作用决定了信仰是幸福的源泉，信仰的力量决定了信仰能始终给人以幸福。当个体投身于自身所追求的信仰时，他不仅能体验到生活的充实感，而且能超越现实、超越自我，使生命获得一种连续感、延伸感，从而感受到一种至高无上的幸福感。

享有尊严才是幸福

美国副总统切尼在复旦大学演讲时说道："开始富起来的中国人应该过上自由且更有尊严的生活，因为'仅靠物质享受本身无法满足人类心目中最深最强的追求'。"对一个人来说，什么是最重要最有价值的？就是无忧无虑地生活着，做一个有自由有尊严的人。尊严尤其是自尊，是私密的感受，是指向人心的概念。尊严与生俱来，而不是一种恩赐。

历史上，中国主流知识精英的思想是"齐家治国平天下"，把关怀的重心投向外界，而不是内心。即便是注重自省和修身的理学，本质上还是入世的，关心更多的是政治，是人和国家的关系，而不是"人"和"人心"。改革开放以后，"人"的概念被重新发现。我们逐渐甩开附着在身上的各种包袱，思想开始活跃，精神趋向丰富。20 世纪 90 年代末期，"以人为本"的口号开始出现。2010 年以来，"有尊严的生活"成了一个温暖的热门词汇。温家宝同志在两会《政府工作报告》中掷地有声地宣布："我们所做的一切，都是要让人民生活得更加幸福、更有尊严，让社会更加公正、更加和谐。"

"尊"，本是一种盛酒的器具。古代饮酒仪式感极强，尊即变得重要，尊重由此而生。"尊严"，是指人和具有人性特征的事物拥有应有的权利，并且这些权利被其他人和具有人性特征的事物所尊重。简而言之，尊严就是权利得到尊重，就是公平与正义，就是以人为本，尊严无价。"有尊严的生活"，是时代发展的趋势，不仅是增进个人幸福的关键，还是创造和谐社会的关键。有尊严，主要体现在人格、工作、权利和情感等方面受到尊重。一个人越能"挺直腰杆"生活，就越能体现人生的价值；一个社会，"挺直腰杆"的人越多，就越显示社会的文明和进步。尊严不仅是个人主观的心理感受,更是一种客观的社会身份或地位,它确立于人际关系中,是人与人之间相互参照的产物。要"有尊严的生活",不仅仅是号召,更需要行动。

魏剑美教授指出:看一个民族、一个国家是否是有尊严的民族和国家,其实就看这个民族、这个国家中的每一个平民是否拥有尊严。社会的公平与公正,应该是每个人享受尊严的基础;没有公平与公正,就谈不上有尊严的生活。"人民满意的公务员"、泰州市信访局局长张云泉在处理复杂事件时总能做出一些给人尊严的超凡举动,从而使问题得到很好的解决。2002 年五一节假期,在某村建筑工地,一小男孩不幸溺水身亡,死者是三代单传的独子。当时气温高达 30℃,小男孩被一块毯子裹着,嘴巴、鼻孔里还残留着淤泥,如不及时处理就容易发臭。孩子的父母哭得天昏地暗。一百多名村民和施工单位对峙着,控制着工地的两个主要出入口,一场巨大的矛盾一触即发。在了解基本情况后,张云泉开始调解,但村民们根本听不进去。不仅如此,痛不欲生的父母还向张云泉提出了一个让人意想不到的要求:"如果你把孩子重新搬到出事地点,让他将来重新投胎做人,我们就和你坐下来谈。"照一般人的思维,这无疑是有意刁难,因为事故又不是张云泉造成的,甚至与他的单位也毫不相干。但张云泉一句话没说,立即走向男孩,俯下身子,像抱自己的孩子那样把他抱起来,轻轻地吻了一下他的面颊。一位局长竟然能对一个普通农民的孩子有这样尊重和亲切的举动,这是谁都不敢相信的事情。这一举动震撼了在场的所有村民,孩子的父母更是"扑通"一声双膝跪地,哭着说:"行了,张局长,我们听你的……"一场本来很容易激变成恶性群体事件的事情,就这样被很好地化解了。记者评论道:"不要老认为有些老百姓刁蛮不讲理,动不动就闹事,其实他们要的就是一个态度——一个给他们尊严的姿态。"

尊严取决于自己如何面对生活,如何对待他人,如何积极地走向未来。2008 年汶川大地震,倪萍在中央电视台《爱的奉献》大型晚会现场捐赠 100 万,不仅表达了她的拳拳爱心,一段平实的自白"灾难不可以分担,苦难可以分担，日子还得过下去。”更是鼓励了众多在灾难中奋斗的人。倪萍说，很多人问我以前捐钱为什么不说？我说那是受姥姥的影响，在我小的时候就看到姥姥给生活不如她的人送一些吃的，姥姥从来都是一句话“我吃不了了，你帮着我吃吧”。我觉得特别奇怪，大了以后才了解，姥姥觉得给别人东西的时候，还要为别人保存一份尊严。这一切（影响）都是在自然中成长的。相互搀扶，相互帮忙，没什么值得炫耀和骄傲的，也没什么值得表扬的，应该的。

“有尊严的生活”的实现和社会价值标准关系密切。在官本位的社会，权力影响尊严，人们需要攀附权力来保障生活的尊严；在钱本位的社会，金钱影响尊严，人们追求金钱来提高生活；在崇尚武力的社会，人们通过穷兵黩武来保持尊严；在和谐社会，公民能够尊崇内心的真实意志，实现有尊严的生活。《南方周末》说得好，在经济复苏时刻，当尊严被写入政府工作报告，当民生议事被更多的代表、委员和社会各界所关注，当有关部门已抛出重拳去保护百姓根本利益，我们相信，我们的国家正驶入一个“尊严时代”。让社会中的每一个人都享有尊严，过有尊严的生活，是和谐社会的力量，是公正制度的根本保障性力量。

加急时代的幸福指数

连续创造十几年世界经济奇迹的中国人，在奥运会上摘金夺银，创造体坛奇迹的中国人又连创新纪录，先是戴上“最拜金国家之一”的帽子，又成为“世界上最着急、最没耐心的人”，中国成了最不耐烦的“急之国”。“急”作为一种情绪，是反映现实的一面镜子：一步到位、名利双收、嫁入豪门、一夜暴富、35 岁退休……人们总在担心，如果这个机会不抓住，就被社会抛弃了。《中国青年报》社会调查中心与新浪新闻中心在 2007 年联合实施的一项调查（1707 人参与）显示，84% 的受访者确信自己生活在一个“加急时代”。有“新版民谣”为证：做事，一夜暴富；婚嫁，“速配”豪门；看碟最爱“快进”；上网狂点“刷新”；邮件，特快专递；拍照，立等可取；坐车，齐喊“高铁”；开车，加速插队；

过街,爱翻栏杆……即便是最讲慢工夫的文化也被“加速度”了,从一口气读完某某历史到“30 天学会英语”,“速成”风在文化各领域屡创“佳绩”。

遗憾的是,这种加急加速是以不幸福为代价的。正如哲学家克尔凯郭尔所说:大多数人在追求快乐时急得上气不接下气,以至于和快乐擦肩而过。调查显示,90%的中国大城市白领因忙碌而处于亚健康状态。一名叫于娟的32 岁复旦大学女教师在罹患乳腺癌晚期后写道:“在生死临界点的时候,你会发现,任何的加班(长期熬夜等于慢性自杀),给自己太多的压力,买房买车的需求,这些都是浮云。如果有时间,好好陪陪你的孩子,把买车的钱给父母亲买双鞋子,不要拼命去换什么大房子,和相爱的人在一起,蜗居也温暖。”白岩松在《幸福了吗?》一书中也感慨:“改革走了 32 年,有些东西我们已经得到了,但是你原来期望的那种幸福并没有随着你得到的东西如期而来。”

亚里士多德说“幸福是至善的”,德谟克利特说“正直和公允使人幸福”,蒙田说“幸福意味着自我满足”,卢梭说“真正的幸福不能描述”,黑格尔说“生命要从美中结出硕果”,傅雷在给孩子的信中说“片面的人生观得不到幸福”……现在我们存在严重的目的和手段的倒置。人生来不是要成功的,我们的目的是快乐和幸福。幸福真那么难吗?其实,真实的幸福很简单。一个人若能做自己喜欢做的事,并且靠这养活自己,又能和自己喜欢的人在一起,并且使他(她)们也感到快乐,即可称幸福。

要想幸福,关键在于身心和谐。幸福不能用物质来量化,“穷得只剩下钱”的人很多。孔子赞美颜回:“贤哉回也!一箪食,一瓢饮,居陋巷。人不堪其忧,回也不改其乐,贤哉回也!”(《论语·雍也》)颜回安贫乐道的生活符合天性,必然幸福。计算时间的方法有两种:一种是时钟“滴答滴答”表明的岁月;另一种是由一个人的心境所反映的年龄。这两种时间是用两种截然不同的方法来衡量的。心理学家威廉·詹姆斯说,他所从事的最伟大革命就是发现人类如果转变自己内心的态度,就能改变外在的人生观,把时钟往后倒拨!“幸福感不是某种外在的标签或者技术手段可以达到的状态,而是一种精神世界的内在把握和感知。”内心世界的丰富、敏感和活跃与否，决定了一个人感受幸福的能力。我们对事物或把握人生的态度是轻松的，还是沉重的？我们是抱着积极前进的态度，还是消极退缩的态度度过一生？青春和老迈不在于年岁的增添，而在于心境。在生活条件、生活保障、生活环境日益改善的今天，人们实际的“幸福指数”肯定是提高了。如果不能感受到这种变化、这种幸福，那只能说明人们的幸福感知力在下降。

幸福是一种很客观又很主观的定义。一个人的幸福感既离不开社会的文明、进步和繁荣，也离不开个人的努力、进取和达观。幸福不是给别人看的。幸福是一种感觉，是被认可的感觉，被关怀的感觉，理想实现的感觉，价值得到认可的感觉，被关怀的感觉，是灵魂的成就。一个叫扎西达娃的藏族干部让别人猜猜他一生中最幸福的事是什么。谁也猜不出。他说，是我第一次吃水果糖的时候。那是1950年的春天，还是农奴的扎西达娃外出放牧，遇上一支年轻的队伍，他们每人的帽子上都有一颗耀眼的红星。他十分恐惧，可军人待他非常好，一个年纪与他相仿的军人还送给他一颗水果糖。回去后他不敢声张，因为农奴主知道了要挖眼睛、割舌头。夜深人静，他偷偷把糖拿出来舔了一口。一种从未体验过的感觉传遍全身，世上居然还有这么美好的东西！他怀疑自己在做梦，于是咬破手指证明自己不是在做梦。那种感觉他后来才知道叫甜。他十分珍惜这颗水果糖，每晚拿出来舔一舔，过了很长时间才“吃”完。扎西达娃后来成为自治区高级领导人，一生中吃过许多糖，也有很多引以为豪的业绩，但只有这第一次吃糖的感受最深、最幸福。这种幸福是替他翻身、推翻农奴制度的社会带给他的，是做自己主人的梦想的实现带给他的。江苏卫视联合13家媒体发布的《2009幸福指数调查报告》显示，公务员的幸福感排名第一。而在另一份百分制的幸福感调查中，温州企业家的幸福感平均值仅为65.3，仅高出及格线5.3分。这个结果告诉我们，能赚钱未必能“赚”到幸福。的确，幸福不能没有物质基础，但我们的生活不可为物质所左右。权力能支配一切，却支配不了命运；金钱能买来一切，却买不来幸福。三大因素构成温州商人“幸福指数”的致命伤，依次是自我管理能力差、行业竞争激烈和家庭矛盾突出。产业上了规模，成为多数企业家的“幸福拐点”，这之后交际、娱乐、工作等方面的幸福指数都大打折扣。因工作太忙导致两代人之间感情冷漠，成为常见的家庭矛盾的诱因。

幸福是对生活的接纳，痛苦其实也是一种财富。人生不仅需要幸福，也需要困难，尝遍酸甜苦辣是一种丰满的幸福人生。痛苦和欢乐同为生命力的自我享受。幸福是有限的，因为上帝的赐予本来就有限；痛苦是有限的，因为人承受痛苦的能力有限。在每个人的生活中，苦与乐的数量取决于他的遭遇，苦与乐的品质取决于他的灵魂。一个人在交通事故中车损人伤，本该痛苦的他却露着笑容，因为他觉得能够活着已经很幸福。一位员工的工资增长10%，本该高兴的事他却并不快乐，因为他觉得还有人赚的比他多。现代人总是在不停地往前冲，以为前面有很多东西在等待我们，其实更重要的东西在我们身后，我们应该停下来，等一等被我们落在身后的灵魂。

幸福掌握在我们自己手中。个人感受是生活质量的基本内容，发展中的中国重视幸福感是时代的进步。感知幸福才能珍惜生活，享受生活。幸福无处不在，关键是如何找准“幸福基点”。“基点”过高，幸福之事变痛苦；“基点”调低，痛苦之事变幸福。痛苦不仅伤神伤身，而且对解决问题毫无益处。那些寻短见、恶作剧的人，往往是因为心理失衡，觉得自己是世上最痛苦的、最受屈的，最终厌世仇世，走向极端。毕淑敏在散文《提醒幸福》中写道：“当我们一无所有的时候，我们也能够说我很幸福，因为我们还有健康的身体；当我们不再享有健康的时候，那些最勇敢的人可以依然微笑着说，我很幸福，因为我还有一颗健康的心；甚至当我们连心也不再存在的时候，那些人类最优秀的分子仍旧可以对宇宙大声说，我很幸福，因为我曾经生活过……”

微博上流传着一个小故事：夫妻两个人辛辛苦苦打拼，买了个海景别墅，还房贷压力巨大，每天早出晚归。保姆每天做得最多的事情就是抱着他们家的狗在阳台上看海，喝咖啡……太多的人在透支生命、亲情这些最可贵的东西去换取虚荣的表象。快乐就是人生的意义和硕果，就是幸福生活本身。每个人都必须为自己的幸福负责，每个人的一生都应该是争取幸福的一生，都应该是让自己的幸福最大化的一生。幸福没有止境。对幸福的追求超越了种族和地域的限制，成了人类大同的目标。白岩松说：人生有5%是幸福，5%是痛苦，而剩下的90%是平淡。让我们放慢忙碌的脚步，适当降低对物质的要求，找到最适合自己的幸福生活。

幸福源于坚守价值取向

随着实用主义和物质主义的攻城略地，中国人越来越浸入到挣钱弄权纵欲的狂欢中。可是，成功只是人的一小片狭窄格局，科技与物质的进步并不足以保障人们的精神平衡。一种全民焦虑的气氛开始蔓延，自感不幸福、没安全感和归属感的人越来越多。朱德庸《在一个时代里缓慢行走》中形象地写道："我们这个时代的人，情绪变得很多，感觉变得很少；心思变得很复杂，行为变得很单一；脑的容量变得越来越大，使用区域变得越来越小。更严重的是，我们这个世界所有的城市面貌变得越来越相似，所有人的生活方式也变得越来越雷同了。……我们为了适应同一种时代氛围，强迫自己失去了自己。我们碰上的刚好是一个物质最丰硕而精神最贫瘠的时代，每个人长大以后，肩膀上都背负着庞大的未来，都在为一种不可预见的'幸福'拼斗着。但所谓的幸福，却早已被商业稀释而单一化了。……长期的违反人性，大家就会生病。……我们周围所有的东西都在增值，只有我们的人生悄悄贬值。世界一直往前奔跑，而我们大家紧追在后。"说得真好！物质带来的不一定是幸福。社会的问题归根结底还是人的问题。现在国家高调提出"提高人民幸福感"，正是民意的集中反映。我们需要反思过度的商业化、物质主义带来的后果。

信仰是人类最古老、最庞杂的社会文化现象，是需要我们去追寻的精神寄托和精神归宿。作为一种价值意识，信仰实际上是现实的人对自己所处价值关系的意识和感觉，因此归根结底是人关于自己和世界的关系、自己在世界中的地位以及自身存在的意义和价值的自我意识。人的生命离不开价值。人的独特之处是能够做出价值判断，并由价值指导行动。人生最大的意义是实现自己的价值，而要找到实现自身价值的路径，坚守信仰无疑是最佳选择。在每天的生活中，我们会选择做对的事，过好日子，坚持某些信念，努力活出有意义的人生。而要活得好，我们必须对自己的欲望和信念做出反思评估，确保自己做出正确选择。因为人有价值意识，所以意义问题必须由价值来支撑；因为人有反思意识，价值的规范性必须得到理性主体的认同。

塔尔1992年进入哈佛大学求学，一开始主修计算机科学，他成绩优异，擅长体育运动，社交也游刃有余，可是他并不快乐，而且也搞不懂为什么不快乐。大二期间，他突然顿悟，变得快乐，于是将自己的研究方向转向了哲学及心理学。现在塔尔是哈佛大学最受欢迎的教授之一。他的“幸福课”已经超越“经济学导论”，成为吸引学生最多的课程。可见，即使精英云集的哈佛也同样面临“快乐受创”的问题。塔尔认为，幸福感是人生的唯一追求，是人生的最终目标。人们衡量商业成就时，标准是金钱。人生与商业一样，也有盈利和亏损，可以把负面情绪当支出，把正面情绪当收入。当正面情绪多于负面情绪时，我们在幸福这一“至高财富”上就盈利了，“所以，幸福应该是快乐与意义的结合，一个幸福的人必须有一个明确的、可以带来快乐和意义的目标，然后努力地去追求。真正快乐的人会在自己觉得有意义的生活方式里享受它的点点滴滴。”

有人总结出三种工作境界：赚钱谋生、事业、使命感。在美国，有50%的人对自己的工作不甚满意。这些人不开心并不是因为他们别无选择，而是他们的决定让他们不开心。他们把物质与财富放在了快乐和意义之上。人们通常对感兴趣的事情更能发挥天赋，也更能做得持久。人一旦有了热情，不但动机坚定，连做事的效率也会提高。有时候人们并没有换工作或改变工作环境，他们只是赋予工作本身更多的意义，就从中发现了乐趣，提升了幸福感。一个理性成熟的民族要学会坚守自己的价值取向。选择目标时，我们必须确定它符合自己的价值观、爱好，符合自己内心的愿望，而不是为了满足社会标准或是迎合他人的期待，更没必要为金钱和权力去放弃生命中更为重要的东西。

一个年轻漂亮的女孩，一副装满坚果的货担。不管刮风下雨，阴晴霜雪，一个单薄的身影总是会出现在某个城市的某个地方。女孩自强不息的事迹引起众多网友狂顶，网友们称其“坚果女孩”。“坚果女孩”名叫张开娟，2002 年她为了减轻家庭负担，放弃上学出门打工。从广东到浙江，从山东到四川，到处都留下她单薄的脚印。除了渴望通过自己的劳动支撑贫穷的家庭，张开娟还有一个梦想：继续进学校读书。凭借卖坚果的微薄收入，张开娟并不足以改变自己的生活。然而这一种独特的坚守在美貌可以量化、操守可以物化的时代，显得尤为珍贵。

创业是一种人生追求，能够把事业与精神追求结合在一起是一种境界。“朴道草堂”的主人老周在北京南锣鼓巷开了一家独立人文书店，注定充满商业风险，但他决定“为热爱的人坚守”。书店拒绝畅销书，那些精心挑选的英文原版书和人文类的著作让真正热爱的人有惊艳之感。老周说：“我很清楚书店不会有太大的盈利，我要想挣钱，完全可以在这里开一个高档会所，一天做一桌菜就可以赚足，但那不是我的理想。”著名的胡同小剧场“蓬蒿剧场”的创建者王翔是一名戏剧发烧友，为了实现自己的戏剧理想，他为这个小剧场前后投入了 120 多万元，他很清楚“短期内，这都将是一桩赔本的生意”。他一直用开牙科诊所的收入补贴话剧投资，并且毫无怨言。他说：“做商业化的东西不能太满，就像人生一样，应该留有空暇给精神世界。”

快乐比忧伤更珍惜，更难得，也更美好。自然万物都在追求快乐。正是在快乐的指引下，草茎长高，花蕾绽开，万物都向往最大的安逸，更自觉地趋向进步。让我们问自己三个问题：一，什么带给我意义？二，什么带给我快乐？三，我的优势是什么？并且要注意顺序。然后看一下答案，找出其中的交集,那个工作就是最能使我们感到幸福的工作了。许多研究表明,一个幸福的人在生活的各个层面上都会很成功,包括婚姻、友谊、收入、工作以及健康。幸福与成功存在强烈的相互作用,无论是工作上还是感情上的成功都可以带来幸福;而幸福本身也能带来更多的成功。“我要快乐”,这是对自我需求的自我认知;“我可以快乐”,这是对自我实现能力的自我认知。自我认知和自我实现的程度关乎自由。只要我们追随自己的天赋和内心,我们就会发现,我们所经历的正是应拥有的生活。在追求有意义而又令人快乐的目标时,我们不再是消磨光阴,而是在让时间闪闪发光。

幸福是一种有节制的满足

幸福是什么?不同的人有不同的答案。一个悠闲的穷人说:“有钱就是幸福。”一个匆忙的富人说:“有闲就是幸福。”一个工作太忙的人说:“不上班就是幸福。”一个失去双亲的人说:“父母在就是幸福。”一个双目失明的人说:“能看见东西就是幸福。”原来,缺少什么,什么就是幸福。《人民日报》2011 年刊登梁衡的文章指出中国有几类人不幸福:1、全国还有贫困人口 1.5 亿,工薪族收入偏低,在物质上不幸福;2、社会就业难,找不到工作的大学生,无固定职业的不幸福;3、部分人虽已脱贫,但仍感种种之不公,情感上不幸福;4、学生负担过重,2 亿中小学生一想起考试就不幸福;5、已进入老龄社会,空巢老人门倚黄昏,精神上不幸福;6、腐败严重,国财私用,纳税人心中有气,不幸福;7、改革尚有许多未竟课程,忧国之士,心急情迫,不幸福;8、表达不畅,少数多年上访者,心中有冤、有怨,不幸福。

叔本华说人生充满欲望,欲望满足即带来空虚,而且欲望满足马上会产生 10 个新的欲望。人生欲望无穷无尽,而满足转瞬即逝。所以,生命的幸福永远短暂,生命的本质就是痛苦,并且无法逃脱。绝大多数人终生只在名誉、金钱、权力、情欲和子孙上打转,根本不知人生如梦。有句成语叫欲壑难填。欲望是个永远无法满足的东西,如同多米诺骨牌,打开一扇门,其他的门跟着就打开了,而绝大部分的欲望是无用的。英国哲学家和经济学家亚当·斯密预言:凡事都验以市场思维,人们富足后可能会牺牲更宝贵的东西。他开出的药方是:第一,人的幸福感与外在的东西关系很小,钱多钱少无关乎快乐和幸福,内心的宁静平和才是幸福之源;第二,每个人都要唤起自己"同情共感"的天然能力,成为自己和他人的"公正旁观者",努力做到推己及人。人无论贫穷还是富裕,做到上述两点就能够培养起一种自制和自律的德性,克服虚荣、狂妄的心态。

幸福的主体是公民个人,要靠自己去感受。幸福并不依赖你是谁或你有什么,它依赖你怎么想。为什么在车水马龙的街道,在危机四伏的大千世界,盲人的脸安详而宁静,眉头紧锁的是那些明眼人?在风雪里,在大雨中,盲人要吃更多的苦,即便如此,也很少听说盲人遭遇交通事故的惨剧?因为盲人只专心于此刻的事情,譬如走路,心无旁骛,步步踏实,心始终伏在脚下。他们心存谢意——感谢生活,感谢路面的平坦,因此心澈"目"明。幸福无处不在,但我们必须用心去感觉;幸福是不能被描写的,它只能被体会;真正的幸福不是一些事实的汇集,而是一种状态的持续。幸福就是一种内心平和与满足的感觉,是一种没有忧虑、焦虑、恐惧的人生经历。芝加哥有位公共汽车司机,边开车边为乘客唱歌。他接受芝加哥电视台的采访时说:"我的职业是歌手,我开车只是为了每天都能有无法走开的听众。"很多人特地排队等候他开的公共汽车,甚至有意错过别的公共汽车。芬兰不是世界上最富裕的国度,却拥有世界上最高的"幸福感"。除了完善的社会福利保障体制使人们的基本需求得到较大满足外,芬兰人的幸福感更多地来源于对和谐安定的社会环境和得天独厚的自然环境的知足常乐。富足而安宁的生活,是芬兰中产阶级的人生目标。他们非常看重生活的本质,蔑视奢侈和挥霍,注重个人修养,心态平和。恬淡知足的生活态度,使芬兰人乐于用生活之余的钱财来帮助弱势群体。当世界任何地区发生灾难时,芬兰人都会友善地伸出援助之手。

幸福是一种经过节制的满足。金钱和幸福都是生存的必需品,并非互相排斥。幸福不能没有物质基础,但可以不为物质所左右。《牛津字典》和《韦伯斯特新世界字典》中解释了“财富”一词的起源,它是由旧式英语单词 weal(康乐)和 th(情形)两个词组合而成的。照字面意思看,财富这个词表示“康乐的情形”或“幸福和繁荣的情形”。希腊文中财富是 euporeo,可以被拆成两部分:eu(健康的)和 poros(通路)。换句话说,财富是通往健康的工具或道路。欲望可以有,但是不能没有尽头,现在这么多人变成房奴、车奴,不仅仅是因为房价上涨,更是因为原始的欲望就很高:住 150 平方米以上的房子,而且要拥有不仅一套房子,开 30 万元以上的车,买几万块的名牌包,孩子上私立学校……不断地攀比,不断压榨自己。生活中,我们拥有的名声、财富、社会地位跟幸福快乐有关系,但不是绝对的,并不是我们有钱有权就有幸福指数。一天,修学律宗的有源律师前去请教禅门的大珠慧海禅师:“请问您修道有没有秘密用功的法门?”大珠慧海禅师回答:“有啊!每个人都有自己的密行。”有源律师接着问:“请教您是怎么样秘密用功的呢?”大珠慧海禅师很自然地说:“肚子饿的时候就吃饭,身体困时就睡觉。”有源律师疑惑地问:“可是一般人的生活不就是每天要吃饭睡觉,难道他们和禅师您的密行都相同吗?”大珠慧海禅师不以为然地摇摇头说:“不同,不同!一般人在吃饭时常常是百般挑剔,嫌肥拣瘦。看见有好吃的就忍不住贪吃;不好吃的就起瞋心不吃。然后该睡觉时不睡,却胡思乱想,千般计较,千般思量。”对学禅的人而言,平常心很重要。吃饭时把饭吃饱,睡觉时把觉睡好,这就是最好的修行。每天做完该做的工作,用合适的方法待人处事,不要对别人、对社会留下歉疚,这就是最好的禅者生活。

幸福与光耀取决于我们自己,在于知足和分享。即使身处苦难,只要心中有希望、有坚定的信仰,那么我们就是幸福的。幸福由小小的细节积累而来,如果我们用庆幸的目光回顾这种积累时,就产生富翁的感受;如果我们对当下的处境不满,则说明心已离开了脚步,栖居于远远的目标之上——不管它是地位、金钱还是房子。烦恼由此而生,心里自然不快乐。陈声江的《莫烦恼》歌道出了人生真谛:“人事百年古来少,皇帝此关也难逃。金山银山固然好,身后也就不了了。争名夺利入俗套,逞强好胜无好报。世间百态再热闹,不过匆匆走一遭。既然道理已明了,莫怨光阴催人老。静观尘世谁为好,亲情友情最可靠。平和心态走大道,善待自己莫烦恼。”满足欲望的最好方式是关闭欲望之门,正如六祖慧能所言:“由来无一物,何处惹尘埃。”在生存、生活和生命复杂而又深沉的规定中,各有各的位置和不容替代之处,让生存归位于生存法则,让生活归位于德性价值,让生命归位于人性尊严,这才是一个正常国家的正常人性。在这种正常的人性中,“成功”将伴随它的浮躁时代一同退去。

第二节　快乐宁静的生活态度

改变心态寻求快乐

美国华盛顿心理实验室做过心理状态对生理健康影响的试验。将一支玻璃管放在冰水杯中,管底朝下,管口朝上。试验者从管口向管内呼气,气遇冷而凝结在管的内壁上,集聚成水。如果受验人的心态是正面的,呼气凝成的水呈无色透明;如果受验人的心态是负面的,玻璃管中凝结的水会呈现各种不同的颜色(视悲观、愤怒、嫉妒、焦虑……而不同)。经过化学分析,它们都含致命的毒素。试验表明:负面思维会在身体细胞中产生毒素;而正面思维能刺激细胞的新陈代谢,快速排除废物,充分吸取营养,因而产生精力、活力,常葆青春健康。所以要想改变人生,首先应该改变自己的心态和思维方式。

阿瑟·阿什是美国著名的网球明星、温布尔登网球公开赛冠军。他在一次输血时感染上艾滋病,于 1993 年不治身亡。在他患病期间,曾有无数世界各地的球迷给他写信。一位球迷在信中表示困惑:“为什么上帝对你如此不公,让你染上这样的病?”阿瑟·阿什回答:全世界有5000万孩子喜欢网球,有500万在学习打网球,有50万在打职业网球,够资格参加巡回赛的选手有5万名,能参加大满贯赛事的是5000名,而在温布尔登网球公开赛上露脸的只有50名,闯入半决赛的是4名,最终的冠军争夺战在2名选手之间展开。所以,当终于过关斩将、手捧金杯时,我感谢上帝,同时也感谢自己。因为我相信事在人为,个人成就不是偶然的,有拼搏才会有一切。如今,我身患绝症,我不怨上帝,也不怪自己,因为我知道有些事人无法左右,当不幸来临时,我们只能面对。与其把时间花在抱怨上,不如沉下心来多学点有用的东西,多想想怎样把现在的工作做好,获得更多的机会和发展。

心理学有一种系数叫做“乐观系数”或“悲观系数”,这种系数的力量占实际现象的20%。就是说,如果一个人有乐观的心,他比平常会多20%的几率遇到开心的事;反之如果一个人心情郁闷,也会比平常人多20%的概率遇到痛苦的事。可见,良好的心态是快乐生活的根本。有人问一位深受爱戴的老妇人,用什么东西把自己保养得那么美丽,让整个人显得生动而富有魅力。她回答说:“我用事实涂抹嘴唇,我用善良柔化声音,我用同情装饰耳朵,我用施舍护理双手,我用正直塑造形象,我用真爱美化心灵,我用祈祷对待不喜欢我的人。”世界每分每秒都在变化,人也在不知不觉中日渐衰老。老妇人并没有把这只衰老、干瘪、沧桑的柠檬置之不理,而是用良好的心态重新唤醒它,榨出的那杯柠檬汁弥漫着岁月的醇香……

卢斯·凯瑟是一位年轻的幼儿园教师,业余爱好摄影。有一天,她决定用手里的相机去寻找笑容。凯瑟找到的“笑容”显然非同寻常。一根站立在室外起支撑作用的方木料由于日晒雨淋,年久老化,表面产生了一条自上而下的不规则裂缝,旁边钉着两颗黑色的八角螺钉。凯瑟用相机把它拍下来,旋转90度再看,就会发现一个长着两个小眼睛的孩子正调皮地冲我们咧开嘴大笑。在凯瑟看来,生活中许多毫不起眼的事物都笑意盈盈,只是未被发现而已。一张彩色的塑料椅子、一个儿童玩具，甚至是带两个小孔的垃圾桶，通过凯瑟镜头的捕捉，都立刻变得笑容可掬。她把创意作品上传到博客，很快拥有了众多“粉丝”。她的作品在网上拍卖，所得资金全部捐给一个为唇裂儿童免费手术的慈善机构，迄今至少已让50位唇裂儿童重新获得了笑容。在凯瑟眼里，笑容无处不在，她几乎每天都有新作问世。她说：“只要你转变一下看事物的角度，说不定就有惊喜的发现。”

人一旦形成了思维定式，就会习惯地顺着定式的思维思考问题，不愿也不会转个方向、换个角度想问题。其实，我们不妨换个思路或心态，这样也许可以看到许多别样的人生风景，甚至可以创造出新的奇迹。比尔·克林顿做完四重心脏搭桥手术后说：“我觉得，它让我更加感激活着的每一天。以前的烦心事儿都变得无关紧要了。这让我更加下定决心，把时间用来帮助别人，让他们也能过上好日子。很多人可能会觉得我真倒霉，可事实是，我会继续活下去，并且拥有一个比绝大多数人更充实、更富足的人生。比起以前，我更加注意到花朵的存在，我能嗅到季节更替时微风的味道。这些东西对我再次有了意义，就像当年我还是小孩子的时候一样。我会留意这些微妙的细节，却不再为了琐屑而烦恼。”从舞剑可以看到书法之道，从飞鸟进行联想可以造出飞机，从蝙蝠可以联想到电波，从苹果落地可以悟出万有引力。每个人心中都有把“快乐的钥匙”，只要换个角度，快乐就捏在我们的手中。英国有本书叫《你真的很有钱，只是你还不知道》，试图把所有快乐的事情和金钱画上等号。据他们统计，健康的身体约值180万元。第二有价值的是“我爱你”这句话，如果说者出于真心，而我们也乐于接受，则我们得到的快乐价值160万元。第三是稳定的感情，价值约150万元。价值百万以上的还有：活在一个安全的国家、有孩子（价值120万元）、和家人相处、笑、度假、读书和看电影。而在现实生活中，这些用钱都买不到的东西虽然宝贵，但常被人们忽略。我们真的可以凭借改变态度而改变命运。如果把正面思考的能量变成钱，那么我们在一秒钟内就会变成千万富翁。悲观者认为百合花属于洋葱科，乐观者则认为洋葱属于百合科。社会中不是缺少了美好的事物,而是缺少了感悟美好事物的心灵。换个位置、换个角度、换个思路,我们的世界将更美好,更光明,我们会更快乐。

心闲是休闲的最高境界

一位禅师说:“闲到心闲始是闲,心闲方可话居山。山中胜有闲生活,心不闲时居更难。”心闲是休闲的最高境界,既有利于社会和谐,也有利于个人健康,因而有“心闲体静”、“心宽体健”、“闲能生慧”之说。心闲是人生自我价值实现的基础,是激发创新灵感的源泉,是健康心理世界的条件;更重要的是,心闲丰富了人的感情世界,坚定了人追求真善美的信念,表达和体现了人的高尚和美好的气质。

人生难得心闲。心闲的实质是人的一种心灵调适,人们将自己的心理调适为有利于自由健康全面发展的状态。心理和谐是人的内在欲望与外部可能性的平衡,帮助人们达到修身养性、提升人格的目的。鲁国木匠梓庆削木做成悬挂钟鼓架子两侧的柱子,看见的人都以为是鬼斧神工。鲁侯召见梓庆,问他其中的奥秘。梓庆说:我准备做这个的时候,不敢损耗自己丝毫的力气,而要用心去斋戒。斋戒到第三天,我就可以忘记“庆赏爵禄”了。斋戒到第五天,我就可以忘记“非誉巧拙”了,也就是说,大家说我做得好也罢,做得不好也罢,我都已经不在乎了,彻底忘记名声了。到第七天,达到忘我之境,忘记是在为朝廷做事了。为朝廷做事心有惴惴,有杂念就做不好了。这时我就进山了,静下心来寻找最合适的木材砍回来,顺手一加工,就成为现在的样子了。梓庆斋戒七天,其实是穿越了三个阶段:忘记利益,不再想着用我的事情去博取世间的大利;忘记荣誉,不再想着大家的是非毁誉对我有多么重要;忘记自己,只有达到忘我之境才可以做得更好。

心闲贵在养德,养德最要紧的是不为名利所惑,不为得失所累,悟透人生,保持知足的心态。知足者才能常乐,才能保持心海宁静,清闲自在的状态。作为化学家,他的科研成果使中国从稀土资源大国变成生产应用大国,所引发的"中国冲击"成功改写了国际稀土产业格局;作为教育家,他撰写的教材哺育了中国几代化学工作者,仅在北大工作的学生中就涌现了3名院士、3名长江特聘教授;作为年近九旬的老人,他依然活跃在科研前沿,亲赴边远矿区考察,为稀土资源优化利用而操劳。他就是中国科学院院士、北京大学化学与分子工程学院教授徐光宪。徐老把钱都花在科研和助弱扶贫中。1960年正值三年困难时期。他把编写《物质结构》一书得到的在当时堪称"巨额"的五千多元稿费全部捐给工会,用于补助困难教职工,还一再请求工会不要声张。2005年,徐老获得何梁何利科学技术成就奖,得到百万港元奖金。他毫不犹豫地拿这笔钱设立霞光奖学金,专门奖励那些热爱祖国、努力学习又家境贫困的本科生……2008年他荣获国家最高科技奖,奖金高达500万元,其中50万元归个人所有。徐老非常认真地说:"我自己的钱已经够花了。我得的奖是集体的工作成果。我已经跟大家说好了,包括那50万元在内,全部都拿出来。几个研究团队要好好商量怎么分配使用这些经费。经费要以稀土为主,要全部放在几个课题组和国家重点实验室……"清淡是生命的内定力,清淡出尘成为徐老最从容的姿态。淡定又充盈,这就是徐老的本色。

快乐就在我们身边

七成自杀缘于抑郁症!全世界约5%的人口都会在一生中的某个时段受到抑郁症的影响。抑郁症已成为世界第五大疾病,其确诊率在过去50年里翻了一倍。专家预计,到2020年时,抑郁症很可能成为仅次于心脏病的第二大疾病。有人调侃抑郁症是"现代生活的一种奢侈",又像是"一种现代瘟疫"。抑郁症是一种"心灵感冒",古已有之。公元前5世纪,古希腊医生希波克拉底首次提出了抑郁症是一种精神疾病的观点,概略认识到心理障碍具有生理基础。他认为,人的心境或气质依赖于血液、黏液、黄胆汁和黑胆汁这4种体液之间的平衡：血液多则乐观，黏液多则迟钝，黄胆汁多则易怒，黑胆汁多则会让人不愉快，导致抑郁症，而古希腊语中抑郁症便是黑胆汁的意思。古典文学作品里对于抑郁症患者及症状的描述不乏其例。莎士比亚戏剧《哈姆雷特》中，承受丧父之痛、怒责母后出轨的哈姆雷特忧郁而又悲愤地喊道："上帝啊！这人世间的一切常行惯例，对于我显得多么可厌、陈腐、乏味和无聊！"抑郁症的典型特征是不快乐，患者一天中大部分时间里情绪低落、伤感，对曾经非常珍视的工作、朋友、家人、食物、社交、爱好全然不感兴趣；忧郁多虑、想法消极，歪曲了对现实的感知，而且几乎都有一种自我贬抑的倾向，乃至自我毁灭的冲动，觉得活着就是受罪。

每个人都在寻求快乐的真谛。不要以为只要有权有钱就有快乐。美国总统够有权了吧。杜鲁门说"当总统等于骑上老虎背"，威尔逊说"当了总统朋友会越来越少"，塔夫脱说"总统是最寂寞的人"，林肯说"总统仿佛被人插满羽毛游街示众"，安德鲁·约翰逊说"总统是有尊严的奴隶"。这真是：有权的感叹权力是高危行业，有钱的感叹穷得只剩了钱，有闲的感叹生命中不能承受之轻。是不是我们对快乐的要求太高了些？英国一家媒体举办有奖问答，题目是"世界上谁最快乐？"最后评选出的四个最佳答案是：一，刚完成作品吹着口哨自我欣赏的艺术家；二，海滩上筑沙堡的孩子；三，忙了一天最后为婴儿洗澡的母亲；四，终于救活了一个差点死掉的病人的医生。原来，大多数人的快乐就在职业和生活的常态中间。

有一天，城郊的寺庙里来了一位很富态的中年妇人。她自述最近老是失眠，没胃口，浑身乏力，懒得动，做什么事都没有激情……方丈懂得医术，切完脉观完舌苔，微微一笑说："体有虚火，并无大碍。只是施主心中藏着太多烦恼而已。"中年妇女暗叹神奇，便把心中事情向方丈说明。方丈让徒弟取来一盆水和一只苦胆，把胆汁滴入水中，浓绿色的胆汁在水中淡开，很快就不见了踪影。方丈说："胆汁入水，味则变淡。人生何不如此？施主，不是您承受了太多苦痛，而是您不善用快乐之水冲淡苦味啊！"

当我们为种种苦恼之事感到失落甚至落泪时,其实快乐就在身边朝我们微笑。做一个快乐的人并不难,拥有幸福的人生也很简单,许多人只是粗心大意,对身边的快乐视而不见罢了。让我们记住但丁的名言:“我们唯一的悲哀是生活在愿望中而没有希望。只要有希望,快乐就一定会在我们身旁。”

乐在静心　凝聚精神

有人说,生命是一场为了终极目标而不断前行的船只,远方的岛屿、河边的渡口和理想的彼岸,蕴藏着许多诱惑。我们中间大多数人是一只被自己的欲望劫持的船。浮躁的社会,心静者胜出。心一平和安详,人就有了底气,看人看事就能够比较客观、理智。幸福长寿最不可或缺的因素正是内心的安宁与坦荡。那些为了成功而违背良知的人,位高权重也好,富可敌国也罢,内心的不安定一定会长期地蚕食这个被称为“生命”的东西。

静心是一种高度专注的心境,是吸纳知识的催化剂。保持心静,注意力才能集中于一点,将身边的喧闹和一切干扰拒之于心灵之外,于静心中积蓄消化新知识,回忆调动旧知识,使我们全部的知识在较高层次上重新排列组合,从而有新的发现和新的收获。2008 年,中国盲人足球队首次参加残奥会就夺得银牌,令人钦佩。比赛中,足球滚动发出的声音成为球员辨别方向的唯一声响,球员之间的沟通十分关键。指令来自球门后面的引导员以及守门员,他们是五人制足球队中唯一看得见的人。因为看不见,所以盲人运动员更加专心。他们是在用心踢球,而且从不放弃。制作一把精美的小提琴,木料的选择是关键。匠人在选择木料时非常在意树木年轮的多少。在他们看来,每棵历经岁月洗礼的大树中都藏有一个精灵,这个精灵正是一把提琴的灵魂。选准木料后,木料要在阳光下风干两年,使其含水率低于10%。风干的木料被切割成木板之后放入一个黝黑的、终年不见阳光的房间,好像大师的闭关修炼,根除杂念,凝聚精魄。这段静默岁月要持续四到五年。经过这么长时间的韬光养晦,本来混沌的木板逐渐有了灵异之气,凝聚在木头中的精魄变得纯净而空灵。万籁俱寂中，那些曾经在大自然中吐纳的自然之气，收藏的百鸟之声，沙漏一样滴滴答答地从木头中渗透出来。这时，老练的工匠可以从一块普通的木板中听到一把小提琴的音质。

生命需要“静”的滋养，人生贵有几分静气。静气是一种气质，一种修养，一种境界。诸葛亮给儿子写信时说：“夫君子之行，静以修身，俭以养德，非淡泊无以明志，非宁静无以致远。夫学，须静也；才，须学也。非学无以广才，非志无以成学。”这是诸葛亮一生的体会。20 世纪 30 年代，吴清源在日本下棋前总要读一遍《道德经》。结果他打败了所有对手，登上了围棋顶峰。他说：“我的对手全是日本棋坛杰出之士，就棋艺而言，我与他们之间几乎没有差别，我之所以屡屡获胜，全在于精神因素。”日本棋坛一位顶尖级高手坂田容男曾坦率地说：“我不认为吴先生的棋有多么高级。”可是，他总是败在吴清源的手下，却弄不明白是为什么。是《道德经》中“无为、无我、无欲、居下、清虚、自然”的思想，使吴清源排除了贪胜的干扰，心境澄明，发挥出了最高水平。下棋要“不得贪胜”，人生也是如此。要驾驭天下，首先要驾驭自己的心。

电影《功夫熊猫》中那位很受观众喜爱的浣熊师傅深谙中国功夫的理念：真正的功夫不是花拳绣腿，而是来自内心深刻的领悟。他一直强调“静下心来”，这也是中国独有的禅学内涵所在。心乐在静安。静心开启心智，静心孕育智慧。

用心化解人生的困厄

2004 年，雅典奥运会男子 50 米步枪决赛，埃蒙斯以绝对优势率先进入最后一枪，但他却鬼使神差地把子弹打到了别人的靶子上。2008 年，北京奥运会上，埃蒙斯重演了雅典的严重失误，最后一轮仅打出了 4.4 环。埃蒙斯是败给了自己。人生中的任何事情都需要一种化解。我们的情绪需要化解，郁闷时需要发泄来化解，伤心时需要眼泪来化解，失意时可一醉方休化解胸中块垒，仇恨时则需胸襟与笑容来化解。没有化解的人生，人生道路必将褊狭。

化解是一种人生智慧，让人在纷繁复杂的环境中来去自如，游刃有余。梁漱溟说，人一辈子首先要解决人和物的关系，然后再解决人和人的关系，最后解决人和自己内心的关系。就像一只出色的斗鸡，要想修炼成功，需要漫长的过程：第一阶段，没有什么底气还气势汹汹，像无赖地叫嚣街头的小混混；第二阶段，紧张好胜，俨如指点江山、激扬文字的年轻人；第三阶段，虽然好胜的迹象看上去已经全泯，但是眼睛里精气犹存，说明气势未消，容易冲动；到最后，呆头呆脑，不动声色，身怀绝技，秘不示人。这样的鸡踏入战场，才能真正所向披靡。

化解是对某一件事或某一生命时段的校正与反思。世间的人不可避免地沉湎于对“物”的追求上，为“物”喜，为“物”悲。人们来到世界时都是热热闹闹挥舞着拳头，准备大干一场；但我们离开这个世界时却安安静静的，摊开一双手。“物”的东西，我们一样都带不走。记者问华特·迪士尼成名后的滋味。他答称：“要看足球赛，可借声名之助订到最佳座位，这滋味当然不错。可是要拍一部好电影，要在玩马球时打一杆好球，或者要我女儿听话，声名却毫无帮助。不论声名多大，跳蚤也不肯放过我家的狗。要是身为名人而强不过几只跳蚤，做名人就没有什么了不起。”

化解还是一种领悟，于山重水复之际走出迷津，豁然开朗。短文《20 分钟的人生》很有启示意义：11 岁那年的一天，我和爸爸照例出门去散步，经过北区河畔殡仪馆门口的时候，爸爸问了一个莫名其妙的问题：“几点了？”我告诉他是 10 点 25 分。然后爸爸问我看到了什么。“没什么特别值得注意的，”我回答，“一群人，大概 150 个左右，正排队进殡仪馆。”“嗯，眼力不错。”……半个小时左右，爸爸突然提出第二个奇怪的问题：“儿子，你现在能看到什么？”“估计是追悼会刚结束，进去的人已经出来了。”“非常准确，”他说，“你看看现在几点？”“10 点 50 分。”爸爸点点头，若有所思地说：“对，人的一生总结起来也不过就那么长时间……你看，儿子，追悼会上牧师会宣读悼词，也就是死者一生的总结。宣读悼词不过短短的20来分钟，很多当时被认为是巨大的挫折或者伟大的成就，其实只是微不足道的小事，根本进不了这20分钟。你长大以后，无论是沮丧还是得意的时候，都要想想我这句话，你将发现眼前的道路会变得开阔许多。”

闻名世界的威斯特敏斯特大教堂地下室的碑林中，有一座名扬世界的墓碑。每一个访客都会被碑文深深地震撼：

当我年轻的时候，我的想象力从没有受到过限制，我梦想改变这个世界。

当我成熟以后，我发现我不能改变这个世界，我将目光缩短了些，决定只改变我的国家。

当我进入暮年后，我发现我不能改变我的国家，我的最后愿望仅仅是改变一下我的家庭。

但是，这也不可能。

当我躺在床上，行将就木时，我突然意识到：如果一开始我仅仅去改变我自己，然后作为一个榜样，我可能改变我的家庭；在家人的帮助和鼓励下，我可能会为国家做一些事情。

然后谁知道呢？我甚至可能改变这个世界。

有人说这是一篇人生的教义，有人说这是灵魂的一种自省。当年轻的曼德拉看到这篇碑文时，顿然有醍醐灌顶之感，声称自己从中找到了改变南非甚至整个世界的金钥匙。这个原本赞同以暴制暴的黑人青年从改变自己、家庭和亲朋好友着手，经历了几十年，终于改变了他的国家。

每个人都是一本书，父母是我们的出版社，生日是我们的出版时间，身份证是我们的书号。老人是史书，军人是兵书，僧人是经书，离退休了是闲书，良朋诤友是参考书。让我们以心血为墨写好自己，每个人都是绝无仅有的孤本珍籍。人生在化解中有所悟、有所得，精神修养达到一个新的境界，那么离成功的顶点就更近了一步。

第三节　钝感力是幸福的秘诀

钝感是对困境的耐力

“钝感”一词源自日本作家渡边淳一的《钝感力》。遇到不快乐的事或遭遇失败不耿耿于怀，马上忘掉，重拾积极开朗的心态，继续向前迈进的能力就是钝感力。作为一种为人处世的态度及人生智慧，相比于激进、张扬、刚硬，“钝感”是我们得以生存在错综复杂的现代社会的力量，也使我们更易取得成功，求得自身的心态平衡及与他人的和谐相处，因此可以将它解释成“有意义的感觉迟钝”。诺贝尔生理和医学奖得主利根川博士的原话，“我带有某种迟钝，只能依稀看到对大家来说显而易见的东西”，以此来佐证“迟钝”恰恰能够摆脱世间常识的羁绊，出人意料地取得“世界性的发现”。

现代人太敏感，容易受伤，所以拥有遇到挫折也不消沉、脸皮厚的钝感力是很必要的。“钝感”不等于迟钝，它强调的是对困境的一种耐力，是厚着脸皮对抗外界的能力，也是一种积极向上的人生态度。这种钝感是使各种能力开花结果的原动力，其优点是无论遇到什么挫折都能够重新爬起来，不胆怯、不拘泥于小事、豁达大方。麦穗有弯腰的哲学。越成熟的麦穗越懂得弯腰，我们也可以来个逆向思考，越懂得弯腰才会越成熟。《菜根谭》说：“鹰立如睡，虎行似病。”老鹰站在那里像睡着了；老虎走路时像有病的模样；一个真正有才能的人反而不炫耀，不显示才华。“愚、拙、屈、讷”体现了“钝感”，虽给人以消极、低下、委屈、无能的感觉，但有时却是人为营造的迷惑外界的假象，目的是为了减少外界的压力和别人的敌意，松懈麻痹对方的警惕，因此比积极、精明更具优势，更能保护自己。美国夏威夷大学一位心理学家指出，“有限度”的糊涂，对于引发个人的创造力、事业成功以及建立良好的人际关系等都有益处。“二战”中，美国破译了日本的密码，获悉了日本在海上作战部署的确切情报。一个多事的记者获悉此情，将新闻登了报。这很可能促使日本人修改密码并调整作战部署，可以说是惹了大祸。罗斯福总统来了个糊涂之计，对泄密事件既不派人追查，也不兴师问罪。这则独家新闻虽被日军首脑看到，但见美国对此泄密事件毫不追查，便误认为是美国使用诈骗计，谎称美军破译日本密码。真是“假作真时真亦假”。就这样，罗斯福骗过了日本人，日本人继续使用原来的密码，情报不断被美军破译，罗斯福对日军行动了如指掌，最终在中途岛之战中大获全胜。“得中求得”，是任何人都做得到的；“失中求得”，更需要智慧，也是聪明人与平凡人的不同之处。

信仰是人生的根本，是指导人生的大智慧。有信仰的人热爱生活，热爱生命。真正的信仰者为了追求更高的人生目标，不屑于计较名利、个人得失，不为身边的小利益所诱惑。出于对信仰的坚定信念和执著追求，信仰者的身上常有一种“呆劲”。这不是智商上的呆傻，而是一种执著精神、献身精神。数学家陈景润老实巴交，整日埋在书丛中，在“聪明人”看来，“真是傻透了，天天嚼数字能当饭吃，也不知道下海捞点钱”。陈景润不畏人言，勇敢地向“哥德巴赫猜想”进军。他演算出的“1+2”受到世界的瞩目，成为20世纪七八十年代青年心目中的英雄。“傻子”的成绩源于那份呆劲，社会的进步、人类的发展需要信仰者的这股“呆劲”。正如刘少奇所说：“我们的理想是美丽的，我们的途程又是艰难的，祖国建设的各方面需要更多的这类‘傻子’，需要更加发扬这样的‘傻劲’。……为了国家和人民的利益不怕自己吃亏的人，才是高尚的、有道德的、脱离了低级趣味的人，才是真有理想，能够站得住脚，能够得到人民信任的人。”大智若愚的信仰者把握的正是人生的大智慧。

在高占祥著的《新三字经》中，有这样几句话：

巧为浮，拙为贵。

口拙者，无是非。

眼拙者，无怨怼。

愚在表，智在内。

勤补拙，大智慧。

一个人如真正能做到抱朴守拙，就能成为像老子在《道德经》中讲的大成若缺、大盈若冲、大直若屈、大巧若拙、大辩若讷的聪明人。这就是我们赞扬智者时常说的"大智若愚"，也就是颇具钝感的人。

以柔克刚　处事之珍

孔子重仁，孟子重义，老子重柔，墨子重兼。中国道家的鼻祖老子最早在《道德经》中提出"欲刚必以柔守之，欲强必以弱保之"。老子还说："兵强则灭，木强则折，柔弱者生之徒，坚强者死之徒。"就是说兵太强了就会树敌太多。高大强壮的树木容易引人砍伐，也很容易被大风摧断。烈风可以吹断几个人才能抱得过来的大树，却奈何不了一根细细的小草。铁锤可以砸碎硬硬的石块，但锤不坏软软的棉被。天下最柔弱的东西是水。水没有硬度、没有形状，总是处于万物之下，但以水来攻克坚强的东西，却没有什么能承受得住。滴水可以穿石，洪水泛滥时高山丘陵为之崩垮，大树也能被连根拔起。软绵绵的太极拳能无敌于天下，也是柔弱胜刚强的道理。据说创始人武当真人张三丰在武当山的玉真宫修炼时，从窗户看见外边有只大鹊鸟与地上盘踞的蛇争斗不止。蛇在地上以静待动，每当看见飞鹊俯身来攻击时，蛇就蜿蜿轻身，摇首闪避，不被击中，蛇和大鹊就这样来来回回，生死争斗。三丰道人由此悟通玄机，根据道教阴阳变化的道理创立了以静制动、以柔克刚、后发制人的内家拳暨太极拳原理。太极拳的"行如蛇，动如羽"就源于此。在现实生活中，以柔克刚的道理非常有用，比如拳击中两个人都用拳头击打，如果两拳相击，双方都痛。太极拳的原理就是当你拳头击过来时，太极拳高手会巧妙地躲过你的拳头，然后借力使力，一出手就会顺势将你击倒。太极文化的特征就是“柔”产生的力量。

老子在其哲学体系中赋予“道”以至高的地位。“道”的地位之所以无穷无尽，是因为它的本性是柔弱。老子叹息道：这种柔胜刚、弱胜强的现象，天下没有人不知道，但很少有人能从中得到启迪，从而真正认识到以柔克刚对人生的意义。相反，人们却常常自我表现、自以为是、自我夸耀、自称天下第一。“强梁者不得其死”，是老子教人处世的警语。这个观点运用到做人和管理方面就是“以柔克刚”。“柔”本身是一种钝感，是一种成熟的标志，一种处世的哲学，也是一种钝化的表现。我们应该正视它、弘扬它、运用它。《明史》记载，有一次明武宗朱厚照南巡，提督江彬随行护驾。江彬素有谋反之心，他率领的将士都是西北地区的壮汉，身材魁伟，虎背熊腰，力大如牛。兵部尚书乔宇看出他图谋不轨，从江南挑选了一百多个矮小精悍的武林高手随行。乔宇和江彬相约让这些江南拳师和西北籍壮汉比武，结果西北籍壮汉屡战屡败。原本骄横跋扈、不可一世的江彬的气焰顿时消减，蓄谋篡位的企图也打了折扣。乔宇所用的正是“以柔克刚”的策略。

短文《一位母亲的危机处理》讲述了这样一个故事，使人很受启迪：一个男孩用利器划破了小区的几十辆小轿车，业主非常气愤，表示要严惩肇事者。犯错孩子的母亲得知此事后首先报告派出所民警，车是自己孩子划的，他们将承担全部责任。晚上儿子放学回家，她问儿子：“是不是你干的？”儿子低头不说话。母亲说：“你是男子汉，是你做的，就要勇于担当。”儿子承认是他干的。母亲又说：“如果你的折叠自行车被人划破了，你心不心疼？”儿子回答：“心疼。”母亲说：“你的折叠车几百元就可以买到，而人家的车一二十万，有的甚至上百万，你说会不会心疼？”儿子向她连鞠了几个躬，说：“妈妈，我错了！”母亲打印了致歉信，向所有被划破车的车主表达歉意，并表示承担全部责任和修理费用。致歉信复印了几十份，张贴在小区所有的出入口和楼梯口。她还联系了一家信誉很好的汽车修理厂负责修理所有被孩子划破的汽车。接下来的两个晚上，儿子做完作业后，她领着孩子挨家挨户登门道歉。她要求门铃都由儿子自己来按。儿子在课余折了很多张纸船作为礼物，上面醒目地写着“对不起”三个大字。每到一家，孩子一进门就说：“对不起，我不知道划车的后果这么严重，请你们原谅我。”所有的车主都表示原谅孩子。母亲对儿子说：“叔叔阿姨都很包容，原谅了你，但是你要记住，千万不要把别人的包容当成自己犯错的借口，你要敢于担当，知道什么叫责任心，学会感恩。”一场危机被这位母亲成功地化解了。她的以柔克刚使儿子认识到错误并学会了敢于承担、善于担当，也得到了受损业主们的谅解。试想如果这位母亲暴打孩子一顿逼他认错，效果不会这么理想。

老子说：“人之生也柔弱，其死也坚强。草木其生也柔弱，其死也枯槁。”弱是为了胜强，柔是为了克刚。适当的克制对于高尚的民族而言是力量的体现。我们在工作和生活中也应该常常运用以柔克刚的方法。夫妻之间、同事之间没有高低之分，人和人之间更多的是理解和忍让。对方即使没有道理，也要以理服人，不要争个高低。即使对方是错的，也要留点情面，学会以柔克刚。人与人之间不可避免会产生冲突。如果两人都固执己见，以强对强，势必伤害彼此，影响人际关系，还易引发其他问题。大吵大闹固然痛快干脆，但是对自己的损害大大超过了一时的风光和快意；而迂回的、间接的、柔弱的方式也可以以理服人，达到目的，且不至于留下隐患，为什么不采用呢？

慢是一种健康的心态

社会正变得“急不可耐”。世界卫生组织调查显示：每年全球有 190 万人因劳累猝死。陈逸飞猝死、麦当劳前首席执行官坎塔卢波猝死，原因都是生活节奏太快，疲劳过度。英国时间专家格斯勒总结说：“我们正处于一个把健康变卖给时间和压力的时代。”中国更是急之国。中国用 15 年就完成了英国伦敦建设了 150 年的地铁工程。日本著名管理学家大前研一看到《西方百部管理经典》一书后说:“只想阅读管理书籍的摘要,只想在5年之内就赶上日本花了50年所学的,这正是中国打算做的。”深圳是一个极端讲求速度和效率的城市,以至“深圳速度”成为一个被广泛运用的形容词。正是对速度的无限追求,成就了深圳的经济发展,使这个新兴的城市迅速崛起,经济充满活力。但是过于追求速度、讲求效率,却让越来越多的人身陷无边的疲惫,生活如同高速旋转的陀螺,失去了自我选择和把持的能力,生发出对未来生活的不确定感。我们正处于对“未来”的高度渴望中,快餐、快递、快进键充斥着我们的生活,然而当兴奋、激荡的心灵逐渐裸露出厌倦、烦躁的时候,人们开始探寻最原始、最安全、最合乎自然的生活方式——慢生活。

慢生活是相对于当前社会匆匆忙忙、纷纷扰扰的快节奏生活而言的另一种生活方式。1986年,意大利记者卡罗·佩奇尼在意大利发出了“即使在最繁忙的时候,也不要忘记享受家乡的美食”的呼吁,倡议成立“保护享受权利国际运动”,并通过了“慢餐宣言”:“城市的快节奏生活正以生产力的名义扭曲我们的生命和环境,我们要以慢慢吃为开始,反抗快节奏的生活。”“慢餐国际组织”、“慢学校”、“放慢时间协会”一一出现,并由此发展出一系列的“慢生活”方式,以提醒生活在高速发展时代的人们“慢下来,留心身边的美好”。“慢发展”实际上是一种更稳固、更妥帖、更持久的发展,“慢”才能获得生活的真谛。

在汉语中,“忙”左面是心,右面是亡。寓意如果太忙了,心就死了。人类必须要有智慧解放自己不受限于速度,因为速度让人类沦为濒临绝境的动物。适度放慢节奏,对每个人来说都是一种和谐。“有意识地放慢生活节奏使长期紧绷的神经得到放松,压力和困扰也得到排遣,焦虑、烦躁、无助等低迷情结也会消除。”“慢生活家”卡尔·霍诺指出,“慢生活”不是磨蹭,更不是懒惰,而是让速度“撤退”,让生活变得细致。身体是思想和财富的载体,健康是人类第一位的需要。古代医学已有箴言:“阳光、空气、水和运动,这是生命和健康的源泉。”健康的核心是亲近自然,顺应自然。“慢”正是一种回归自然、轻松和谐的意境。著名作家米兰·昆德拉曾在书中提问:“慢的乐趣怎么失传了呢?”他感慨道:“古时候闲荡的人到哪里去啦?民歌小调中游手好闲的英雄,漫游各地磨坊、在露天过夜的流浪汉,都到哪里去啦?他们随着乡间小道、草原、林间空地和大自然一起消失了吗?”慢生活强调生活质量,注重优雅舒适的新富阶层,在必要的财富积累下追求生活及精神层面的享受。随着城市的高速发展,嘈杂拥堵的都市已经让人厌倦,对自然的回归成为更多人生活的目标。

慢的学问很深,过慢生活是一种觉悟。它崇尚一种豁达从容的胸怀,闲适的心态和科学、乐观、进取的人生态度,而不是行为的裹足不前。“慢”也是对有限生命资源的保护和储备。以“慢”的心态对待事物,就是以柔韧的姿态对待命运,变得坚强。“慢生活”鼓励人们做事有计划性,远离不必要的应酬和耗时项目,放松地工作,真正地休闲,温婉地交际。“慢生活”的人理性冷静地面对生活,认识到人生道路上既有光明,也有黑暗;既有逆境,也有顺境,相信在人生的历程中,光明终将战胜黑暗,新生事物必然战胜旧事物,进而对自己的前途和命运充满信心和希望。“慢生活”的人放弃忙忙碌碌的生活哲学,转而过一种放慢步调的生活,所带来的回报也许比经济成功和社会地位更有价值。

“慢生活”重在热爱生活,懂得生活,享受生活。“慢”是一种健康的心态,是一种高智、随性、细致、从容地应对世界的方式。它会让我们更高效,更优雅,更接近幸福。懂得“慢生活”的人无不是既懂得平衡,又会掌握节拍的高手。他们快慢适当,张弛有度,懂得取舍和自省,绝不为所欲为,“正气存内,邪不可干”,淡泊宁静,和谐有序。心脏是“慢生活”的典范,是节能的榜样。由于神经传导的精密调控,各部位协调同步,心房心室的收缩犹如行云流水,和谐柔美,在完成同样工作量的情况下,比任何人造的机器耗能都要少。心脏的工作体现了劳逸结合、中庸适度、自然和谐的完美境界,不愧是造化的杰作。心脏很敬业,也懂得自我爱护。心脏在完成工作后紧接着就要求同样时间的休补,真正做到了公平合理,“有理、有利、有节”,妙不可言。心脏的工作,科学加艺术;心脏的精神,敬业不蛮干。

“慢生活”是人们对现代生活的反思、对生活的珍视，已经渗入到欧美社会的各个角落。时间研究员、时间经理、抗紧张培训班等闻所未闻的名词不断出现。意大利共有32个小城成功推行了“慢城市”。这一模式旨在倡导“慢生活”的各种形态，让人类关注生命本身。小城布拉里有不少时速20公里的路标，旨在提倡人们把时速20公里作为一种态度，悠闲地过生活。许多丹麦年轻人高中毕业后不急着进大学，而是用一年的时间通过各种方式如旅游、做义工来思考人生。在这个不求快的社会，孩子们有时间、有空间，被鼓励去探索世界。如果有人问：“为什么丹麦人快乐?”也许答案就在丹麦人的童年教育里。坐落在温哥华岛西岸、被誉为“滑浪之城”的托菲诺为了保护其独特的慵懒城市风格，至今都没有开设快餐专卖店，麦当劳也吃了闭门羹。该市区议员称，“这是要保护某种我认为非常独特的东西”。这种独特的东西就是与慵懒和慢节奏联系在一起的生活的幸福。麦当劳代表着一种意识形态，小城拒绝麦当劳，就是拒绝那种过度市场化、快节奏的生活对他们的生活和道德的入侵。

霍金说：“人类是唯一被时间束缚的动物。”“慢生活”是历史发展的趋势，越来越多的人将会体验“慢生活”，怡然自得，慢慢地享受工作和生活。虽然大部分中国人还不具备“慢生活”的现实条件，富兰克林的“时间就是生命，时间就是金钱”还是至理名言，但“慢生活”的价值理念可以并也应该贯彻到我们的生活、学习和工作过程中。是时候停下脚步，慢慢地享受生活了。享受亲情、爱情、友情的美好；享受树木、花朵、云霞以及大自然的形形色色；享受艺术、旅行、读书等精神上的补给。将身心融入大自然中，是实现慢生活的一个途径。

慢是一种神圣的节奏

信仰是慢的，给人以充分的时间思考和选择，调理世事，安慰身心。文化也是慢的。文化的“化”就是化石的“化”，产生需要时间，一点一点形成。中国各地的非物质文化遗产有一个共同的特点——“慢”的艺术。昆曲也好，刺绣也好，剪纸也好，糖人也好，都是带着节奏的文化。一部不朽的艺术作品是经过反复推敲锤炼而成的。它要经得起大众的推敲，经得起艺术专家的检验，经得起时代的考验，经得起历史的审验。韩国《文化日报》评论：“慢慢的”是中国人的一种支撑，从愚公移山到万里长城，中国人所取得的成绩都建立在“慢慢的”基础上。

报刊上重笔渲染杨丽萍的慢。杨丽萍慢出了惊人的事业，慢出了让人叹为观止的品位，慢出了不老的容颜。记者问杨丽萍：“你以独舞《雀之灵》成为舞蹈家，18 年后又编导大型原生态歌舞集《云南映象》，是什么使你实现了舞蹈事业上的新突破?”杨丽萍回答：“我没有太刻苦，也没有想过突破，完全是顺其自然、水到渠成。有这方面的能力就多做一点。最先我只有一点钱，仅可以做独舞，后来钱多一些了，可以做 20 套服装或再多一些，就做群舞。”

慢生活并非散漫，而是自然与从容，让人们在生活中找到平衡。作家肖复兴形容北京的精气神儿是“气定神闲”。他写道：“神闲是从骨子里冒出来的一种气质，也是一种品质。讲气质，说的是内在修炼而成的一种修养和气度；讲品质，说的是外在对生活表现出的一种风度和态度。所以，北京城从来自信，干事情从来从容不迫，而且要干一定得干好，特别爱讲究全国第一，恨不得全世界第一。”按照老舍先生的话，北京这座城市所表现出来的这种神闲是动中有静，“和打太极拳相似”。老舍先生进一步解释：“巴黎有许多地方使人疲乏，所以需要咖啡与酒，以便刺激；在北京，温和的香片茶就够了。”“缓慢”和“散漫”是两种截然不同的人生态度，一种是乐观积极的，一种是悲观消极的。散漫是随心所欲、做事不认真、放任自己、玩世不恭的人生态度。2001 年，国际天文学联合会把一颗小行星命名为“金庸星”。85 岁高龄、精神矍铄、潇洒从容的金庸说：“我的性子很缓慢，不着急，做什么都是徐徐缓缓，最后也都做好了，乐观豁达养天年……人要善于有张有弛。武打小说打一会儿，就要吃饭，谈情说爱，不能老是很紧张，要像《如歌的行板》韵律一样，有快有慢。这样对健康很有好处。”

伴随“慢生活”理念的影响，一些公司也明白了“欲速则不达”的道理。安永管理咨询公司建议职员不要在周末上网查邮件，日本丰田公司不再允许员工把年假推迟到来年。北京 798 艺术区有一家“熊猫慢递”店，专门提供信件投递服务，但它不讲究“快”，强调的是“慢”：投递的时间由寄信人自己决定，可以是 1 个月后、1 年后，甚至 10 年后或者更晚。慢递小店开张后已有两万多封信被郑重地托付在这里，等待着投递它们的那个特定日期的到来。

《人生的盛宴》一书中写道：“能闲世人之所以忙者，方能忙世人之多闲。人莫乐于闲，非无所事事之谓也。闲则能读书，闲则能游名胜，闲则能交益友，闲则能饮酒，闲则能著书。”“慢”是“快”的基础，我们只有习惯慢生活才能够快速准确地找到定位，不会迷失自己。闲是从容，是在高效之后的抑扬节奏。闲是豁达，是对了然于胸的沉着和冷静。闲是真正的思考、通览全局的视野以及平衡的生活。闲是一种资格，慢是一种态度，也是一种生活方式，更是一种能力。控制节奏是一种艺术，懂得慢的人是真正掌握生活艺术的大师。他们在快慢中平衡得天衣无缝，在矛盾中穿梭得游刃有余。慢一些，让我们有时间平衡工作和生活，关心家人，敬重自然，尊重传统，重视健康，倾听心声，过自己想过和应该过的生活。慢一些，让我们有时间注重生活质量，提高个人素质，这样更有利于长远发展、经济和文化发展的均衡。让我们慢工作，慢运动，慢旅行，慢慢地享受人生；慢慢吃，慢慢走，慢慢看，慢慢地享受人生；慢慢想，慢慢说，慢慢老，慢慢地享受人生。

懒惰出彩　懒人必显

2007 年《参考消息》的一篇关于懒惰的文章在社会各阶层流传较广。文中说：懒惰是七宗罪之一。可是德国富尔达实用研究大学教授彼得·阿克斯出版的《懒惰的快乐》一书宣称：懒惰能够使人健康、幸福和长寿。懒惰是人对工作的一种无意识反抗。懒惰可能是机体对于过度劳累所做出的一种自我保护。像陀螺一样不停工作的人,其实是破坏生物钟的运转规律。挪威作家克森的《瞬间独裁者》一书强调人们应该在千变万化的社会和生活中寻找平衡,顺应大脑活动的生理节律,劳逸结合,体脑结合,科学用脑,切忌长时间以各种强制手段增加脑力劳动的负荷,避免用脑过度对身体的损伤。马克思的女婿拉法格在其著作《懒惰的权利》一书中也认为,只有劳逸结合才利己利人。懒怠是为了让机体正常运转而进行的状态调整。如果生命力灯枯油尽,生命将无力再燃烧下去。

人犯懒的时候其实是在养精蓄锐。美国阿诺德·路德维格教授在对世界文明史上一千多个重量级人物的生平进行分析后得出结论:在具备天生素质的前提下,将天赋转换为特殊的才能需要耗费时间。善于及时休息对于天才的产生至关重要。大科学家查尔斯·达尔文就是个超级懒人。上中学时老师强迫他学习语法,可他却常常趴在课桌上睡觉;不上体育课却跑出去钓鱼打猎。上了大学他变本加厉,大部分时间都赖在床上。从事科研工作后,他也是闭门不出。就是这样"懒惰"的达尔文,却在后来用多年时间写出了著名的《进化论》,在世界史上占有一席之地。对有些人而言,懒惰只是他们做事的方式。瓦尔特·本雅明是20世纪欧洲最伟大的"懒鬼"。他天天在街头闲逛,是城市街头漫游的开拓者,写下了传世名作《巴黎拱廊街》。他说:"艺术家、诗人看似最不潜心工作的时候,往往是他们最潜心其中的时候。"贵族公子王尔德不仅是为艺术而艺术的创始人,也是懒散生活的倡导者,一生都在为悠游生活努力,留下了名言"无所事事绝非易事"。

"有才而性缓,定属大才;有智而气和,斯为大智。"德意志民族向来极其勤劳。但在《懒人成功有方法》一书中,弗雷德·格拉顿讲述了德国军事领袖赫尔穆斯·冯·默特克将军提倡甚至奖励懒惰的故事。在他的领导下,德国军队发展成为现代军队的楷模。冯·默特克将军根据军官们的智力和生理特征,将所有军官分成四种截然不同的类型:(1)迟钝而懒惰型;(2)聪明而勤奋型;(3)迟钝而勤奋型;(4)聪明而懒惰型。迟钝而懒惰的军官们干的是简单、重复而没有挑战性的活儿。聪明而勤奋的军官过分注重细节，成不了好领导。所以，冯·默特克将军从来不将此类军官提升到参谋部的指挥职位。冯·默特克认为迟钝而勤奋的军官十分危险。这类人是些会走路会说话的麻烦制造者，所以都被遣返了。聪明而懒惰的军官则是冯·默特克大力提拔的对象。他们聪明到足以看清需要做什么事，又懒到要找出最容易简单的方法来把事做成。当然，这类军官绝不会让自己的手头沾上太多琐事，而是宁可让勤快人去操心。英国杰出的军事家蒙哥马利元帅也有相似的观点：在军队，懒惰而智慧适合当主官，勤奋而智慧只适合当参谋长。懒于杂务让懒人勤于思考、有时间补养，在变化的环境中看清未来，发挥行动引导的作用。

懒，人们见到的是四肢，却看不见头脑在高速运转。正是懒得推磨，才发明了风车；懒得走路，才发明了汽车；巧于懒惰的人，身上常常闪烁着创造的火花。难怪连爱因斯坦都承认，适度偷懒真的是增加想象力的妙剂良方，这甚至比知识更重要。

第四节 幸福与风范长相伴随

勇气是衡量灵魂的标准

1934年，苏联成立作家协会后，在斯大林年代里，先后有近两千名作家被以各种罪名流放、关押，甚至死亡。担任作协总书记的法捷耶夫不可避免地充当了其中链接的轴承。1953年斯大林去世后，法捷耶夫面临良知的拷问，他在1956年给了自己超凡的一枪，作为他忏悔的最后一笔。法捷耶夫的肉体虽然倒了下来，但他的精神肖像却在全球文化界中站立起来。

丘吉尔说：勇气很有理由被当做人类德性之首，因为这种德性保证了所有其余德性。2010年，漫画家华君武离世。从15岁发表处女作至93岁停笔,华老一生作画两千多幅。大半个世纪以来,中国每个重要的时刻、运动、大事件都能从中找到对应。他的画就像“一把锋利的匕首”,直指时代的病灶。而在“文革”那个特定的时代,华老也难免会用漫画做棒子,打向自己的同志。在人生最后30年里,除了画画,华老还做了一件自认为很重要的事:道歉。几乎每一次个人展览,他都会在序言里写下大意如此的一段话:50年代里,我画了不少错误的画,伤害了不少同志。“大跃进”里,我画了一些浮夸的错误画……还特别提到在胡风、浦熙修、丁玲、艾青、萧乾和李滨声等人蒙冤受难时自己曾“落井下石”。每开一次画展,老人就要道歉一次,至少道歉了30次。华老还多次表示:“我当时这样做,无非是想表现自己的积极、进步,应该说是有私心的。看起来好像很聪明,其实很蠢!”并请人刻了一方闲章,上书“大愚若智”四个字,时时提醒自己不要重犯当年“若智”的错误。华老曾几次当面向丁玲道歉,80岁时还专程去山东寻找自己当工作队队长时伤害过的一位老贫农。正如罗素所言:“从伟大的认知能力和无私的心情结合之中,最易于产生出智慧来。”华老晚年那些入木三分诙谐幽默的漫画,真是刺人刺鬼刺神,锋利无比;劝世醒世警世,古道热肠。

“勇气是衡量灵魂大小的标准。”从维熙在《历史拾荒》一文中写道:“我记忆最为深邃的是,周扬居然在历史新时期开始时的第四次文代会大会讲坛上,当着全体与会代表向萧军不应该承受的苦难表示他作为当时文化官员难以推脱的责任,为此他特意向萧军道歉。记得当时我正坐在萧军的同排椅子上,情不自禁伸长脖子去看萧军的表情:这个文坛铁汉灰白头颅低垂下的瞬间,竟然有些颤抖。这么大的历史话题,我不便在会议上问萧老的感受。因为我和萧老住家都在同一个小区,彼此命运又有着某种类似之处,会后有一次我在萧军家里,便问起周扬当众向他道歉一事。萧军长叹了一口气,缓慢而动情地说:‘自审自识是需要勇气、良心的,在文代大会上当众自责,就更需要良心背后的勇敢了——我已向他表达了我的心声,谁也无法抗拒逝去年代的政治雕塑;但历史由浊变清之后,每个人都应当反躬自问并承担下自己应当担负的责任。他做的是文化人中良知的先行,我已向他表示了敬意。可惜的是,文化人中像周扬这样的太少了,少到近乎绝版……'萧老的这番话让我感动不已,激动之中便也吐出了我的心扉之声:'不知您是否听说了,也有当年的文化官员表示:永不忏悔!'萧军抛出了一句惊人之语:'那是两条腿的人形禽兽!'"

人要靠超越来建筑自己的高度,而在所有的超越中,做了错事后让灵魂示众是最困难的一种,也最让人肃然起敬。勇气就是我们勘破人生的随身陀螺。让我们记住古希腊政治家伯里克利的话:"要自由,才能有幸福。要勇敢,才能有自由!"勇气并不是不恐惧,而是心怀恐惧,仍然向前。

"我能"是成功的真谛

有人调查了1000位成功人士,其中包括做出重大贡献的科学家、作家、企业家、商人,家喻户晓的影视明星等,这些人的共同之处是他们不仅有梦想,而且付出了行动。调查者又向公众征集了1000份最完美的成功计划书。这些计划书让人看了就有实现梦想的冲动,并且拟订计划者都坚信自己能成功。可是这些拟订计划者或是失败,或是正在追求成功梦想,还未成功。可见,成功不在能知,而在能行。

能与不能常常在一念之间。洛克·里昂兹5岁时有一天和母亲凯莉开着小货车行经乡间小道。路上的坑洞使整辆车滑出路面,向路边冲出,右前轮也因此凹陷。由于害怕整个车子翻覆,凯莉赶紧用力踩油门,把方向盘转向左边,试图把车子拉回路上。可是事与愿违,车子失去了控制,掉到20尺深的峡谷中。一直到车子掉入谷底,洛克才醒了过来:"妈咪发生什么事了?车子怎么四脚朝天?"凯莉满脸是血,不辨东西,整个人被支离破碎的车门压得动弹不得。车子的变速杆插进了她的脸,从额头到嘴唇被撕裂,牙龈残破,脸颊损毁,肩膀也被压碎,一段粉碎的骨头竟从她的腋下穿出。而洛克则奇迹般的毫发未伤,他嚷着:"妈咪,我会带你出去。"他从凯莉的下面爬了出来,经由车窗离开了小货车，尝试着将母亲拉出车子，但凯莉一动也不动。凯莉在昏昏沉沉中只是哀求："让我睡一下吧！"洛克则大声喊叫："妈咪，你要支持住，千万别睡着啊！"洛克又钻进了小货车，将凯莉推出车子的残骸。他告诉凯莉，自己要爬到马路上去拦车求救。因为害怕在黑暗中没有人会看到这么小的孩子，凯莉拒绝让洛克单独前往。母子两人只好慢慢地爬上堤防，洛克用瘦小的身躯将二倍半重的母亲往上推，一寸一寸犹如蜗牛爬行。凯莉感到痛彻心扉，几乎要放弃希望，但洛克始终鼓舞着她。洛克让妈妈想想《小火车》的故事，小火车虽然只有小小引擎，却能爬上陡峭的山头，洛克还一再重复故事中提到的"我相信你能做到，我相信你能……"仿佛过了一个世纪，他们终于爬到了路边，洛克才看清母亲受重创的脸。他泪流满面，挥舞着双手对着驶过的货车呼喊："停下来，请停下来！"医院花了 8 个小时、缝了 344 针来整合凯莉的脸。洛克的英勇事迹成了大新闻。这个有胆识的小男孩很谦虚地说："这一切都在意料之外，我只是做了该做的事，任何人在当时都会那样做的。"

凯莉·诺克丝拥有精致的无可挑剔的五官、细腻犹如象牙的肌肤、高贵而魅惑的眼神、玲珑的身材。凯莉是一尊女神，可她不是一般的女神，是"断臂维纳斯"——她出生就没有左前臂，但这不妨碍她享受青春。从凯莉 7 岁的照片可以看出，这女孩有多快乐多勇敢——她徒手抓住一根绳子，似乎要攀援或荡秋千。从少女到青年，凯莉享受着健全人享有的一切——游泳、跑步、跳舞、恋爱。多年来，她的家庭对"残疾"二字闭口不提，以至于当她报名参加"英国残障模特大赛"时，她首先要克服一个困惑：我是残疾人吗？2008 年，当凯莉戴上"英国残障模特大赛"的后冠时，她高呼的口号是："我非残障！"凯莉说："许多孩子的家长对我说，我给他们带来了巨大鼓舞。我先前没想过自己会成为其他残疾人的榜样，但我乐意成为一个好的典型。如果你不让'我不能'这个词出现在脑海里，你就真的能做到任何事情，我就是一个最好的证明。"

亨利·福特说，觉得自己能做到或不能做到其实只在一念之间。坚定的信心是我们每个人所向往的。当我们有了信心，就敢于尝试，敢于去冒险。信心和能力是一点一滴积累的，而非天赋。信心的培养需要资本，关键在于我们能否在人生路上用心把握每一次机遇，并把它当做天赐的良机。

君子知耻　爱惜羽毛

中国人历来重视名节。为了不糟蹋自己的名声，宁愿付出生命的人，历朝历代都有。胡适成名很早。但他成名之后，无论做什么事情都格外谨慎小心。他对唐德刚说："人家以为我写文章总是下笔千言，一挥而就，其实我写文章是极慢极慢的。"李宗仁评价道："适之先生，爱惜羽毛。"比胡适稍早的梁启超也是个"爱惜羽毛"之人。胡适说，梁启超先生遗墨真迹可稽考者约有三万件，而件件足珍；其中没有一件是"苟且落笔"的。何故？胡适以为："因为梁氏成名太早，他知道他的片纸只字都会有人收藏，所以他连个小纸条也不乱写。"然而在当今日趋功利化的社会中，越来越多的人不重视名节，在种种利益的诱惑与追逐中，良心、自律和操守早就退居一边，就连最丢脸的事也能"问心无愧"。

学术腐败成为一种普遍现象，引发了社会各界对学术秩序的广泛关注。中国科协发布的五年一次的"全国科技工作者状况调查"公布，相当多的学者认识到学术腐败已相当严重。55.5%的受访者表示确切知道自己周围的研究者有过至少一种学术不端行为。也有不少学者知道自己的论文、科研成果遭到抄袭或剽窃，但是大多数学者对此没采取任何行动。在另外一个针对北京、上海、武汉、兰州4座城市1903名应届博士毕业生的问卷中，当被问及："如果同行发生论文抄袭、伪造实验数据等学术不端行为，你会怎么看？"39%的人认为"值得同情"，23%的人表示"可以原谅"。国际传媒也密切关注中国剽窃事件。世界著名杂志《科学》及其官网连续跟踪报道中国学术不端事件。《自然》杂志发表题为"中国期刊存在31%剽窃"的文章。《纽约时报》头版发表文章，指出中国学术剽窃现象严重影响该领域与世界的合作。学术腐败的根本原因是人们对学术信仰的迷失和价值体系的缺失。学术繁荣的基础是学术独立，这意味着学者应具有一定的道德自觉，即知道什么样的做法是好的、正确的，什么样的做法是坏的、错误的。这种自觉从少数人开始，他们可能是受害者，也可能仅仅是旁观者。他们具有较强烈的是非观和勇气，不能容忍不正当的行为。西安交通大学的6位教授属于这类学者，他们基于对专业声誉的珍视，举报同事、长江学者李连生的学术不端行为，从而启动相关机构的调查与处理程序，最终李连生涉嫌学术造假被免职。可见，学术共同体内部的道德自觉对解决论文、科研成果抄袭、剽窃等学术腐败行为是必需的。

中国的“知耻文化”也影响到亚洲其他国家和地区。新加坡前国家发展部部长郑章远是20世纪80年代最受李光耀钟爱的阁员之一，手掌新加坡未来40年发展蓝图，叱咤一时。1986年，新加坡警方调查他涉嫌收贿新加坡币100万元（约合人民币500万元）时，他自杀了。临死前，他亲笔写下遗书给李光耀：“总理，两个星期来，我感到非常伤心和沮丧。对于所发生的不幸事件，我应负责，而且应负全责。作为一名光明正大的君子，我觉得我唯有承受最高的处罚以谢过。郑章远签。”韩国前总统卢武铉自杀也震惊世界。卢武铉以反腐、反裙带斗士形象上台，却因腐败、裙带嫌疑身名俱灭，令人唏嘘。虽然郑章远和卢武铉为利益迷失了自己，但最终“知耻近乎勇”，用生命捍卫了尊严。他们的重廉耻、敢于用血性和生命承担责任的勇气令人感到钦敬，值得我们学习。

寒山问拾得：世人有人谤我，欺我，辱我，笑我，轻我，贱我，我当如何处之？拾得曰：只能忍他，避他，由他，耐他，不要理他，再过几年，你且看他。道德自律的重建源自每个人的自我约束，也源自有效的外部制约。名字是最容易标记一个人光辉或耻辱的符号，敬请珍惜。

道德骨架　大家风范

架子这东西，中国自古就有。史书记载，汉高祖刘邦打下天下后，因是绿林出身，文化水平低，当了皇帝仍习惯与手下的人胡说乱道、你争我吵。叔孙通说："皇上，今天您当了皇上，不讲尊卑贵贱怎么成？我来帮您定个规矩，保准您取得绝对权威！而且，您也会真正感受到当皇帝的美妙滋味儿！"定的什么规矩呢？就是朝仪，每当刘邦一出现，面前的人都要下跪朝拜。刘邦感叹地说："今天我才知道当皇帝原来是这样尊贵，这样痛快！"朝仪也就是架子，于是皇帝就有了皇帝的架子，官员有了官员的架子。在有权的人看来，因为自己手中有权，别人就会有求于他，他施惠于人，有理由在别人面前倨傲或轻慢，所以要保持一种威仪。有钱的人觉得口袋中装满了钱，比别人生活得优越，可以轻视别人，所以就有了架子。架子不仅在有权有钱的人那里盛行，在平常人中也时常见到，如商界有老板架子，学界有教授架子，文界有作家架子，艺界有明星架子。

架子用得多了，招人讨厌。人与人之间应该相互尊重，这是做人起码的涵养。平等是第一要义，谁也不比谁高出多少。那些摆架子的人不懂得尊重别人，透着一种浅薄，尽管表面上有威严，实际上内心很恐惧。一旦遇到比他位高权重的人，马上会表现出奴颜婢膝。正如高尔基所说，在一个人感到自己是别人注意的中心时，他的头脑会很不像样地膨胀起来，忘乎所以，妄自尊大。架子就是一种空壳，是虚假之物、浮奢之物、松软之物，或像侏儒常常借用的梯子。真正能让人尊重的是骨架，即人的精神支架、道德支架或知识支架、才艺支架等。真正有骨架的人不看重手中的权力财富和一些虚无缥缈的名利，而是用这些权力和财富去造福社会，给他人带来便利。

20 世纪 50 年代初至"文革"前，作家常有较高的稿费和版税收入。吴强在 1957 年拿到《红日》初版的第一笔版税后，为一位没有钢琴的作家买了一架钢琴，为收藏家徐平羽买了一幅他心爱的画。周围有人遇到困难，他也主动解囊。后来《红日》版税不断增加，他索性将所有版税全部交了党费。1953 年以前，赵树理将每月所得稿费的 50% 交党费。同时享受工资与稿费后，他是全国作家中第一个提议调整双重待遇并带头放弃工资的，直到 1958 年他才恢复领工资。他下乡不报销车费和生活补助费；看病不享受公费医疗，都花自己的钱。家乡亲友找他解决生活问题，要30元，他总给50元。他说："人家找我开口不容易，总要替人着想，自己克服一些嘛！"1960年，《创业史》第一部出版，1.6万元稿酬柳青不留分文，全部捐给曾落户14年的陕西长安县，公社用这笔钱办了一所医院。俄文翻译家、契诃夫作品的译者汝龙在新中国成立后为自由职业者，没有工资和公费医疗，他靠翻译挣得不少稿费，积蓄有十多万。他立下遗嘱将积蓄全部捐出，建立一项青年翻译文学基金。藏书家郑振铎晚年说得最多的一句话是"我死后，这些书全都是国家的"。他去世后，一家书店愿以46万元（当时多数人的工资是四五十元）收购他的全部藏书，但家人依照郑振铎遗愿，将近十万册珍贵藏书全部献给了国家。

罗曼·罗兰说："气质之美与其说是来自内心的修养，不如说它是来自一种对美好事物的欣赏能力。这份欣赏力使一个人的言谈举止不同流俗。"很长时期内，吴冠中都是中国在世画家中画价最高的。自2000年以来，吴冠中各类作品总成交额高达17.8亿元，在中国古今所有画家中，仅以0.4亿元之差逊于齐白石。但就是这样一个"落笔成金"的画家，却一直过着近乎寒酸的平淡生活。夫妻二人一直住在北京一套70平方米的旧房子里，装修极其简朴，访客常常会惊讶于沙发上补洞的透明胶。一个房地产老板愿意给吴冠中在大厦的顶层盖一个四合院，顶层有阳光适合作画。吴冠中拒绝了，理由很简单：不需要。市场上"吴冠中作品"的价格不断飙升，但他本人却从来不以为意，他甚至一次烧毁了二百多张自己不满意的作品，目的只有一个：保留让明天的行家挑不出毛病的画。他多次表示："我的作品不是遗产，我的房子、钱，子女可以分掉，但我的作品是属于人民的。"吴冠中是生前捐赠作品最多的国宝级画家，他几乎将自己所有的重要作品都捐赠给了公立的博物馆和大学。

《道德经》曰："持而盈之，不如其已；揣而锐之，不可长保。金玉满堂，莫之能守；富贵而骄，自遗其咎。功成身退，天之道也。"老子告诫我们要开阔视野，虚怀若谷，相互尊重，通过修身来到达成功的巅峰。创造与贡献是人生两大方向性课题，向他人施爱的人更令我们尊敬。

退半步是为了进一步

中国人喜欢把登上巅峰当做成功的象征，然而在登山家看来，登顶只算实现了目标，却不能叫成功。记者问登上珠峰的运动员什么算成功，运动员回答道："下山才算成功。"这是一句内行的、包含生死考验的话。一位英国登山家用照片记录了珠峰所见，山上有各式姿态的登山家遗体，更多的生命留在了下山途中。成功首先是活着。下山遇到的困难和危险比上山更多，登山家储存的体能和勇气够不够下山使用也是未知数。无论从哪种意义说，均衡都比毅力重要。下山是比赛的后半段，是接近终点的一段。顺利下山才是成功的标志。

在现实生活中，人们都知道"争上游"、"争第一"、"敢为天下先"的道理，这是一种积极的奋进哲学。老子提出过另外一种处世哲学——"不敢为天下先"，为中国历代名人学士所推崇。这是一种"进道若退"的人生智慧。从表面上看，有德之人谦退居下，"不敢为天下先"是"若退"；从本质上看，"退"是为了"进"，"退"是"进"的一种手段。所以，"圣人后其身而身先，外其身而身存"。明代《菜根谭》作者洪应明诠释了"不敢为天下先"的处世之道。他说："径路窄处，留一步与人行；滋味浓时，减三分让人尝。此涉世一极安乐法。"

有一则故事形象地说明了"进退之道"。一条大河波浪翻滚，只有一座圆木搭成的窄桥。有一天，两只山羊在桥中间相遇，谁也不肯退让，于是拼死相抵，结果双双落水，被河水淹死。窄路相逢，不妨让别人先行，自己退让一步。从表面看自己吃亏，实际上不但自己免去麻烦，也避免了两败俱伤的局面。刘备死后，刘禅继位。诸葛亮一方面行事谨慎、鞠躬尽瘁；一方面常年征战在外，以防授人"挟天子"的把柄。同时他锋芒大有收敛，故意显示自己老而无用，以免祸及自身。收敛锋芒可以说是诸葛亮的大聪明。“是非只为多开口，烦恼皆因强出头”、“出头的椽子先烂”、“木秀于林，风必摧之”、“直木先伐，甘井先竭”，这些谚语也告诫我们待人要厚道，不可强出风头，锋芒太露，以免遭人妒忌和排斥。

一个人无论居庙堂之高还是处江湖之远，无论在单位还是在家庭，都不可能完全一意孤行，我行我素。为了长远的利益或是难却的亲情，或多或少总要做一点妥协。列宁说“退一步进两步”。只有放下自己的身段，退让一步，成功之路才会越走越宽。进退有道是智慧。

第五章　信仰是人生价值的坐标

灵魂的问题不可能只用物质的方式去解决，最终我们还是要用爱、用善、用价值来解决灵魂的危机。心善即天堂，心恶即地狱。真正的爱是大爱、大悲悯、大情怀，用爱传递爱，便是生命的大爱。“予人玫瑰，手有余香。”讲求奉献和责任，就是唤醒和培育每一个人的善良之心，使之从灵魂深处生长出一种希望社会和谐、美好的力量，从而能为别人着想，多做一些弘扬公德的善事。

第一节　生命的价值在于奉献

上善若水　大爱无疆

现代西班牙哲学家乌那穆诺说过：“信仰，它毕竟是一种复合的心态，本身包含有认识的、逻辑的、理性的成分，以及情感的、生命的、感伤的、非理性的成分，情感在信仰中起着极大的作用。”情感需求是人类最普遍、最深厚、最持久的信仰动因。信仰之所以不是一种冷冰冰的漠然的心理状态，正是由于人的感情推动人的全部身心去投入信仰。情感是信仰体系保持稳固的精神纽带和外向扩张与持续发展的心理动力，与信仰的生成、发展、盛衰、成败密切相关。

著名诗人但丁说过：“爱为美德的种子。”爱是人类最普遍又最敏感的心理感受，是信仰最好的注解，其被满足与否，直接影响个人的精神状态。爱是人类和自然社会共同的语言和生活。爱是心灵的回归，推动人们时时刻刻、默默无闻地做好事、行善举。爱的生活是人类最基本的生活，也是最崇高的生活。爱与被爱产生强烈的亲和力。“在信仰活动中，依靠着信众对领袖的爱、对同伴的爱，以及由此养成的对于信念和领袖的忠诚度，使整个信仰体系的成员亲如兄弟姐妹，团结有序，坚强如钢，外部力量难以把它打破。”一个缺乏爱心、人和人之间关系冷漠的社会是没有未来的社会。

真正的爱是大爱、大悲悯、大情怀。老子在《道德经》中说：“我有三宝，持而保之：一曰慈，二曰俭，三曰不敢为天下先。”所谓“慈”是指仁慈、慈爱，要求每个人对社会和他人要有慈爱之心，仁爱之情。慈爱之心能激发他人的非凡勇气，赴汤蹈火在所不惜。吴起爱兵如子，跪下为受伤士兵吮吸伤口脓血，深深感动了士兵，纷纷勇猛杀敌。曾国藩说：“带兵之道，用恩莫如用仁，用威莫如用礼。仁者，所谓欲立而立人，欲达而达人是也。待弁兵如待子弟之心，常望其发达，望其成立，则人知恩矣。礼者，所谓无众寡无大小无敢慢，泰而不骄也。正其衣冠，尊其瞻视，俨然人望而畏之，威而不猛也。持之以敬，临之以庄，无形无声之际，常有凛然难犯之象，则人知威矣。”苏比波集中营是仅次于奥斯维辛的大死亡集中营，那里曾发生过一次大逃亡事件。十多位企图逃离但没有成功的难友排成一排，站在其他难友的前面，等待枪决。其中一位年轻的难友承受不了这种压力，突然昏倒在地。这时一位牧师走出难友群，申请代替年轻人被枪决。他被允许了。在爱面前，死亡丧失了骇人的力量。

仁慈是凝聚人心的一块磁石。仁爱之心不分民族，不分国界，不分信仰。捐赠者快乐，受捐赠者也快乐。在台湾有一句话流传甚广：当灾难降临，首先到达现场的有三类人，一是专业救援人员，二是媒体人，三是慈济人。大爱无涯，慈济天下。近20年的时间里，慈济先后在70多个国家和地区做过扶贫和人道主义救援，救援物资达数亿美元，惠及数千万贫困和受灾人口。慈济推广的是以人为本，感恩、尊重、爱的基本理念，用爱来管理。目前慈济的经常性捐赠者在500万以上，志工数以百万计，志业包括慈善、医疗、教育、文化、国际赈灾、骨髓捐赠、环境保护、社区志工，被称为“一步八脚印”。为了宣扬大爱的理念,慈济基金会出版多种刊物,还有自己的大爱电视台。慈济创始人证严法师说:好事应如花香,随风愈传愈远……他们希望将慈济的精神散播给更多的人。1999年"9·21"大地震、2002年澎湖空难、2009年"8·8"水灾……当台湾人遭遇不幸时,身着蓝衣的慈济人要求自己"第一个抵达灾区,最后一个撤离灾区"。2008年汶川地震发生后,慈济人迅速赶到灾区参加救援,并在灾后援建了13所学校。2010年,巴基斯坦遭遇严重水患成为泽国,成千上万灾民无家可归。慈济基金会想方设法前往赈灾,为近5万人发放了食物和毛毯。鉴于慈济在内地28个省市自治区广泛开展的援助项目,民政部于2006年和2008年两度授予慈济"中华慈善奖"。

真正的慈善是顺乎天性的真情流露,出于单纯的悲悯之心,施行单纯的帮助之举。慈善不需要高调的姿态,不需要巨大的财富数字,它需要的仅仅是一种接近体温的温度,年复一年,日复一日。我们每天都有无数的机会可以体现大自然的法则,把爱和人性的光辉传递下去,实践社会的信仰。慈善是长征,永远没有终点。但慈善不是苦难的长征,而是快乐的长征。在慈善长征的路上,一路都是欢声笑语。

心怀天下　悲悯苍生

英国作家塞缪尔·斯迈尔斯在《信仰的力量》一书中描述道:"能够激发一颗灵魂的高贵、伟大的,只有虔诚的信仰。"人生的信仰简单来讲是对真、善、美的无悔追求,不断地修炼心智、担当责任、一心向善,最后依靠心灵的力量创造真、善、美。信仰讲"真","真"就要守信,不能欺骗,意味着诚挚和良知。信仰讲"善","善"就是爱,爱世上一切美好的事物。人类在道德生活中形成的神圣感是人类精神对善的自觉追求。在信仰的层面,善是所有人的追求。从社会性意义上讲,善就是社会的公正与平等。坚持信仰的善,是对理想社会和理想人格的追求。"善"就是做人要讲奉献,无私地为社会的公正和有序奉献,为社会需要帮助的个人、团体奉献自己的爱心和力量。"善"离不开责任。一个没有责任感的人永远不可能是一个善人。善行再小,带给施惠者的快乐不亚于受惠者。信仰还讲“美”,“美”就是广义的和谐,不能容忍在人格上的任何丑陋行为。信仰之美在于把奉献社会、服务大众作为自己的行为准则,与社会、他人保持一种和谐、友善、默契的关系,这样才能使潜能得到最大程度的发挥,更加有效地实现自己的价值。

一位智者说:要评价一个社会,先要看这个社会如何对待他们之中最不幸的人。悲天:哀叹时世;悯人:怜惜众人。语出唐·韩愈《争臣论》:“彼二圣一贤者,岂不知自安佚之为乐哉? 诚畏天命而悲人穷也。”悲天悯人指为人要有同情心,对别人的不幸要同情与怜悯。它作为一种道德意识,表现为人们内心世界的仁爱之情。构成这种心态的是其内心的道德责任感和对社会的义务感。19 世纪中叶的美国爆发了南北战争,以林肯为首的北方军与南方军展开了一场十分残酷的战斗。一天,林肯遇到了一位狂热的北方军支持者。“这场战役中,他们死了 2700 人,而我们只牺牲了 800 人,这对我们来说是大获全胜的一战啊! 太棒了!”该女士激动地欢呼道。林肯对她的评论很是震惊,严肃地说:“3500 个同胞手足为此丧生,这样的战斗能称之为大获全胜吗?”“事实上,我方只损失了 800 人,不是吗?”林肯低下头,泪水流出了他的眼眶。他用简短而有力的声音回答道:“女士,看来我只能说,这个世界远远大于你的心灵世界。”“二战”期间,中国是全世界唯一一个向躲避纳粹大屠杀的犹太人提供避难所的国家。当时连美国和英国都拒绝接收犹太难民,唯独中国,尽管自身仍处于抗日战争的艰难时期,依旧敞开大门,让超过两万名犹太难民得以安全落户上海,这些难民在历史上被称为“上海犹太人”。

爱因斯坦在 1921 年诺贝尔奖颁奖典礼上演讲“我的世界观”。他说道:“人是为别人而生存的——首先是那样一些人,他们的喜悦和健康关系着我们自己的全部幸福,然后是许多我们所不认识的人,他们的命运通过同情的纽带同我们密切结合在一起。”中国农村有数百万名白内障患者因为贫困和医疗资源不平衡而无法得到治疗。1997 年,香港市民捐款筹建了一条穿梭于贫困地区的建在火车上的眼科医院。“健康快车”每年到三个地方停靠并免费为各地贫困白内障患者进行手术，每个地点平均进行1100例手术，截至2008年年底，“健康快车”到过83站，超过8万名患者在“健康快车”上复明。四节车厢被分割为两个手术间和一个在中间的消毒室，两套专门治疗白内障的超声乳化设备分立两旁。每个手术台前都有一位来自北京的医生、两位助手，消毒室有一位护士。手术从开始到结束约20分钟。医务人员一旦走出手术间，所有衣服都必须重新消毒更换。为了节省经费，医生和护士每天早上8点一进入手术间，就会把一天的任务量连续完成，然后再吃午饭，这通常要到下午2点。列车还精选当地医院眼科人员上车做助手，带动当地的医疗水平。截至2008年年底，各地助理医护人员参与人数接近800人，同时在四川等地建立了14个培训中心。凡·高说，爱之花开放的地方，生命便能欣欣向荣。受施的人幸福，施与的人也同样幸福。

诗人萨迪尖锐地指出：“如果你对别人的苦难无动于衷，那么你就不配称为人。”卡耐基说：“热爱人类，拥抱人类是我的信仰。”悲天悯人是人类与生俱来的一种天性，是人类最纯真的情感。它如同美玉一般纯洁，如春风般温暖，如池水般透明。它是人们相互关系的黏合剂，是由一颗心通向另一颗心的桥梁。拥有一颗无私的爱心，便拥有了一切。凡是能站在别人的角度为他人着想，就是慈悲。让我们唤起自己和他人的恻隐之心，这样整个世界才会绿意葱茏，充满爱心！

人性光辉驱走冷漠

有的人生像酿酒，时间越长越香醇。有的人生像积水，时间越长越浑浊。大凡年轻人犯罪，公众一般会体谅其年轻，希望法官能给予其改过自新的机会。但对药家鑫这个西安音乐学院大三的学生，公众的意见呈现出一边倒的趋势，认为其手段极其凶残，毫无人性，应予以重判。2010年，药家鑫驾车撞上骑电动车的张妙，药家鑫下车查看，发现张妙倒地呻吟，因怕张妙看到其车牌号，以后找麻烦，药家鑫便产生杀人灭口之恶念，从随身背包中取出一把尖刀，对张妙连捅八刀，致张妙当场死亡。2011 年，药家鑫被执行死刑。“撞人补 8 刀”的极端恶劣行径，超越了公众容忍的底线。公众不禁疑惑：是什么让一个象牙塔里的天之骄子对鲜活的生命如此漠然？又是什么让一个心智健全的成人丧失了起码的道德水准和对法律的敬畏感？

这不禁让我想起叶夫图申科在《提前撰写的自传》中讲的一则故事。1944 年冬天，两万德国战俘排成纵队从莫斯科大街上穿过。马路挤满了人。苏军士兵和警察警戒在战俘和围观者之间。围观者大部分是妇女。她们中的每一个人都是战争的受害者。或者是父亲，或者是丈夫，或者是兄弟，或者是儿子，让德寇杀死了。妇女们怀着满腔仇恨，朝着大队俘虏即将走来的方向望着。当俘虏们出现时，妇女们把一双双勤劳的手攥成了拳头，士兵和警察们竭尽全力阻挡着她们，生怕她们控制不住自己的冲动。这时，一位上了年纪的妇女把手搭在一个警察肩上，要求让她走近俘虏。她到了俘虏身边，从怀里掏出一个用印花布方巾包裹的东西，里面是一块黑面包。她不好意思地把这块黑面包塞到了一个疲惫不堪的、两条腿勉强支撑得住的俘虏的衣袋里。于是，整个气氛改变了。妇女们从四面八方一齐拥向俘虏，把面包、香烟等各种东西塞给这些战俘。在这个故事的结尾，叶夫图申科写了这样两句话：“这些人已经不是敌人了。这些人已经是人了……”道出了人类面对世界时所能表现出的最伟大的善良和最伟大的生命关怀。仇恨永远不能化解仇恨，只有慈悲才能化解仇恨，这是永恒的至理。

慈悲之心，人皆有之。善恶之分，系于一念。是把敌人变成人，还是把人变成敌人，体现了人类灵魂走向的两种可能性。一种走向通往天使，一种走向通往魔鬼。美国和墨西哥有几千公里长的边境线，每天都有来自墨西哥的非法越境者穿越边境，进入美国。一个名叫胡佛的美国人在边境地区竖起了蓝色旗帜，为那些“招人恨的非法移民”建了若干供水站。原来，越境者偷越边境线进入美国国境后，面对的是浩瀚的亚利桑那大沙漠，很多人因为承受不了高温的煎熬而渴死，侥幸存活下来的人也会患上肾衰竭等疾病。胡佛还绘制沙漠地图，清楚地标明水站位置、美国边境检查站的灯塔以及经常发生意外的危险地段，并在地图上呼吁："别这么干，没有水，就是死亡！"然后散发到墨西哥和其他中美洲国家。胡佛的做法引起很多美国人的批评，他们认为沙漠里的水站直接帮助了非法移民，偷渡者中也许夹杂着恐怖分子，对美国的安全构成了威胁。胡佛却很平静地回答："作为一个美国人，我也恨那些偷渡者。但是，恨和尊重是两回事。偷渡者也是人，我有义务尽自己的力量来尊重他们活着的权利。"

心善即天堂，心恶即地狱。汶川地震抗灾中，无论是冲锋在前的子弟兵，还是失去亲人却带着大爱救治更多"亲人"的男男女女；无论是灾难中鼓励着同伴继续坚持下去的可爱的孩子们，还是顶着烈日募捐的大爷大妈……他们表现出的爱心、真情、自信和团结，令世界震撼和敬重。中国人的坚强和人性的光辉，是中国面向世界的最好的宣传。让我们以人性为土壤，以仁爱为种子，以智慧为阳光，以知识为雨露，种下一棵心灵之树，让它生出壮的根须，长出真的翠叶，开出美的香花，结出善的硕果，让这美丽的心灵之树陪伴我们的人生度过每一个普通而又平静的日子。

宽容与爱超越仇恨

仇恨感是在人的根本权益受到他人有意识的伤害和剥夺时所产生的一种强烈的心理感受，它的第一反应就是报复。信仰用道德的说教和信仰的戒律来化解、制约人们的仇恨感，并用信仰的力量来消除战争或减小战争的规模。非洲一部落流行一种风俗——"饶恕周"。"饶恕周"是在每年的旱季，这期间如果老天爷大发慈悲降下甘霖，村人就要彼此饶恕，放弃前嫌，并与仇敌言归于好。有人问一个又聋又哑的人："什么是饶恕？"他拿起笔在纸上写道："它就像经人践踏的鲜花所发出的香气。"

1945 年 8 月，苏联红军迅速进入东北，日本政府放弃保护日侨的义务，产生了大量的遗留孤儿。当时,东北人民刚刚经历日本侵略者14年的奴役和压迫,怀有强烈的民族仇恨,国民党政府也没有鼓励民众收养日本孤儿。可就是这些普普通通的老百姓,当见到成千的儿童处于无助状态时,中华民族的宽恕、仁爱、与人为善尤其是博大的母爱情怀立即在他们心中升腾,于是他们纷纷伸出援助之手,把孤儿当做亲生骨肉接到家中,主动承担起养育日本孤儿的重担。在以后的几十年里,中国的养父母承受了许许多多的艰辛,在精神和物质上付出了难以计算的巨大牺牲。如三年自然灾害时期,养父母省吃俭用,宁可自己挨饿受累,也要保证养子女上学读书、吃饱吃好。从20世纪60年代初开始,一些养育日本儿童的家庭承受了"海外关系"、"日本特务"等政治罪名的重压。为了让养子女有一个正常的生活环境和顺利成家,许多养父母被迫改名换姓,甚至举家外迁。1972年,中日邦交正常化后,日本遗孤陆续赴日寻亲并回国定居。这时养父母们又经历了人生最痛苦的亲情割舍的过程,他们把痛苦深埋心中,尊重养子女的选择,并倾其所有送养子女归国。此时正值养父母的暮年,他们基本上是在孤独和思念中走完人生旅程的。中国普通百姓对日本遗孤的关爱,充分体现了中国人民跨越国籍的至亲至爱情怀。

智者说:"你永远要宽恕众生,不论他有多坏,甚至他伤害过你,你一定要放下,才能得到真正的快乐。"曼德拉是享誉全球的诺贝尔和平奖得主。为了推翻南非白人种族主义统治,他进行了长达50年艰苦卓绝的斗争,最终成为南非第一任黑人总统,为新南非开创了一个民主统一的局面。曼德拉的成功源自他传奇的经历,对信仰的坚守和博大的胸襟。曼德拉铁窗面壁28年,在监狱中承受了繁重的体力劳动、狱警刺耳的嘲骂和无尽的希望与失望,但他的精神世界发生了凤凰涅槃般的巨变。经历无数次深刻的思考,曼德拉领悟到勇敢并不是无畏,而是征服畏惧。他也认识到善良是人的本性,如果一个人能够学会恨,那么他也一定能够学会爱,因为"爱在人类的心中比恨来得更自然"。在回忆录中,曼德拉写道:"即使是在监狱那些最冷酷无情的日子,我也会从狱警身上看到若隐若现的人性，可能仅仅是一秒钟，但它却足以使我恢复信心并坚持下去。当我走出囚室，经过通往自由的监狱大门时，我已经清楚，自己若不能把悲伤与怨恨留在身后，那么我其实仍在狱中。”仁爱和宽恕是打开南非未来之门的钥匙，在曼德拉的感召下，超越种族、党派和普通人性的宽恕帮助许许多多南非人从仇恨的枷锁中解脱，使自由的含义得到了升华。南非国民经济实现了历史性的强劲增长，国家地位稳步上升。

弥勒菩萨在偈中说：“老拙穿衲袄，淡饭腹中饱，补破能遮寒，万事随缘了。有人骂老拙，老拙只说好。有人打老拙，老拙自睡倒。唾涕在面上，随他自干了。我也省力气，他也没烦恼。这样波罗蜜，便是妙中宝。若知这消息，何愁道不了。”仇恨是一把双刃剑，报复别人的同时自己也受到伤害。宽容是一味治疗人间仇恨的良药。有弥勒菩萨这样的包容之心，仇恨必将消融在宽容之中，一种全新的境界将会展现在我们面前。

公益慈善点燃心灯

灵魂的问题不可能只用物质的方式去解决，最终我们还是要回到灵魂、正视灵魂，用爱、用善、用价值来解决灵魂的危机。不论是儒家的“仁爱”，还是佛家的“慈悲”、墨家的“兼爱”，为社会公众的福祉和利益而奉献的精神一脉相承，生生不息。公益事业的崇高伟大，由无数志愿者用无法计量的无偿服务构筑而成。中国大步流星跨向公益新时代，正从传统的富人公益、名人公益转向全民公益。一粒沙里藏着一个世界，一滴水里拥有一片海洋，一滴平凡的水滴也是悄然润泽他人生命的暖流。只要有爱心，每个人都有机会投身公益，这就是全民公益的精髓所在。互联网最大限度地挖掘出人们爱的力量和善的力量。2009 年，“多背一公斤”网站创始人安猪首次提出“微公益”这一概念。他号召网友出游时多背一公斤物品，一点一滴地完成对偏远农村小学的援助计划，结果大见成效。广州网友梁树新发起了“铅笔换校舍”的活动，第一个网友拿巧克力换铅笔，第二个网友用电饭锅换巧克力，然后电饭锅又换成打印机……最终筹款15.8万元,换来了广西佛丁小学的新校舍。香港艺人梁咏琪在生日时发微博,号召网友转发一则捐赠倡议,只要被转发一次,她就捐1元到香港联合国儿童基金会。这个倡议3天内被转发7.5万次,她最后捐出了8万元。微公益成为相当一部分城市中产和白领人士的时尚,融入了他们的生活方式。

2010年暑假,21岁的武汉大学大二学生赵小亭和同学们一起到贫穷的云贵高原支教,被一块飞落的山石砸中头部遇难,长眠在大山深处。赵小亭支教的学校是一所留守农民工子弟学校,条件十分艰苦。教室白天是课堂,晚上是宿舍,课桌拼凑起来当床用。学校没有自来水,洗澡要去学校里唯一的水管接山上流下来的溪水,还经常遇到断水的情况。然而,这位从没在贫穷大山里生活过的女孩不仅从不叫苦,还站出来为同学们打气加油:"我们既然来了,就要教好孩子们,让他们看到走出大山的希望。虽然这里艰苦一点,但是乐观地看,这里有城市里看不到的秀美风景,呼吸不到的新鲜空气。大家加油!"此次支教,活泼开朗的赵小亭担任学校安全课和合唱课老师,山里的孩子们都特别喜欢这位笑吟吟的赵老师。

终生从事慈善志愿事业的印度德兰修女说:"我们都不是伟大的人,但我们可以用伟大的爱来做生活中每一件平凡的事。"张平宜曾是台湾《中国时报》的资深记者,年薪百万。11年前,为了采访内地麻风康复村的现状,她来到四川凉山一个麻风康复村。村里到处是游荡的孩子,这让有两个孩子的张平宜不由自主地想到"这里总该有所学校吧?"村里唯一的小学在海拔1800米的山上,挤着70多个学生,大部分只能站着听课。张平宜向老师许诺:"你留下来,我去筹钱盖一所新的学校。"回到台湾,她写文章募款,到处演讲、卖书,或是去说服潜在的资助者。2002年,正如她承诺的那样,崭新的学校——大营盘小学建成,学校有着整洁的教室和食堂,还有村里的第一栋公厕。2003年起,张平宜辞去百万年薪的工作,致力于大营盘麻风病人的子女教育,希望他们都能正常地融入外部社会。在麻风村的孩子看来,张阿姨就像妈妈一样,她熟悉每一个孩子的家庭状况和脾气秉性。从洗脸、刷牙、洗澡开始，她教会孩子如何保持个人卫生。大营盘小学改变了越来越多孩子的命运，已经有了100多个毕业生，13个公办教师。直到今日，许多台湾人都不能理解："为什么这个疯子要跑到一个山坳坳里的麻风村，去吃这样的苦？"但对张平宜来说，在这片大山里，她背负着某种使命："我是一个母亲，看到麻风村的那些孩子，我无法掉头离去。"

公益不是标新立异，更不是彰显虚荣。在用爱心和善意创造价值回报社会的同时，我们的灵魂得到了重建，同时获得了快乐和尊严。公益精神是一股道德的清流，点燃每个人的心灯，照亮中国。

第二节　敢担当是高尚的自律

公信天下　责任至上

责任感是一个人对自己、对自然界和对人类社会包括国家、社会、集体、家庭和他人，主动施以积极有益作用的精神。"Buckets stop here!"这是美国前总统杜鲁门写在办公室门上的一句话，意思是问题到此为止，不再传给别人。"Bucket"原指水桶，在美国西进运动的拓荒时期，由于工作地点离水源比较远，人们习惯排成一个长队，将装满水的水桶一个接一个地传递下去。后来"Pass the bucket"逐渐演变为"把困难传递给别人、为自己开脱"的谚语。杜鲁门说出"Buckets stop here"这句话，就是要表明他决心把所有问题在他的手上都彻底解决，不把麻烦留给别人。虽然说把所有问题都彻底解决只是一种理想状态，但不可否认这是一种高度的责任感。人只有有了责任感，才能拥有驱动自己一生都勇往直前的不竭动力，才能感受到自我存在的价值和意义，才能发觉许许多多有意义的事需要自己去做，才能真正得到人们的信赖和尊重。《西点军校学员章程》规定：每个学员无论什么时候，无论在什么地方，无论穿军装与否，也无论是在担任警卫、值勤等公务还是在进行自己的私人活动，都有义务、有责任履行自己的职责和义务。这种履行必须是发自内心的责任感，而不是为了获得奖赏或别的什么。这样的要求非常高。但西点军校认为，没有责任感的军官不是合格的军官，没有责任感的员工不是优秀的员工，没有责任感的公民不是好的公民。任何时候，责任感对自己、对国家、对社会都不可或缺。

2007 年 1 月，四川省南充市高坪区万家乡绍家坪村村主任张永仁被诊断患了癌症。第二天，他仍然第一个来到建筑工地抬石头、挑土方，就这样一直干了半个多月。“有些活，我们正常人干起来都吃力，何况张主任有病啊。”村民知道张永仁患食道癌还拼命地工作后既震惊又感动，跪在地上请求他尽快住院治疗。3 月 22 日夜，张永仁在医院病房写了一封遗书给村党支部书记张明安：

张书记：

明天我就要上手术台了，说不定上了手术台就可能再也下不来了，所以今天晚上我想好好和你交流交流，顺便把村上的一些事作个交代，万一明天走了，还请你务必帮助我完成未了的心愿——

我们村山高，缺水，1、2、7 组的 3 口山坪塘一定要抓紧完成，争取今年能蓄上水；要想方设法打些井、建几处集中供水站，让群众能吃上自来水。

我们村偏远，到乡上来回要走四五个小时，公路不能通车，村民生病了连 120 都进不来，通村公路无论如何也要修通。

上一届老支书落选了，他心里有疙瘩，手中还有一些钱没有交，账目要尽快完善，今后一定要多关心老支书。

4 组村民张家全、孙素清都 80 多岁了，家里又没有人照顾，要多去关心他们，看看有没有米吃、有没有柴烧……

手术很成功。出院后,张永仁每天拖着孱弱的身体出现在施工现场。绍家坪村唯一的路是没有成型的毛坯路,多年来连摩托车也无法正常行驶。乡党委、政府划拨了15万元修路经费,要求缺口的7万多元在20天内筹齐,也就是说每个村民至少要集资100元。绍家坪村穷山恶水,100元可不是个小数目。张永仁说服家人卖掉了准备过年才宰杀的猪,第一个捐出500元,并催促在外打工的儿子预支了一个月的工资,替10多个全家外出打工的亲戚先垫付,然后一一写信告知村里修路的情况,请他们支援村里。看到张永仁如此卖命,大家都说:"我们主任的病这么重,还这样全心全意想着修路,他图个啥?我们还能无动于衷吗?"于是纷纷捐款。公路修到一半时必须要修建一个涵洞。涵洞出口一边是堰塘,一边是张永仁家的田。村民一致建议涵洞出口通往旁边的堰塘里,但张永仁不同意:"万一夏天下大暴雨把堰塘冲毁了,我们就成了罪人啦!"最后,张永仁坚决把涵洞出口通向了自己的田里,然后在田里开出了水渠。记者问张永仁:"你现在连自己都顾不过来,干吗还去管别人?"张永仁没好气地回答:"我是村主任,这是责任!"

命没了尊严就是狗命,生命没了思想就是猪命,生命没了应有的责任感就是尘埃之命。爱默生说:"责任具有至高无上的价值,它是一种伟大的品格,在所有价值中它处于最高的位置。"一个人如果有了责任感,那么他走遍世界都不怕。

勇敢担当　无悔一生

美国波士顿犹太人大屠杀纪念碑上留有德国神甫马丁·尼莫勒的一段话:"起初,他们追杀共产主义者,我没有说话,因为我不是共产主义者;他们追杀犹太人,我没有说话,因为我不是犹太人;后来,他们追杀工会成员,我没有说话,因为我不是工会成员;后来,他们追杀天主教徒,我没有说话,因为我是新教徒;最后,他们奔我而来,就再也没有人能站起来为我说话了。"从中,我们看到了担当的价值。现代社会,"谁都不是一座孤岛",无穷远的地方,无数的人们,都和我有关。如果我们都让别人担当,我不担当,最后受伤害的也包括我们自己。只有每个人都去担当,我们生活的大家园才能够让每一个人都享受到美好。担当的意思是承担并负责任。人生是一种担当,承载起一切的勇气是人格的迸发,敢于担当的人生书写着伟大。

任何一个国家、社会、团体都不可能照顾到所有人,照顾到社会的方方面面,这就需要我们每一个有社会责任心的人贡献自己的力量。四川绵阳桑枣中学校长叶志平因脑溢血辞世,引发哀思如潮。汶川大地震中,因为他锲而不舍的校舍加固以及安全警示教育和演练,2200 名学生以 1 分 36 秒的速度奇迹般悉数逃生,无一伤亡,获得"史上最牛校长"的美誉。震后,备受关注的桑枣中学重建资金颇为宽裕,但叶校长三次否定"豪华校舍",而改用更安全、更朴素的方案……叶校长自评一生"认真负责",自觉地将保证学生安全这份重逾泰山的责任扛在了自己的肩头。《人民日报》特发时评:叶校长此生的最大意义,不仅仅在于黄金般的"1 分 36 秒",更在于他用这"1 分 36 秒"昭告中国,只要"认真负责",灾难面前,校园安全也可以固若金汤;只要"认真负责",学校可以成为"最安全的地方";只要"认真负责",局部也有可能做到"万无一失"。

勇于担当源于强烈的事业心和崇高的责任感。黄新余是上海市第六人民医院普外科医生。有一次,黄新余抢救了一位年仅 32 岁的交通肇事者。肇事者伤情非常严重,急救医生为他做了紧急手术,几乎将他全身的血都换了一遍,花去了 7 万元。要想抢救这个严重患者的生命,这还仅仅是个开始。复杂的手术任务最终落在了黄新余的头上。黄新余说:"肚子里放了 10 天的纱布,必须尽快取出,否则很可能发生感染,导致死亡。所以,开刀是唯一的办法。"患者的妻子问:"贵吗?"黄新余点了点头。患者妻子又问:"花了钱,能治好吗?"黄新余说了实话:"没有医生能有 100% 的把握,万一术中出血,就可能有生命危险。""那我们不救了。"患者妻子说。"不救的话,他就真的没救了。"看到这位老实巴交的妻子的无奈,黄新余医生理解,这个上有老、下有小的贫困家庭不想“人财两空”。因为有另一台手术，黄新余留下主治医生继续劝说。两个小时后主治医生回复，家属仍然拒绝治疗，准备出院。“他这么年轻，太可惜了！”黄新余一路小跑赶到急诊室，拉住正在结账的患者哥哥：“他只有32岁，再拼一下，能活的！”哥哥有些犹豫，黄新余又紧跟一句：“我们尽量节省费用。”黄新余用心制定了一套“省钱”的方案：做个最简单的手术将患者肚子里的纱布取出；手术不用常规的麻醉方法，只用镇痛药。这样做是有一定风险的。黄新余不得不向医院领导申请，副院长批准了。不料，术中患者反应异常，有疼痛表现。黄新余只好放弃第一方案，打开腹腔。患者需要进ICU，黄新余赶紧找护士长帮忙省点费用，结果术后使用的所有抗生素都是最廉价的。命终于得救了，患者的右手骨折还需要治疗。黄新余又找骨科医生：“能不能不用钢钉，就打石膏？他们没有钱。”骨科医生答应了。很明显，“省钱疗法”省了一些环节和相应的费用，但同时也省去了一些保护医患双方的规定动作，很可能由此惹出麻烦。黄新余坦率地说：“这家人本分，如果换成很‘搞’的人家，我也会犹豫。不过怎么说呢，做医生的总是想尽力救命，眼前的生命那么年轻，冒险就冒一次吧！”后来，那位患者找黄新余复诊，结果是一切良好。

列夫·托尔斯泰说，一个人若是没有热情，他将一事无成。热情的基点正是责任心。有无担当决定了生活、家庭、工作、学习的成功和失败。美国著名心理学博士艾尔森调查了世界100名各个领域的杰出人士后发现，其中61名竟是在自己并不喜欢的领域里取得了辉煌的业绩。除了聪颖和勤奋之外，他们究竟靠的是什么呢？这些杰出人物的答案几乎不约而同：“任何的抱怨、消极、懈怠都是不足取的。唯有把那份工作当做一种不可推卸的责任担在肩头，全身心地投入其中，才是正确与明智的选择。”正是在这种高度责任感的驱使下，他们才取得了令人瞩目的成就。

人生因担当而生辉

2011年，就读于哈佛大学、牛津大学、加州大学伯克利分校，已获得博士学位的美籍华人安田成为江苏卫视《非诚勿扰》节目的又一当红新星。其心动女生出现时,他意外放弃,理由是希望找到一位志同道合"为人民服务"的女生。安田的提问是:"如果明天你中了1000万美元,你会怎么处理?"安田自己的回答是:"我会选择成立一个基金,或者照顾一些孤儿,做一些慈善……你必须要有为人民服务的那种精神啊!"听到"为人民服务",全场都笑了,大家以为这位喜欢搞怪的博士玩起了"冷幽默"。安田却着力辩白:"我们在哈佛其实都是这样的。入学是为了学识的增长,毕业是为了更好地服务国家和人民。"他不过是效仿了哈佛大学的一条校训来表明自己"为人民服务"的志愿。安田提到的社会责任是指一个组织或个人对社会应负的责任。真正意义上的社会责任,不是来自外部的各种诱惑和强权,而是一种纯粹自发的道德自律,体现了对现实的超越和对理想的追求。社会责任促使人们从事有利于社会长远目标、使社会变得更美好的事情,而不做那些有损于社会的事情。

通过商业活动为国为社会服务是中国商人的传统。他们把扶贫、办学、修路、建庙等慈善事务作为自己应尽的义务,不遗余力,出资出力。康熙皇帝出兵讨伐噶尔丹的叛军时,晋商范家承担起运送军粮的任务。他们的这种行为不以营利为目的,政府运粮每石需120两银子,而范家承运,每石仅收40两银子,仅这一项就为政府节省600余万两军费。光绪三年北方大旱,短短几个月内晋商就捐款12万两白银,还施粥救济难民,仅乔家所设的粥锅就达100口,且要求熬的粥"插上筷子不倒,解开布包不散"。常家为了让灾民有尊严地接受救济,还以修戏台为名,为灾民提供就业机会。鸦片战争前,清政府官员已预料到英国的入侵,决定加固广州海防,但当时政府资金困难。以伍秉鉴为首的粤商十三行自愿捐资10万两白银加固防御工程,使英军进攻广州的计划失败。鸦片战争开始后,十三行的商家继续积极募捐修建堡垒,建造战船,制造大炮。《南京条约》签订后,中国要赔偿英国2100万银元(相当于1470万两白银)。粤商又承担了相当一部分赔款,其中伍家100万银元,行商会所134万银元，其他行商66万银元，共计300万银元。

“60后”的关键词是信仰，“70后”是理想，而“80后”、“90后”，自从这个概念诞生，就因其“强调自我、个性张扬”而始终伴随着质疑。很多人认为，在优越生活条件下成长的80后、90后是以自我为中心、责任感缺失的一代人。然而，他们用事实证明自己是如何理性面对自我，担当责任，微笑面对未来。汶川地震前，24岁的四川省人民医院护士陈晓泸检查出已有40多天的身孕。5月12日下午2时28分，她正在给一个病人输液，医院大楼突然剧烈摇晃起来。陈晓泸立刻背起一个生活不能自理的老人，一路小跑到电梯口。从病房背到电梯口约十米的距离，出电梯后还要继续背三四十米远到医院停车场，她花了大约40分钟，和其他护士们一起把能转移的病人全部转移到了楼下。两个小时后，她开始剧烈腹痛，是先兆流产，这是抢救病人时过度用力和劳累的结果。这位年轻护士说：“背病人时我忘了自己有身孕。”1982年出生的韩寒因其特立独行而受到不少前辈的批评。他在汶川地震发生48小时后，带着朋友和读者捐献的数十箱药物、上千个手电、近500个帐篷、很多睡袋和5万多个口罩赶到灾区。他还出资帮助灾区建了一所防震学校。

不少80后、90后的生活也不容易，但他们善待自己，也心怀感恩地善待他人。在中国，角膜病是仅次于白内障的第二大致盲眼病，超过200万病人在等待角膜移植手术，因为材料匮乏，每年有机会接受手术的病人不足一万人。在传统观念中，人应以完整的身体告别人世，这种观念正是角膜移植乃至器官移植所面临的最大难题。不愿坐等，同仁医院眼库设立角膜劝捐员，24岁的女孩于津是唯一的一名劝捐员，这个工作她已经干了3年。3年来，于津每隔几天就要走一遍老年医院、临终关怀医院、干休所。拒绝从没断过。病人拒绝她，家属拒绝她，怕影响病人心情，医院也拒绝她进病房劝捐。于津只好带着介绍信和走哪背哪的宣传资料穿行在大小医院，办各种手续，争取进病房，至少争取发放材料的许可。劝捐3年，于津每天都在孤独地为人求乞光明。在北京做这份工作的大概就她一个。北京之外，深圳眼科医院曾有位劝捐员陈淑莹是国内第一个劝捐员，3 年成功劝捐了 96 人，但如今陈淑莹早已离开了这一行。于津感慨：劝捐员，比这更难做的工作不多，比这更孤独的工作不多，比这更有前景的工作不多。尽管困难重重，但于津还在坚持，她觉得人们的观念转变了，劝捐就能容易些，但这个过程需要时间。未来很重要，但更重要的是现在。"自己争取回来一个，等待的病人就少一个，又多一个人重见光明。因为我的工作，等着做手术的名单上走了两个人，这心里确实舒服。"就是这样一群 80 后、90 后在担当中将生命升华，成就了自己，构筑了一个民族的脊梁。青年是祖国的未来、民族的希望。一个有远见的民族，总是把关注的目光投向青年；一个有远见的政党，总是把青年看做是推动社会前进的最活跃力量。赢得青年，就是赢得未来。

社会责任感是发自内心的驱动，是高尚道德的自律，是对美好社会的理想，是对现实的人文关怀。没有社会责任感的人，将在各种各样的诱惑中迷失方向，自甘堕落，眼光也势必短视和功利。担当是为自己无悔一生，步伐是那样的潇洒。

产品优质才是真实力

美国国会 2008 年曾出台一份长篇报告，详细比较美国和中国对发展中国家的影响力。报告说，在过去十年里，中国通过外交、经济、文化和其他非强制性力量获得的全球影响力，随着其国际地位的提升而增长。中国人还来不及为这份报告高兴，就爆发了震惊世界的毒奶粉事件，令世人对中国食品、中国制造失去信心。多年努力取得的成就，一宗恶性事件便将其消抵殆尽。

没人否认中国企业为中国经济腾飞立下的汗马功劳，但同时我们也看到了同样令人瞠目的丑恶和狰狞——赖账违约、价格欺诈、假冒伪劣、垄断暴利、财务造假。造假走出企业向社会扩散，从鞋帽、衣物、被褥、箱包发展到老百姓天天食用的烟酒、饮料、大米、奶粉、肉食。大国的名与实,最终还是要落实在国民有质量保障的生活上。难怪有人总结:“一张简单的饭桌上包含了经济发展的全部道理。”然而,上海“染色馒头”热气尚存,沈阳“兽药豆芽”又在疯长,江苏南京爆出了使用草酸清洗小龙虾,陕西西安又爆出了使用硫黄熏制生姜的“潜规则”……如此密集的曝光,说明食品安全问题仍然是中国社会的伤痛之一,也印证了温家宝同志的判断:“这些恶性的食品安全事件足以表明,诚信的缺失、道德的滑坡,已经到了何等严重的地步!”蘑菇一直被认为是富含营养的健康食品,但北京六年级学生张皓调查发现,如今市场上的鲜蘑菇超九成都被荧光增白剂污染,长期吃这样的蘑菇,将对人体造成多种危害。张皓的实验是在中国农业大学的微生物实验室做的,由农大农学院高卫芳博士指导,使用的方法是实验室常用的检测荧光增白剂的方法——暗室中紫外线条件照射观察荧光。张皓一共选择了16种消费者常吃的食用菌样品,包括口蘑、金针菇、香菇、木耳等,采样地点既有超市、商场,也有大型批发市场;产地既有北京本地的,也有来自福建、台湾的;样品中还有两份标注“有机”和两份干蘑菇。实验表明,除一份“有机金针菇”样品和两份干蘑菇外,其他样品都检出含有荧光增白剂。也就是说,93%的鲜蘑菇都被荧光增白剂污染了。干蘑菇样品中的荧光增白剂残留量几乎为零,原因是干货中没有水分,保质期长,不需要用荧光增白剂保鲜。张皓还发现,有些蘑菇被污染的途径是通过包装塑料袋。一些塑料袋本身不合格,含有过量荧光增白剂,运输途中用这些塑料袋装蘑菇,蘑菇就会被污染。食品生产的确是个良心活,无论现代化的流水线还是传统的小作坊,生产过程都可谓“天知地知良心知”,而消费者只能“眼不见为净”。

不止是食品,其他行业也存在严重的质量危机。广东质监局职员朱明峰建议,不要买2007年年底到2008年年初广州建的商品房。他所了解到的情况是,这段时间建造的楼盘普遍有偷工减料、以次充好的现象。一位楼盘承建商坦白:因为建筑业的过度竞争和材料的涨价,建筑商的利润被压缩得很薄,所以建筑商就从材料入手降低成本。应当6毫米厚的钢板在建筑中只用3毫米,28毫米的钢筋也被换成25毫米的。或者钢筋间距变稀,根数减少。这已经是普遍现象,更有甚者将劣质螺纹钢直接用于主体工程。除了钢材,地坪厚度(不含楼板)等工序也都"缩水",120毫米的往往被做成只有80毫米厚。"只要不被质监局抽查到就没问题了。"这些都是被"包裹"在内部的环节,封顶后的工程验收根本检测不到其中真相。难怪有住户质疑某高档楼盘:"拿一把普通钥匙用力往墙身插,可以完全把钥匙固定在墙体内。这样的房子你在里面住30年?"在所有行业人员资历造假中,飞行员资历造假最恐怖。2008年至2009年,中国民航局查出200名飞行员资历造假。伊春空难就和机长驾驶技术不过硬有关。事实是,伊春空难机长在深航没有通过737机长考核,可深航还是给了他E190机长驾照。

中国市场频繁造假,暴露了中国企业或企业家价值观和信仰的缺失。目前的市场经济还存在特权、垄断、关系、腐败、投机,这是很多个人和企业迅速致富的真正法宝。长期浸淫在这样的创富文化和环境里,"消费者是上帝"只是说说,"权力是上帝"才是关键。美国官方智囊兰德公司曾经公布了一份中国现状的分析报告,既有肯定,也有严厉批评,其中一条是:"中国人缺乏诚信和社会责任感。中国人不了解他们作为社会个体应该对国家和社会所承担的责任和义务。……中国人只在乎他们直系亲属的福祉,对与自己毫不相关的人所遭受的苦难则视而不见。"毫无疑问,这种自私和冷酷已经成为阻碍中国社会向前发展的最关键因素。

《史记·管晏列传》中有句名言:"仓廪实而知礼节,衣食足而知荣辱。"意即人在丰衣足食之后更应该懂得道德礼仪及有羞耻之心。现实世界中,舍生取义的圣人罕见,见利忘义的坏人不少,趋利避害的普通人才是社会的主流。安全是人类最低标准的需求。食品、房屋、交通与人的生活高度相关,保证其安全是国民的基本需求。然而,一系列惊心动魄的"假"充斥我们的生活,中国人对"不安全"的承受底线一次次被突破,不仅使我们的财富缩水,健康和生命受到毒害,更严重地破坏了我们民族的心灵秩序。我们惶惶不安地追问:什么是真的?什么是可以相信的?一个什么都不相信的民族将如何生存?安全对内而言是生活信心和社会信任的一个基础来源,对外是国家信誉与形象的保证,是赢得尊重和认同的最起码资本。“如果说每一个生命都是一个民族的尊严,那么每一个中国人的安全就是这个国家的颜面。”一个崛起的大国,国民应该拥有良好的生存环境,毫无担心地选择购买本国生产的商品。而对成熟的企业而言,产品质量是一种信仰,这一信仰不会因为经济危机或追求利润就完全动摇。

达则兼济天下共富裕

企业家是商业文明的缔造者,社会财富的创造者。对企业家而言,获取财富是一门学问,如何使用财富是更大的一门学问。财富可以标示经济意义上的成功,却不能全面揭示成功的含义。优秀的企业家从来不是单纯的物质财富创造者。他们对财富价值的执著追求和赢利模式的探索创新,激发着公众创业致富的美好梦想;他们对待财富的观念和行为方式,也在潜移默化地影响着一个时代的财富观,为社会风尚注入新的内容。企业家要赢得人们的敬佩,关键在于正确的价值观和信仰。信仰决定企业家能否承担社会责任,处理好舍与取的关系。一个民族没有信仰,就会发动战争,破坏环境;一个政治家没有信仰,就会机关算尽,祸国殃民;一个企业家没有信仰,就会贪得无厌,损人利己。“企业社会责任”这一概念,由美国人谢尔顿于 1924 年提出,指的是企业不能仅仅以获取利润为唯一目的,还应照顾到包括雇员、消费者、债权人、社区、环境、社会弱势群体及整个社会的利益。企业社会责任是商业道德的核心,是渗透到企业血液的理念,是整个企业经营管理的一部分。企业社会责任还是一种可持续发展的战略行为,是全球通行证,不只是“境界”,也关系到“生存”问题。没有商业伦理,企业家不可能走远,也无处躲藏。企业只有战略性地承担社会责任,才能最大限度地对社会给予积极的影响,同时获取最丰厚的商业利益。难怪商务部研究院跨国公司研究所所长王志乐这样评论:“今天的全球化市场已经从一般的竞争上升到一种责任的竞争,企业责任就是一种软竞争力。”

“企业社会责任”在中国渊源深厚。中国士大夫“穷则独善其身,达则兼济天下”的人文情怀,儒、释、道共同倡导的人与自然与社会和谐共处的思想底蕴,是中国企业社会责任观的源头。哲学家以思想改变世界,革命家以暴力改变世界,政治家以变革改变世界,企业家以品质改变世界。只有在追逐财富的过程中自觉承担社会责任,企业才能赢得公众的认同与尊重,企业家的心灵才可能获得更大的提升。华晨汽车集团控股有限公司董事长、总裁祁玉民提出:“作为汽车企业,首先应该为社会和市场提供安全可靠、品质优良、节能环保的产品,全心全意为顾客服务,这是企业最基本的社会责任;同时还应积极参与社会公益事业,弘扬中华优秀文化,讲诚信,比贡献,回馈社会,报效国家。”2008 年,汶川大地震后,华晨集团在第一时间向四川重灾区捐助价值 280 万元的 20 辆医疗救护车,还不断追捐各种救灾车辆,把能捐的车型都捐了出去,同时宣布,截止到当年的 7 月 1 日,只要购买华晨集团任意一款车型,华晨集团就将以车主的名义向灾区捐献 100 元。华晨集团为抗震救灾累计捐款捐物 1700 余万元。实际上,华晨集团的周转资金一直很紧张,地震使位于绵阳正在建设中的华晨集团新厂遭受重大损失,但国难当头,华晨集团以实际行动履行了企业的社会责任。

企业成功靠的是一种社会责任感,一种理性的科学精神,一种道德感,一种人本精神,一种自控力,一种对规则的遵守和一种真正意义上的创新精神。现代社会学和公共行政学创始人之一马克斯·韦伯说得好:“当追求财富与道德自律同步发展时,才能达到现代企业家的最高境界。”美国有句名言“要靠做好事成功”(doing well by doing good),它是美国企业精神的重要组成部分。有人对美国 1000 多位富翁进行了调查,归纳出三种最常见的发家类型。第一种是勤劳型;第二种是机遇型;第三种是利人利己型。前两种只占受调查人数的20%,80%的受调查者靠的是利人利己起家。只有你首先为他人着想,让利于他人,他人才会关心你的利益,达到双方"共赢"的局面。这一原则也适用于其他国家和地区。中村复健器材是一家为日本每一种弱势群体定制专门的辅助器材的公司。创立者中村俊郎于1974年从美国学成归国。当时制作义肢还是很冷门的行业,日本人的观念是:"如果失去手臂,那只有放弃了。"所以需求非常少。后来靠口耳相传,大家才慢慢知道有这个行业和这家公司。中村复健器材制作的产品有义足、义手、护膝等,种类多达200种。他们制作的义肢不仅手背上有浮起的血管,手指也有指纹,还长有汗毛,和真正人体的皮肤几乎无异,相当精致。他们还进一步开发新产品,其中一项是10年前就开始构思研究的人工肛门。人工肛门是直肠癌或大肠癌手术后,由于肛门已被切除,必须将肠子的末端拉出接上帮助排便及排气的辅具。据统计,在日本有几十万人需要人工肛门,但进口商品并不适合日本人。中村几经研究后成功开发了装卸、清洁简单,并附有抛弃式集污袋的人工肛门。这种产品可以使用一般市售的塑胶袋,因此价格相当低。由于不断开发新产品,中村所在的行业和这家公司被誉为"世上唯一真正的创造产业"。《日本最了不起的公司》一书还提到其他4家高度人性化的日本企业,他们都坚守价值准则,为弱势族群制造商品,做到了永续经营,长久发展。70%的日本理化学工业的员工是残障人士,却坚持了50年的承担和守望。伊那食品工业始终"为员工的幸福而经营",坚持"没有竞争的经营",与社区融合,把厂区当做公园,对民众开放,任人休息玩乐,实现了连续48年持续成长。北海道的小甜点铺柳月为社区建立"甜点花园",每周为邻里提供免费的甜点。任何特殊的定制,他们都会尽力而为。杉山水果为了保证品质,婉拒1亿日元的订单,只做限量精品,被顾客赞颂道:"成为你的客户是我的光荣!"这些企业的成功是这么简单,不去害人,不去苦自己,在信仰的前提下作为,只做利人利己的事情。

第三节　伟大出自平凡与细微

人人为我　我为人人

和谐是文明社会的一个重要特征。胡锦涛同志明确指出:“保障和改善民生,促进社会和谐,是实现全面建设小康社会宏伟目标的必然要求。”社会和谐指的是社会这个大系统中各要素相互协调、良性互动的状态。社会和谐的主要特征是民主法治、公平正义、诚信友爱、充满活力、安定有序、人与自然和谐相处。《北京晚报》刊登文章说:有人从“说文解字”的角度对“和谐”二字做过这样的解释:“和”字,左边是“禾”字旁,代表粮食的意思;右边是“口”字旁,代表人的嘴,两边合到一起,表示人人有饭吃。“谐”字,左边是“言”字旁,代表说话的意思;右边是“皆”字旁,指的是“所有人”,两边合到一起,表示人人敢于说话。由此得出结论,和谐就是:人人衣食富足,人人言论自由。通俗地说就是:人人有饭吃,人人敢说话!

在公民社会里,每一个人都是权利主体,也都是义务主体。人人为我、我为人人,整个社会才呈现和谐状态。很早以前,肮脏污秽的环境导致澳大利亚的苍蝇数量惊人。为了避免苍蝇传播疾病,澳大利亚人从自身做起,养成良好的生活习惯,并将公共场所藏污纳垢的地方一个个清除。现在整个澳大利亚天空湛蓝,遍地鲜花,苍蝇不得不改变原有的生活方式,靠采食花蜜为生,成了被人类接受的朋友。

日本普通民众在2011年日本东北部9级大地震中的表现,让人先是感叹继而敬佩。超市里生活必需品被抢购一空,但日本市场并没有出现哄抬物价的现象,反而原来相当于人民币100元的应急手电筒现在只要20元。自行车免费提供,不需要钱和任何手续,只要需要就可以排队领取。流离失所的灾民沿路坐在两边，自觉留出中间宽敞的车道。没有车辆经过的情况下，惊慌的人们依然在等待红绿灯。从体育场等避难所散去的人群不留任何废弃纸张。对于政府采取的限电举措，公众给予支持并自觉遵守。一名旅日中国人在博客中写道："地震当晚，东京的交通网大瘫痪。东京街头有许多步行回家的人群，仿佛数百万人都一起走上了街头，但都自动列队默默前行，秩序井然，毫无喧哗。我在开车，路上塞车，但也毫无喇叭声，眼前的一切，仿佛是部场面巨大的无声电影。这些都是一个成熟的民族具有高素质的表现。"日本人有一种个人与集体、集体与社会间的"和"文化。这个"和"不光是和谐、和睦、平和的意思，更是一致、协调、共存的意思，即不愿意强调个人英雄主义，而是寄希望于集团整体，把小我融入大我。他们会想到：自己要活，周围的人也要活，一个群体只有互相依存才能生存下去。在灾难面前，日本官民互相信赖、万众一心，个人离不开集体，集体保护个人，只有绝对服从，才是维护集体利益的表现。"和大家一样"，不仅容易形成合力，克服困难，也能保障系统运行的效率。沉着冷静几乎可以平复灾难带来的恐慌，让人内心充满了某种安全感。美国《纽约时报》电子版刊登文章说："日本人的忍耐力、冷静和遵守秩序的表现，是一种值得称赞的品德。忍耐和克制的背后是日本人的缜密心思。"

我们的身边常会出现这样的事情：在公交车上，看见小偷把手伸进了别人的拎包，我们心里会愤愤不平。公园很美，有人把垃圾随手扔在草坪上，一片狼藉，我们哀叹世风日下。楼道的灯坏了，一直没人修理，我们心生不满。《论语》中，季康子问政于孔子。孔子说："君子之德风，小人之德草，草上之风必偃。"意思是：道德高尚的人的行为如果是风，那么道德不高尚的人的行为就如草，风吹草上，草必倒伏。如果我们遇到小偷，"路见不平一声吼"，就可以震慑歹徒的嚣张气焰；如果我们在公园里把垃圾一点一点地捡到垃圾桶里，只需举手之劳，就能改变许多；如果我们给楼道的灯换上新的灯泡，问题就解决了。只有人人为我，我为人人，社会才能既诚信友爱又公平正义，既安定有序又充满活力。

志愿者是快乐使者

“志愿者”在中国已成为大众传媒中出现频率极高的一个词汇。志愿者的工作简单地说就是从事公益活动。联合国前秘书长安南指出:“志愿者精神的核心是服务于团结的理想以及我们能够使这个世界变得更加美好的信念。”志愿者的活跃程度被视为社会现代性的一个重要指标。它和一定的经济基础相联系,又代表了国民素质的升华。志愿者的动机可以用一个词概括:奉献。他们奉献人类的智慧,奉献他们的时间、技术和才华。奉献是一种不求回报的付出,是志愿者的共同名片。弘扬奉献就是唤醒和培育每个人的善良之心,使之从灵魂深处生长出一种希望社会和谐、美好的力量,从而能为别人着想,多做一些弘扬公德的善事。这种善良之心在人与人之间互相启发、互相影响、互相激荡,久而久之就能温暖和净化整个社会,改变人与人之间的关系并提高全民族的素质。

2008 年北京奥运会的辉煌包含着志愿者的精神光芒。这次奥运会共有 170 万志愿者,创下历届奥运会之最。更让人心动的是志愿者的优异表现,据组委会公布,奥运期间每天志愿者的到岗率都超过了 99.5%,并以微笑和敬业征服了全球来宾。“让志愿者的微笑永远成为北京最好的名片”、“能为别人提供帮助,我很高兴”,是志愿者的心愿。除了奥运志愿者,无论是在 2008 年年初南方的特大冰雪灾害,还是汶川大地震,几乎在所有国家反应不及、力有不逮之时,总是会出现自发组织的志愿者。对于处在困境中的人们而言,志愿者成为国家力量之外一个最可依靠的力量。志愿者以实际行动诠释了“公民”的内涵:公民不仅仅是权利,也是一种公共参与的义务,一种公共生活的责任。

志愿精神无国籍。志愿者关注世界上不平等的情况,了解不公正和贫穷的成因,愿意把自己的力量倾注在每一个需要帮助的地方,身体力行挑战贫穷与不公正。美国人贾桂琳·诺佛葛拉兹毕业后幸运地进入金融业发展,因为工作关系走遍世界各地，让她看到世界正面临的问题——贫穷。她强烈地想为穷人谋福利，于是毅然辞去高薪工作，远赴非洲，投入改变世界的行动。当她来到全然未知的非洲时，面临的不是热烈欢迎，而是当地人的敌意，遭受排挤孤立，被信任者背叛，甚至被人下毒，但她没有退却，而是更深入地倾听非洲。贾桂琳在卢安达创立"独特应变"机构，为当地贫穷妇女提供小额贷款以改善生活，无数妇女因此获得改变，成为非洲最有潜力的一群人。贾桂琳重建当地单亲妈妈社会福利团体，帮助她们找回信心、脱离贫穷。贾桂琳回到美国，成立了非营利创投机构"聪明人基金"，以投资方式在发展中国家开创可以永续经营的企业，并为当地贫穷民众提供基本民生服务。

在中国也有这样一群怀有国际理想主义和富有国际人道主义情怀的"世界公民"。来自不同国度的外国人在中国各地从事公益事业，志愿服务于那些身陷贫困的群体。"我把我的一切都交给他们，我自己的命是属于他们的，如果我走掉了就没命了……"卢安克坐在广西偏远山区东兰县板列村的小山丘上接受媒体采访说出这番话时，无数中国人为之动容。这名德国男子将30岁到40岁这10年黄金时间，倾注在广西贫困山区的教育上。他所在的板列村小学的孩子们大多是留守儿童。"学生们需要的是一个能留在他们身边的大人来代替在城里打工的父母。"卢安克组织孩子们拍DV、设计村里的小路、观察和体验大自然……孩子们把他视为亲人，在他的影响下慢慢树立自己的独立人格，规划未来的人生。10年来，卢安克没拿过任何报酬，他把翻译作品赚得的稿费捐给慈善机构，他在中国的工作生活靠父母每年寄来的4800元人民币维持。还有更多的"世界公民"值得我们纪念：德国盲女萨布利亚·坦贝肯自2000年起与西藏残联一起帮助96名盲童接受日常生活技能培训和藏、汉、英三种语言的盲文基础教育；英国老人希拉里在云南边远山区给孩子补习英语和募集资金，兴建希望小学；意大利语言学博士阿鲁道千里迢迢来到中国，希望让全世界所有想学英语但没有条件的贫困学生都能接触到外教……这些"世界公民"享受着精神上而非物质上的愉悦，完成了人生价值的自我实现。

快乐是对志愿者无私付出的唯一回报,也是具有永恒价值的回报。快乐的根源是参与和奉献。能够尽自己的力量帮助别人,本身就能体验到一种快乐。所以,每一个志愿者岗位都是一个阳光驿站;每一个志愿者都是一个快乐使者。

再小的力量也是支持

"如果生命给了你柠檬,那就把它榨成柠檬汁吧!"生命本就是一个充满甜酸苦辣的过程。只是酸苦是上帝交给我们的难题,而甘甜的人生则需要我们亲手调味才能实现。如果说良好的心态是倒入柠檬汁中的那杯平淡却不平凡的水,那么坚强和乐观的品质就是其中的糖和蜂蜜。《亚历克斯的柠檬汁摊》一文的主人公亚历克斯出生不久就被查出患了癌症,但她和家人从未失去过信心。过完4岁生日的第二天,亚历克斯对妈妈说,想在家门口摆一个卖柠檬汁的小摊。她要把挣来的钱用于癌症的研究和治疗。亚历克斯的柠檬汁摊开张了,妈妈把这件事提前告诉了邻居,希望他们能在摊前待一会儿,鼓励一下亚历克斯。出乎所有人的预料,亚历克斯很快就筹到了2000美元,她把钱全部捐给了医院。亚历克斯的柠檬汁摊得到了越来越多人的支持,也影响了越来越多的人。当8岁的亚历克斯离开人世后,亚历克斯基金会继续吸引着社会各阶层的上万名志愿者为小儿癌症研究捐款。渐渐地,美国大街上的柠檬汁摊越来越多,几千个"小亚历克斯"虽然身患癌症,却在治疗的间隙坚守着自己的柠檬汁摊位。柠檬汁成为生命与爱的象征。生命给了亚历克斯酸苦的柠檬,可她却将之转变为甘甜,滋润着每一个人。

与其怨,不如爱;与其剿杀,不如呵护。1968年,地处印度东部的瓦腊纳西站发生了一场惨烈的车祸。为看清楚信号,火车司机拍死了一只落在脸上的蜜蜂,招致成千上万只复仇的蜜蜂疯狂地蜇刺他的脸、脖子、手臂……司机疼痛难忍,拼尽最后一丝力气拉下了刹车杆,但强大的惯性仍然驱动列车闯入车站，撞上了另一列火车。五节车厢被颠覆，三百多名旅客非死即伤。惨剧发生后，有人提出将瓦腊纳西小站周边的茂密杂树全部砍伐掉，清理出隔离带；也有人建议调集大批消防人员，捣毁沿线树丛里的全部蜂巢，喷洒农药，剿灭蜂群，永绝隐患……这些方案执行起来非常困难，最终也没敲定切实可行的措施。车祸发生后的第四年，一个小男孩的举动引起了人们的注意。每年春天，小男孩都会背上满满一书包花籽，撒种在距离瓦腊纳西小站铁路线外的百米远处。夏天来临，花开缤纷，清香扑鼻，成群结队的蜂蝶都被吸引了过去，连蜂巢也搬了家。在当年那个司机探出头观望信号机架的地方，小男孩还竖起了一块警示牌："嗨，不要打它。"过往的列车司机都清楚，它指的是蜜蜂。原来，小男孩的父亲也在那场车祸中遇难，永远地离开了他。小男孩说，蜜蜂只有在感觉受到威胁时才会攻击"敌人"。我们给它花蜜，爱护它，做它的朋友，它就不会攻击我们。

一位老人黎明时漫步沙滩，看见前面有个年轻人拾起星鱼抛回海里。他赶上去问年轻人为什么要这样做。年轻人说："搁浅的星鱼如果留在岸上，太阳一出来就会死了。""可是海滩一望无际，星鱼亦有好几百万条，你的努力能有什么影响呢？"年轻人瞧了瞧握在手里的星鱼，把它抛到海里说："对这一条却有影响。"同样，南方旱情严重，也许我们做不了更多，但我们可以节省出买零食的钱，为灾区人民买上一瓶水；山区儿童缺少图书，我们也许解决不了全部问题，但可以少买一件衣服，把省下的钱寄给山区小朋友买他们渴望已久的课本；大街上烂纸和废弃的塑料袋被风卷得满地跑，也许环卫工人一时扫不到，但我们可以弯腰拾起，把它放进垃圾桶里……也许一个人的力量微不足道，但只要每个人从我做起，就能聚沙成塔，集腋成裘。于小事中能见精神，看到人的内心深处的善和责任感。做与不做，并不取决于我们的能力，而取决于我们是否有爱心，是否有责任感。

尊重普通劳动者

这些年，我们的精英文化和精英教育过了头，"有钱人高人一等，没有钱是失败者”、“做大官挣大钱”的“成功学”喧嚣一时。在社会上，对权力金钱的追逐加剧了，对达官贵人的追捧增多了，对精英成功人士的吹捧泛滥了。平民越来越淡出社会的视野，平民的诉求、平民的意愿、平民的利益，在社会考量中的比重减轻了。人人争当“成功者”、“人上人”。这样的目标让我们的压力倍增，也失去了对普通人的敬重。事实是，全世界没有几个人能成为比尔·盖茨，绝大多数都是普通人。对普通人的尊重是文明的标志。尊重普通人就是尊重我们自己。

“君人者以百姓为天，百姓与之则安、辅之则强、非之则危、背之则亡。”一个普通人的生命和一个英雄的生命没什么区别。一听到爱因斯坦这个名字，我们就会敬畏他的伟大而觉得自己十分渺小。但是犹太人对爱因斯坦也好，耶稣基督或是摩西也罢，只觉得他们是犹太人的同胞，不认为他们是什么特别的人物。对他们的伟业当然有尊敬之情，但没有将其神化，“他是人，我也是人”。在以色列，除了国会、法庭和学校，上至军队下至普通百姓都不用敬语，而是直呼其名或用昵称。教师或是长辈不以权威自居，因为他们深刻地体会到学海无涯的道理。“如果我们把《塔木德经》比作大海，那么隐藏在海底的所有的珍珠光靠一个人是捡不完的。《圣经》也是如此，它字里行间所蕴涵的真正意义也不能一蹴而就地研究出来。普通人都是在平等的条件下参加‘寻宝’的比赛，关键在于你有没有发现宝藏（真理）所需要的深厚的知识和敏锐的洞察力。”

普通人也有令人敬佩的成就。2009年，香港大学在为食堂服务员“三嫂”颁授名誉院士的颁奖词中说：识字不多的“三嫂”以独特方式敬业爱岗，对教育做出了贡献，用她的生命给了港大生命。同年，英国清洁工阿伦·布莱汉姆和比尔·盖茨一同获得英国剑桥大学荣誉文学硕士学位。该荣誉学位是剑桥大学的最高荣誉，此前获得这一殊荣的包括爱因斯坦等名人。布莱汉姆被誉为“用扫帚书写剑桥历史的人”。他在剑桥扫地30年，利用业余时间研究剑桥的历史，成为一名合格的剑桥导游。正是对本职工作和剑桥的热爱，剑桥大学决定授予他荣誉学位。南京信息工程大学毕业典礼上，宿舍管理员吴光华阿姨致辞，不到800字的讲话被学生热情的掌声打断了11次。吴阿姨的言传身教教会学生们如何去爱。

罗曼·罗兰说："世界上只有一种英雄主义，那就是了解生命并且热爱生命的人。"丘吉尔瀑布水电站是当今世界上最伟大的建筑工程之一，所有的控制室都在水下300米处。由于汇集了当时全世界最为尖端的建筑学专家和技术人员，水电站的各项安全保护设施可谓尽善尽美，能抵御任何人类已知的灾难。就在整个工程几近完工时，水电站的一位工程师却在例行检查中无意间听到了一个施工人员的话："如果出现更大的灾难，所有的防护措施都无效了，里面的人该怎么逃走?"这个微小的声音很快被汇报到工程总部。工程总部立即召开会议，设计师们表示，当初设计时的确没有考虑到"出乎我们意料"的不可抗拒的灾难。如果真有这种灾难发生，水电站的地下工作人员的确只能坐以待毙。工程总部决定在控制室的出口旁放一台紧急逃生巴士，这个逃生巴士一周7天、一天24小时全天候待命，而且雷打不动每天都要检修一次。设计师们还扪心自问：如果发生意外，地下控制室的人员被燃烧的火或烟雾围困，上不了巴士，又该怎么办？人们想出的解决办法是开凿一个与控制室相连的"避难所"。这个新增的项目几乎要改动整个快要完工的控制室。临时避难所里放了足够多的补给，能保证15个人在里面待上一个月(当时整个控制室只有不到10个人)。除了食物，睡觉和洗浴等设施也一应俱全。食物和补给要定期更换，保持新鲜。自1971年正式启用，丘吉尔瀑布水电站从未发生过一起事故和意外，牢固的保护设施让它在一次又一次的洪水突袭中安然无恙。但历届水电站的负责人从未有过撤走逃生巴士和临时避难室的想法，而是严格地按照1971年制定的规章制度，一丝不苟地按时检修逃生巴士，照料打理临时避难所。丘吉尔瀑布水电站的工作人员关爱生命、防患于未然的举措令人肃然起敬。

诺贝尔说："生命，那是自然拿给人类去雕琢的宝石。"爱默生说："一个伟大的灵魂会强化思想和生命。”电梯里的镜子被安装的初衷是，当有残疾人摇着轮椅进来的时候，他（她）不必费力地转过身来就可以从镜子里看到楼层的显示灯。伦敦某工厂曾发生大火，贫穷的小童工们被送到医院时已断气。护士长自告奋勇地说：“让我来处理。”她把孩子一个个抱到床上，用雪白的床单将尸体裹好，轻轻放在地面上，等待家长认领。她叮嘱其他护士：“记住，一定要像裹自己的孩子那样裹他们！”在小事或细节上体现出来的对人的尊重，让人的心里恬静而温暖。生命就像美丽的鲜花，在阳光下慢慢地绽开。我们要保护好这朵花，让它以饱满的热情迎接生活，挑战自我，珍爱生命。当我们懂得了平等尊重，养成了平民的人格、意识、情怀，我们的社会就会有更多的人去关注普通人、尊重普通人乃至为普通人的利益而奋斗。

老有所为　服务社会

人口老龄化是一个全球现象，但老人并不等同于无用之人。郭沫若说过：“一个民族，老当益壮的人多，那个民族一定强；一个民族，未老先衰的人多，那个民族一定弱。”西方学者西塞罗认为：“完成人生伟大事业的不是体力活动或身体的灵活性，而是深思熟虑、性格、意见的表达。关于这些品质和能力，老年人不但没有丧失，而且益发增强了。”联合国卫生组织根据现代生理及心理结构上的变化，将人类的年龄做了新的划分：44 岁以下为青年；45 ~ 59 岁为中年；60 ~ 70 岁为年轻的老年；75 ~ 89 岁为老年。有些 60 岁的人肌肉仍然很发达，善跑如年轻人，言谈、思维敏捷，则可以说他仍然处于有作为的年龄段。青春与老迈在于心境。希腊戏剧作家莎福格尔斯在 70 岁以后还写了许多伟大的戏剧。诗人丹尼逊在 80 岁的晚年才写下名诗《横渡彼岸》。我们的身体因年岁增加而渐渐虚弱，可我们的精神仍可保持青春，可以多做事情使生命更充实。

在很长时间内，梁从诫是历史学家、出版社编辑。然而 1994 年，62 岁的梁从诫深感中国环保问题之严重，和几位志同道合者创办了中国第一个民间环保团体——自然之友。“真心实意,身体力行”,是梁从诚为“自然之友”确定的核心原则,他自己即是此原则最好的执行者:名片用废纸复印,从不使用免洗餐具,随身带着一个小布袋,内装一双筷子、一把饭勺。作为全国政协委员,他一向是骑自行车去参加各种会议的。为保护濒临绝种的藏羚羊,梁从诫远赴青海省的可可西里,登上四千多公尺高的昆仑山口,亲手焚烧收缴的近四百张藏羚羊皮。为斩断藏羚羊羊绒的贸易链条,梁从诫在英国前首相布莱尔访华时毫不客气地给他写信:“我请求您运用您个人在国内和在你们的欧洲同伴中的影响,和我们一道来防止这种珍稀动物因‘致命’的时尚而被灭绝。”有感于环保工作总是败多胜少、困难重重,梁从诫把环保比作“一场难以打赢的战争”。尽管如此,他还是坚持:“梁家三代生于斯、长于斯,这块土地养育了我们,我们只能为这个社会、为这块土地、为这个民族做一些力所能及的回报。这个国家是我们的,地脏了总得有人扫吧。”

美国威斯康星大学规定:教授年满 70 岁便要被强迫退休。1943 年,该校的植物学教授德格博士正好 70 岁,他不得不对他所留恋的一切说再见。德格心中一直深藏着一个梦想——研制出一种特效药来拯救那些被病魔所折磨的人们。于是,德格来到雷德里化验所承办的制药厂工作。那时人们都认为减轻及治疗多种传染病的灵丹妙药藏匿于泥土之中。化验室中有 6000 个小抽屉,每个抽屉中都盛装着来自世界各地的泥土样品,德格将一撮撮泥土样品放在细颈实验瓶里,在精心培育下使之长霉,然后再做无数次的试验,从长出的霉中分离出对病毒有作用的物质。6000 份泥土样品至少要做 3600 万次试验,德格每天都重复着这种单调的工作。三年过去了,他一无所获,可他并没有放弃希望。一天,他看见一个实验瓶里生长出一种金色的霉,通过多次试验,他终于从中分离出一种抗生素——金霉素,它可以控制 50 余种严重病症。此后不久,德格又分离出了另一种广谱抗生素——四环素。德格活到 84 岁,他救活的人比世界上所有的医生加起来还要多,很好地诠释了“梦想并不退休”。这正是:“宁可抱香枝上老,不随黄叶舞秋风”,“壮志未与年俱老,老骥仍须万里行”。

人老了要有所依,有所居,有所乐,有所为。美国作家塞纽尔·厄尔曼说:“青春不是生命的一段时光。它是一种精神状态,是指不懈的干劲、丰富的想象力和滚烫的情怀。青春意味着战胜懦弱的那股大丈夫气概和摒弃安逸的那种冒险精神。往往一个60岁的老者比一个20岁的青年要多一点这种劲头。”德国精力充沛的老年人在接受相关培训后积极从事志愿者工作,成为社会稳定的重要辅助力量之一。南宋的陆游高寿八十有五,晚年难以再干农活,但他有诗云:“老人不复事农桑,点数鸡豚亦未忘”,看好家中的鸡和猪,不也是对家庭和社会的一点贡献吗?

第六章　信仰是塑造人格的基石

《史记·管晏列传》有一句名言:“仓廪实而知礼节,衣食足而知荣辱。”道德与人类的物质生活和精神需要密切相关。道德的提升,不仅需要法律制度的约束,更需要信仰的指引。任何社会和个人都应该具有道德自觉,这是一种隐藏于人们内心深处、对于思想与言行具有决定性作用的心理构成,是人类一种共性的美好情感,是令世人尊重的人格、人品。

第一节　仰俯无愧于天地人心

诚信是高尚的人格信仰

“信”是中华道德观念的重要范畴,是天下行为准则的关键。“信”要求人们恪守做人的基本原则,即诚实不欺、讲信用。“诚者,天之道也;思诚者,人之道也。”中华民族关于“信”的思想源远流长,已成为中华民族文化的重要组成部分。历朝历代尽管政治观点各异,但在“信”这一道德观念上基本趋向一致。中国最早的文献汇编《尚书》中就有关于“信”的记载,如“信用昭明于天下”。大约从商末至春秋,“信”作为中国传统道德的重要内容,开始出现在金文上。在儒家伦理中,诚实守信被视作“立人之本”、“立政之本”、“进德修业之本”、“诚信者,天下之结也”。诚实不欺是必备的品德之一,诚信是恪守“忠”、“仁”、“义”等德行的必要条件。孔子三次强调“主忠信”,认为“信”是成就君子的必要条件之一。他说:“君子义以为质,礼以行之,逊以出之,信以成之。君子哉!”孟子把“信”视为用以维系儒家“五伦”的基本伦理规范之一。《清稗类钞·敬信类》中记载了这样一个故事:一个叫蔡嶙的人向一位朋友借了一千两黄金,没打借条。不久朋友去世了,蔡嶙把朋友的儿子叫到家里,把一千两黄金还给他。朋友的儿子坚决不受:“没有这回事,父亲没有留给我借条,也没有告诉我有这事。”蔡嶙说:“借条就在我心里,不在纸上,心中的诚信才是根本。你父亲知道我是个讲诚信的人,才没有告诉你。他如此相信我,我又岂能失信呢?”最后他还是把黄金还给了朋友的儿子。

“诚信是道路,随着开拓者的脚步延伸;诚信是智慧,随着博学者的求索积累;诚信是成功,随着奋进者的拼搏临近;诚信是财富的种子,只要你诚心种下,就能找到打开金库的钥匙。”诚信不仅是中华民族的传统美德,也是现代道德素质之首。有人说,现代社会靠三个基本的东西来运行,它们是诚信、契约和信仰。然而当今社会,越来越多的人为了一己之私不守诚信。美国某名牌大学博士生导师带的一名中国博士生富有天赋,并在研究领域取得过卓越成就,但他连博士学位还没修完,就中止了学业。原来他找到了一份既高薪又有望申请到美国绿卡的职位。在过去的一年里,这位博导身边先后有六名中国籍在读博士生因为相同原因中止了他们的研究助理工作和博士课程。他们申请入学时承诺攻读博士学位的诚信荡然无存。“这极其不道德! 你会觉得自己竟然愚蠢到被自己的学生欺骗。”这名博导明确表态:他与学校其他一些教授、科研人员决定,今后不再考虑来自中国的申请者,包括来自清华大学等那些高素质的学生。而另外一批留学生的做法更令人不齿,他们找“英文论文代写枪手”完成功课,因被学校发现而接连被劝退。“枪手”自称“熟悉各国论文写作风格,擅长写读书报告、学期论文、毕业论文等,形式不拘”。在一个英国的中国留学生论坛里,一家代写公司明码标价贴出了以英镑计费的价格表,从本科一年级到硕士、MBA 的各类论文、作业,每千字收费从 70 英镑到 120 英镑不等;“交工”时间一般为两周,“加急”就得加钱。据说,这些枪手多半是硕士、博士,也有高校教师。学术作假的后果是严重的,作假记录会被当地教育局记下，结果针对中国留学生的政策一年比一年紧。一位留学生说：“他们怀疑我们什么都作假，提交任何申请，审查起来都要比其他人严。”高尔基说：人类最不道德之处是不诚实与怯懦。池田大作说：信用难得易失。花费10年工夫积累的信用往往由于一时的言行而失掉。“诚实是力量的一种象征，它显示着一个人的高度自重和内心的安全感与尊严感。”没有诚实，何来尊严！诚实是底线。

可喜的是，社会上还有不少人坚守着诚信。赵书兵是北京市石景山区田村体彩网点店主。2010年9月12日20时28分，赵书兵接到了一个电话：“哥们儿，麻烦帮我买张彩票吧。”因为是熟识的老顾客，赵书兵欣然应允，此时距离足彩胜负彩第10081期的投注截止时间仅剩下不足两分钟，1024元的彩票款也由赵书兵垫付。第二天一早当期开奖，全国共中6注500万元头奖，北京彩民揽获其中1注，中奖的正是还在赵书兵手中的彩票。按照“认票不认人”的规定，赵书兵完全可以将这张价值500万元的彩票据为己有，但赵书兵唯一想到的是：“找电话号码，赶快通知彩民拿彩票领奖。”中奖彩民心情非常激动，连声道谢，提出要给予酬谢，却被赵书兵婉言谢绝了。中奖彩民对赵书兵的诚实守信感到钦佩，主动将自己的中奖经历说了出来。一张小小的彩票，一个忠于内心的选择，令各大媒体争相报道这位诚信业主的好人好事，他的事迹被搬上兔年春晚舞台，被高考全国卷二选为作文阅读材料，还获得了“首都道德模范”的殊荣。多年接受的教育，让赵书兵觉得自己的行为都是应该的。他说：“谁都爱财，自己也很需要钱，家里每个月要还2000元的房贷呢，但爱财也要取之有道，不能拿别人的……该是人家的，就是人家的。这些钱不是自己的，也就不会想着要拿……靠我自己的劳动营生，心里踏实。”

奥巴马在发表总统选举获胜演说时有此感人的一段：“很多人未必会同意我作为总统的每项决策，而政府亦不可能解决所有问题，但我承诺至少我会对大家坦白，坦白讲出大家会遭遇的困难和险阻。我会聆听你们的声音，尤其是当大家意见相左的时候。”诚，感人肺腑；信，催人泪下；诚，光明磊落；信，光昭日月。“诚实比一切智谋更好，而且它是智谋的基本条件。”

信义之举践行诺言

“信”被古人奉为为人处世恒久不变的美德之一。仁义礼智信，根本是诚信。诚，就是既不欺人，也不自欺；信，就是重承诺、守信用。在《说文解字》中，“诚”与“信”两个字是互为解释的，可见二者密不可分。只有对自己诚，才能对别人信。上下五千年，在中国上至管束皇帝的“君无戏言”，下至约束草民的“言必信，行必果”等经典格言，都告诫我们要以诚信为本。儒家将“诚”看做是道德的核心，将“信”看做立身之本，同时也是社会关系中一种最起码的道德原则。“诚”、“信”合起来，有着道德行为与道德品质相统一的丰富内涵。诚是为人之本，信乃立身之道，诚信是一切道德赖以维系的前提，是一切成功和渴望成功的人们必须具备的道德品质，是文明社会的基石。任何社会都离不开基础性的道德，即便人性的弱点能够依靠外在的社会规则予以约束，诚信这种基础性的道德仍然不可离、不可弃。

恪守诺言是“信”的体现。诺言是有分量的，就像顾炎武所说：“生来一诺比黄金。”巴尔扎克也忠告我们：遵守诺言就像保卫你的荣誉一样。诺言是一个担当，一份责任，一种付出，诺言即出，就要全力以赴践诺。一个社会的前途，不仅取决于它的公共设施之华丽，更在于它的公民守信、践行。82 岁的吴乃宜老人住在苍南一个偏远的小渔村。他有 4 个儿子，都是地地道道的渔民。2006 年，超强台风“桑美”夺走了老人的 3 个儿子，并给这个破碎的家留下了 60 多万元的债务。台风过后不久，就有不少债主上门讨要债款。但当他们看到吴乃宜老人的境况，得知老人每个月只拿不到 300 元的最低生活保障金时，都觉得开不了口。这时，老人对每一个债主承诺：“我会想办法还债的。”他说：“欠债还钱，天经地义。做人要讲诚信，要凭良心，哪怕借了一分钱都要还。儿子已经死了，我不能丢儿子的脸！”老人用儿子的保险赔付款和全家省吃俭用的钱，共计40多万，还清了信用社的贷款和渔具店的债款。为了偿还剩下的20多万元债务，这几年全家过着难以想象的清苦生活。一盏15瓦的节能灯，几件看不出颜色的陈旧家具，就是老人所有的家当。他每天只吃两顿稀饭；自家门口一小块地种了青菜、花菜、大蒜和葱，平常摘几棵拿盐水煮一煮就是一道菜；过年时要靠好心肠的朋友或亲戚送来一点肉，才能开个荤。一家人没添置过一件新衣服，两个小孙女的衣服也是亲戚朋友送的。吴乃宜和老伴还常常编织渔网到深夜，赚取一点收入。织一张网能卖100元，却需要两个老人2个月的时间，算下来每天只能赚几角钱。这期间，台风中受伤干不了重活的二儿子吴秀全拖着病重的身体和妻子外出打工，帮助父亲还债。就这样，吴乃宜老人一家勒紧腰带，一点一点地积攒，凑够一笔欠款后就立即拿去还债。对很多热心人的帮助，老人说得最多的还是感激，虽然还有20万的欠账没有还清，但他总说："今后的日子会变好的。"

信义即信用和道义。"信义"、"诚信"，是被中国人视为比生命还重要的东西。平凡的信义之举能给人带来兴奋和温暖，给人信心，给人感动，给人力量。诚信让心灵无瑕，让友谊长存，让世界美好。孙东林和孙水林兄弟用生命遵守诺言，人称"信义兄弟"。兄弟俩是工程承包商。"新年不欠旧年账，今生不欠来生债"是他们的约定。1989年到2009年的20年间，他们从来没有拖欠过工人的工资。2010年年关，在北京当包工头的哥哥孙水林为赶在年前把工钱发到农民工手上，返乡途中遭遇车祸，一家五口身亡。在天津的孙东林为了完成哥哥的遗愿，来不及处理哥哥的后事便赶在腊月二十九返乡，自掏腰包将33.6万元工钱送到60余位农民工的手中。"哥哥离世后，账单多已不在，我也不知道该给每个民工发多少钱。我让民工们凭着良心领工钱，大家说多少钱，我们就给多少钱！"《新闻联播》播发了孙家兄弟的事迹，盛赞他们"带给人们的不仅仅是几十万元的工钱，而是比这更加珍贵而沉甸甸的一份诚信"。孙东林荣列"2010中国心灵富豪榜风云榜"。上榜词是：哥哥用生命验证信义，他用责任接力真情。他和哥哥一道，用自己的良心编织出2010年春节最感动中国的音符，悲壮而又真实，辛酸而又温情。他是不良老板的照妖镜，更是心灵中国和道德中国的绿化树。

诚信如一把钥匙，打开你我心中那扇门上的锁，让我们的目光相向时不再默然冷淡，沐浴在友谊的阳光里。诚信是沟通心灵的桥梁，善于欺骗的人永远到不了桥的另一端。信任是一种财富，我们只有不断地把它送给别人，我们才能得到更多。生活需要诚信，有了诚信才有幸福可言。

仁义礼智才能立业

鲁迅说："人是要有一点精神的。"企业也需要有精神，需要用精神组织团队并产生凝聚力和创造力。这种精神就是以企业价值观为核心的企业文化。企业核心价值观是企业愿景、使命以及指导企业形成共同行为模式的精神元素，是企业得以安身立命的根本，是企业倡导什么、反对什么、赞赏什么、批判什么的基本原则。日本政府的一份白皮书显示，明治维新时期经济迅速发展，主要依靠三个要素：精神、法规和资本。这三个要素所占的比重分别是：精神占 50%、法规占 40%、资本占 10%。这一结论说明了精神要素和文化要素在社会生活和经济发展中的重要作用。学者查尔斯·汉普顿和阿尔方斯·特龙佩对美国、英国、德国、意大利、瑞典、日本、新加坡等 12 个国家 15000 名企业经理的调查也指出：不同的企业在创造财富的过程中，都受到各自独特的价值体系的影响。可见，核心价值观在企业以及其他组织的建设中处于核心地位。一个企业要想获得核心竞争力，必须从建立核心价值观入手。拥有正确的核心价值观的企业文化，才能形成企业的核心竞争力。

诚信乃商道之本，是中国大多数企业的核心价值观。中国的商业道德源远流长，两千多年来积累的"以义取利"、"货真价实"、"秤平尺足"、"童叟无欺"、"和气生财"、"买卖不成仁义在"、"待人以诚、执事以信"、"诚招四海客、誉从信中来"等诸多格言警句形成了中华民族商业伦理的特色。据说，16 两秤制的发明者曾煞费苦心：取北斗 7 星，南斗 6 星，再加福、禄、寿 3 星，又用金、银两色镶嵌在秤杆上，喻人纯正。倘若缺斤少两，缺 1 损福，缺 2 损禄，缺 3 折寿，反映了人们对诚实不欺的重视，对买卖公平这种商德的向往。纵观商海，兴衰成败的一个重要原因就在于是否恪守诚信。市场经济不仅是一种用制度规范的经济，也是一种用道德规范的经济。信用是一种道德指数，是市场经济中的资源。经济学中，一个无须争议的命题是"市场经济就是信用经济"。随着全球经济一体化进程加快，诚信更成为一种不可或缺的市场资源。企业的生存与发展以经济利益的最大化为目标，诚信是企业的无形资产，它既是企业参与市场竞争的利器和法宝，同时也能够转化为现实生产力。

无诚无信，商道难行；天道诚信，诚赢天下。市场经济中，骗了所有人的后果是被所有人骗，没有赢者可言。"诚信决定存亡"，这是无数历史和现实的经验教训。"失信"的代价触目惊心，已经成为影响社会进步和经济发展的重要障碍。商务部统计显示，我国企业每年因信用缺失导致的经济损失高达 6000 亿元，其中因产品质量低劣、制假售假、合同欺诈造成的各种损失达 2000 亿元。全国有 68.4% 的消费者受过商业欺诈行为的伤害；89.3% 的企业受到不信守合同的伤害；87.3% 的企业有明显的违约失信纪录。中国产品质量协会发表《质量信用体系建设白皮书》指出，产品质量问题归根结底是利益驱动。

三鹿丑闻曝光后，痛心疾首的温家宝同志谆谆告诫"企业家要有道德"。诚信是底线，也是企业精神财富和生命所在。诚信让人铭记，虚假让人唾弃。以次充好、以劣充优、以假乱真，其后果轻者产品难销，重者破产倒闭。一些老字号、老品牌晚节不保，令人深感痛惜。在各种"正规非正规"添加剂风靡的食品行业，北京稻香村是个例外，这里仍然保持着传统自然的调味方式。副总经理池向东介绍说："玫瑰花、桂花、菊饼这些天然物质就是我们的主要添加剂。一般商家的蛋糕只卖四五元一斤，而北京稻香村的蜂蜜蛋糕售价高达 11 元/斤。顾客们不知道的奥秘全在鸡蛋上。50 斤低筋面粉、50 斤鲜鸡蛋和 5 斤纯蜂蜜，用 1 比 1（面粉与鸡蛋）的比例做出的蜂蜜蛋糕口感最好。做 100 斤蛋糕需要 40 斤鸡蛋。"从 2010 年开始原材料价格不断上涨，鸡蛋的价格也涨了不少，面对成本压力不断增加的局面，有员工建议用“蛋糕油”，不但能提色提味，还能大大减少鸡蛋的使用量，但建议没有被采纳。池向东说：“做食品就是做良心，降低信誉的事我们不能做！稻香村绝不会为了节约成本而使用添加剂。”由于传统食品的大部分原材料都是初级农产品，如葡萄干、各种小豆、小枣等，大小不一致，也多杂质掺杂，所以稻香村除了常年有60位员工负责手工挑拣外，还成立了自己的检测中心，实施了从原辅料采购到产品出厂的全程质量监测。目前可以监测包括食品微生物、理化指标、食品添加剂、重金属、农药残留等共240余项指标。从2007年开始，根据奥组委专家组提出的建议，北京稻香村所有的生产用植物油都改为非转基因油，并取消了合成色素、含铝泡打粉的使用，所有起酥油的反式脂肪酸含量均达到国际标准。

诚信在欧美也被视作高于一切的“帝王原则”。“守信是一大笔收入，背信则是一笔庞大的支出。”1982年9月，美国芝加哥地区发生了因服用强生公司生产的“泰诺”胶囊而中毒死亡的事故。消息传开后，在全美引起一片恐慌。强生公司并没有企图回避和遮掩事实，而是立即展开行动，一方面积极同警方合作，展开对事件的调查；另一方面在全国范围内回收了数百万瓶“泰诺”胶囊，同时花了50万美元向那些有可能与此事有关的内科医生、医院和经销商发出警报。经过对800万片药剂进行检验，发现所有受污染的药片只源于一批药，总共不超过75片，死亡人数7人，且仅限于芝加哥地区。最后的调查结果显示，是有人故意在“泰诺”胶囊里投放了氰化物，强生公司是无辜的。这一事件使强生公司蒙受了上亿美元的损失，但出色的善后处理使公司赢得了消费者和社会舆论的普遍同情。后来，强生公司取消了胶囊包装，新包装的“泰诺”被投放市场。在事故发生后的仅5个月内，强生公司就夺回了该药原来所占市场的70%，并在两年后重新夺回市场老大的位置。强生公司的危机处理措施是围绕着公司的核心价值观展开的，即强调对消费者、对员工、对社会、对股东的四大责任。这一价值观符合了人类基本的价值规范，因而得到了社会的普遍认可。

诚信是企业发展的生存条件，是市场经济成熟的标志，也是社会稳定的基础和保障。“买进口不如买国产，买国产不如买诚信”口号的流传，足见商业信用已经成为消费者十分看重的要素。

感恩者的心地最洁净

一切情绪之中，最有威力的便是爱心，但它以不同的面貌呈现出来，感恩就是一种爱。感恩是在心中形成一个懂得珍惜的机制，机制就是习惯，人在这个习惯中懂得美和欣赏美，懂得节制和尊重。感恩是一种情感，一种认同，一种回报，一种人生境界，一种生活态度和处世哲学，是人生中的大智慧。感恩能净化心灵，涤荡世间一切尘埃，使人内心变得恬静而柔和。“恩”的范畴很广，除了受到恩惠的人或事件，还包括无数我们根本不认识、永远见不到面的人对我们生活的干预，如粮食、药品、讯息与交通。在这个物欲横流的世界里，我们只有怀揣一颗感恩的心，传递感恩的种子，才能从各个方面获得更大的情感回报，才会体味到生活的幸福与乐趣。学会感恩，也就是学会了生活。

阿拉伯有句谚语：“感激是美德中最微小的，忘恩负义是恶习中顶坏的。”德国科隆大教堂是迄今为止人类建筑史上建造时间最长的一座“哥特式”建筑，共花了600年时间才竣工；它也是世界上最高的尖塔教堂，高约150米，相当于一座50层的大厦。是那些懂得感恩的人的庇护，使得整座科隆大教堂经历第二次世界大战仍能完整地被保存下来。第二次世界大战后期，盟军决定轰炸德国西线最后的据点科隆。这时，寄宿在大教堂里的流浪汉中，有一位老者站了出来。他说，过去大教堂给了我们无限庇护，今天，虽然我们无力保护它不被炸毁，但我们能做的是将大教堂里的玻璃壁画全拆下来，留给后人。老者的提议得到所有流浪汉的支持。在他的带领下，流浪汉们开始拆卸玻璃壁画。这是一项繁重的工作，一万多块壁画既要快速拆下又要保证不损坏。流浪汉们不分昼夜地奋战，就在快要拆到最高层时，盟军的轰炸机呼啸而至。对于这群流浪汉来说，当务之急就是迅速撤离。然而惊人的一幕出现了：没有一个人逃离，他们仍按部就班地拆卸着壁画。最高层的一圈壁画需要从外面拆，好几个流浪汉仅仅在一根绳子的拉扯下，全身悬在塔的外面，把自己当成了“蜘蛛人”，而轰炸机就近在咫尺，他们随时都可能丧命。没有害怕，没有退缩，这一幕深深震撼了盟军轰炸机上的军人，轰炸机改变了方向，呼啸而过。此后几天，整个科隆几乎被夷为平地，唯有科隆大教堂依然耸立。2008 年，一封解密的第二次世界大战盟军轰炸科隆的飞行纪录揭开了悬疑——一个代号为 MX78 的军官这样写道，当我下令放过大教堂的那刻起，我就知道我会因此而受到处罚。但是，当你看到一群衣衫褴褛的人将自己悬在高高的塔尖之外，不顾生死地抢救壁画时，相信你也会跟我一样做出同样的决定。

明代著名学者洪应明说：“我有功于人不可念，而过则不可不念；人有恩于我不可忘，而怨则不可不忘。”一天，一个贫穷的小男孩为了攒够学费挨家挨户地推销商品。忙碌了一整天的他感到十分饥饿，但全身只有一角钱，他决定向下一户人家讨口饭吃。开门的是一个美丽的小女孩。小男孩有点不知所措，他没有要饭，只乞求给他一口水喝。小女孩看到他很饥饿的样子，就拿了一大杯牛奶给他。男孩慢慢地喝完牛奶，问道：“我应该付多少钱？”女孩回答：“一分钱也不用付。妈妈教导我们，施以爱心，不图回报。”男孩说：“那么就请接受我由衷的感谢吧！”说完男孩离开了这户人家。此时，他不仅感到自己浑身是劲儿，而且他的心中也充满了阳光。男孩本来打算退学的，但他放弃了这个念头。数年后，小女孩得了一种罕见的重病。她被转到大城市专家会诊治疗。当年的小男孩如今已是大名鼎鼎的霍华德·凯利医生了，他是会诊专家中的一位。当看到病历上写的病人的来历时，一个念头闪过他的脑际。他直奔病房，一眼就认出床上躺着的病人就是那位曾帮助过他的恩人。他决心竭尽所能治好恩人的病。经过艰苦努力，手术成功了。凯利医生在医药费通知单上签了字。当医药费通知单送到女病人手中时，她不敢看，因为她确信治病的费用将会花去她的全部家当。最后她鼓起勇气翻开了医药费通知单，旁边的那行小字引起了她的注意，她不禁轻声读了出来：“医药费——一满杯牛奶。霍华德·凯利医生。”

生活是一面镜子,你对着它笑,它也对着你笑;你对着它哭,它也对着你哭。不要把我们的家人、朋友、健康、教育等当成理所当然,它们都是我们回味无穷的礼物。感恩是心灵的习惯,习惯是天天重复的行为。如果重复的是烦恼,情绪接近于忧郁症;如果重复的是感激,得到的是喜悦。感恩者因为感恩而洁净,心灵由此饱满和成长。

大师塑造人格之美

何为大师?《现代汉语词典》的解释是:“在学问或艺术上有很深的造诣,为大家所尊崇的人。”这样的解释只着眼于技术层面,我们心目中的大师不仅在学问或艺术上有很深的造诣,而且他的学问或艺术之中具有尽可能深刻的人性内涵,他对人的存在方式的揭示具有开创性和超时空性,他的人生道路与人格形象对一般人生具有深刻的启示性和巨大的感召力。

凡大师皆孤独。孔子感叹:“莫也知我夫!……知我者其天乎!”老子感慨:“吾言甚易知,甚易行。天下莫能知,莫能行。言有宗,事有君。夫唯无知,是以不我知。知我者希,则我者贵。是以圣人被褐而怀玉。”尼采的自白是:“我独自一人面对一个巨大的问题,这是一片原始森林,我在里面迷路了。我需要帮助,我需要众多的弟子,还需要一个老师。服从会是多么甜美的事啊!如果我在一条山路上迷了路,我会顺从熟悉那座山的人。如果我病了,我会服从医生。如果我能遇上一个能在道德观念上启迪我的人,我会听从他,追随他,但是我一个也没有找到,我找不到任何弟子,更找不到老师……我形单影只。”《大师人格:孤独之美》一文写道:有着深邃思想的大师必有其坚定的人生信仰。信仰之所以坚定,是因为那是对自身思想的信仰。大师可以是宗教家、道德家、政治家、科学家,但从信仰的角度而言,他首先和最终都是思想家。大师的思想具有深厚的人性内涵,联系着世道人心,具有现实性和理想性。既信之又仰之,大师成为坚定的信仰者。有着坚定信仰的大师必有其强大的人格。其人格之所以强大，不仅在于人格内涵的深刻性、丰富性，更重要的在于它的独立性。特立独行是大师在孤独中的人格操守，也是大师必有的人格魅力。

集哲学家、宗教学家、历史学家于一身的任继愈老先生有一个“三不”规矩——不赴宴请，不出全集，不当“挂名主编”。不赴宴请，是因为他觉得时间宝贵，需要好好珍惜利用。“我比不得你们，你们好比在时间的银行里还有一百块钱，我却只有五毛钱了，我得好好地用这五毛钱才行。”任老的勤奋超出常人，90 高龄还坚持每周到国图上两天班，“总能看到老先生胳膊上搭着拐杖，提着皮包，走在早晨急匆匆进馆上班的人群中……”不出全集，是因为他认为“人的学术是不断发展的，昨日之我与今日是有差距的”，不可以“全”定论。不当“挂名主编”，是因为他觉得干“名气换钱”的勾当让读者上当，对不住良心。任老自己“不出全集”，却承担了《中华大藏经》、《中华大藏经续编》、《中华大典》、《东方文献》、《新标点二十四史》等重大国家级图书项目的主编工作。“文章千古事，得失寸心知。”在任老主持的研究项目中，他要同各部负责人亲自谈话，共同商讨编纂的原则、方向等重大问题，亲自过目重要稿件。80 岁的北京大学教授、任老的弟子白化文说：“某种程度来讲，任老是牺牲了他个人的学术，而把全部的时间、精力和才能用在了主持国家级国学研究项目上，是他这一代人当中为‘领头’国家级古籍丛书项目做出贡献最大的！”佛教史专家杜继文记得，为了劝说自己参与编纂《中华大藏经续编》，91 岁高龄的任老在大冬天一级一级地爬到 5 楼，找到自己家里来劝说。而且，在五六个人组成的编委会中，任老拿的工资仅仅是自己的一半。“最难得之处在于他为国家做的事多，却特别低调。毛泽东夸过他‘凤毛麟角’，他从来只字不提。”任老为学术后辈留下的是一片纯净与清白。

最早发现并引荐陈寅恪这匹“千里马”的是梁启超。20 世纪 20 年代清华国学院刚刚成立，梁启超向校长曹云祥力荐陈寅恪。曹问：“陈寅恪是哪国博士？”梁答：“他不是学士，也不是博士。”曹又问：“他有没有著作？”梁答：“也没有。"曹拒绝:"既不是博士,又没有著作,这就难了!"梁大怒:"我梁某算是著作等身了,但总共还不如陈先生寥寥数百字有价值!"曹十分震惊,这才同意聘请陈寅恪,成就了这位日后清华园里大名鼎鼎的"教授中之教授"。但是因为一个古人陶渊明,他们之间的恩怨一度被传得沸沸扬扬。作为史学大家的梁启超认为:"陶渊明弃官归隐最主要的动机是当时士大夫廉耻扫地,他纵然没有力量移风易俗,起码也不肯同流合污,把自己的人格丧掉。"陈寅恪提出了针锋相对的意见,认为陶渊明"耻事二姓"才是可信的。同时针对梁启超"无论从政还是从教,都不在乎在清朝还是在民国"的亲身实践,陈寅恪批评他"取自身之思想经历,以解释古人之志尚行动"。应该说,陈寅恪的批评不仅力道十足,而且尖酸刻薄。有好友劝他:"梁公对你有知遇之恩,你这样做,就不怕别人说你忘恩负义吗?"陈寅恪笑答:"错了,我这样做,才是对梁公最大的尊重,也才没有辜负他对我的赏识和抬举。"梁启超生性洒脱不羁,当有人嘲笑他"引狼入室"时,他回敬了一句耐人寻味的话:"无论是批评陈寅恪还是讥讽我的人,都把我们看得太小了。"

可见,大师除了顶尖的学问、广博的见闻、宽阔的胸襟,更需要一种超越个人荣辱成败和恩怨情仇的境界。所有的大师都在思想上具有自己的品格,把学术看得远大于自身,诚挚而永不妥协地探索真理。他们构造了人类思想的宝库,塑造了令人高山仰止的人格之美。

第二节　简单有序生活方致远

勤可补拙　俭以养廉

早期的罗马人健康、纯朴、高尚,富有爱国心和荣誉感,是辛勤的农夫和坚强的战士。然而随着罗马帝国的建立和太平盛世的来临,信仰的堕落弥漫了上至达官显贵下至普通百姓的各个社会阶层。他们认为劳动是一种耻辱,竞相追逐富裕和安逸。仅就淋浴这件日常琐事,就足以体现罗马人的铺张。“谁家室内的墙壁要是没有金碧辉煌的饰板,没有亚历山大的大理石、衬以努米底亚的贴花饰物,没有房屋挑檐下那一整圈精心设计、丰富多彩、美如画卷的饰带,拱顶表面没有玻璃天花板,浴池四周砌的不是萨索斯石板,水龙头不是白银做的;汗流浃背精疲力竭时不能在这种豪华浴室享受一番,就会觉得自己寒酸……”当奢侈享受之风销蚀了罗马人的传统道德时,也扼杀了自由、团结、爱心和创造力。曾经铸造了一个伟大罗马的因素渐渐消失,信仰的没落,成为罗马帝国走向衰亡的起点。

“勤可补拙,俭以养廉”,老子的“崇俭”思想对于修身、持家和治国都极为重要。曹操针对东汉以来的奢靡风气,要求自己活着时“吾衣被皆十岁也,岁岁解浣补纳之耳”;死后“殓以时服”、“无藏金玉珍宝”。诸葛亮在《诫子书》中谆谆告诫儿子“静以养身,俭以养德,非淡泊无以明志,非宁静无以致远”。曾国藩在致其弟的一封信中也指出:“吾兄弟欲为先人留遗泽,为后人惜余福,除却勤俭二字,别无他法。”

媒体报道,“袁隆平”这个名字的品牌价值为1008.9亿元。对这个评估,“杂交水稻之父”哈哈大笑,将自己定义为“中国的精神首富”。关于财富,袁隆平说:“第一,君子爱财,取之有道。第二,钱是拿来用的,有钱不用等于没有钱。我现在不愁钱,但我的性格过不了奢侈生活。我讲究朴素大方。有人问我衬衫多少钱买的,我说二三十元,他们都不相信。”袁隆平生活中的很大一部分支出是资助穷苦的农民和学生,这项支出每年都有几万元。

“节约和劳动是人类心灵最真实的两位医师。”1879年,爱因斯坦出生在德国一个贫困的犹太家庭,从小饱经苦难。1921年,他因“光电效应定律的发现”而荣膺诺贝尔物理学奖。一举成名后,各种荣誉和优厚待遇纷至沓来,他却淡泊名利,依然保持当年穷学生时的简朴的生活方式。但这个对自己小气的人对别人却不小气,他将巨额奖金悉数给了前妻。1929年,他应比利时伊丽莎白王后之邀访问布鲁塞尔。王后派皇家车队去火车站迎接，司机们在头等车厢外等候，可直到旅客走完了也不见爱因斯坦的影子。车队只好空车而回。过了一会儿，爱因斯坦居然独自来到王宫。原来他没有坐头等车，而是坐的三等车。他还婉言谢绝住进豪华王宫，坚持下榻三等旅馆。爱因斯坦一度在荷兰莱顿大学执教，他对宿舍的要求是有牛奶、饼干、水果，再加上一把小提琴、一张床、一张写字台和一把椅子。学校当然满足了爱因斯坦的要求，爱因斯坦兴高采烈地喊道："有了这些东西，我还需要什么？什么都不需要了！"后来为躲避法西斯迫害，爱因斯坦移居美国，普林斯顿大学以当时最高年薪16000美元聘请他，他却说："这么多钱？能否少给一点？3000美元就够了！"人们大惑不解，他脱口说："依我看每件多余的财产都是人生的绊脚石。唯有简单的生活才是给我创造的原动力！"诚如他在《我的世界观》一文中所言："安逸与享乐与我无缘，我称这种生活为猪猡的理想。照亮我前进并不断给我勇气的是善、美、真……除此之外，在我看来都是空虚的。"直到生命的最后一刻，爱因斯坦都不改初衷，固守简单。临终前，这位科学巨匠叮嘱家人：不发讣告、不搞葬礼、不建坟墓、不立纪念碑。

华西村老书记吴仁宝说得好："家有广厦万间，不过六尺小床。纵有黄金万两，不过一日三餐。"夜深人静睡不着的时候，我们的灵魂是会和我们对话的，会问我们究竟为什么而活。不要忽视这个问题，因为随便吃一片安眠药，是不能把这些念头压下去的。孔子说："奢则不孙，俭则固。与其不孙也，宁固。"意思是宁可显得孤陋固执，也不奢侈傲慢。简单的生活能带来我们分享的欢乐、纯朴的感动和饱满而奢侈的精神世界。

艰苦奋斗　自强不息

中华民族历来以勤劳节俭、不怕艰苦著称于世。古人曰"艰难困苦，玉汝于成"，"忧劳兴国，逸豫亡身"，"生于忧患，死于安乐"……艰苦奋斗是一种不怕艰难困苦、奋发图强、艰苦创业、为国家和人民的利益乐于奉献的英勇顽强的斗争精神。艰苦奋斗精神作为中华民族的传统美德,不仅帮助中华民族获得了新生,而且带给中华民族巨大的活力。

从茹毛饮血、刀耕火种的原始社会到科技、文明高度发达的当今社会,人类社会的发展史就是一部艰苦奋斗史。汉代司马迁在身心遭受巨大摧残和凌辱之后发愤图强,写出了被誉为“史家之绝唱,无韵之离骚”的传世巨著《史记》。《太史公自序》还列举了历朝历代许多发愤图强的事例:“昔西伯拘羑里,演周易;孔子戹陈蔡,作春秋;屈原放逐,著离骚;左丘失明,厥有国语;孙子膑脚,而论兵法;不韦迁蜀,世传吕览;韩非囚秦,说难、孤愤;诗三百篇,大抵贤圣发愤之所为作也。”贫贱、困苦、忧思本是不利的条件,却成为磨炼人们意志、成就人们事业的绝好熔炉。中国现代史也是一部艰苦奋斗史。中国共产党在领导中国革命和建设的长期斗争中,一直保持艰苦奋斗、自强不息的精神风貌,历尽艰险,饱受磨难而不坠革命之志,这是夺取一个又一个胜利的重要原因。可以说,我们党是靠艰苦奋斗起家的,也是靠艰苦奋斗发展壮大、成就伟业的。没有艰苦奋斗精神,就没有新中国的成立和发展。因此,毛泽东多次告诫全党:“务必使同志们保持艰苦奋斗的作风。”邓小平反复强调:“中国搞四个现代化,要老老实实地艰苦创业。”江泽民再三指出:“过去干革命需要艰苦奋斗,今天搞社会主义建设,同样要靠艰苦奋斗。”胡锦涛同志指示:“要牢记历史使命,永远保持谦虚、谨慎、不骄、不躁的作风,永远保持艰苦奋斗的作风。”“历史和现实都表明,一个没有艰苦奋斗精神作支撑的民族是难以自立自强的;一个没有艰苦奋斗精神作支撑的国家是难以发展进步的;一个没有艰苦奋斗精神作支撑的政党,是难以兴旺发达的。”

艰苦奋斗是一种创业精神,即在与艰难困苦作斗争中奋发向上,锐意进取,辛勤创业。1959 年,大庆油田在东北松辽盆地诞生了。石油工人王进喜请战,奔赴大庆。在零下 30 度的严寒中,一无房屋,二无床铺,王进喜和同事们住在牛棚、马厩、地窖或临时支起的帐篷里。直到后来,大伙儿挖土打夯,建造了 30 万平方米的“干打垒”,才解决了住的问题。生产条件十分落后,他们却不畏艰险，把几万吨的设备器材从火车上卸下来，用手拉、肩扛加滚杠的办法拖到几公里外的井场。有一次打井打到700多米时突然发生了井喷，强大的高压液柱冲出井口，吼声震耳欲聋，情况万分危急。王进喜立即组织大伙儿往浆池里倒水泥，随后他不顾腿伤，带头跳进2米深的浆池里，用手脚搅拌泥浆，3个多小时后才终于压住了井喷。此时的王进喜已经筋疲力尽，腿上的绷带纱布不知去向，伤口被碱性很强的泥浆浸泡冲刷，变得血肉模糊，身上、脸上、手上也被泥浆中的烧碱、化学药剂烧出了血泡。他顽强地喊道："有条件要上，没有条件创造条件也要上！"从那时起，大庆精神就成了艰苦奋斗精神的代名词，鼓励中国人民投身到艰苦的工作中去经受锻炼。

不同的时代赋予艰苦奋斗不同的内涵，但艰苦奋斗精神所包含的勤劳俭朴、拼搏进取、富于创造、甘于奉献的基本内容没有变。今日的中国虽然取得了举世瞩目的成就，物质生活和精神生活超过了以往任何时期，提倡艰苦奋斗仍然具有现实意义。艰苦奋斗已经远远超出了外在的口号和形式，意味着保持一种生活准则，一种工作作风，一种利益观念，一种精神状态，乃至追求一种高尚的奋斗目标和人类共同的价值方向。徐虎原是上海普陀区中山北路房管所的水电修理工。他发现居民下班后正是用水用电高峰，也是故障高发时间，而水电修理工此时已下班这一情况后，在管辖的地区率先挂出三只醒目的"水电急修特约报修箱"，每天晚上19时准时开箱，并立即投入修理。从此，不管刮风下雨、冰冻严寒，还是烈日炎炎或节假日，徐虎总会准时背上工具包，骑上他的旧自行车直奔这三个报修箱，然后按着报修单上的地址走了一家又一家。十多年中，他从未失信于用户。十年辛苦不寻常，徐虎累计开箱服务3700多天，共花费7400多个小时，为居民解决夜间水电急修项目2100多个，他被群众誉为"晚上19点钟的太阳"。徐虎以"辛苦我一人，方便千万家"的精神，两次被授予"全国劳动模范"称号，被上海市委、市政府评为"上海市十大先进标兵"。

流转更替的是岁月，坚定不变的是精神。伟大的民族精神是在不断的艰苦奋斗中获得的。一切光荣和荣誉的背后都有曲折和坎坷的经历，都有强大的精神力量作支撑和鼓舞。艰苦奋斗是一种只有在艰辛探索之后才能体会到的美好追求。这种追求是一种境界，也是一种价值实现。我们只有通过艰苦的奋斗，才能体会到革命先辈的艰辛、胜利的不易，才能感受到辛勤劳动的快乐与充实，才能更加自觉地坚定信仰，不断前进，创造辉煌。

臣门如市　臣心如水

《汉书》记载：汉哀帝刘欣很器重敢讲真话的郑崇，听到郑崇的脚步声就笑着说："我识郑尚书履声。"后来郑崇得罪了刘欣的祖母傅太后和男宠董贤，刘欣不再听郑崇的进谏，还大加指责："你家门庭若市，好处捞了不少吧？"郑崇答道："臣门如市，臣心如水。"意思是，虽然我每天要面对数不清的应酬、解读各样的脸谱、应对万变的宦海风云，但我的心却像止水一样宁静。赵朴初老人写道："七碗爱至味，一壶得真趣。空持千百偈，不如吃茶去。"返璞归真的一把素壶，足以领略乾坤风云；气定神闲的一杯淡茶，足以让人忘世。这是禅，是清淡，是超然。有了像止水一样宁静的内心世界，才能各种诱惑面前应付自如，才能面对各种非议和磨难不会心灰意冷，而能像马寅初那样"宠辱不惊闲看庭前花开花落，去留无意漫观天外云卷云舒"；在面对无辜的打击和报复时不会失意绝望，而能像语言学家周有光那样"卒然临之而不惊，无故加之而不怒"。

毕加索是当代西方最有创造性和影响力的艺术家。他在世时画就卖出了很高的价格。晚年的毕加索非常孤独。尽管身边不乏亲朋好友，但是那些人都是冲着他的画来的。考虑到自己已年逾九十，为了保护画作的完整性，毕加索请了安装工盖内克安装防盗网。盖内克憨厚坦率，没有多少文化，毕加索的画在他眼里简直一文不值，他看懂的只是手中的起子、扳手。但是他很愿意陪毕加索聊天，觉得老人很慈祥很温厚，就像是自己的祖父。盖内克在毕加索眼里是智慧的化身，给了他一种豁然开朗的美好。在他面前，毕加索彻底地放下了包袱。二人交往期间,毕加索送给盖内克许多画。他说:“虽然你不懂得画,但你是最应该得到这些画的人,拿去吧,我的朋友,希望今后能改变你的生活。”工作完成后,盖内克离开了毕加索。1973 年,93 岁的毕加索无疾而终,他的画成为当今世界上最昂贵的画作之一。还在四处觅活、日子过得非常艰难的盖内克闻讯后悲痛万分。他想起毕加索赠送给他的那些画,于是急匆匆地赶回家,发现这些画共有 271 张。盖内克知道,只要拿出其中一张,就可以彻底改变他的生活,但他将画又仔细地放到阁楼的皮箱里藏好,没对任何人提起,包括家人。2010 年,年逾古稀的盖内克将毕加索赠送给他的 271 幅画全部捐给了法国文物部门,引起轰动。经鉴定,这些画作全部是毕加索的真迹,价值达 1 亿多欧元。人们感到非常困惑和不解,为什么老人坐拥金山不享受,要全部捐出来呢? 盖内克说:“毕加索曾对我说过,你才是我真正的朋友。是朋友,我不能占有,我只能保管。现在我把这些画捐出来,就是为了得到更好的保管。”

在自然界,千帆过尽,繁花过眼,草木山川枯荣自如,只剩下水天一色,这是大地的超然淡定;在我们的内心,千金散尽,光阴远逝,生命由薄变厚,由厚变薄,这是生命的淡定超然。1998 年,孙玉胜接任中央电视台新闻中心主任。罗京向他提出了一个意外的要求,更换播音组组长,也就是更换他自己。罗京说,组长要张罗整个播音组十几个人的事情,房子职称工资活动大事小情都得操心,而自己不擅长管理,因此建议由更有能力的人当组长。仔细权衡之后,孙玉胜尊重罗京本人的意愿,同意他辞去播音组组长一职,同时采纳罗京的建议,由李瑞英当组长。李瑞英希望罗京做播音组副组长,在征得罗京的同意后,孙玉胜任命罗京为副组长。孙玉胜说,这件事给他留下了难以磨灭的印象。首先打动他的是罗京的真诚。罗京对自己的评估就像他的播音风格一样客观冷静,恰如其分,能这样真诚面对自己并且如实表达的人着实不多。对组里的事情,罗京也绝非冷漠旁观,他辞去了组长职务,但仍然愿意担任副组长,并且一直做了很多年。作为名人,他的身上有一种难得的平常心，从来没有高高在上，盛气凌人。

奢华也罢，绚丽也罢，生命终究归于平淡。淡定平和的目光给人一种无畏和力量，能抵御世间的一切风浪和险阻，使我们活出一个真实的人生。

谦逊是心灵的自然

“谦尊而光”这个成语不常见。谦就是谦虚；尊就是处于比较高的地位；光即光明。这个成语的意思是，处于尊位还很谦虚就能显示光明的美德。语出《周易》的“谦卦”。卦辞曰：“谦，亨，君子有终。”孔子对此进一步解释说：“谦，亨，天道下济而光明，地道卑而上行。天道亏盈而益谦，地道变盈而流谦，鬼神害盈而福谦，人道恶盈而好谦。谦，尊而光，卑而不可逾，君子之终也。”谦逊这一品质在中国古代先哲心目中占有重要地位。明代杨继盛告诫儿子：“与人相处之道，第一要谦下诚实。同干事则无避劳苦，同饮食则勿贪甘美，同行走则无择好路，同睡寝则勿占床席，宁让人，勿使人让。”明末清初文学家张岱也在《自为墓志铭》中把谦下思想奉为自己的处世准则：“夺利争名，甘居人后；观场游戏，肯让人先。”

任何人所拥有的一切，与有大美而不言的天地和浩瀚无际的宇宙相比，都不过是沧海一粟，实在是微不足道。从历史的长河来看，不管人类拥有什么、拥有多少、拥有多久，都不过是拥有极其渺小的瞬间。人愈谦，又增一美；自夸自败，又增一毁。无论何时何地，我们都应保持一颗谦卑的心。善于看轻自己的人不会自高自大，懂得只有努力奋斗才能一步一个脚印地攀登人生的高峰。一天，苏格拉底和弟子们聚在一起聊天。一位家里相当富有的学生趾高气扬地向所有的同学炫耀：他家在雅典附近拥有一望无边的肥沃土地。当他口若悬河大肆吹嘘的时候，一直在旁边不动声色的苏格拉底拿出了一张世界地图，说：“麻烦你指给我看看亚细亚在哪里？”“这一大片全是。”学生指着地图洋洋得意地回答。“很好！那么，希腊在哪里？”苏格拉底又问。学生好不容易在地图上将希腊找出来，但和亚细亚相比的确是太小了。“雅典在哪儿?”苏格拉底又问。“雅典,这就更小了,好像是在这儿。”学生指着地图上的一个小点说。苏格拉底看着他说:“现在请你再指给我看看,你家那块一望无边的肥沃土地在哪里?”尽管学生急得满头大汗,他家那块一望无边的肥沃土地在地图上却连个影子也没有。他很尴尬又很觉悟地回答道:“对不起,找不到!”

“宽阔的河流平静,学识渊博的人谦虚。”凡是对人类发展做出巨大贡献的伟大人物都有谦虚的美德。“力学之父”牛顿幼年连遭不幸,被迫辍学在家,通过勤奋的努力成为和爱因斯坦比肩的最伟大的科学家。他发现了万有引力定律,在热学上他确定了冷却定律,在数学上他提出了“流数法”,建立了二项定理,和莱布尼茨几乎同时创立了微积分学,开辟了数学上的新纪元。然而牛顿非常谦逊,他在发现万有引力定律后没有急于发表,经过长时间一丝不苟的反复验证和计算,确认正确无误后,才于 1687 年将《自然哲学的数学原理》发表于世。有人问牛顿:“你获得成功的秘诀是什么?”牛顿回答说:“假如我有一点微小成就的话,没有其他秘诀,唯有勤奋而已。”当别人把他和另外一名大数学家笛卡儿比较时,他谦虚地说:“如果我看得比笛卡儿要远一点,那是因为我站在巨人的肩上的缘故。”当别人赞誉他的科学成就时,他则说:“我只像一个海滨玩耍的小孩子,有时很高兴地拾着一颗光滑美丽的石子儿,真理的大海还是没有发现。”正是这种谦虚的美德和高尚的人格,使牛顿耐得住寂寞,坐得住冷板凳,取得了伟大的成就。

有些人认为谦逊和自信相矛盾,其实不然。自信不等于骄傲,不等于炫耀,不等于张扬;反而是成功之后不懂得收敛光芒会遭人议论,引起他人不满,阻碍进一步发展。谦虚不仅会给我们带来更大的成功,更会提升我们的生活品位和精神素质,使我们获得更大的自信。所以人越发展,越成功,越有钱,应该越谦虚,越有教养。

海纳百川　有容乃大

所谓豁达就是性格开朗,肚量大。豁达是一种博大的胸怀、洒脱的态度、大度的品格、宽容的美德，也是人生中最高的境界之一。古代就有人提倡豁达人生，他们用通畅的山谷比喻人的开阔胸怀。明朝山东济阳有个叫董笃行的人当了大官，一天他接到家信说家里盖屋砌墙与邻居发生了纠纷，希望他出面干涉。他写了一首诗回复："千里捎书只为墙，不禁使我笑断肠。你仁我义结近邻，让出两墙又何妨？"家人看后觉得很在理，便让出两墙宽的地方。邻居看到后也让出了一些地方。两家房屋盖好后，中间形成一条八尺宽的通道，后人称其为"仁义胡同"。豁达的人不计较一城一地的得失，得之淡然，失之泰然，故能成大事。

"世界上最广阔的是海洋，比海洋更广阔的是天空，比天空更广阔的是人的心灵。"河北青年宋晓明因债务纠纷刺死马某，马某的母亲梁建红向法官求情，法院最终从轻判处被告人 12 年有期徒刑。审判长坦言："如果梁建红不求情，宋晓明绝对不会判这么轻。"梁建红说："儿子死了自己很伤心，但枪毙他又有什么用？他顶命我儿子也活不过来了。我对他也有仇有恨，但毕竟他年轻，救他当行好了吧。我不求他回报，希望他出狱后重新做人，对社会多做些贡献。"审判长说，梁建红在此案中没有获得任何利益，也没有表示任何需求，"完全是义举"。当她面对夺子之凶，发自内心地向法官求情时，所有在场的人都为之动容。被告人一句跪谢"妈，您多保重"，以及后来接受记者采访时说出的"她让我知道何为宽容，我出去后一定要到她身边，好好伺候她"，让我们看到这个伟大的母亲对被告人的影响。梁建红用爱和美德控制住了内心的报复冲动，救赎了宋晓明。

一个豁达的人能微笑着面对坎坷不平的人生，做到失意不失志，得意不忘形。麦德卢是 17 世纪中叶意大利著名画家。他年轻时有相当长一段时间在威尼斯的一家画廊里做仿造世界名画的画师。一天，麦德卢正在仿造西班牙画家迭戈·委拉兹开斯的名画《提水的妇女》。这时从门外进来一位外国游客，站在麦德卢的身后静静地看着他作画。"您需要买一幅画吗？"麦德卢问他。"不！如果可以的话，我希望能够看着你作画。"外国游客说道。当麦德卢把画中那位提水的妇女画出来后，外国游客带着一丝失望的神色说：“那一桶水是很重的，妇女的身体应该更倾斜一些才对。如果想卖出更高的价钱，你必须要撕掉重新画！”麦德卢觉得那位外国游客说得有些道理，于是就撕了那张画纸重新画了起来。这一次，他把画中妇女的身体画弯了一些，但外国游客依旧觉得不满意，皱着眉头说：“这位妇女站的房子里光线较暗，水的颜色应该更深一些才对！为了能卖更好的价钱，你必须要重新画！”麦德卢惊叹于外国游客观察和欣赏的能力，决定重新画。三个小时后，麦德卢完全按照外国游客的建议把这幅世界名画仿造了出来，简直达到了可以乱真的效果。麦德卢说：“非常感谢您的意见，现在看起来这画果然很不错，它一定可以卖到一个好价钱。”“是的，我也非常开心！这样既不会太糟蹋我的声誉又能为你带来很高的收益。”外国游客说。“你的声誉？您是……？”“迭戈·委拉兹开斯。”麦德卢万万没有想到，眼前这位对画画异常挑剔的游客竟是迭戈·委拉兹开斯本人。“你不打算到法院投诉我吗？”迭戈笑笑说：“生活是艺术的土壤，虽然你只是在仿造艺术，但我依旧不希望因为艺术而威胁到你的生活。”迭戈对艺术的严谨入微和对他人的宽容大度让麦德卢羞愧不已。此后他再也不仿造别人的画作，而把更多的精力用在了真正的艺术创作上，最终成为有名的画家。多年后，麦德卢在自传里写下了这样的话：“是迭戈的宽容挽救了我！如果他选择让我受到法律的制裁，那我在艺术上就永远不会有什么成就。”毕加索也对冒充他作品的假画毫不在乎，从不追究，看到伪造的画时最多只把伪造的签名涂掉。毕加索说：“我为什么要小题大做呢？作假画的人不是穷画家就是老朋友。我是西班牙人，不能和老朋友为难。而且那些鉴定真迹的专家也要吃饭，而我也没吃什么亏。”这正是：唯有豁达才能给自己一份愉悦，给朋友一份友谊，给亲人一份温情。

第三节　厚德载物做人要有道

做人有道是成功之门

信仰是处理神和人、人和人之间关系的基础。信仰有一个终极关怀的对象,这种对象会影响到人和人的交往方式。人的成功和成功的为人处世关系很大。有句话讲"相遇是缘,相知是分",意思是人们相聚在一起在很大程度上具有偶然性,但能否相知相惜,还依赖于彼此的把握和努力。有人缘则有福,结好人缘就是最大的修行。古语道:"峣峣者易折,皎皎者易污",告诫出人头地的名人、明星悉心检点自己的言行,谨慎为人处世,以保持良好的人品和形象。

企业家冯仑曾撰文记述他和李嘉诚的一次接触:一个月前我去香港,和李嘉诚吃了一次饭,感触非常大。开电梯门的时候,李先生在门口等我们,然后给我们发名片。之后我们每人抽了一个签,这个签就是我们照相站的位置。抽签是为了大家都舒服。照相后又抽了个号,这是吃饭的位置,又是为大家舒服。最后李先生讲话,他用英语讲了几句,又用粤语讲了几句,把全场的人都照顾到了,他讲的是"建立自我,追求无我"。之后我们吃饭,我抽到的正好是跟他隔一个人的位子,我以为可以就近聊天。但吃了一会儿,李先生起来了,说抱歉我要到那个桌子坐一会儿。后来我发现他们安排李先生在每个桌子坐15分钟,总共4桌,正好一小时。临走的时候,李先生说一定要与大家握手告别,每个人都要握到,包括边上的服务人员,然后又送大家到电梯口,直到电梯关上才走。这就是他的追求无我,显然在这个过程中他都做到了。一个普通的商人只关心赚钱多少,而一个商业大家考虑的则是方方面面的收益,这就是成功和伟大之间的差距。

古训云:"德厚财愈厚,德薄财愈薄。"有德行的人在经济活动中虽然也考虑私利，但更注意兼顾别人的利益。“双赢”或者让合作者“赢”得更多一点，是他们在经济活动中孜孜以求的目标。他们散出去的是财，聚集起来的却是“人气”。他们获得了别人莫大的信任，“发财”的机会就比常人多。天长日久，散财，聚财；再散财，再聚财……慢慢地就会形成一个良性循环。台湾首富郭台铭的事业成功就证明了这个道理。经过艰辛的打拼，只用了短短几年的时间，郭台铭就将鸿海精密集团办成了同行业首屈一指的大企业。这年年初，郭台铭接到了一笔大订单，一旦完成这个订单，集团将迅速扩大，傲视群雄。就在集团上下铆足了劲儿准备大干一场的时候，郭台铭突然做出了一个出人意表的决定——他已经向几个关系不错的同行发出了邀请，希望大家能和他一起完成这笔订单。郭台铭的决策立刻引来一片反对声。郭台铭解释：“虽然我们现在的利润高速增长，可我们和同行之间的关系却越来越紧张，因为我们的成功，很多同行的生意已经举步维艰了，外界对我们的怨言也越来越多。所以我们不仅要想着怎么赚钱，也要学会和别人一起赚钱，为我们营造一个更好的经营环境。一个企业就好比一个婴儿，利润、和同行的关系、技术研发能力等条件，就像是他的手脚。一个只有手不断成长的婴儿，能够健康地成长吗？”郭台铭的举动在同行之间乃至整个台湾商界都产生了巨大的影响，人们被他的行为深深地震撼了。几年后，郭台铭的经营遭遇危机，当初郭台铭帮助过的同行纷纷伸出了援手。有很多根本不认识郭台铭的人也竭尽所能地给予帮助。一位和郭台铭有多年生意往来的朋友在接受采访时说道：“像郭台铭这样重情重义的人，如果不帮他，我的良心都会不安！”

并不是每个人都能成为商业巨子，但是我们每个人都应该学习李嘉诚的“追求无我”和郭台铭的“让每部分都成长”的生存智慧。上学的时候，我们不仅要关注自己成绩的提高，也要营造良好的人际氛围；工作的时候，我们不光要努力提升业绩，更要让自己可以随时充电加速成长；发展事业的时候，我们不但要关注利润的增长，更要懂得创造和谐的成长环境。诗人说：“我们不能改变容貌，但可以展现笑容；我们不能左右天气，但可以改变心情；我们不能决定生命的长度,但可以拓宽它的宽度。”生命本身是一种缘,我们不知道自己何时何地降生,但可以领悟缘分的真谛,把握生活中的自己,认真处理好一件件小事,为最终的大事奠定基础。

己所不欲 勿施于人

同理心(Empathy)是一个心理学概念,最早由人本主义大师卡尔·罗杰斯提出。同理心是指在人际交往过程中能够体会他人的情绪和想法、理解他人的立场和感受,并站在他人的角度思考和处理问题的能力。同理心通俗的说法就是换位思考。两千多年前的孔子说过:“己所不欲,勿施于人。”这句话被中西方伦理学家称为道德金律。西方文化也强调和推崇同理心。摩西戒律曰:“对自己无益的,亦不可施加于他人。”耶稣的“黄金法则”说:“你们愿意人怎样待你们,你们也要怎样待人。”具有同理心的人能够“推己及人”:一方面,自己不喜欢的东西或不愿意接受的待遇千万不要施加给别人;另一方面,应根据自己的喜好推及他人喜欢的东西或愿意接受的待遇,并尽量与他人分享这些事物和待遇。生活中常说的“人同此心,心同此理”,强调的也是同理心。同理心饱含温度和关爱,是一种关系个人幸福的基础性的能力,是一个人人格成熟和社会化的标志,是人际交往的基础,是个人发展和成功的基石。

霍布斯认为,同理心是一种将心比心的推论。拥有良好的同理心,就拥有了感受他人、理解他人行为和处事方式的能力,也就是“善解人意”。一次,日本歌舞大师勘弥扮演古代一位徒步旅行的百姓,正要上场时,一个门生提醒他说:“师傅,您的鞋带子松了。”他回了一声:“谢谢你呀。”然后立刻蹲下系紧了鞋带。当他走到门生看不到的舞台入口处时却又蹲下,把刚才系紧的带子又弄松。他的目的是以草鞋的带子都已松垮来表达一个长途旅行者的疲劳。有位记者亲眼看见了这一幕,戏演完后他问勘弥:“您该当场教那位门生,他还不懂演戏的真谛。”勘弥答道:“别人的亲切必须坦率接受,要教那位门生演戏的技能机会多的是。在今天的场合,最要紧的是要以感谢的心去接受别人的亲切,并给予回报。”1923 年,德国作家卡夫卡在柏林街头看见一个小女孩,她因为洋娃娃丢了而哭泣不已。卡夫卡当时已奄奄一息,几个月后就死于肺痨,但他仍对小女孩说她的洋娃娃走了,因为几分钟前他碰见过它。他还说洋娃娃答应要给小女孩写信。以后几个星期,卡夫卡连续写信给小女孩,叙述洋娃娃在旅途中的新奇见闻。

同理心的重点在于站在他人的角度思考和处理问题。发生在一个无辜人身上的苦难也有可能发生在所有人身上。正是这种对他人感情的强烈共鸣,使我们能够与他人共同经历痛苦和快乐。2010 年 11 月 15 日,上海静安区一幢教师公寓发生火灾,58 条生命被烈焰夺走,数十人受伤。11 月 21 日,“11 · 15”火灾死难者的“头七”,铺满鲜花的道路成为上海的地标。父亲带着儿子,老人扶着老人,在被焚毁的大楼前吊唁。我们能如此真实地感受别人的痛苦、惊恐,并将之视作自己的痛苦和惊恐。鲜花后面是一个没有贫富、没有强弱的命运共同体。

我们在处理民族问题和文化问题时,也需要同理心。人类学名言“试着用他们的生活去生活,用他们的眼睛去看他们的世界”,深刻影响着刘墉。他发现,当我们嘲笑那些原始民族为什么只会叉鱼不会网鱼,为什么对死人有那么多奇怪的禁忌时,常因为我们不了解他们。刘墉说:“每一个民族都是人类,都经过千万年的岁月绵延到今天。我们有我们的价值观,他们有他们的价值观,每一个民族的文化和习俗都有他们的道理。当我们有了‘文化谅解’,也就有了同情,以同一种情怀同一个角度去看这个世界。我们对世界的每一种文化打开了心门。”

英国作家乔治 · 麦克唐纳说:“信任是比爱更好的赞美。”信任源于同理心。一旦具备了同理心,我们就更容易获得他人的信任。这是一个长期的、不断深化的过程。我们对别人越真诚,越善于倾听、体谅、尊敬和宽恕,别人对我们就会愈发真诚和信任,如此持续下去,形成一个良性循环后,人与人之间的交往就会非常顺利了。

厚德载物　立身之本

厚德载物是指以深厚的德泽育人利物，今多用来指以崇高的道德、博大精深的学识，培育学子成才。语出《周易》的卦辞："天行健，君子以自强不息；地势坤，君子以厚德载物。"厚德载物是一种道德追求，是心地善良，严于律己，宽以待人，对事不斤斤计较，遇到伤害不记恨，得到救助图报答。

白人统治南非的时期，是种族歧视盛行和黑人人权遭到践踏的最为黑暗的时期。人的生命因为天生的肤色而被划分为截然不同的两个世界。在白色的名义下，黑皮肤的人成为被合法蹂躏、践踏和侮辱的对象，无数家庭失去了亲人鲜活的生命。政权移交后，政府由黑人执掌。面对过去的罪恶和伤痛，掌握国家权力的人们，特别是那些在暴政下受到过残害的人或他们的亲人，很容易点燃复仇之火，行清算之路，这在情理上也被世人所理解。但南非人民没有这样做，他们宽恕了所有愿意被宽恕的人。1984 年诺贝尔和平奖得主图图大主教说："没有宽恕就没有未来。南非因此获得了新生。"和解的一个重要因素缘自非洲的传统 Ubuntu。它是一种非洲哲学，也是一个人成为人的最基本要素："剥夺他人的生命也就意味着他自己不成其为人。"非洲哲学没有把人分为白人和黑人，更没有把人分为朋友和敌人。在他们看来，所有的人不仅是 Ubuntu，而且也应当是 Ubuntu。在这种理念下，南非人宽恕的不是有罪的白人，而是有罪的人。

厚德载物是人的立身之本。古训云：天道酬勤，厚德载物。路遥知马力，日久见人心。厚道人在人生路上少积怨，跋涉途中朋友多。新东方教育集团董事长俞敏洪讲过自己在北大上学时的一段故事。他说，我从小学一年级就一直打扫教室卫生。到北大后养成了一个良好的习惯，每天为宿舍打扫卫生，一打扫就是 4 年，我们宿舍从来没排过值日表。另外，我每天都拎着水壶去给同学打水。大家看我打水习惯了，最后还产生这样一种情况，有时我忘了打水，同学就说"俞敏洪怎么还不去打水"。但是我并不觉得打水是一件多么吃亏的事情。因为大家都是同学,互相帮助是理所当然的。又过了10年,到了1995年的时候,新东方做到了一定规模,我希望找合作者,就跑到美国和加拿大去找我的那些同学。这时他们毫不犹豫地放弃优厚待遇,回国加盟,和我一起创业,并给了我一个十分意外的理由。他们说:"俞敏洪,我们回去是冲着你过去为我们打了4年水。我们知道,有你这样一种精神,你有饭吃肯定不会给我们喝粥。"于是才有了新东方的今天。这正是:

以利相交利尽则散

以势相交势去则倾

以权相交权失则弃

以心相交成其久远

古人说:"善不可失,恶不可长。"人们赞美厚德载物,呼唤道德,是因为在现实生活中还有一些不厚道的人和事存在。能否厚德载物,是社会文明水平高低的一个重要标志。厚德载物的人越多,人与人之间的关系越和谐,社会的阳光越灿烂,生活的花朵越鲜艳。

先做人才能做大事

以人相许易,以心相许难,难怪帝王的重要一课是"得人心者得天下"。人情是我们不论何时何地都需要珍视的东西。得到他人的关爱是一种幸福,关爱他人更是一种幸福。"真正的助人者是通过帮助别人来提升自我人格境界的真英雄。他们不思回报,人格的完善就是最高的境界。"

关心别人是一种品质,理解别人是一种涵养。1949年10月1日天安门城楼上,毛泽东以浓重的湘音宣告中华人民共和国成立,刹那间万众欢呼,礼炮齐鸣。然而在这庄严而神圣的时刻,朱德却悄悄走出去。原来,城楼上空间狭小,他看到担当摄影任务的新华社记者为了拍下完整的画面,不得不把身子倚着汉白玉栏杆,一个劲地向后仰。这样做太危险!朱德一个箭步蹿了过去，牢牢抱住那位摄影记者的双腿。在朱德的帮助下，记者顺利完成了拍摄，而朱德本人也就永久性地留在开国大典的镜头之外。

1950年12月的一个冬夜，一代国学大师，曾任北京大学代理校长、台湾大学校长的傅斯年还在赶稿。虽然披着棉袍，他还是被冻得瑟瑟发抖。妻子俞大彩催他早点休息。他搁下笔说："我正在为董作宾先生办的《大陆杂志》赶文章呢。之所以如此着急，是想等钱到手后，请你尽快去买几尺粗布、一捆棉花，为我缝一条棉裤。"想到丈夫的腿一向怕冷，西装裤又太薄不足以御寒，俞大彩这才不再劝丈夫休息。不料，几天之后傅斯年就因病逝世。前来悼念的好友和学生来到傅老的家中久久不愿离去。俞大彩哽咽着回忆起丈夫的往事，讲到棉裤这一段时，她含着眼泪说，丈夫积劳成疾，自己一向不忍心让他深夜赶稿。"那日他又要熬夜，若不是因为他说要换来稿费做棉裤，我也不会任由他辛劳。"众人听了欷歔不已。一旁的董作宾坐不住了，他掏出一个装钱的信封塞到俞大彩手中说："这就是那笔稿费，先生嘱托我交给你的。先生跟我讲了，自从你嫁了他没过上舒心的日子，这篇文章的稿费是要留给你贴补家用的。做棉裤之说只是先生的托辞。""不，这才是先生最后的稿费。"一个学生站起来搁下一沓钱说。几天前，傅斯年听说学校里有个贫困学生交不起学费，就掏钱资助了他。"我们知道先生清贫，不肯收他的钱。但他说不碍事，这是刚刚得来的稿费，还不知该如何用呢。"原来，傅斯年为了让妻子不心疼自己，才将"做棉裤"当做赶稿挣钱贴补家用的借口；为了让上不起学的贫困生安然接受他的馈赠，又撒了个善意的谎，将自己的积蓄称作不知所用的稿费。这位国学大师虽然晚年生活清贫，但他对周围人的爱是那么丰沛，到了生命的最后，他惦念的仍是亲人和学生。

每个人的心都像上了锁的大门，任再粗的铁棒也撬不开。唯有关怀才能把自己变成一把细腻的钥匙，进入别人的心中。关心人是以人为本的第一步。

珍惜生命的每分钟

时间就是生命。它能纠正错误，考验真理，医治忧虑。英国生物学家赫胥黎说:“时间最不偏私,给任何人都是二十四小时;时间也最偏私,给任何人都不是二十四小时,谁对时间越吝啬,时间对谁就越慷慨。”人生的真正问题是如何运用时间,驾驭时间,不被时间所驾驭。著名教育家班杰明接到一个年轻人的求教电话,他们约好了见面的时间和地点。当年轻人如约而至时,眼前的景象却令他颇感意外。大教育家的房间里竟然乱七八糟,狼藉一片。没等年轻人开口,班杰明就招呼道:“你看我这房间太不整洁了,请你在门外等一分钟,我收拾一下你再进来吧。”说完他就关上了门。一分钟后班杰明打开房门热情地把年轻人让进客厅。这时,年轻人的眼前展现出另一番景象——房间内的一切已变得井然有序了。没等年轻人把问题讲出来,班杰明就非常客气地说:“好吧,你可以走了。”年轻人一下子愣住了,既尴尬又非常遗憾地说:“可是,我还没向您请教呢。”“这些难道还不够吗?”班杰明一边扫视着自己的房间一边微笑说:“你进来已有一分钟了。”“一分钟?”“一分钟。”年轻人若有所思地说:“噢,我懂了,您让我明白了一分钟的时间可以做许多事情也可以改变许多事情的深刻道理。”年轻人向班杰明道谢后开心地走了。一分钟真的能做很多事:可以阅读一篇五六百字的文章,浏览一份40多版的报纸,跑400米,做20多个仰卧起坐……勤奋的人是时间的主人,懒惰的人是时间的奴隶。正如雷巴柯夫所说,用“分”来计算时间的人比用“时”来计算时间的人,时间多59倍。

生命的价值在于质而非量。苹果电脑公司创始人之一斯蒂夫·乔布斯在美国斯坦福大学毕业典礼上发表演讲,讲述了他生命中的故事:17岁时我读过一句格言:“如果你把每一天都当成你生命里的最后一天,你将在某一天发现原来一切皆在掌握之中。”在过去的33年里,我每天早晨都对着镜子问自己:“如果今天是我生命中的末日,我还愿意做我今天本来应该做的事情吗?”当一连好多天答案都否定的时候,我就知道做出改变的时候到了。记住自己将不久于人世,这是我在做出人生重大选择时的一个最重要的参考工具。因为所有的事情——外界的期望、所有的尊荣、对尴尬和失败的惧怕——在面对死亡的时候都将烟消云散，只留下真正重要的东西。在我所知道的各种方法中，记住你终将死去，是帮助你避开“我可能会失去……”思维陷阱的最佳方法。财富名利生不带来死不带去，没有理由不听从你内心的呼唤。记住你们的时间有限，所以不要把时间浪费在别人的生活里。不要被条条框框束缚，否则你就生活在他人思考的结果里。不要让他人的观点所发出的噪音淹没你内心的声音。最为重要的是，要有遵从你的内心和直觉的勇气，它们可能已经知道你想成为一个什么样的人，其他事物都是次要的。

高尔基说：“世界上最快而又最慢，最长而又最短，最平凡而又最珍贵，最容易被人忽视而又最令人后悔的就是时间。”当我们要别人尊重自己的时间之前，我们要先尊重别人的时间。只有尊重别人的时间也掌握自己时间的人，才能得到别人的尊重。我们要好好生活，珍惜生命。生命比我们所想象的更伟大，比我们梦想的更久远。

第七章　信仰是孕育英才的摇篮

美国思想家加尔布雷恩说过：一个国家的前途，不取决于它的国库之殷实，城堡之坚固，公共设施之华丽，而在于它的公民的文明素养，即在于人们所受的教育。教育是人类自身生存与发展的需要，是人类从自发到自觉的追求。教育的第一要务是人格培养，是确立正确的人生观和价值观，这是最健康、最恒久的，它不依附于外在，而是人内心的一种状态。

第一节　家庭教育贵在人之初

家庭是信仰生长的苗圃

当今社会环境正在发生很大的变化，家庭也经受着前所未有的冲击和影响。对金钱和权利的崇拜，使人淡薄了亲情。子女的扶养教育、老人的赡养关怀、兄弟间的和睦、婚姻关系的稳定，都在一定程度上出现了危机。一些年轻人认为家庭是负担，不愿意担负起应尽的责任。这不仅对社会的稳定和谐造成了很大的冲击，也使一些人丧失了自我，失去了感情的依托，产生了心理的变态。大连造船厂28岁的普通工人常津铭的母亲患肝硬化，需要换肝才能延续生命。在等不到肝源的情况下，常津铭把自己的肝割下一半移植给母亲，引发了社会对“孝”的重新认识和关注。

家庭是人类进入文明社会以来生息繁衍的基本单位，也是人类生产、生活、教育、消费的基本单位，还是人类情感的最终依托。家是一个人诞生后最早接触到的社会，一个人最崇高的生活就是从这一充满温柔和自我牺牲的避难所开始，然后才渐渐成长。家庭和睦是社会和睦的基础，中国人对家庭更是有着特殊的依恋。孝是道德追求的神圣目标。儒家把孝作为仁义的根本，孝悌是人拥有理想人格的基本修养途径。古人臧否人物，认为“为人不孝，余无足论”，意思是说，如果不尽孝，就算有天大的本事也不值一提。北大自主招生要特别考核孝道，不孝之人尽力排除，实在是开了一个自主招生审验人性的好头。养亲教子的古训不仅过去适用，现在适用，将来也适用。毛泽东说：“我们要提倡父慈子孝。我们主张家庭和睦，父慈子孝，兄爱弟敬，双方互相靠拢，和和气气过光景。”朱德说：“我们的国家有六亿人，每个人都有一个家庭，每个人在家庭中都负有一种不可推辞的光荣的养老养小的责任。”

高尔基说：“在历史的长河中有一颗星星永远闪亮，那便是亲情。时间可以让人丢失一切，可是亲情是割舍不去的。”家庭幸福不仅是上天的恩赐，更需要用心经营。邓小平少小离家，南征北战，四海漂泊，但对家庭却是特别地珍惜，对亲人也总是牵挂在心头。1950 年重庆解放不久，邓小平就将继母夏伯根从老家接到了重庆。从此，夏伯根与邓小平一家生活在一起。在最困难的时候，邓小平尽了自己最大的努力保护家人。1969 年夏天，处于“软禁”状态中的邓小平得知儿子邓朴方伤残情况后亲自致信毛泽东，请求组织上出面帮助解决邓朴方的治疗问题。为此毛泽东和周恩来都作了批示。“无情未必真豪杰，怜子如何不丈夫。”江西三年多的时间，是邓小平政治生涯中的最低潮，也是他个人和家庭生活最艰难的时候。这期间他通过汪东兴多次给中央写信，信中充满了对家人的关爱。1971 年 6 月，经过邓小平的争取，邓朴方从北京被送到南昌。自此邓小平和家人悉心照看邓朴方，还尽量做到白天不耽误下厂劳动。“文革”后复出的邓小平日理万机，但他仍抽出时间营造家庭和睦的气氛。晚年的邓小平“四世同堂”，上有“老祖”（夏伯根）下有孙子孙女，老老少少十几口人，可谓儿孙满堂的幸福之家。每天晚饭一大家人聚在一起边吃饭边聊天。邓小平从不发表意见，只是默默地吃饭，但他喜欢这种轻松活泼、温暖融洽的家庭气氛。有时饭桌上少了几个人，大家说话少了，他就会说："哎呀！今天怎么这么冷冷清清呢？"没看见哪个孙子他也会关心地问："到哪里去啦？"邓小平非常关心后代，他说："以后如果评这个世界上最好的爷爷，我可以得这个奖。"和谐幸福的家庭，无疑为邓小平在革命、建设和改革征途上披荆斩棘提供了坚实后盾和温暖的情感港湾。

在亲情的世界里，每一个举动都诠释了人间真爱。2005 年，罗金勇与妻子罗映珍回家探望父母，途中罗金勇临危不惧，与 3 名毒贩进行了殊死搏斗，因寡不敌众身受重伤，成了"植物人"。从那以后，罗映珍肩负起照顾丈夫的责任。她在医院附近租了一套房子，省吃俭用，每天全身心地守候在丈夫身旁，和丈夫说话，并含泪写下了 600 多篇爱的日记，用日记呼唤着丈夫意识深处的觉醒。每天早上 5 点，罗映珍准时起床，以打果汁、煮粥作为一天的开始，到医院后为丈夫洗脸、刷牙、按摩、擦拭身体、喂食……晚上回到住处已是深夜一点多。她在日记中写道："我相信只要你有坚强的信念，你就能挺过来，意念可以创造奇迹。我们只有两条路可以选择，要么坚持，要么放弃，我选择继续坚持。"正是这种坚定的信念，使罗映珍一次又一次战胜了心中的悲伤，点燃了内心的希望。现在，罗金勇已从深度昏迷的植物人状态中苏醒过来，能眨眼，能开口说"你好"、"是"、"累了"等几个简单的字，并能在特殊的体位下喝水。罗映珍用一个传统中国女人最朴素的方法唤醒了沉睡的丈夫，诠释了对爱人生死相依、不离不弃的忠贞。正是："只有相濡以沫的爱，才有亘古不变的情；只有相濡以沫的爱，才有天长地久的福。"

传说有一种小鸟可以飞越太平洋，它靠的是一截树枝。它把树枝衔在嘴里，累了就把那截树枝扔在水面上，然后落在上面休息；饿了就站在树枝上捕鱼；困了就站在树枝上睡觉。家庭就是人生中的那截树枝，衔着它有时会很累很麻烦，但有了它，我们才能到达幸福的彼岸。让我们记住鲁迅先生的话："不要让亲情在熙熙攘攘的现代社会变革中越来越脆弱地面对冲击，至少我们可以从自我做起，不要给自己留下遗憾。"

慈母教诲伴终身

母爱是一切爱的根源。母亲之爱子女,信任一切,容忍一切,即使子女因为犯罪而遭受苦难,母爱也永不止息,更不会弃之不顾。正是母亲的言传身教,深印在孩子的脑海里,成为我们立身处世的罗盘。难怪萧野先生说:地球已从父系文明转向母系文明,母亲代表和谐。母亲是我们灵魂与信仰的归宿,母爱是生命动力之源。

奥利弗·温戴尔·荷马说:"青春会逝去;爱情会枯萎;友谊的绿叶也会凋零。而一个母亲内心的希望比它们都要长久。""暴走妈妈"陈玉蓉患有重度脂肪肝,然而为了割肝拯救患有先天性肝脏功能不全疾病的儿子,她从2009年2月开始每天暴走10公里,风雨无阻,每餐只吃半个拳头大的米饭团。7个月下来,陈玉蓉的体重由66公斤减至60公斤,脂肪肝消失,医生连称是个"奇迹"。陈玉蓉说:"有时我也感觉看不到尽头,想放弃。但我坚信:只要我多走一步路、少吃一口饭,离救儿子的那天就会近一点。"2009年11月,陈玉蓉接受了肝脏割离手术,随后儿子叶海斌接受了肝脏移植手术。陈玉蓉当选"2009年感动中国十大人物"之一。颁奖词是:"这是一场命运的马拉松。她忍住饥饿和疲倦,不敢停住脚步。上苍用疾病考验人类的亲情,她就舍出血肉,付出艰辛,守住信心。她是母亲,她一定要赢,她的脚步为人们丈量出一份伟大的亲情。"陈玉蓉割肝救子的行为印证了伟大的母爱,也展示了中华女性特有的隐忍、坚强、奉献等可贵品质,体现了但丁的名言:世界上有一种最美丽的声音,那便是母亲的呼唤。

范敬宜是中国当代著名报人、原《经济日报》和《人民日报》总编辑。他曾在1983年任《辽宁日报》副总编辑,一年后调文化部任外文局局长。从东北调到首都北京,无疑在仕途上又上了一个台阶。在安顿好工作后,他立即给远在上海的母亲写信,报告了这一喜讯。母亲在接到他的信后并没有表示出特别的高兴,只给他回了简单的8个字:"位高坠重,君可休矣。"范敬宜捧着母亲的回信细细咀嚼，顿觉含义颇深。他给母亲的信中回复道："请母亲放心，儿子一定时时记住并实践母亲的教导与期望。"范敬宜生前谈起母亲的教诲时，总是饱含感激之情。他说："没有母亲对我的敲打，我也不会走到今天……每当有片刻的迷惑时，就会想起母亲的教诲，脑子也就立刻清醒了许多。"

高尔基说，世界上的一切光荣和骄傲都来自母亲。母爱在平凡中孕育着伟大，如一股涓涓细流虽无声却能够滋润干涸的心灵。任何负面的情绪在与母爱接触后就如冰雪遇上了阳光，很快就消融了。"万爱千恩百苦，疼我孰知父母？"母爱是一剂特效药，可以拯救病入膏肓、行将就木的灵魂；母爱又是人生海洋上的指路灯，引导我们走出迷途，追随光明。让我们为爱坚守，收获最大的幸福。

孩子的成长比成功更重要

"智育不好是次品，体育不好是废品，德育不好是危险品。"对一个孩子的成长而言，不光要获得丰富的知识，还要获得丰富的情感。"情感荒漠化"，是指一个人的注意力只集中在知识和技术等狭窄领域而忽略了丰富的情感世界，主要表现为情感冷漠，对人缺乏同情心，为实现个人目标而很少考虑其他后果等。"情感荒漠化"在如今的青少年中并不罕见。资料显示，青少年犯罪总数已占到全国刑事犯罪总数的70%以上，其中十五六岁的未成年人犯罪案件又占了青少年犯罪案件总数的70%以上，13岁以下的青少年犯罪也明显增加。意大利卓越的心理学家和作家、米兰大学教授博尔尼亚说："就像是可怕的干旱已蔓延到撒哈拉沙漠的边缘和北京的周边，并侵害地球表面的大片土地一样，人类的'情感荒漠化'也许正与之匹俦。"

陈晨13岁，他的妈妈与婶婶发生争吵，陈晨认为妈妈受了委屈，决定替母报仇。他用了一个月的时间准备。当婶婶进屋时，他用被子一下把婶婶盖住，然后拿刀一阵乱捅，28刀结束了婶婶的生命。先后回家撞见其行凶的堂弟和奶奶也遭到毒手。杀人后,陈晨出奇的冷静,把三人都拖到床上盖上被子,然后像没事一样回家。为了毁灭现场,他晚上又放火烧掉了房子。北京大学学生王希(化名)是西北地区中学生化学大赛第一名,被保送到北大,是家长、老师眼中的好学生、好孩子。王希到北大后感到压力很大,非常不适应大学生活。他和宿舍的一个男生成为好友,但其他同学对两个男孩总是形影不离感到很奇怪,于是该男同学不想再和他来往。王希很生气,投铊毒报复,结果那个男同学住院治疗1年,王希也被法院判刑11年。中国青少年研究中心副主任孙云晓分析说,“情感荒漠化”的出现,是由于长期以来应试教育的强化,青少年疏远文学艺术和丰富的生活,在课外休息时间读的书还是教学参考书而不是课外读物。青少年的审美素养、道德修养、创新能力受到限制,以乖戾、偏执、自私、冷漠为特征的“情感荒漠化”倾向随之出现。应试教育倾向越严重,孩子的生活越单调,就越容易导致“情感荒漠化”。

许多父母也在制造“情感荒漠化”。他们把家庭变成了学校,把自己变成了助教。2005年全国妇联的一项调查显示,母亲对孩子说得最多的一句话是“好好学习”,排在其后的是“功课做了没有”。家庭有着极强的人文和社会功能,是我们学习爱和责任的地方,也是将价值观代代相传的地方。卢梭说:“幸福家庭是培育孩子成人的温床,家庭生活的乐趣是抵抗坏风气毒害的最好良剂。”对孩子而言,家庭是真正的学校。十堂课讲的道理,比不上父母的一个坏行为带来的颠覆影响。因此,家长应该重视自己的品行,关心孩子情感的发展。中国青少年研究中心曾做过中日韩美四国中学生比较研究,其中一项是“遇到烦恼时你的倾诉对象”。四国中学生的第一位倾诉对象都是同性伙伴,第二位倾诉对象日韩美三国都是母亲,中国则是异性伙伴。父亲在日韩美三国中排第五,中国的父亲则无缘前五,排在“网友”之后。此外,中国父母和孩子聊天的时间也少于其他国家,即使聊天,主题还是学习。这种将学习的地位凌驾于一切之上,缺乏劳动、生活、情感、社会参与的教育,注定是一种教育失衡。孩子将不懂得珍惜现有的,也不知体恤父母的艰辛,更缺乏面对困难时的坚韧。进入社会后,对什么事情都不积极,对公共事务漠不关心,对他人冷暖置若罔闻。孩子长大的过程是社会化的过程,社会化过程必然包括对社会生活的了解和体验,所以儿童教育最基本的是生活教育。人在12岁以前特别需要建立起浓厚的亲子依恋感情。孙云晓说:“关注孩子内心成长的家庭,‘情感荒漠化’现象就不明显;忽视的家庭,这个问题就会比较突出,像离异家庭、单亲家庭孩子、留守儿童的‘情感荒漠化’倾向就会高一些。”中国人民公安大学犯罪心理学教授李玫瑾也告诉我们:亲子依恋深厚的孩子不容易犯罪。

卢梭说过:“误用光阴比虚掷光阴损失更大,教育错了的儿童比未受教育的儿童离智慧更远。”好的教育是相似的:关注儿童身、心、灵全面发展,注重意志、情感和思维的全面发展,关注每个儿童的个体差异,实现人的内在潜能,以一种极富艺术性的方式帮助孩子与这个世界建立深刻的联系。地震小英雄林浩被安排在成都最好的小学之一——盐道街小学读三年级。老师说林浩好学好问,自尊心很强,集体荣誉感也特别强,关心同学,乐于帮助别人。“我们能感到,他在地震中会去救同学不是偶然。”小林浩的缺点是粗心,不够认真。记者采访林浩时他只问了一个问题:“我怎么能改变粗心?”记者写道:一个孩子善于学习,并有心改变弱点,有这两点,未来可估量吗?当有人问他,你救人时怎么能背得动比你还大的同学呢?他随口说:“我还能帮我爸背50斤玉米呢!”校长文莉说:“如果用考分衡量,这个孩子现在还不是突出的,但如果综合评价,他就非常突出。他身上有很多城市小孩不具备的品质。城市的孩子多以自己为中心,他不同。”林浩的素质是在映秀镇的乡村培养的。中华民族的许多优秀品质在边远的乡村里还鲜活地保存着。

两位母亲于丹和杨澜也阐释过相似的观点,很有借鉴意义:从一个人到一个国家,“成长”是最健康的力量,也是最恒久的力量,它不依附于外在,而是人内心的一种状态。“成功”或许是一个评判人的标准,但只是成长中的一部分标准。成长是一个过程,成功是一个结论;成长是相关于生命的评价,成功是相关于社会的评价。因此，教育的重点应当放在成长而不是成功上。成长是不断地完善，成人要允许孩子犯错，并能挖掘孩子的潜能空间，让他们感觉我和别人是不一样的，有良好的自我认同，并且能与周围伙伴融洽相处。孩子是有差异的，成人不应用同样的目标要求所有的孩子。人这一辈子，一切努力都是为了提升尊严、延展自由，所以孩子成长中应该更加注重心灵和人格的培养，树立正确的人生观、道德观，让孩子在仁爱宽容的家庭中长大，让更多的学生成为一个拥有健康身体、健全人格、独立思想的人。

遗金不如遗经

中国有句古话：道德传家，十代以上；富贵传家，不过三代。调查显示，自改革开放以来，中国民营企业家已经超过300万，95%以上的人无法摆脱“富不过三代”的宿命。古往今来，做父母的遗留给子孙的往往是多多益善的物质财富，实际上这不是爱子，而是害子。给子孙过多的资产容易使子孙滋长奢侈依赖的心理，从而丧失独立创业的勇气和能力。报纸报道某贵族学校的一个富家子弟从不洗袜子，一次买40双名牌袜子，穿脏一双扔一双。这些孩子买一辆保时捷或凯迪拉克就像买一辆玩具车一样，一个月花几万元是常有的事。2006年，世界第二大富豪巴菲特正式决定捐出其财富的85%，约合375亿美元。巴菲特说：“我不是对王朝财富的热衷者，特别是当世界上60亿人还比我们穷得多的时候。财富来自于社会，早晚它还应当回报社会。”他告诫子女不要期望在他身后获得巨额遗赠，因为他不想让他们坐享其成，更不想让他们毁于财富。2008年，盖茨宣布，打算把580亿美元的全部家产回馈给社会而不是留给他的孩子们。他说：“再富也不能富孩子。拥有不劳而获的财富，对于站在人生起跑点的子女来说并非好事。”巴菲特和盖茨的行为启迪我们重新思索生活的意义、财富的价值、企业家的“社会责任”、对子女的真爱。

“遗子黄金满籝，不如一经。”家长与其过度提供物质财富，不如教会子女如何做一个“德财兼备”的人，灌输其正确的社会道德观和消费观，让他们懂得做人的道理,帮助他们在人生态度、心理素质等诸多方面筑牢“防火墙”,让他们有更多平等的机会去磨砺和奉献。美国总统奥巴马每个星期都会给两个女儿固定的费用,但他不把它叫“生活费”,而叫“生存费”。他要告诉女儿的是:在这个世界上,不管是美国人还是非洲人,不管是大人还是小孩,首先要学会的便是生存。我们要提供、能提供的也仅仅是生存权。至于生活,那是每个人自己的事情,哪怕是总统的女儿。奥巴马进行的生存与生活的辨析正是教两个女儿对整个美国乃至世界现状进行辨析:自己想要什么,就必须亲自努力去实现,连最亲近的父亲也只能提供有限的生存费,你还能期望谁的帮助。

很多人对钱学森如何教育子女十分感兴趣。他的长子钱永刚教授的回答让人出乎意料:“如果说我们家有什么教育秘诀的话,那就是‘不教育’。要说‘言传’,我们家几乎没有,主要靠‘身教’。从小到大,父亲母亲从来没有给我们上过政治课,我们都是看父母怎么做就怎么做。他们从来不会跟我说你要这样或者不要那样,而是用他们做人做事的方式自然而然地影响我们。”有一次,家里的炊事员很郑重地对钱永刚说:“你父亲是个有学问有文化的人。”钱永刚当时就说:“这还用你说,我当然知道了!”但炊事员接下来的一番话却让钱永刚记住了一辈子:“你看你父亲每次下来吃饭都穿得整整齐齐,从来不穿拖鞋、背心。这是他看得起咱,尊重咱!”从此钱永刚也向父亲学习,至今保留着吃饭要穿戴整齐的习惯。钱永刚说:父亲一生都过着十分朴素的生活,一直住在公寓房里。回国54年只搬过一次家。20世纪90年代,组织上打算给他盖一座带院子的小楼,便于他在院子里晒晒太阳,散散步,可被他一再谢绝了。父亲说:“我现在的住房条件很好,这已经脱离群众了,我常常为此感到不安,我不能脱离一般科技人员太远。”母亲在音乐学院当教授,许多分房的机会母亲也是都让给别人。父母这么做,对我们子女来说是一种很好的身教。

中国的传统是下位者(包括下级、儿女等)做错了事,向上位者(上级、父母等)忏悔理所应当;上位者犯了错误,要他向下位者痛痛快快地承认,那真是“蜀道之难,难于上青天”,顶多能做到在日后的工作、生活中不再重犯。翻译家傅雷深受中国传统文化影响，为人又特别自尊，20 世纪 50 年代被打成“右派”后甚至不顾生计之需，拒绝在译作上改名。然而，他能放下父亲的架子，向孩子忏悔自己曾经的错误。1954 年 1 月 18 日，他给傅聪的信中说：“老想到 1953 年正月的事，我良心上的责备简直消释不了。孩子，我虐待了你，我永远对不住你，我永远补赎不了这种罪过！这些念头整整一天没离开过我的头脑，只是不敢向妈妈说。人生做错了一件事，良心就永久不得安宁！真的！巴尔扎克说得好：有些罪过只能补赎，不能洗刷！”在给傅聪的另一封信中他这样写道：“跟着你痛苦的童年一起过去的，是我不懂做爸爸的艺术的壮年。幸亏你得天独厚，任凭如何打击都摧毁不了你，因而减少了我一部分罪过。可是结果是一回事，当年的事实又是一回事。尽管我埋葬了自己的过去，却始终埋葬不了自己的错误。孩子！孩子！孩子！我要怎样拥抱你才能表示我的悔恨与热爱呢！”傅雷强烈的自省和忏悔意识给儿子做出了榜样，也留给世人一个高大的背影。

《大学》里说：“所谓治国必先齐其家者，其家不可教，而能教人者，无之。”中国人做到德才兼备的不少，但要做到“德财兼备”却不容易。美国福特、洛克菲勒等家族，富贵的香火燃烧了几代。中国的李锦记家族也顺利走过 119 周年，将接力棒传至第四代手上。这些家族的共性是与时俱进的经营理念、成功的教育手段，以及道德力量……华人首富李嘉诚在谈到子女教育时说，99% 是要教他们做人的道理，要让他们知道苦难的生活，即使子女长大了，也是三分之二教他们如何做人，三分之一教他们如何做生意。要做大事，先学会做人，“遗金不如遗经”。

恃才傲物很危险

“杭州富家子飙车夺命案”引起媒体与公众的极大关注，造成了巨大的社会反响。一辆改装跑车晚上 8 点钟在杭州闹市区飙车，把过斑马线的大学生撞飞五米多高，当场死亡。站在血肉模糊的尸体旁，肇事者若无其事、勾肩搭背、嘻嘻哈哈……这种"富人霸气飙车、穷人仓皇躲避"的情景并非个案，北京街头有"二环十三郎"（即用13分钟飙完二环路）、上海有"高架路飙车赛"。肇事者大多是"富二代"。与生俱来的富足生活，使他们不懂得宽容和感恩，不知道勤勉与谦逊，过于自我和散漫，过度追求"个性张扬"，社会心理感受相当冷漠，甚至"疯狂"到在寻求刺激最大化中漠视他人生命。财富成了豪门少爷漠视法纪、践踏生命的腐化剂，更成了他们精神堕落、道德败坏的温床。其行径的根源是道德荒芜，缺少公德底线和缺乏对生命与法律的敬畏之心。他们自恃有经济后盾就"搞得定一切"，不管不顾事情的后果和他人以及社会的利益。显然，有财无德、恃才傲物是危险品。

中国不少家长的教育理念是"再苦不能苦孩子"。他们辛苦工作，尽力给孩子提供蜜罐似的生活。父母努力挣钱没有错，这本身也能给孩子树立一个榜样。但是再富不能让孩子富，要教孩子学会理财，让他们知道父母的每一分钱都挣得不容易，这样他们才会珍惜生活，并且积极地为生活打拼。而像肇事的"富二代"父母这样，在物质上对孩子纵容，在道德上却缺少正确的教育和引导，是极端的不负责任。杭州社科院社会学研究所所长傅立群指出："当孩子的需要被过度满足时，他的快乐感会递减。被'过度满足'的孩子特别依赖父母，没有生活的体验和社会的阅历，更承受不了挫折和失败。特别当有大量金钱可以支配的时候，他们很容易迷失方向，做各种危险的尝试。"

美国的精英家庭尽量不让孩子知道自己是富人，以防他们小小年纪就因为觉得有依靠而不思进取。当家庭财富如豪宅、飞机、游艇遮盖不住时，家长会想尽办法让孩子觉得这些财富和自己无关。还有一些家庭干脆自掏腰包让孩子去非洲、拉美、南亚的贫民窟当志愿人员。被社会奉为主流的精英教育强调的一个基本点就是如何去掉孩子意识中的 entitlement（理所当然的特权）意识，让他们意识到一切必须通过自己的努力挣来。而要成为精英就必须有"领袖才能"，这种才能体现在和民众的沟通能力上。所以，精英教育的重点是如何了解下层社会，而不是在自己的小圈子里玩什么。这几年英国的

"富二代"培训很受欢迎。培训的目的是让孩子接触慈善事业,教会他们如何用手中的财富造福社会。新慈善资金,是一家专门指导施主如何有效使用捐款的慈善组织,其针对"富二代"开设的一系列培训,报名者大大超过了预定名额。越来越多的超级富豪公开申明,限制子女的财产继承权力和份额,以鼓励下一代自立。卖冰激凌起家的超级富豪贝纳坦(Duncan Bannatyne)给六个孩子分别设立了信托基金,孩子需要表现出足够的"德性"为自己"挣"得继承资格。经营化妆、保健品的连锁店 The Body Shop 创建者阿尼塔死后没留给两个女儿一个便士,五千多万英镑的资产全部交给了她设立的慈善基金会。母亲的做法让两个女儿"如释重负"。大女儿 Sam 说:"如果在家庭成员之间分割遗产,那你自然会把得到的份额与父母爱你的程度挂钩。如果用得到的爱和支持来衡量,父母已经给了我们一切。"

道德教育的缺失导致"杭州富家子飙车夺命案"中两个家庭的悲剧。如何让中国的孩子在物质富裕的同时摆脱精神上的贫穷,成为摆在全社会面前的一个新问题。"富教育"不是用金钱堆砌的教育,而是"富"孩子的思维、精神和能力。孩子对于生活的态度、情感以及对探索的欲望才是影响他们一生的关键。"穷孩子"也不是必须要让孩子过艰苦的生活,而是要让他们经历挫折教育。要让孩子懂得生活的艰辛,懂得取舍、满足、克制、感恩和尊重,有意识地培养孩子独立、勇敢、自强的个性。

第二节　完善社会和学校教育

教育解救信仰危机

美国思想家加尔布雷恩说:"一个国家的前途不取决于它的国库之殷实,不取决于它的城堡之坚固,也不取决于它的公共设施之华丽,而在于它的公民的文明素养,即在于人们所受的教育……”解决信仰危机的方法很多,包括政治的、经济的、文化的、社会的等多个方面,但最重要的还要靠教育。《南方周末》说得好,国家最大的切己之事是要使全体国民都有充分训练,不仅是尽使其具备就业与谋生能力的责任;更进一步还要使他们能在公共事务中提供智慧,使公共决策建立在知识和理性之上。因此,教育是国家最重要的事务,是变人口负担为人力资源的根本途径。教育是人类自身生存与发展的需要;是提高生存能力、提升生活质量、打造发展平台的需要;是人类从自发到自觉的追求。大到一个民族、一个国家,小到一个家庭,投资教育风险最小,赔钱概率最低。

教育是人的解放,首先是心灵的解放。任何一个家庭、一所学校都不是单纯的职业或技能培训中心,其第一要务是人格培养。就像德国哲学家、教育家雅斯贝尔斯所说:“教育本身就意味着:一棵树摇动另一棵树,一朵云推动另一朵云,一个灵魂唤醒另一个灵魂。”很多一流大学都设有商学院和法学院,可是普林斯顿大学没有。每过20年,普林斯顿大学都要讨论是否该设立这两个学院。每次答案都一样:不。普林斯顿大学放弃了商学院和法学院这两个大学里几乎是最赚钱的学院,却决定大力发展一个看起来最不赚钱的艺术专业。艺术课程的设置与就业没有任何关系,纯粹出于满足学生的需要。普林斯顿大学校长雪莉·蒂尔曼表示:“这些看似无用的课程相当重要。因为这种修养会伴随着一个人的一生,而就业只是暂时的。”

培根说:“只要维持公平的教育机会,贫穷就不会变成世袭,就不会世世代代地穷。”教育是实现社会公平的重要而有效的手段和途径。教育是否公平,是检验社会公平与否的重要尺度,教育不公是最大的不公。2007年,温家宝同志提出了“穷人教育学”的概念。他说:“无论是做教师,还是做人,都应该有一颗同情心、一颗爱心。同情和爱心是道德的基础。让所有贫困家庭的子女都能上学,真正享有受教育的平等权利,这就是穷人教育学。”中国教育技术领域内的公认顶级专家何克抗是穷人教育学的坚决执行者。何教授研究的是教国人学母语的技术。他是中国第一位教育技术学博士生导师，主持制定了中国第一部《远程教育资源建设技术规范》。这样一位顶级专家，如今是“大学请不动，小学不请自来”，每年超过1/4的工作时间都泡在小学课堂里，主持着一项延续了10年的教育试验，只是为了告诉大家，只要教育方法先进而得当，不管是在繁华城市还是贫穷乡村，孩子们的想象力和创造力同样灿烂。他说：“我很同意老一辈语文特级教师于漪的话：母语不是单纯的语言符号系统，而是牵系着一个民族的灵魂。”在宁夏海原县关桥中心小学，田虹老师正在给二年级上语文课。前20分钟，她给学生讲课文，然后让学生读手上的扩展阅读材料——材料由北师大跨越式教学团队编写，与这一课相匹配的有10篇阅读材料。10分钟后，田虹让学生们互相交流，谈谈自己喜欢哪一篇文章，并写下对这篇课文的感受，无论长短，一定得写。田虹采用的就是何克抗带领的团队进行的跨越式项目中语文教学的“211”模式。1949年后，中国的小学语文教育是一、二年级以识字为主，三年级开始注重阅读和写句子，四年级开始写完整的文章。而何克抗的语文教学方法里没有先后顺序，从一年级学拼音阶段就把识字、阅读、写作相结合，两年下来学生阅读量可以达到七八十万字，即现在四五年级学生水平。新加坡已经在全国推行何克抗的教学方法，他们称之为“十分华文”，效果很好。

我很赞同蒋勋的观点：“学校不是制造商，让学生一批一批得到文凭毕业就好了，还是要关心人的问题。即便是在这么一个物化的体制中，学校老师受限于许多的政策，至少要抱持着一种想法：能够关心几个就几个，尽到自己的最大能耐。”所以，让我们坚持播种，说不定每粒种子都会开花结果。

教师是灵魂工程师

德国哲学家、教育家雅斯贝尔斯说过：“教育须有信仰，没有信仰就不成其为教育，而只是教学的技术而已。”真正的教育永远是与人的灵魂有关的事业，真正的教师首先是人格之师其后才是知识之师。教育的对象是社会和世界未来的力量，也是国家的希望。这种力量来自于信仰和理想。做过老师的人都知道，理想的教学是心灵与心灵的相遇。要启迪学生，老师需要言传身教，倾注大量心力和学生对话交流，更要像园丁那样关心每个学生的成长。教育是科学也是艺术，同样需要坚定的信仰。教育者在提升他人信仰时，把理说透了使人“信”，把情讲透了令人“仰”。

教育本身是一把双刃剑，如果教育得当，能帮助社会建立和强化某种信仰，形成理想的精神秩序；相反则不仅不能帮助个人或组织成就信仰，其本身已成为信仰危机的重大元凶。湖北王俊亮早在2002年就以506分的高考成绩被长江大学（当时为湖北农学院）录取，但迟迟未接到入学通知书，于是又复读一年才考入湖北民族学院。大学毕业后工作一年，考取广州某大学研究生。王俊亮去银行办理信用卡时被告知已经有一个来自同一家乡的“王俊亮”办理过信用卡，所以申请被拒绝。王俊亮这才发现自己的身份出现问题，于是向当年负责接收学生录取通知书的高三班主任邓老师了解情况，结果让他大吃一惊：他确实已于2002年考上了湖北农学院，但被他人冒名上了大学。邓老师承认，是他亲手将王俊亮的录取通知书交给了冒名者郑某的家长。老师竟然帮助学生和家长干出如此不道德的事，让人感到十分震惊和痛心。湖北黄石九中要求7年级4个实验班的学生每人交2000元购买高档电子白板，而对非实验班学生无此要求。面对如此有违常理的要求，该校校长回复：“穷人和富人是不可能享受同等教育的。”安徽灵璧县的一些小学也被曝存在“贫富班”现象。家长交3000元钱，孩子就能享受小班待遇，教室内设置空调、彩电、DVD等教学设施，而不交钱的孩子就要去挤近百人一间教室的大班。嫌贫爱富、城乡比例、校际差别、地区差距……公平已经成为教育发展中一道不能回避的坎。待遇不公可以影响人的一时，教育不公可能影响人的一生。孩子面对巨大的价值压力，很可能会崩溃、变坏、扭曲。教育应该做到“面向一切孩子，一切面向孩子”，让孩子的路走得更稳，更有信心。

教育是讲良心的事业。教师的人格就是教育工作者的一切。既然教育的目的在育人，育人的责任在老师，老师不能尽其责，心被物质塞满了，目的也就永不能达。学为人师，以身示范。爱因斯坦说得好："使学生对教师尊敬的唯一源泉在于教师的德和才。"2008 年 5 月 13 日 22 时 12 分，救援人员扒出了德阳市东汽中学教导主任谭千秋的遗体。只见他双臂张开趴在一张课桌上，死死地护着桌下的 4 个孩子。孩子们得以生还，而他们的谭老师却永远地去了……谭千秋用自己的生命演绎了教师信仰的最真、最善和最美。他的实际行动成为教案上最鲜明的"情感态度和价值观目标"，实践了苏霍姆林斯基所说的："我的教育信仰在于使人去为他人做好事，并发自内心深处去做，在于建造自我。"四川最大的苗族聚居地兴文县的仙峰山上有一所全县条件最差的村小——高山好村村小。该校设施简陋、严重缺水，学生上学需要步行两个小时，学校长期留不住教师。王正龙这位普通的代课教师为了不让学生失学，27 年坚守在岗位上勤恳教学。王老师每年只领 10 个月工资，2007 年时，月工资仅有 460 元。"乡亲们信任我教他们的孩子，我跟他们承诺过永远不会离开村小，永远让孩子们在村里有书读，有老师教！"这正是代课教师们数十年如一日坚守岗位的精神动力和教育信仰。

只有健康的心灵才有健康的行为。教育本身就是对人的关心，所以老师一定要为人师，以人为本。教师的品行对于孩子的心灵是任何东西都不可能代替的最有用的阳光。一位团长到俄罗斯参观一座无名公墓，一个幼儿园的老师正给孩子们讲故事，老师哭，孩子也哭。团长感慨道："三四岁的孩子知道什么历史呀？关键是俄罗斯还有一批至今在烈士墓前掉眼泪的老师。不要说俄罗斯现在经济怎么样，我看到这个民族的精神延绵不绝。"要想让孩子相信我们所讲的东西，首先我们自己要相信它，并愿意为之付出和奋斗。人生中最神秘的相遇是在有人认出我们的能力，点亮我们最高潜能之时。诺贝尔说，教育并非仅用于装饰记忆力和理解力，它的主要职责是引导意志力。好老师让学生坚信：我们有能力、卓越不凡，也有影响力，如果我们尝试的话，我们有能力创造迥然不同的人生。

注重树立核心价值观

19 世纪中叶,英国教育家纽曼出任大学校长时说:“真正的大学教育是什么?不是专业教育,不是技术教育,而是博雅教育。大学的理想在于把每个学生的精神和品行升华到博雅的高度。这样的人首先在精神上就是健康的。”纽曼“培养心灵健康的人”的理论是教育界的普适理论。一个心灵健康的人,做什么事情都可以;一个灵魂健全的人,做什么事情都更容易胜任。教育所做的一切是为了未来。学校首先要培养学生的灵魂,使之具有完整的人格。爱因斯坦在谈到学校教育时曾转述别人的论述:“当一个人忘记了他在学校学习的每一样东西,剩下来的才是教育。”这些“剩下来”的东西就是价值观、思维习惯、行为习惯以及所体现的教养。信仰是民族的,传统美德要从小抓起。只有重视心灵和核心价值观的教育,才能培养出真正的人。核心价值观的内核是关于社会关系是非曲直的判断,是个人与他人关系中的基本行为准则,即人类的基本道德。《圣经》中的“十戒”说,人类的基本道德是禁止杀人、抢劫、偷窃、欺骗、遗弃、强奸。

思想道德教育的重要性不言而喻。新中国成立 62 年来,教育部门在思想道德教育途径方面进行了有益的探索。除了沿用传统的理论教育外,更多创新的教育途径被应用,如仪式、参观、知识竞赛、演讲比赛、辩论赛、社会调查、心理咨询、法律咨询、师生对话、讲座、军训、远足、劳动、主题班会、社区志愿者服务等。途径的具体内容也有所创新。如“仪式”的内容不仅包括入学、毕业典礼、入队入党宣誓,还新增了国旗下讲话、宣誓等与时俱进的内容;“参观”的内容不仅限于博物馆、展览馆,还包括监狱、少管所、革命历史旧址、历史文物遗址等。

教育的细节是教育的生命。在德国,孩子生下来后,父母最需要做两件事:一是教育孩子学会自立;二是教育孩子从小有爱心,进行“善良教育”。德国法律规定:孩子在 6 岁之前可以玩耍,不必做家务;6 ~ 10 岁,偶尔要帮助父母洗碗、扫地、买东西;10～14 岁,要剪草坪、洗碗、扫地及给全家人擦鞋;14～16 岁,要洗汽车、整理花园;16～18 岁,如果父母上班,要每周给家里打扫除一次。对于不愿意做家务的孩子,父母有权向法院申诉,以求法院督促孩子履行义务。家长的首要责任是让孩子通过做家务,从小懂得一个人走向社会最终要靠自己,靠自立和自强。而孩子做家务既可以锻炼身体,培养动手能力,又可以从家长那里挣到零花钱。"善良教育"是从爱护小动物开始的。德国人的教育共识是,小时候有爱心的孩子长大后会成为有用的人。很多家庭和学校都饲养小猫、小兔等小动物,它们是父母和老师为孩子准备的"实物教材"。通过手把手地教孩子们饲养、护理小动物,孩子们学会了体贴入微地照顾小生命。小学设立"善良教育课",老师还会带孩子们去养老院、贫民区等处,鼓励孩子们为老人洗衣服、打扫卫生,为生活贫困的人买礼物、食物,以此引导孩子们关注弱势群体、帮助弱者。同时,德国孩子积极参与各种公益组织,以提高自己的善心。

德川幕府统治时期,日本人的国家意识很弱。明治维新时,政府的首要任务就是向国民灌输"忠君爱国"的思想,于是在这个没有正规的宗教教育的国家里,学校成了道德品质和伦理教育的殿堂。1930 年的一本教科书中写道:"体现爱国主义的最便捷途径是在日常生活中严格律己,在家庭中保持良好的秩序,尽心尽力完成自己的工作职责。"现在的日本小学生从一年级起就必须上"道德课"。教学方式有两种,一种是老师讲道德、礼仪、做人,把道德对做人如何重要灌输给小孩子。课本素材几乎都是中国古代的诸子百家思想,如仁、礼、忠、孝等。第一节课是"己所不欲,勿施于人"。老师会问:"如果你的朋友偷了你的书包,大家欺负你,你会高兴吗?"学生答:"不高兴!"老师说:"那你也不要对朋友那样,明白了吗?"学生答:"明白了!"另外一种是实践,学校会安排学生到养老院、残疾医院等地接触并照顾弱势群体,尽量沟通,学会相处。学校教育、家庭教育和包括媒体报道、政府宣传在内的社会教育,使孩子们不仅学会"做事",也学会"做人"。

韩国孩子从小被灌输儒家的道德思想。学校重视爱国主义教育，教室的黑板正上方悬挂着一面国旗，用镜框镶嵌，庄严肃穆。学校还重视社会教育和本土教育，老师或家长经常带学生参观充分展示本土文化的农艺馆、农具馆等。这些场所不讲究大而全，特别强调本土意识，即"我有这，我有那，这些都是我家乡的"，难怪韩国人有浓厚的国家认同感。

独立之灵魂自由之思想

香港媒体曾这样评价邓小平同志："邓公最大的贡献是教会了国人独立思考。"思考是人类区别于动物之处。独立思考才有个性，每个人都应为自己的发展和社会的发展而思考，而大学正是培养人类思考的地方。"大学不仅是文化精神的传承者，更是文化精神的源泉和创新地之一。大学不仅要造就人才，更要有文化影响力和文化魅力，这种影响力和魅力必然存在于大学精神之中。"大学和一个国家的命运紧密联系，它不仅是一种"知识"或"精神"，更是一种挥之不去的情怀。温家宝同志说过："一所好的大学在于有自己独特的灵魂，这就是独立的思考、自由的表达。"

媒体报道，复旦大学学生组成的探险队在黄山探险时迷路，24 岁的黄山市温泉派出所民警张宁海在护送登山者走出危险区时坠崖身亡。复旦学生脱险后不谈哀悼殉职民警，先讨论如何搞好媒体公关，对民警牺牲冷漠无情、不承认错误，推卸责任……引起社会各界强烈质疑。面对各方面的批评，复旦大学校长杨玉良院士坦承："我对复旦的现实并不满意。我们有优良传统，大家看看五六十年代，甚至三四十年代的复旦就可以知道；但是由于市场大潮的大背景，我们在精神层面是有所下降的。这些年来，我们学校里，包括学校的教师、领导、学生变得越来越世俗，这也是不争的事实。复旦大学应该有一个精神风格上的转变。大家要把社会上的各种批评看做是对复旦现状的不满，也要把这些批评看成对我们学校的更大期望。谈到精神层面的培养，我想说，真正的学者首先在道德上应该是纯真的，大学的教师和学生也应该首先让自己的思想‘纯真’起来。”

“大学可以无大楼,但不可无大师。”教师的学问和品行体现着学校的独特灵魂。大学教育是为知识和精神打底子,学问很重要,同时必须有坚实的精神支持与学术追求。以学术为本是一种学术志向、学术传统、学术热情,包含着价值、立场和责任。费孝通先生这样评价他的老师潘光旦:“我们这一代很看重别人怎么看待自己,潘先生比我们深一层,就是把心思用在自己怎么看待自己。”“看重别人怎么看自己”,在意的是身外的评价、地位,那都是虚名;“心思用在自己怎么看待自己”,在意的是自己是否对得住自己,自我生命能否不断创造与更新,从而获得真价值、真意义。冯至是“五四”以来的名作家,鲁迅称赞他是中国最优秀的抒情诗人。他也是德国文学研究专家,歌德研究专家,曾获得代表联邦德国最高荣誉的大十字勋章、歌德奖章等,中国作家中获得这么多国外荣誉的至今尚无二人。冯至更是一位名副其实的好老师,大半生都在学校度过。他教过的学生无数,如今德语文学研究、翻译队伍中较有成就者,好多都是他的弟子。谢冕是1953年入北大中文系的,毕业后留中文系任教。20世纪50年代末冯至托人传话,请他去家里谈谈对中国新诗的看法。一个全国知名的老诗人、大教授约一个小助教谈诗,要听小助教的看法,这不仅表现出冯至的平等观念,还看得出冯先生的慧眼识人,后来谢冕果然成了一名诗论大家。

钱卓拉塞卡尔教授是美国著名的天文学家,他在白矮星的研究上取得了历史性的突破,对宇宙学做出了重大贡献。为了培养学生的天文学爱好和热情,芝加哥大学开办了天文物理班,邀请钱卓拉塞卡尔教授授课。从教授居住的地方到芝加哥大学有130公里的路程,相当远,并且是冬天,但教授还是同意了。天文物理班最初有几十名学生,可真正进入学习时他们却感到枯燥无味,便一一退班,天文物理班只剩下两名学生。对此学校很抱歉,他们对教授说他可以不必每天都来上课,只要偶然来辅导一下这两个学生就可以了,薪水照样发放。但钱卓拉塞卡尔教授还是坚持每天来上课。许多人对他的行为表示不理解。大家都认为,这位教授单为了两个学生,在严酷的冬天来回奔波260公里的路实在不值得,也太辛苦了,还不如赶快把课程结束掉,这是比较实际、不浪费时间的做法。教授认为那么多学生都走了,只剩下这两个学生,表明他们对天文物理学是真的感兴趣,既然这样,为何不满足他们的愿望呢。再则,正因为这堂课只有两个学生,他有更充裕的时间加深对学生的指导。就这样,钱卓拉塞卡尔教授把天文物理课程坚持了下来。而奇迹也就出现了。几年后,这两个学生先后获得了物理学界的最高荣誉——诺贝尔物理奖。1983年,教授自己也获得了这项殊荣,以表彰他对恒星结构和演变有重要意义的物理过程的理论研究。

一位哈佛教授对即将毕业的学生们说:"你们是世界上的盐,盐的作用是给世界味道,给它防腐。你们有机会来这里读书,又很荣幸地毕业,如果毕业后没有起到盐的作用,是有愧于哈佛的。"教育是对人的信仰和对爱的教育的信仰的统一。大学就是帮助"盐"发挥作用的地方。

习俗是日常生活的道德

亚里士多德在《尼各马科伦理学》中强调,道德是思考的结果,只有运用理智,人才能达到高境界的美德。但是人不能单靠理智完成这样的提升,道德思考必须在适宜的社会环境中才有可能,是我们周围的人教会了我们道德。生活是教育世界的现实基础和意义之源,也是信仰赖以萌生、形成、存在与提升的真实原点。著名教育家陶行知大力倡导"生活教育",提出"生活即教育、社会即学校、教学做合一"的生活教育三原则。信仰的确立给人的第一世界——生活世界寻找到和确立起一种心灵归属的呵护、终极价值的持有,并因此将生活世界扩展为意义世界或称精神世界,进而实现从"生理生命"的人向"超越生命"的人的自我完善。

习俗道德是公共生活中与人们日常行为最为相关的是非规范,是日常生活的道德。不同群体因文化不同,有不同的道德规范。大多数的习俗道德习以俗成,并非明文规定,"按照它生活就是正派,违反它就是不正派"。习俗道德的主要作用在于为社会提供必不可少的价值共识和群体道德凝聚力,如维护公民的自由、平等、尊严和保护弱者。具体地说,习俗道德不仅为营建好的社会提供日常生活的具体规范,为未来的变化提供发展的基本方向,也为青少年的道德培养创造良好的环境。习俗道德的束缚和限制的合理性随时代和社会的变化而变化,所以一个社会的习俗道德总是在调整和变化的。

美国是一个习俗道德很强的社会。美国的伦理教育强调道德不只是个人的品格修炼,也是一种必须在公共生活中显示出来的、与社会和政治环境密切相关的人的品格。美国人比较诚实,并不是因为他们天性如此,而是因为他们生活在一个普遍比较诚实的社会里。诚实是美国社会的基本道德观。诚实要求一个人像对待自己一样对待他人,平等,尊重,诚心诚意,不欺骗,也不伤害他人,做错了事情要道歉和解决问题。尼克松是个很能干的总统,但他不诚实,这足以使他背负道德和政治的恶名,黯然下台。2009 年,哈佛大学著名黑人教授亨利·路易斯·盖兹被白人警察克劳利盘问,引起冲突。奥巴马总统在不明事情真相的情况下批评克劳利"种族主义"。他在了解事情真相后亲自打电话给克劳利,为自己的过激反应表示道歉。道歉是为自己的错误行为承担责任,关乎是非的判断,与"面子"无关。2010 年,奥巴马还曾向农业部一名低阶官员雪莉·谢罗德道歉。2010 年 7 月 19 日,一家网站公布了谢罗德的一段视频讲话,她在片中承认自己曾不愿全力帮助一名白人农场主,因为身为黑人的她觉得这名白人求助者在言谈举止中充满了优越感。7 月 20 日,农业部部长维尔萨克下令解除谢罗德的职务,理由是其言论涉及种族主义色彩,并说这是考虑到"来自白宫的压力"所做的决定。但事实上,谢罗德是在参加美国有色人种协会举办的晚宴上发表那段讲话的。她后来告诉听众,自己发现这名白人农场主的遭遇非常可怜,也意识到不应根据肤色有选择地去帮助有需要的人。那段被故意截出一段的视频根本就是在歪曲谢罗德的本意。事情披露后,白宫发言人吉布斯和农业部长维尔萨克先后向谢罗德表示道歉，并希望她能重新回去上班。奥巴马在7月22日晚三次电话联系谢罗德，并郑重其事地说出了“对不起”。社会学家凯克斯指出，每个社会的习俗道德都是非常具体的，体现在人们日常生活的普遍行为中。比较诚实的美国社会能够更有说服力地对青少年进行诚实的道德教育。

“在没有道德习俗的社会中，是不可能有称得上好的生活的。”这样的社会也不可能是一个有公共道德的社会。刘兴雨评论道：我们的大学生，哪一个不是从小胸怀理想、满腔热血，哪一个对贪污腐败不是深恶痛绝？这种教育就像挡风的玻璃，挡住了外界的风沙。可当他们步入社会，现实中发生的事情足以瓦解几十年的正规教育，不得不面临理想和现实的冲突。因此，只有营造出良好的社会氛围，好人受到保护，坏人受到惩治，才能保留住那一颗颗赤诚的心灵。让我们从一件件小事入手，在浮躁的物质世界中为人们的精神世界构筑一份绿荫，把握幸福的真谛，让曾被扭曲的信仰重归人们的心灵。

第三节 人类的伟大在于思考

思维决定出路

一天，老师带着学生去野游。当船行驶到河中央时，老师对学生说：“我出几条谜语大家猜猜。有一种东西跑得比光还快，瞬间就能穿越银河系，到达遥远的地方，请回答这种东西是什么呢？”“是思想。”学生们争先恐后地回答。老师满意地点点头说：“有另外一种东西，跑得比乌龟慢，当春花怒放时，他还停留在冬天，当头发雪白时，他还是个小孩子的模样，那又是什么？”学生们回答不出。接着老师又问：“还有一个，不前进也不后退，还没出生就死亡，始终漂浮在一个定点。谁能告诉我这又是什么？”学生们面面相觑。老师说：“这些都是思想。它们是思想的三种形式，也可以比喻成人生的三种时态。

第一种是积极奋斗的人生，这种人不断力争上游，对明天充满信心；第二种是懒惰的人生，这种人永远落在别人后面，注定不会有大出息；第三种是醉生梦死的人生，当一个人放弃努力，苟且偷安时，他的命运是冻冰的，没有任何机会来敲门。这种令人悲哀的结局就像水面的浮萍。”

作为地球上最有智慧的生命，人类的伟大在于思考。人是会思考的动物，人是有理性的动物，人是有思想的动物。一位哲人说，生活的本质是思考，人类历史可以用一系列心理上和认识上的历史观表现出来。思想是对人性、对生存的看法和感受，对世界独有的观念和认识。我是谁？我到哪里去？这些问题是哲学上对生命的追问，是每个人都要面临和思考的。它们决定了生命的方向。方向是不可预测的，生命是模糊的，不确定的。哲学之思起于困惑，因困惑而思考，因思考而使心灵的焦虑获得平息，使灵魂重归宁静。“思考使困扰人的繁杂得到梳理，使模糊变得澄清，使既定的结论获得新的解释，从而将思考者本人带入一个广阔崭新的精神天地，感受思考所带来的自由创造的审美愉悦。”人之所以为人，就是因为人在思考；人之所以为人，就是因为人有信念；人之所以为人，就是因为人有信仰。科学的思维方式是信仰的思想基础。信仰需要信仰者的“头脑”。不同的思维方式会影响信仰者的认识，甚至会形成不同类型的信仰。心理学家弗洛姆在《为自己的人》一书中说：“从在心里怀有个合理的见识到阐明了一个理论，每一步都需要信仰：相信那见识是可追求的合理而确实的目的，相信那假说是近情入理，似乎可靠的主张，相信最后的理论，至少一直到关于理论是否确实达成了意见普遍一致。这种信仰在人自己的经验中扎着根，在人对自己的思考、观察和判断的能力的信心中扎着根。”

思想决定人生，思路决定出路。晚年的爱因斯坦总结数十年科学生涯经验时感叹道：“提出一个问题往往比解决一个问题更重要，解决一个问题也许仅是一个数学或实验上的技能而已，而提出新的问题、新的可能性，从新的角度去看旧的问题，却需要创造性的想象力，并标志着科学的真正进步。”几乎所有人都会忍不住问比尔·盖茨的父亲一个问题："你是怎么培养出这样一个优秀的孩子的？有什么秘密吗？"他在《盖茨是这样培养的》一书中回答道：作为一个小男孩，小盖茨的阅读量可能要远远超过同龄的孩子。他常常语出惊人，小小年纪对世界的看法和想法往往令我们这些大人瞠目结舌。对于成年人认为理所当然或者无暇顾及的事情，小盖茨总是心存好奇，执意要用自己稚嫩的小脑袋深思熟虑一番。小盖茨的房间位于家中的日光地下室，每一次全家外出总是他的行动最慢。盖茨的母亲会在临行前一次又一次地冲下去喊他。有一次，小盖茨扬着脑袋反问母亲："我在思考问题啊，妈妈，难道你们从不思考吗？"

思想解放是社会进步的不竭动力。中国各个历史阶段都有过多次的思想解放运动。在当今这个百家争鸣、尊重差异、包容多元的开放时代，国家倡导解放思想，建设创新型国家，倡导各行各业积极思考、踊跃创新，力图在全社会形成以创新为核心的时代精神。大陆到处都有有名的面点，北京的京八件、天津的大麻花、苏州的云片糕……可论名气论产值都敌不过台湾的凤梨酥。凤梨酥是菠萝做馅的小饼，和中国的月饼、西方的水果派有点像。大陆人爱买凤梨酥，其产值已从20亿元新台币狂升到250亿元新台币。是什么成就了凤梨酥？是思维。凤梨酥从大饼变身"金砖块"，从挑着担子卖变成精致的专柜和店面，从随手就卖到单个包装、集成礼盒，从沿街叫卖到凤梨酥制作比赛、凤梨酥节、凤梨酥展销等各种推介活动……每一点变化都是从业者的思想凝聚而成。凤梨酥不仅仅是食品，更是符合现代人口味、审美、消费习惯的礼品，包装上的古典美人、青山绿水，把普通面点变身为品位不俗的工艺品。

思维比资源更重要。2009年10月2日，第31届奥运会申办城市正在进行激烈的角逐。在最后陈述的关键时刻，里约热内卢申奥主席努兹曼向国际奥委会执委们展示了一张特殊的"地图"。在这张"地图"上，欧洲版图标有30个圆点，亚洲版图有5个圆点，大洋洲有2个圆点，北美洲有12个圆点——包括美国的8个圆点。南美洲呢？没有。努兹曼说："这些圆点象征着举办过奥运会的地点，如果这次里约热内卢获胜，就意味着奥运大家庭又将消灭一个盲区，南美洲也将因举办奥运会变得更加完整，请给这个新大洲打开一扇门吧！我们已经为推动奥林匹克运动的发展做好了充分的准备。”这张地图的作用远不止这些，在贴近奥运会求新求变理念的同时，也直指另外三座城市的要害：芝加哥、东京和马德里都举办过奥运会，有的还举办过多次。无形中，评委们投票的手开始向里约热内卢倾斜。竞争优势的形成，往往源自对手的薄弱环节。思维在里约热内卢申奥的获胜中起了积极的指导作用。

创新直中靶心

创新是以新思维、新发明和新描述为特征的一种概念化过程。起源于拉丁语，原意有三层含义：第一，更新；第二，创造新的东西；第三，改变。创新是人类特有的认识能力和实践能力，是人类主观能动性的高级表现形式，是推动民族进步和社会发展的不竭动力。江泽民同志说：“创新是一个民族进步的灵魂，是国家兴旺发达的不竭动力。”无论何时，创新都是成功的上帝，只不过其力量深藏于人的心灵世界之中，需要人去挖掘。现代文化的崛起是创造的结果，是一种对传统文化的再创造，同时兼容了世界文化。传统文化要生生不息，关键在于新的创造。没有创新，传统文化将很难得到衍生。韩剧、日剧之所以流行，并不是因为其包含着高深的艺术水平，而是因为它们通过一系列现代和传统的创造性结合，使中国观众看到和感受到了儒家文化的影子，引发了共鸣。

当今社会市场竞争激烈，产品生命周期短，难怪福特公司创始人亨利·福特说出“不创新，就灭亡”的名言。环境的好坏，并不是决定一个人成功与否的必要条件，智慧的多少才是成功的关键所在。创新是企业生存的根本，是成功的保障。一点点的创新就能让一家企业起死回生、名声大震。在金融危机席卷全球的灰色日子里，一种标价 75 美元、名为 OSPOP 的运动鞋却成为西方人竞相追逐的时尚新宠。其实它最初的“出生地”就在中国,人们叫它“解放鞋”,售价为 2 美元。2003 年,一名来自美国的商人班 · 沃特斯到上海工作。没事时他常到矿井、码头、巷弄、农舍里转悠。他发现中国工人农民都习惯穿一种设计简单、胶质、廉价的鞋。这种鞋通常被装在灰色纸袋里出售。沃特斯弄清楚了这种名叫“解放鞋”的鞋最初穿在中国部队的首长和士兵的脚上,后来成了中国劳动者脚上的流行色。他想,既然穿上它有利于劳动,为什么不让劳动者穿得更舒服些呢? 沃特斯立即找到河南焦作的鞋厂,表达自己合作投资的意愿。改良后的解放鞋有了一张英文名片——OSPOP,它是“One Small Point of Pride”的缩写,意为“一点儿的骄傲”。OSPOP 一落地便成为大洋彼岸人们脚上的“新宠”,在不到一年的时间里卖出了 75000 双。

美国的基姆 · 瑞德原先从事打捞沉船工作。一天,他偶然看到一个高尔夫球因为打球者动作的失误而掉进湖水中。他穿戴好潜水衣,跳进了湖里。在湖底,他惊讶地看到成千上万个散落的高尔夫球。这些球大部分跟新的没差别。球场经理答应以 10 美分一个的价钱收购。瑞德一天捞了两千多个,得到的钱相当于他一周的薪水。后来他每天从湖中把球捞出,带回家让雇工洗净,重新喷漆,然后包装,按照新球价格的一半出售。其他的潜水员闻风而动,从事这项工作的潜水员多了起来,瑞德干脆从他们手中收购旧球。每天有 8 万到 10 万个旧高尔夫球送到他的公司,公司一年的总收入已达 800 万美元。歌德说:“不断变革创新,就会充满青春活力;否则就可能会变得僵化。”对于掉入湖中的高尔夫球,别人看到的是失败和沮丧,但有实力的人会说:“我是从别人的失误中获得机遇的。”

创造力比知识更重要

中国人历来不缺乏想象力和创造力。且不说四大发明,现代的“三钱”,就是科学界璀璨的星斗。钱三强因发现了核新分裂法,与夫人何泽慧一同被称为“中国的居里夫妇”。钱学森是人类航天科技的重要开创者和主要奠基人之一,堪称20世纪应用科学领域最为杰出的科学家。国际上以钱伟长命名的力学、应用数学科研成果有"钱伟长方程"、"钱伟长方法"、"钱伟长一般方程"等。然而2009年,教育进展国际评估组织对全球21个国家进行的调查显示,中国孩子的计算能力排名第一,想象力排名倒数第一,创造力排名倒数第五。

爱因斯坦说:"想象力比知识更重要,因为知识是有限的,而想象力概括着世界上的一切并推动着进步,想象才是知识进化的源泉。"幼年时的奇思妙想,极有可能为他以后的成才立业奠定坚实的基础,这一点已被古今中外的无数事例一一验证。大发明家富兰克林一生都在异想天开,想将天上的电能引到人间,经过艰苦努力终于梦想成真。雨果从小就神神叨叨,曾希望巴黎用他的名字命名。虽然这一想法没能实现,但他最终成为法国历史上最伟大的文学家之一。对于青少年来说,知识当然重要,但最重要的还是思考能力。一个人从无知到有知的过程始于发问,学问学问,就是要学会"问",学会思考。苏格拉底从来没对他的任何一个学生说过:"你的观点是错误的。"如果学生想出一个错误的答案,苏格拉底就会提出另外一个问题,通过仔细地提出问题、鼓励学生思考问题,并通过这种思维方式使他们找到正确的解决方法,被称为"苏格拉底方法论"。

诺贝尔奖最看重的是具有独创性和原创性的思想与成果。创造力被视为未来第一领袖能力。很多国家把大力发展创造力置于国家发展战略的首要位置。美国被认为是最具创造力的国家之一,它的教育体系鼓励孩子自由想象、畅所欲言。老师欢迎学生怀疑、反驳、否定前人的理论,向权威提出挑战。美国大学A类论文,往往是那些观点与教科书迥异,甚或与教师意见相左,有新意有独到见解的文章。加利福尼亚州中学生的考试平均成绩在美国50个州里排在倒数几名,但是加州科技人员的发明和专利总数却居美国第一位,加州近10年的经济增长率也一直遥遥领先。当地学区总监克拉马先生解释道:局外人看到的只是加州中学生的一个侧面,却忽略了他们身上最宝贵的财富——创意思维。加州之所以在科技经济方面处于领先地位，最主要的一个原因就是加州的教育制度更注重鼓励学生的创意思维。从学生时代就养成创意思维，以后无论从事何种工作都可能超越别人。2010 年，英国一群小学生对大黄蜂的觅食行为进行实验观察，并在英国皇家学会主办的《生物学通讯》上发表了研究论文。在这 25 名小学生的眼里，科学实验充满了乐趣，就像是玩一场游戏。

培养创造力的关键在于给孩子最大限度的自由来调动其自身的潜力，追寻内心的渴求，大胆任意地探求世界。没有创意思维，就没有创造。一位美国小学生写了一篇作文，大意是一群孩子在森林里发现了一枚蛋。他们小心翼翼地将蛋捡回准备将它孵化出来。孩子们纷纷猜测，有的说是孔雀蛋，有的说是鸵鸟蛋。等啊等，28 天后终于有动静了，蛋壳中竟孵出了他们的总统克林顿。孩子们欢呼雀跃。这篇作文获得了全美最优秀作文奖。同样是小学生的作文，武汉某六年级学生王聪（化名）的一篇以“春天”为题的作文却因为他写的是“春天并不好”，而被语文老师批评为“不听老师讲解，胡思乱想，跑了题”。王聪的作文是这样写的：春天细菌繁殖旺盛，夏季蚊虫都在这时孳生；春天易流行感冒；春天雨水淅淅沥沥下个不停，很烦人，像个爱哭的小姑娘总也止不住；冷热不均，忽冷忽热……孩子挨了批评一定很沮丧，更可怕的是从此他可能丧失了想象的热情、创造的智慧和天生的好奇心。中国的教育从 20 世纪 80 年代后期起开始重视智力教育，体现在对学生考试成绩的关注。“考考考教师的法宝，分分分学生的命根。”这种循规蹈矩的应试教学模式最大的弊不是在学“问”，而是在学“答”。很多老师设计题库、炮制答案，然后拿给学生死记硬背。一位从教多年的老教师坦言：“谁不希望自己的学生将来有出息！在现在的应试教育下，脑子灵、有想象力、创造力的学生往往得不了高分，得不了高分就通不过高考，受不到高等教育，所以只好多‘约束’他们。”然而“答”得再好，也只能是“青出于蓝”而止于“蓝”；要想“青出于蓝而胜于蓝”，除了学“问”学“思”之外，没有他法。著名语文教育专家洪镇涛就一针见血地指出:“这种扼杀学生个性的做法无疑在培养‘奴隶’!”中国的青少年并不缺乏想象力和创造力,正是社会的价值导向、教育理念、教育内容、评价机制,使他们循规蹈矩。

创意思维能力是最主要的竞争力。一个人、几个人不会思考,可能不会影响全局,如果一代人、一个民族的未来缺乏思考能力,那就只能落后。温家宝同志在2009年新华社《让科技引领中国可持续发展》一文中说:“我做总理以后这几年去看望钱老,他谈得更多的不是科技问题了,几乎每次都是教育问题。他反复提到,创新型人才不足是现行教育体制的严重弊端,也是制约科技发展的瓶颈。他提出要更加关注教育改革和发展,注重培养具有创新能力的人才。他说中国现在没有发展起来,一个重要原因是没有按照培养科技发明创造人才的方式办学,没有自己独特创新的东西,培养不出杰出人才。他还结合自己成长的经历说,一个有科学创新能力的人不但要有科学知识,还要有文化艺术修养。我对钱老提出的这两条意见深为赞同。”如果说科学技术是第一生产力,那么想象力就是科学技术之魂;如果说人的心理健康、人格尊严、幸福指数是科学发展中以人为本的真正内涵,那么想象力就是发展之灵。神奇的灵感和创造力是很脆弱的,甚至稍纵即逝,需要有心人格外呵护。“拥有13亿人口的中国能不能产生另一个爱因斯坦,关键是改变我们每个人对待知识的态度。”如果家长能认真对待孩子的每一次提问,老师能够鼓励孩子尽情发挥自己的想象力,社会能宽容青少年每一次大胆的实验,天才便不会与我们擦肩而过。

思维定式影响创新

韩寒和队友在挪威奥斯陆参加汽车比赛,下榻的酒店提供当地产的梨。韩寒用刀切开的时候发现这些梨是没有核的,除了一粒西瓜籽大小的种子,其他地方都能吃。队友听到韩寒的“新发现”,很诧异地从垃圾桶里捡起前几天吃的梨核,原来他硬生生地、用嘴修出了一个核的形状。每个人的心中都隐藏着一个“不能吃的核”,这就是常规思维。我们把常规思维的惯性称为“思维定式”。

习以为常、耳熟能详、理所当然的事物充斥着我们的生活,使我们逐渐失去了对事物的热情和新鲜感。经验成为我们判断事物的唯一标准,存在的当然变成了合理的。随着知识的积累、经验的丰富,我们变得越来越循规蹈矩、老成持重,于是创造力丧失了,想象力萎缩了,思维定式成为人类超越自我的一大障碍。法国心理学家约翰·法伯做过著名的“毛毛虫实验”:把许多毛毛虫放在一个花盆的边缘上,使其首尾相接围成一圈,在花盆周围不远的地方撒了一些毛毛虫喜欢吃的松叶。毛毛虫开始一个跟着一个,绕着花盆的边缘一圈一圈地走,一小时过去了,一天过去了,又一天过去了,这些毛毛虫还是夜以继日地绕着花盆的边缘在转圈,一连走了七天七夜,它们最终因为饥饿和精疲力竭而相继死去。导致这种悲剧的原因就在于毛毛虫习惯于固守原有的本能、先例和经验。如果有一个毛毛虫能够破除尾随的习惯而转向去觅食,就完全可以避免悲剧的发生。

一艘远洋海轮不幸触礁,沉没在汪洋大海里,幸存的9名船员拼死登上了一座孤岛。岛上除了石头还是石头,没有任何可以用来充饥的东西。更要命的是,在烈日的暴晒下,每个人都口渴得咽喉冒烟,水成了最珍贵的东西。可是他们四周都是海水,而海水又苦又涩又咸,根本不能用来解渴。9个人唯一的生存希望是老天爷下雨或别的过往船只能发现他们。可是,雨一直没下,船也没有一艘经过。慢慢地,8个船员相继渴死,剩下的那位船员也快要渴死了。他实在忍不住了,便扑进海里喝了一肚子海水。船员喝完海水后感觉这里的海水一点苦涩味也没有,反而非常甘甜,非常解渴。靠喝海水支撑度日,他终于等来了救援的船只。后来人们化验这海水发现,由于有地下泉水的不断翻涌,所以岛边的海水实际上是可口的泉水。

“和别人不一样”,是所有杰出人物的特征。个性差异是人类得以进步的基础。李嘉诚买股票的一个秘诀是:大多数人买什么,他就不买;大多数人不买什么,他就买。成功者都是独辟蹊径,失败者都是随波逐流。一个小男孩8岁时身高1.2米,可一直到20岁都没长个。父母思忖:儿子这么矮,将来不会有出息了,决定让男孩辍学,跟他们捡破烂,供两个哥哥上学。即使这样,男孩也没放弃,捧着收来的破书学习。父亲说:“咱都沦落为乞丐了,你还学个什么劲。”他回答:“乞丐有两种,一种是生活的乞丐,一种是精神的乞丐。我属于生活的乞丐,我要饭是暂时的。”他顽强地学完了高中课程,并最终考上了大学。当记者问他:“是什么力量支撑着你坚持到了今天?”男孩回答说:“我认为人活的就是一个态度。我虽然很贫穷,但是我不可以低贱;我虽然个子很矮,但是我不可以卑微。”靠着艰苦的奋斗和良好的心态,男孩赢得了生命的尊严。只有善于打破思维定式,从新事物中抓住契机,从经验中获取价值,我们才能应对变化,创新出奇。世界属于创新者。

阅读照亮混沌的心

几个世纪以来,科学家一直在探讨成功的要素。除了智商、个人努力,科学家又发现了第三个要素——求知欲,即拥有一个“充满饥饿的大脑”。英国和瑞士的科学家收集了约5万名学生参与的200项研究的数据。研究发现,求知欲或者说好奇心也是一个重要的成功因素。满足求知欲,使公众成为公民,阅读必不可少。阅读映照出生命的本真,人的独立思维是由独立的阅读开始的。“现在的外部世界有太多表象与物质迷惑着人们,使一些人忽视了生命的精彩不在于外在的光鲜,而在于内在的修养。阅读恰恰是发现内心最环保、最经济的途径。”书籍是一条大船,大船上有远方的故事、有不同风俗和思想的人们、有精神性的惊艳和生存性的战栗。当我们搭上这条大船,就可以纵横四海,体会世界的广大、智慧的光彩、生命的意义和人生的丰富,扩大视野和胸襟,于潜移默化中丰富我们的感受力和想象力,培养对大千世界的好奇心和承担心,从多方面提升个人修养。

阅读就是与大师对话,与自我对话,与人生对话。阅读的深刻决定了民族的未来。人类的精神和文化的精髓都存留在这些历经淘洗的文字经典当中。当今社会文化生产的畸形状况正在急剧减少各类文化形式的知识和精神含量，相比起来，书是其中减少得最为缓慢的一种。只要我们真把书读进去了，我们的头脑和心灵会在这充实和快乐的感觉中活跃起来，而这持续的精神的活跃会在我们的内心孕育出对书的亲近和需求。两位上海老夫妇在美国旅游，听闻哈佛大学学生凌晨四点半就在图书馆看书。他们在哈佛大学旁找家旅馆住下，第二天四点刚过就走进藏书逾千万册的哈佛大学图书馆。当他们看到每个阅览室的座位上都坐着看书的学生，不禁热泪盈眶。美国是一个物质至上的社会，充满竞争，但在图书馆却可以沉寂身心，潜心求知，无数成功者就在这样没有纷争的苦读后实现了梦想。杭州图书馆舒适安静的阅览室内有乞丐在读书，他们在这里享受温暖和宁静，使自己疲惫且备受冷眼的心情得到舒缓。难怪阿根廷国家图书馆馆长、著名作家博尔赫斯这样赞美图书馆："如果有天堂，天堂应该是图书馆的模样。"

每一次阅读都有价值。阅读是走向成功的一条捷径。犹太人是世界上最聪明的民族之一，从1901年到2005年，占世界人口0.3%的犹太人获得了20%的诺贝尔奖。研究发现，酷爱读书是犹太人成功的重要原因。在以色列这个只有700多万人口的国家里，有借书证的人高达100万，2006年以色列人均读书64本，人均阅读量常年位居世界前列。浓厚的阅读风气源于犹太人重视培养阅读习惯。在许多犹太人家里，当小孩稍微懂事时，大人就会翻开一本书，涂一点蜂蜜在上面叫小孩子去舔，其用意不言而喻：读书是甜蜜的。相比之下，自20世纪90年代以来，中国每年人均购书量不到5册；国民阅读率连年下降，每年有超过一半的识字成人一本书也没读过。

阅读帮助我们找到人生的钥匙。余秋雨说："阅读是把人从平庸的状态下拔擢出来的最佳途径，它使我们有可能从已有的文明程度上再起步，成为国际意义上的文明人。"为生命、为成长的阅读，让我们的心灵变得辽阔。不阅读的人无论多么富裕或出身高贵，都很容易暴露出他们在精神层面上令人遗憾的等级。《道德经》的“无私为大私”五个字深深地改变了白岩松。他形容说:朦朦胧胧的很多东西一直找不到相对应的答案,突然在《道德经》里看到了这五个字,一下子就豁然开朗了,成了他的立身之本。而白岩松辞去很多的制片人头衔要休息一段时间,恰恰是因为看到了《道德经》里的一句话“杯满则溢”。杯子满了就再也装不下其他东西了,怎么办?倒掉!

读书是一种享受,是生活的一种方式、一种风度。世界上有很多令人神往的书店街,比如北京的琉璃厂、伦敦的查令十字街、巴黎的塞纳河畔、东京的神保町等。“打开一部史书,犹如展开一部历史的长卷,谛听历史的脉搏,咀嚼人生的甘苦;翻开一册文学经典,如同走进一片风景胜地,诗情画意呼之欲出,犹如置身其中。”明人李贽读《三国志》,情不自禁欲结书中豪杰,大呼“吾愿与为莫逆交”。“身无半亩,心忧天下;读破万卷,神交古人。”让左宗棠自励终生。《人民文学》副总编肖复兴说:“读书,可以寻找一块洁净的宿营地,能安置我们的灵魂;可以寻找一方明亮清澈的夜空,让我们的梦能毫无顾忌地尽情飞翔。”所以读书是快乐的,“唯书有色,艳于西子;唯书有华,秀于百卉。”

关于如何阅读,1949年新中国成立以前,陶行知就提出读书有两种:一种是读死书,死读书,读书死;另一种是活用书,用活书,用书活。王蒙说:读书要爱书、释书、疑书。读书是一个与书、与作者互动的过程,互有发现,互有证明,互有质疑,互有补充。北京万圣书园的墙上有句话:是谁传下这行业,黄昏里挂起一盏灯。天下无书则已,有则必当读。阅读不仅给我们提供知识,也能帮助我们找到某种意义上的精神家园,让我们行走于红尘、周旋于职场的疲惫和焦虑平缓下来,萌生出一种单纯的、开阔的、明朗向上的心境。文字经得起琢磨,带给我们的是幸福。

第四节　智慧开启着人生之门

智慧是命运的征服者

我们对人和社会的看法、日常的行为处事都是在自己的一套观念系统的指导下进行的。这些观念系统包括对哲学问题的反思和解答，比如“人是什么”、“幸福是什么”、“财富的本质是什么”、“什么是真、善、美”等。黑格尔说：“熟知非真知。”作为人类最古老的学问之一，哲学来自人类对世界止不住的惊奇，是对人们熟知而非真知的问题的反复思考。它是智慧的结晶，更是对智慧的永恒追求。在词源上，哲学正是“爱智慧”的意思。就像苏格拉底宣称的那样：我之所以智慧，是因为我知道自己很无知。像“人从哪里来，要到哪里去”、“我们生活于其中的宇宙从何而来，又将走向何方”这些关涉人生意义和本质的重要问题，尽管千百年来人们苦苦追寻，却始终没有找到答案。哲学问题始终存在于我们的生活中，并通过各种方式影响着我们的生活和选择。哲学是爱智慧，哲学是永恒思考，哲学更是一种生活态度。智慧是命运的一部分。它不是死的默念，而是生的深思。一个人所遭遇的外界环境会影响他的头脑，“最大的智慧存在于对事物价值的彻底了解之中”。

人类的思想和文化是智慧的结晶、进步的阶梯、文明的象征。哪里有智慧，哪里就有成效；哪里有智慧，哪里就有出路。希腊谚语说，从智慧的土壤中生出三片绿芽：好的思想，好的语言，好的行动。古代战场上一名士兵被敌人的小箭射中。战友们赶过去救他，发现中箭的士兵没有死，伤势也不重。更离奇的是，他的伤口并不是很痛，也没有流很多血。战友把箭拔出，送他回后方疗养。过了一段时间，发现他原先患的某些疾病在这次箭伤之后居然慢慢改善了。有人注意到这种现象，加以研究，最终发展成今天中医学上独具特色的针灸疗法。生命中隐藏着大自然启示我们的重要奥秘，就看我们是否有足够的细心和智慧将它们发掘出来。英国科学家弗莱明是青霉素的发现者。弗莱明当军医的时候看到很多战士因为伤口感染细菌而痛苦地死去，决心找到一种药物来治疗细菌引发的疾病。实验中他偶然发现了青霉素。这种神奇的药物挽救了无数人的生命。弗莱明为此获得了诺贝尔医学奖。他说："机会只留给有准备的头脑。"

雨果说："人的智慧掌握着三把钥匙：一把开启教学，一把开启字母，一把开启音符。知识、思想、幻想就在其中。"第二次世界大战时，法西斯的集中营里关着犹太人父子俩。爸爸说："儿子，现在我们唯一的财富就是智慧，当别人说 1 + 1 = 2 时，你应该想到大于 2。"这个集中营里关着几十万人，绝大多数人最后都死了，父子俩幸运地逃了出来，逃到了美国得克萨斯州做铜生意。爸爸问儿子："一磅铜多少钱？"儿子回答："35 美分。"爸爸说："整个得克萨斯州的人都知道一磅铜是 35 美分，但作为犹太人的儿子应该说成 3.5 美元。"爸爸让儿子拿铜去做门把手，由此儿子找到了生财之道，一磅铜挣了 3.5 美元，一共挣到了 3500 美元。1974 年，美国翻新自由女神像，留下了一大堆的废料——废铜、废铅、废木料、废水泥块和很多的垃圾灰尘。市政府招标：谁愿意把废料运走？没有人应标。这批垃圾没什么用，而且运费很高。犹太人的儿子正在度假，听到消息马上直奔纽约签约。政府感到很奇怪："你要什么附加条件吗？"儿子说："不需要。"他先让人把这一大堆垃圾分类：一大堆废铜，一大堆废铅，一大堆废木料，一大堆废水泥块，连垃圾和灰尘也舍不得扔掉。溶化后，废铜制成一个个小自由女神像，卖给游客；废铅做成一个个纽约广场的钥匙；废木料、废水泥块做成自由女神像的底座，而那些垃圾做肥料。"1 + 1 > 2"的理念在他那里不仅生根而且开花，还结出了硕大的果实。3 个月后他赚到了 350 万美元。犹太人儿子的经历验证了这句名言：与其相信你的金钱，倒不如相信你的智慧；与其寻找金钱，倒不如寻找智慧。

挑战权威　走向成功

1968 年墨西哥奥运会的百米赛道上，美国选手吉姆·海因斯撞线后，指示灯显示出 9.95 秒的字样，全场轰动。这是人类第一次在百米赛道上突破 10 秒大关。海因斯也摊开了双手，自言自语地说："上帝啊，那扇门原来虚掩着！"事后他解释说："自欧文斯 1936 年创造的 10.3 秒的百米赛纪录后，以詹姆斯·格拉斯医生为代表的医学界权威们断言人类的肌肉纤维所承载的运动极限不会超过 10 秒。大家相信这一说法，但我想即使无法突破 10 秒，我也应该是 10.01 秒的成绩。于是，我每天都以自己最快的速度跑 50 公里。当我在墨西哥奥运会上看到自己 9.95 秒的成绩后，我惊呆了，原来 10 秒的门不是紧锁的，它是虚掩的。"虽然海因斯也相信医学权威的说法，但可贵的是他并没有被这个极限所吓倒，他坚持训练，最终打破了百米纪录不会超过 10 秒的断言，跨进了成功的大门。

人们往往对权威的话深信不疑，不假思索听信。权威的断言成了不可更改的铁律。其实权威也是人，也会有人的弱点，也会有看走眼的时候，也会因当时的研究条件、科技发展水平的局限得出有缺陷、不完美的结论。当年的哥白尼提出"日心说"相对于"地心说"就是一大进步；后来被烧死的布鲁诺则提出"宇宙无限论"；被判处终身监禁的伽利略发明了望远镜看到了星空；爱因斯坦挑战牛顿的经典力学提出"相对论"……人类就是在这虚掩的"门"和推"门"之中不断地向前迈进。

1953 年，袁隆平毕业后被分配到湖南省安江农校教书，最初他研究红薯、西红柿的育种栽培。1960 年的天灾人祸带来了全国性的大饥荒。袁隆平和学生们亲眼目睹路边横躺的两具骨瘦如柴的尸体，深切地体会到什么叫"民以食为天"，意识到只有水稻才是农民的救命粮。当时，米丘林、李森科的"无性杂交"学说——"无性杂交可以改良品种，创造新品种"垄断着科学界。袁隆平做了许多试验，依然没有任何头绪，他开始怀疑"无性杂交"传统论断的正确性，决定改变方向，沿着当时被批判的孟德尔、摩尔根遗传基因和染色体学说进行探索，研究水稻杂交。而在当时，作为自花授粉的水稻被认为根本没有杂交优势。“别人都讲我是‘鬼五十七’（长沙方言，意为不务正业），我也不理。”1960年7月，袁隆平像往常一样下课后到稻田查看。突然他发现了一株植株高大、颗粒饱满的水稻。他如获至宝，马上用布条加以标记，反复观察，并采集花粉进行镜检。第二年，他把收获的种子种下去，结果长出的水稻高的高、矮的矮。“当时我非常失望地坐在田埂上……突然灵感来了，水稻是自花授粉的，不会出现性状分离，所以这一定是个天然杂交种！”袁隆平马上想到把雌雄同蕊的水稻雄花人工去除，授以另一个品种的花粉，就能得到有杂交优势的种子了。但单凭人力不可能大量生产这样的种子。如果专门培育一种雄花退化的水稻，将其和其他的品种混种在一起，用竹竿一赶花粉就落在雌花上，就能大量生产杂交稻种了。接下来几年的夏天，他都拿着放大镜顶着烈日在田间苦苦寻觅。1964年，他找到一株奇异的“天然雄性不育株”，这是国内首次发现。经人工授粉，结出了数百粒第一代雄性不育材料的种子。1965年，他在南特号、早粳4号、胜利籼等品种中逐穗检查14000多个稻穗，连同上年发现的不育株，共计找到6株。经过连续两年的春播与翻秋，共有4株繁殖了1－2代。1966年，袁隆平发表了杂交水稻的第一篇论文《水稻的雄性不孕性》，直击禁区。今天回想起那一切，袁隆平深有感触地说：“在研究杂交水稻的实践中，我深深地体会到作为一名科技工作者要尊重权威但不能迷信权威，要多读书但不能迷信书本，也不能害怕冷嘲热讽，害怕标新立异。如果老是迷信这个迷信那个，害怕这个害怕那个，那永远也创不了新，永远只能跟在别人后面。科技创新既需要仁者的胸怀、智者的头脑，更需要勇者的胆识、志者的坚韧。我们就是要敢想敢做敢坚持，相信自己能够依靠科技的力量和自己的本事自主创新，做科技创新的领跑人，这样才会取得成功。”

在这个世界上，只要我们敢于抱着巨大的勇气去挑战权威，去真正地付出，就会发现许多门都是虚掩着的，尤其是成功之门。

正确选择人生之路

有人说，人一辈子其实就是在做两件事——选择和拒绝。我们不能选择出身，我们不知道会出生在山区还是大城市，官宦之家还是贫贱之家，但我们可以选择奋斗，归宿是自己的选择。农村有句话："要想富，少生孩子，多养猪。要想富，少生孩子，多种树。"这是在寻找致富之道。我们不能选择容貌，但是可以选择笑脸。快乐源自心灵的选择，年轻健康的心态是获得快乐和幸福的源泉。孔子最喜欢的弟子之一颜回衣衫褴褛却神态自若，"一箪食，一瓢饮，在陋巷，人不堪其忧，回也不改其乐"。人生因为选择而更加精彩，生命因选择而臻于完美。

人人都想获得成功，但很多时候仅有热情和努力远远不够，最重要的是选准成功的方向。人生如何能成功呢？老子说，第一要找到道，人生要悟"道"，得"道"，行"道"。"道生一，一生二，二生三，三生万物。""道，无时不有，无处不在。"古代的"道"字由一个"十字路口"和一个"人头"构成，表示人来到十字路口后寻找道路有四个方向的选择：是向前或向后走成功？还是向左或向右转成功？一位科学院院士总结自己人生的成功得力于8次正确的选择。他8次选择，8次成功。这个人就是王选。

星云大师写过这样一个故事：一位教授带着小儿子到市场去买水果。他们在水果摊上挑选水果时，小贩很不耐烦地说道："先生，你到底买不买？不要这样挑来挑去的。"教授礼貌地回答："要买！要买！"接着把挑好的水果交给小贩，并问多少钱。小贩不以为然地说："这可是很贵的哦，你买得起吗？"教授依旧谦虚地回答："买得起，买得起。"并把钱递给小贩。回家路上，小儿子一路沉默，快到家时实在忍不住便问道："爸爸，您是教授，是学者，在我心目中是偶像，是令我景仰的人，为什么今天却让小贩如此吆喝？难道您一点也不生气吗？"教授回答道："待人有理、谦虚、礼貌是我的水准，无礼、势利是小贩的水准，我不能因为一个粗鲁的人而破坏我自己的水准。"

现在年轻人的婚姻不像老辈那么牢固，稍不顺心就想到离婚。其实老一辈的婚姻也有磕磕绊绊，只不过他们选择坚守婚姻，解决问题。张中行先生将婚姻分成4个层次：可意、可过、可忍、不可忍。他说自己的婚姻属于“可过”，其诗中就有“添衣问老妻”之句。“吃饭我不知饥饱，老妻不给盛饭，必是饱了；穿衣不知冷暖，老妻不让添衣，必是暖了”，一对琴瑟和谐的老来伴形象跃然眼前。“红色资本家”荣毅仁的座右铭是：“发上等愿，结中等缘，享下等福；择高处立，就平处坐，向宽处行。”“发上等愿”恰如张中行的“可意”，“结中等缘”正是“可过”，“享下等福”就是“可忍”或“不可忍”了。荣毅仁认为，找对象与生活一样不必过分挑剔、追求绝对完美，“结中等缘”、“可过”就行了。“择高处立，就平处坐，向宽处行”也指过日子和立身处世不求显贵、但求平淡，要有忍辱负重、能上能下的气度。“可过”与“结中等缘”浓缩了“极高明而道中庸”的人生哲学，体现出宠辱不惊的人格修养。

按照传统说法，老天是根据我们自己选择的归宿，再选择下辈子给我们放到什么地方去。这辈子能走多远，我们靠的是自己的选择和努力。只有经过深思熟虑反复推敲，我们才能做出正确的选择。人生有许多事情需要我们用心灵做出选择。

胜任才能被信任

子贡问孔子：“怎么样去治理政事？”孔子回答：“足食，足兵，民信之矣。”子贡又问：“如果迫不得已要在这三项中去掉一项，先去掉哪一项呢？”孔子说：“先去掉军备。”子贡又问：“如果再迫不得已要在食与信之中去掉一项，先去掉哪一项？”孔子斩钉截铁地回答：“去掉粮食。因为没有粮食吃，不过是死亡，而自古以来谁都免不了死亡。如果百姓对政府不相信了，国家就无法确立了。”公信力，《现代汉语词典》的解释是“使公众信任的力量”，具体而言，公信力是指在社会公共生活中，公共权力面对时间差序、公众交往以及利益交换所表现出的一种公平、正义、效率、人道、民主、责任的信任力。公信力既是一种社会系统信任,同时也是公共权威的真实表达,属政治伦理范畴。政府执掌公共权力需要靠公信力作支撑,没有公信力支撑的公共权力犹如空中楼阁,难以为继。政府获得公众信任、拥护和支持的能力越强,它的公信力就越高。

2009年8月18日,新加坡《联合早报》刊登了一篇新加坡国立大学东亚研究所所长郑永年的文章《中国政府信任危机背后的政治危机》。他写道:“湖北石首群体性事件后,没有社会群体相信政府所做出的解释。杭州富家子弟飙车撞死大学生,当地部门开始称车子速度只有七十码,没有超速,网民嘲讽说是‘欺世码’。在法庭审讯上述飙车撞死大学生的杭州富家子弟过程中,民众也怀疑上法庭受审的是‘替身’。更为严重的是,河南杞县一工厂发生放射性物质泄露事件,导致上万人逃离县城,对县政府发布的信息丝毫不相信,而事实上泄露事件并没有发生辐射,只能算一起小事故。类似的事情实际上并不新鲜。”2011年6月,20岁的郭美美在网上公然炫耀其奢华生活,并称自己是中国红十字会商业总经理而在网络上引起轩然大波。从“郭美美事件”到中华慈善总会的“尚德诈捐门”,再到中国青少年发展基金会的“中非希望工程”,慈善信任风暴愈演愈烈,慈善组织成为“众矢之的”,社会捐款数以及慈善组织捐赠数额均出现锐减。民政部数据表示,2011年7月份,全国社会捐款数为5亿元,和6月相比降幅超过50%。慈善组织6月到8月接受的捐赠数额降幅更是达到86.6%。公信力是慈善机构的生命,国民的善心是国之元气,对一切恶构成最强大也是最后的防线。难怪《人民日报》会接连发出警告,指出“公众的善心伤不起”,“没有透明就没有慈善事业”。

获得信任的前提是我们扮演的角色足以让人们信服、让人感到我们是胜任的。胜任就是能满足人们对某一特定角色的特定期待。例如人们对新闻机构的期待就是遇到一些突发性事件时,不管这些事情对自身是否有利都要及时报道;对医生的期待是治病救命;对政府的期待是能够给百姓带来好生活,解决百姓的问题。当被问及怎样才算是一名优秀的员工时,比尔·盖茨说:“作为一个独立的员工,你必须与公司制订的长期计划保持步调一致,自觉主动地提升自身的胜任能力，不要把奖金和薪水作为你工作的唯一动力。”“不找借口找方法，胜任才是硬道理。”胜任是世界成功企业的第一选才标准，也是衡量政府工作的金标准。只有在阳光下行善，才能播撒慈善的阳光！

失败也能成就华彩

西方有句古语：“生活的诀窍就是将绊脚石变为敲门砖。”人是要有一股精神的，而精神中最重要、最强大的是信仰。成功没有捷径，历史上有成就的人总是敢于行动，也会经常失败。失败是一种强刺激，往往会产生增力性反应，找出问题症结，寻求进取之策。难怪爱迪生说：“失败也是我需要的，它和成功对我一样有价值。”另一位哲人也说：“人的聪明和自己的明智及道路的选择，往往在失败以后。”每个人一生中总有那么一刻或几个时刻遇到困难的考验。当我们回头看自己走过的路，会发现人生所有的考验和挑战最后都变成了宝藏。

俄国作家马明·西比利亚克说：“每个人总不免有所迷恋，每个人总不免犯些错误，不过在进退失据、周围的一切开始动摇的时候，信仰能拯救一个人。”2007 年，加拿大最大的食品厂——枫叶食品厂生产的肉类制品被李氏杆菌污染，在加拿大全国范围内引发了大规模病患和恐慌，致使数十人染病，至少 15 人死亡，一度令加拿大人“谈肉色变”。出事之初，枫叶食品厂也曾惊慌失措，但很快就主动向媒体披露情况，并关闭相关厂房，召回可能有问题的 20 多种产品，比卫生部的正式通告早了 3 天。行政总裁麦凯恩还亲自在电视上向全国受害者道歉，宣布召回该公司全部 220 类产品。麦凯恩此举给枫叶厂造成巨大损失，仅直接损失就达 2000 多万加元。然而麦凯恩和枫叶厂的坦率和负责，赢得了社会公众的谅解和尊重，他们对枫叶厂产品的信任也随即恢复。加拿大通讯社 2008 年“商界风云人物”评选，麦凯恩以高票名列第一。编辑一致认为，麦凯恩表现出“诚实与正直的可贵商业品质”，荣登商界风云人物榜首可谓当之无愧。企业需要赚钱，但当金钱与良知碰撞的时候，是良知战胜了金钱，不去欺骗公众、不去造假，不为自己的利益去蒙蔽是非。有了这种可贵的精神操守，人们就不会因为生活在惴惴不安的谎言中而日夜不安。

多年之后，或许我们不记得谁在温哥华冬奥会上获得金牌，不记得开幕式和闭幕式的独特表演，但我们会记得温哥华冬奥会的失误。这个失误就发生在全场屏息期待开幕式最高潮的时候。原本设想中，火炬台由一个主火炬和四根冰柱火炬构成，四名火炬手分别点燃冰柱，并最终点燃主火炬。但因机械故障，一根冰柱未能从冰面下正常升起。虽然其中一个火炬手勒梅·多恩处变不惊——他高举火炬向观众致意，其他三个火炬手点燃冰柱，顺利引燃主火炬，而且这一失误也并未影响开幕式的进程和现场的气氛，温哥华冬奥会组委会还是在第一时间公开承认了这次技术失误。点火失误已经足够尴尬，再次公开展现失误更加需要勇气。闭幕式上最初的呈现居然就是那个依然"残缺"的火炬台，一个装扮成电工的小丑在出现故障的冰柱前一番检查后发现了断开的电线，接好之后，小丑如释重负。小丑的出现是对工作没有做好的自嘲，也用行动告诉世人，他总能发现并纠正错误。闭幕式上的这个插曲打动了世界，全场观众都在火炬重新点燃的一刻起立鼓掌致意，为了温哥华的坦诚，也为了温哥华化解尴尬的智慧和风度。

有个故事说，一个国王生病，需要借世界上最幸福的人的衬衫穿三天。全国的王公大臣、百万富豪都称自己不幸，终于找到一个自称是最幸福的人，却是一个没有衬衫的乞丐。人生总是波澜起伏充满着苦难和不幸。失去的越多，越容易体味幸福；得到的越多，越容易感到不幸。这就是简单的生之欢乐，它来自生命的本源。幸运的是，人生虽然有苦难，但生活总体上是美好的。门捷列夫说："感谢上帝没有把我造成一个灵巧的工匠。我的那些最重要的发现都是受到失败的启发而获得的。"人最大的弱点往往正是他最大力量的源泉。在生活中，勇于尝试新事物并懂得人是会犯错误的很重要。我们总是在失败中寻找成功的机会，所以一定要容忍失败。失败是一种教育，不要让对失败的恐惧绊住我们尝试新事物的脚步。让我们记住："失败是生活中不可或缺的部分。失败不是结束，而是新的开始。"

第八章　信仰是文化修炼之大成

中华民族的伟大复兴是当今时代的最强音，它不仅以经济发展作为标志，还应以文化复兴为灵魂。国民之魂，文以化之；国家之神，文以铸之。文化的核心是价值观念，而价值观念来源于信仰。文化的意义在于它对人们的思想启迪、精神引导与道德提升。只有将本民族的优秀文化与时代融合贯通，形成中国特有的信仰体系和价值理念，才能建设真正强大的国家。

第一节　文化是信仰力的救赎

文化的意义在于信仰生根

信仰是人类文化的核心，是时代精神的精华。信仰的各种具体表现形式以不同方式表达了人类在不同发展阶段的共同信仰。哲学和其他文化表现形式如科学、艺术、宗教、道德、法律、政治、历史，都是信仰的特殊表现形式。这些信仰的具体表现形式的总和，成为人类存在的完整性和丰富性的表征。其中，艺术的独特性在于通过可感的形象塑造来表达和传递艺术创作主体对人生的认识和体悟，从而使艺术成为人类信仰的载体。

文化是人类生活的反映，活动的记录，历史的积淀，是人们对生活的需要和要求、理想和愿望，是人类的精神得以承托的框架。它包含了一定的思想和理论，是人们对伦理、道德和秩序的认定与遵循，是人们生活生存的方式方法与准则。人类学家克利福德·格尔茨形容文化具有深厚意蕴。美国人类学家、被称为系统地研究跨文化传播活动第一人的爱德华·霍尔(Edward Twitchell Hall Jr.)对文化有一段经典阐述:“文化是人类生活的环境,人类生活的各个方面无不受文化的影响,并随文化的变化而变化。或者说,文化决定了人的存在,包括自我表达的方式以及感情流露的方式、思维方式、行为方式、解决问题的方式等等。正是这些在一般情况下不十分明显、习以为常、很少加以研究的文化,却以最深刻和最微妙的方式影响着人们的行为。”关于文化在人世间的地位,美国社会学家丹尼尔·帕特里克·莫伊尼汉解释说:“保守地说,真理的中心在于对一个社会的成功起决定作用的是文化,而不是政治。开明地说,真理的中心在于政治可以改变文化,使文化免于沉沦。”

“个性不会从一个人身上跑向另一个人身上,但文化却可以从一个社会传播到另一个社会。”文化及通过文化创设的环境,是使公众获得体验、形成美感,进而通过情感的认同产生认知认同的主要载体和基本平台。因此,着力使人们在愉悦的情感体验和美感环境下润物无声地自觉将信仰内化,是“信仰生根”的客观要求。如古希腊的雕塑以其感性直观的物质形式,表现着古希腊人对自由、和谐和完美生活的信仰。维纳斯的宁静、祥和和富于完美比例的造型,唤起人们对那个自由的理性时代的向往。宗教是西方文化的重要组成部分。自身拥有独特而庞大的理论体系的世界三大宗教仅就各自的基本经典如《圣经》、《古兰经》及佛教诸经典而言,都是各自文化的集大成者,想象非凡,文采飞扬,感染性极强。因为这些经典具有较高的文学性和审美性,人们阅读和闻听的过程自然而然地变成了一种文化的陶冶过程,信仰的洗礼也蕴涵其中。西方文化再创造的历史从没有中断过。在这个漫长的文化再生产过程中,西方的文化也融合了世界的文化,包括中国文化。例如西方的理性主义和中国传统的世俗文化有很大的关联。

中国历来强调文化的重要性。古代文化典籍《易经》有“文明以止,人文也。观乎天文,以察时变;观乎人文,以化成天下”之说,北宋哲学家张载才有

"为天地立心,为生民立命,为往圣继绝学,为万世开太平"之论。文化与经济之于人类犹如鸟之两翼、车之两轮,不可或缺。经济的功能是满足人类的物质需求,文化的功能是满足人类的精神需求——增长智慧、涵养德行、陶冶情操、砥砺品格、丰富社会生活,归结起来便是养心、养智、养德、养神、养气。中国文化也以信仰为支撑,天道信仰融入所有中国人的血液中,支撑起中国人的生活,不但关怀生死,更能把握永恒。强调主体感悟意境空灵的山水画和诗词,是道家信仰和禅宗信仰在艺术领域的表现。文化是自由,是权利,是人性的真、善、美。《中国人的信仰》一书中描绘道:中国诗词在天性感动下诞生了"君不见黄河之水天上来,奔流到海不复回"这样动人的诗篇。中国音乐在天帝的直接指挥下成为天籁。《韶乐》让孔夫子"三月不知肉味"。中国书画在天意垂怜下走笔,诞生了《兰亭序》、《清明上河图》这样代表人类心智极致与审美极致的作品。中国园林是仙居。中国建筑是神殿,方中寓圆、层层叠起,一道中轴线接通天脉。中国服装汉服体现了"天下一家"的概念。中国化妆术使我们从中国女性身上看到了汉代的明月,唐代的梅花。中医使人更加热爱自身。中国的物质文明如家具、瓷器、丝绸、茶叶、饮食,使中国人具有高品位的生活。中国的精神文明如文学、艺术、哲学、科技、教育,成就了中国人的荣耀。而这一切都是上天所赐,对天道的深刻领悟使中华民族成为天道民族。

每一种文化都有一种反映该文化的主体精神,简称文化精神。文化精神内涵一个民族对于某些价值的肯定与追求,通过生活、艺术、文学、法律等表现形式展示出来。为什么苏联的经济那么差,但宇航技术却能领先呢?美国人研究发现,俄罗斯民族是一个天才的艺术民族,深奥的科学理论往往来自对艺术的理解、对造物主精神的洞察。日本是动漫大国,深受世界各国动漫迷的喜爱。2011 年东北大地震发生后,作品成为动漫家们联系社会、鼓励大众的传声筒,一个个熟悉的动漫形象传递出"祈祷"、"不管多艰难都不要放弃"、"请活下去"、"加油"等鼓舞人心的话语。《灌篮高手》作者井上雄彦在地震发生次日起就通过 Twitter 持续发布以“Smile(微笑)+编号”为名的速写漫画,婴孩的肥嘟笑脸,学生、青年的淡定微笑,中老年人的慈眉善目,两人或三人牵手结伴的温馨……涵盖男女老少不同面容的微笑神情虽然只是黑白线条勾勒,亦无其他文字说明,但“微笑”之后的编号数字不断上涨,谁说不是最有力的语言。在自然灾难面前,人类常感渺小无力,人文和艺术让个体的人感受到人类共同存在的美感和力量。

信仰是骨髓,是文化与生活的支撑。一旦没有信仰,文化就消失;一旦有信仰,就有文化。“真正的艺术一方面贴近苦难深渊,另一方面仰望灿烂星空,是人类生存暗夜中的超越之思,给人带来灵魂的惊艳和战栗。”任何一种文化模式都不是凝固不变的,随着人类实践的日益丰富,尤其是经历民族史时代向世界史时代的转化,它们必将以各种不同的方式和途径,最终实现对人类自身存在的丰富性、完整性的自我认识,使人类的信仰生活由对立走向交融。人类对于心中某种“价值”和“秩序”的坚持无疑是高尚的。占领巴黎的德国指挥官在接到希特勒“撤退前彻底毁掉巴黎”的命令时决定抗命不从,以自己的生命为代价,保住了一个城市。日本战机的炮弹在梁漱溟身边轰然炸开时,他静坐院落中继续读书,思索东西方文化和教育的问题。抵抗的力量源泉就是文化。

国民之魂,文以化之;国家之神,文以铸之。文化的价值和意义永远都在于它对人们的思想启迪、精神引导与道德提升。文化的乐趣是永恒的,其养“心”的作用既是物质不可取代的,也是金钱不能置换的。我们只有珍惜自己辉煌灿烂的文化,才会有美好的明天。

优秀文化填补信仰真空

一个人降生到世上,文化是他不得不接受的仪式、解释、命名、标准和表达方式,包括喜悦、悲伤、愤怒的样式和理由,这些构成人的核心价值观。文化伴随人一生,深深影响着民族的心理性格和精神世界。即使文化再全球化、同质化，一个人在自己的文化上叠加、融合其他的文化，然而始终摆脱不掉最初的文化，这就是为什么我们要爱传统文化的原因。一个民族最强大的生命力在于文化，犹太民族曾经失去物理意义上的祖国，但无论怎样流离失所，他们都不曾丧失文化上的祖国。正是文化上的祖国使他们纵然散居四海，仍能在精神上成为一个整体。一个强大的共同文化能够维系同胞对自己民族的最大忠诚。在社会转型期，随着政治、经济、文化体制、社会等各方面的转型，旧的信仰依托被打碎，寻找新的人生皈依已成为中国人必须要面对的现实。中华民族的伟大复兴是当今时代的最强音，但是它不能仅以经济发展作为标志，还应以文化复兴为灵魂。

国学，一国所固有之学术也。国学和文学、数学不同，并非是国家之学或者治国之学。国学是指以儒学为主体的中华传统文化与学术，也包括了医学、戏剧、书画、星相、数术等。国学以学科分，分为哲学、史学、宗教学、文学、礼俗学、考据学、伦理学、版本学等，其中以儒家哲学为主流；以思想分，分为先秦诸子、儒道释三家等；以《四库全书》分，分为经、史、子、集四部；以国学大师章太炎《国学讲演录》所分，则分为小学、经学、史学、诸子和文学。中国传统文化的精华有着深厚的历史积淀，符合中国的民族性格和民族特征。传统文化的核心价值观是多元的，由儒、道、佛三家互相配合形成，作用互补。由孔孟开启先河的儒学是中国传统文化的主干，统摄中华民族精神世界几千年，传统文化的各个组成部分乃至民族个性都深深打上了儒家价值体系的烙印。儒家思想不像基督教、佛教、道教、伊斯兰教那样为人类设计彼岸世界，它对鬼神始终“存而不论”、“敬而远之”；它给人类提供的终极关怀是一种道德形象和入世的成功形象；它的人格理想是“内圣外王”的圣人而不是“神人”；它设想的生命的延续与不朽是“立德、立言、立功”；它始终对社会生活、现实政治表现出浓厚的兴趣和强烈的责任感。儒学注重伦理秩序、人格涵养，最高理想是“修齐治平”。它既肯定人生，又面向自然，对人类现实生活采取积极的立场，探讨宇宙、人生、理想与治学的方法。其他传统文化强调的还包括:“明人伦,主自律。厚生人,薄彼岸”;自强不息,“苟日新,又日新,日日新”,与时俱化,与时俱进;“天道酬勤”、“不进则退”;重视家庭的延续和后代,特别重视子女的教育;重视勤俭节约、积累和储蓄,善于更新和吸纳,是敢于拿来为我所用的文化。这些都推动了中华文明的进程。

如今虽然儒家信仰在政治、经济、道德等方面丧失了很多生命力,但它在文化方面尤其在民族心理的积淀中仍然深刻地发挥作用,或隐或显地表现在中华民族的物质和精神生活中。儒家信仰的特性依然在契合着、抚慰着中华民族的心理和情感世界。传统文化与现代文明并不抵触,相反,传统文化是现代文明的重要基石,为中华民族提供了精神家园,也建构了中国人的道德底线,这正是中国人在长期的历史动荡中仍能保持基本的做人操守的主要原因。中国一衣带水的邻邦日本和韩国也深受中国传统文化的影响,中国传统文化作为他们的精神内核,与国家的繁荣密不可分。因此,传统文化是解决信仰危机的良方。国学不仅仅是学术意义的国学,更是民族精神、民族灵魂。复兴国学就是民族精神的复兴。难怪画家王西京评论道:“在20世纪人类心灵历经破碎、彷徨之后……一种向本体、向古典、向传统的回归趋势已势不可挡……”2005年,原中央党校常务副校长郑必坚发表的影响广泛的关于中国和平崛起的文章中也写道:“中国和平崛起最深刻的内涵就是同当代人类文明相交汇的中华文明的伟大复兴,这一复兴将点燃人类文明之光。”极度崇尚中国传统文化的西方思想家汤因比深有感触地预言:“统一世界各民族的伟业将最终由中国人完成。”大变革时代下的中国必须将本民族的文化基因与时代有机结合,融会贯通,形成中国特有的信仰体系和价值理念,这才是中华民族崛起的关键。

最低层次的国家不能保证人的安全与温饱,较高层次的国家能保证人的安全与温饱,最高层次的国家关怀人的内心,是心灵的国度、信仰的家园。国学的复兴取决于国家的帮助与引导。很多学术界人士兴起了“重振国学、振兴国学”的热潮,提倡通过复兴国学、研究国学解决当前中国社会普遍缺失信仰的问题。“国学热”作为一种社会文化现象，受到越来越多人的支持和欢迎。北京大学创办的成人教育培训机构“乾元国学教室”开课后，来自全国的企业家专程打“飞的”来修习《四书》、《道德经》、《史记》等国学经典。节日是文化的重要符号。2005 年岁末，春节、清明、端午、七夕、中秋、重阳六大传统节日列入第一批国家非物质文化遗产名录推荐名单，一批各民族的经典节日也名列其中。2006 年 1 月，《光明日报》创办《国学》版面，在发刊词《致读者》中强调：“国学是中国人的精神家园。这个‘家’很大。它不仅凝聚了 5000 年的文明历史，也将承载 13 亿中国人的未来。”《光明日报》国学版的开办和发展是一个标志性举措，明确标示了国家主流意识形态的方向和态度。2007 年《人民日报》刊发文章《讲坛热播、国学开班、儿童读经——传统文化“热”由何来?》。文中明确提出：“传统文化热的兴起，政府这只‘有形之手’起到了巨大的推动作用。从中央到地方，各级政府已经意识到弘扬传统文化对于培育民族自信心、增强民族凝聚力以及构建社会共同价值体系所具有的重要作用。”国家行为，使传统文化复兴如火如荼，形成大气候。

今天是昨天的延续，一个人、一个民族不了解自己的历史，必然会影响继承和在继承基础上的创新。学习伟大民族的悠久历史和璀璨文化，不仅能够丰富我们的知识、陶冶我们的性情，还可以激发我们的爱国主义情操，加深我们对祖国和民族的浓厚感情。难怪国学大师章太炎非常提倡“读史爱国”。17 世纪英国哲学家培根说：“读史使人明智，读诗使人灵透。”作为炎黄子孙，我们应该以一种探索真理的使命去了解、学习、研究国学，以一种寻求信仰的态度对待自己的民族文化，更应该以一种谦恭理智的心态表达自己的爱国情感，将传统文化中科学的价值取向自觉接受为内心的准则。

文化是终极竞争力

对于文化的第一形态，马克思肯定地说：“是一本打开的关于人的本质力量的书。”文化自人类形成之始，便与社会如影相随。文化的核心是世界观、人生观、价值观。文化的主要功能是按照人应有的伦常秩序去教化人，从而推动社会的和谐。不同的时代、不同的社会有不同的世界观、人生观、价值观，也就有了不同特质、不同取向的文化，最终形成了我们置身其中的大千世界。

从艺术的形象思维和哲学的理性思辨两个角度能看出“文”字本身含有两层意思：“亠”是一个形象化的符号，表示灯具与火苗，或表示太阳刚从地平线上升起，这个符号图式具有光芒普照、使世界从黑暗走向光明的指归；“乂”是个会意字，指“治理，使天下安宁、稳定”。所以，“文”字具有“用普照世界的太阳一般的思想去治理社会，从而使天下得以安宁”的意义。“化”字是个意象化的符号，形象地表示出“人的武器”（匕首）或“折服人的武器”的意义。“文”与“化”组成的“文化”一词明显地具有“一种光芒普照的思想是人类用以治理世界的有力武器”的意思。因此，文化与军事、经济一样，也是成就自身从而影响他者的能量。有三种方式能帮助人类达到目标：用大棒威胁、用胡萝卜引诱、以价值观吸引。其中，以价值观吸引指的就是文化的力量，或者说是世界观、人生观、价值观的力量。这样的力量看似柔弱，但却无比深厚、强韧和持久。

文化是国家、城市、企业和个人的窗口。对国家和民族而言，文化是一个标杆，一种尺度，是一个民族的感官和灵魂，是民族头脑中最敏锐的一部分。“人本是散落的珠子，随地乱滚，文化就是那根柔弱又强韧的细丝，将珠子串起来成为社会。”文化是公民社会最重要的黏合剂，洗涤了人的灵魂，治疗了人的伤口。“文化更是一个国家的心灵和大脑，它的思想有多么深厚、它的想象力有多么活泼、创意有多么灿烂奔放、它自我挑战、自我超越的企图心有多么旺盛，彻底决定一个国家的真实国力和它的未来。”一个国家在崛起之前都有一段时间的文化繁衍。中国改革开放初期有一个很重要的文化推动，就是真理标准大讨论。加纳和韩国在 20 世纪 60 年代初经济水平相似：人均国民生产总值和接受的经济援助水平大致相等；在经济构成方面，初级产品、制造业和服务业所占的比例相近，绝大部分的出口是初级产品。30 年后，韩国成为一个工业巨人，经济名列世界第 14 位，拥有一些跨国公司，大量出口汽车、电子设备及其他高级制成品，人均收入接近希腊的水平。此外，它在巩固民主体制方面取得长足进展。加纳却没有发生这样的变化，人均国民生产总值仅相当于韩国的 1/14。差距如此悬殊，这当中有多种因素，文化是一重要原因。韩国人珍视节俭、投资、勤奋、教育、组织和纪律；加纳人的价值观则有所不同。在汹涌而来的经济全球化和区域化的浪潮中，激烈的国际竞争并不全是物质商品的直接较量，文化因素一直都在其中。文化是一个国家的立国之本，即便一个国家的军事和经济遭受重创，只要文化未伤元气，则复兴和强大便可预期。难怪英国前首相丘吉尔说："我宁肯不要印度，也不能没有莎士比亚。"

一个国家需要拥有伟大的文化和民族精神，人们聚集、栖息、生活的城市同样需要拥有文化和精神。城市精神表现为这个城市的所有特征在观念层面上的凝聚。它是城市文化的精髓和灵魂，是城市市民认同的精神价值与共同追求，也是展示城市形象、引领城市发展的一面旗帜。通俗地说，城市精神就是城市的精气神儿。历史上著名的城市都有其独特而鲜明的文化形象，如古罗马的竞技场和帝国文化、伦敦的绅士文化，唐代长安开放而包容的盛唐文化，明清苏杭通俗文化的繁盛与隐逸文化的气质等。一座城市只有拥有自己鲜明的文化个性，市民才能共享独特的文化记忆，这份记忆唤起的是市民对城市的文化认同。古代雅典政治家伯里克利的名言是："要自由才能有幸福，要勇敢才能有自由。"雅典的存在，是通过个人对自由和幸福的实现来完成的。当个人为自己的目标努力时，也在实现城市自身的价值。2011 年 11 月，北京公布了"北京精神"——"爱国　创新　包容　厚德"。媒体评论道：这是历史积淀和现实风貌的深情融合，是文明素养和道德理念的综合反映，是文化传承和自然特色的精确提炼，是生活理想和人生境界的高度概括。爱国是北京精神的核心，体现了北京市民"天下兴亡、匹夫有责"的使命感、责任感。

五四运动、七七事变、开国大典、抗震救灾、奥运盛会等，无不展现了北京时刻与民族命运紧密相连、心系国家发展、勇担时代使命的向心力与凝聚力。“创新”是“北京精神”的精髓。创新是民族进步之魂，城市活力之源，体现了北京积极进取、追求进步的精神状态。“包容”是“北京精神”的特征。在统一多民族国家形成和壮大过程中，北京以宽广的胸怀和开放的心态吸引、融合着各地区各民族的文化，形成了海纳百川、雍容大度、博采众长的精神境界。“厚德”是“北京精神”的品质。3000 多年的建城史和 850 年的建都史，不仅赋予了北京辉煌灿烂的历史文化，也培育了北京市民胸怀坦荡、文明有礼的优秀品质，孕育了这座城市德泽育人、容载万物的独特城市品格。

对一个企业而言，文化是灵魂，是企业长盛不衰的保证。著名经济学家于光远表示：“关于发展，三流企业靠生产、二流企业靠营销、一流企业靠文化。”GE 公司前 CEO 杰克·韦尔奇说：“健康向上的企业文化是一个企业战无不胜的动力之源。”第二次世界大战后，众多日本企业在较短时间里迅速崛起。欧美学者在经过大量的实证对比研究后发现，日本企业在科学技术、管理制度方面与欧美企业相比没有什么独特的地方，关键在于日本企业培育了适合本企业特点的企业文化。正是这些“无形”的强有力的企业文化，使日本企业员工凝聚成团结奋战的集体，提高了日本企业在严峻竞争甚至恶劣环境中的生存和发展能力。21 世纪企业之间的竞争不是战略的竞争，不是品牌的竞争，也不是人才的竞争，最根本的是文化的竞争。一个企业真正有价值、有魅力、能够流传的东西不是产品，而是它的文化。比尔·盖茨有句名言：“每天早晨醒来，一想到所从事的工作和所开发的技术将会给人类生活带来的巨大影响和变化，我就会无比兴奋和激动。”在他看来，一个成就事业的人最重要的素质是对工作的激情，而不是能力、责任及其他。他的这种理念成为微软文化的核心，吸引了众多国际尖端人才和众多顾客的目光。

文化是传统，是习惯，是魅力，是精神，是瑰宝。一个民族在文化上能否有伟大的建树，归根到底取决于心智生活的总体水平。拥有心智生活的人越多,从中产生世界历史性的文化伟人的机会就越大。文化的品质在于它能否帮助接受它的人群和个人提高生活质量,能否开阔人们的精神视野和发展人们的精神能力,是否具有足够的创造性、吸纳能力、发展能力、应变能力。因此,要实现中华民族的伟大复兴,让中华民族以更伟岸的姿态屹立于世界民族之林,经济的发展固然重要,但最终的竞争力离不开文化的振兴。没有文化复兴作保障,经济复兴也很难持久。

文化凝聚中华民族

文化的核心是价值观念,价值观念的灵魂是信仰。在信仰体系中,西方人注重宗教信仰,中国人则注重文化信仰。文化信仰是相关人群或民族对其文化传统的缅怀、信守和圣化,由此构成其文化理念或民族之魂。文化信仰是一种文化生命的灵魂和永恒的精神,一种文化无论如何发展变化,都不能割断最根本最彻底的源头,是这种文化所创造的一切文明所能追溯的终极真理,是对这个真理的无条件服从。

世界四大文明古国中,古埃及、古印度、古巴比伦文明早已淹没在历史的烟云之中,只有古中国历经夏、商、周、秦、汉、晋、隋、唐、宋、元、明、清,至今一脉相承,经历上下五千年风雨洗礼仍熠熠生辉。中国(960 万平方公里)和欧洲(1016 万平方公里)面积没有相差很大。欧洲除了古希腊、罗马帝国和短暂的神圣罗马帝国外,一直处于分裂状态,小国林立,至今仍有 45 个国家和地区。古中国尽管朝代更替,出现了阶段性的分裂局面,但大一统的传统始终维持着。是什么在支撑和推动着中华民族的延续和发展?是我们中华民族优秀而璀璨的历史文化和深刻而伟大的民族精神。中国是四大文明古国中唯一一个没有文化断层的国家,中华文明是唯一用同一种文字记载历史且持续时间达五千年之久的文明。统治中国两千年的儒家思想以文化信仰的形式统摄中华民族。这种文化信仰带来了灿烂的中华文明,也营造出繁荣的中国社会。重塑中华文化时代特征,形成中华民族当代精神和凝聚力量,是实现中华民族伟大复兴的历史使命。

文化是世界性的，是时代性的，更是民族性的。没有时代性的文化，就很难被大众接受和吸收；没有民族性的文化，就不会具有世界性。音乐家谭盾称自己是一位贴着“中国标签”的世界音乐人。他深情地说：“也许在很长一段时间内我居住在海外，但我感觉我仿佛一直住在中国。我的舞台是世界的，但我内心深处的感觉却始终是中国的。因为无论到哪里，我一直都在写中国的东西，中国的文化总是最能触动我心灵深处。”一个民族的文化越是经久不衰、丰富多彩，越是富有开放性和进取性，其生命力、创造力和凝聚力就越强大，中华文化就是具有这种特质的文化。这种民族自豪感和凝聚力是任何一个国家都比不上的。胡锦涛同志在十七大报告中指出：当今时代，文化越来越成为民族凝聚力和创造力的重要源泉，越来越成为综合国力竞争的重要因素，丰富精神文化生活越来越成为我国人民的热切愿望。中华文化是中华民族生生不息、团结奋进的不竭动力。中华民族伟大复兴必然伴随着中华文化繁荣兴盛。要更加自觉、主动地推动文化大发展大繁荣，在中国特色社会主义的伟大实践中进行文化创造，让人民共享文化发展成果。

国务院原副总理耿飚的长女耿莹致力于中国传统文化的挽救。正是父亲让她懂得了什么是“文化”，什么叫“遗产”。她说：“和平解放宁夏的前夕，我父亲在前线，我跟在他身边。那是在一个破庙里，我发现父亲手里头有一大张地图，上面用红蓝铅笔作了标记，蓝颜色的圈圈，还有红颜色的箭头。我就问爸爸说蓝颜色的是什么？我爸爸说是我们的炮口啊，我说那为什么不打啊？爸爸也在发愁，指着地图说：你看看这里头都是我们老祖宗留下来的古物。你看他们一边打仗，一边还想着给后代留下什么。现在还有没有哪个干部心里想着要给后代留下什么？拆一片和建一片，天壤之别！”耿莹去美国打拼时已近50岁，逐渐成为美国上流社会最受欢迎的中国女画家。在美国，耿莹常想起往事：“小时候喜欢看《复活》、《红与黑》之类的世界名著，父亲不高兴，让我收起来，把《封神演义》和《西游记》塞给我。他说：‘你是中国人，你必须先了解中国的东西，然后再去接触外国的，才有鉴别和比较。’”回国后，耿莹发现当今中国比任何时候都好，国门大开，但同时外国文化也在中国形成了一个包围圈。包围谁？我们的孩子。孩子开始染头发，学嬉皮士，参加偶像秀……“美国的一些庸俗文化，我们接受了；而我们的万里长城，现在只剩下2500公里；龙门石窟上的雕刻工艺，也已经失传了……”经过4年奔波筹备，耿莹的中国华夏文化遗产基金会终于获得批准。她说：“基金会的作用就是唤醒大家：老祖宗的东西不要都破坏完了，要留下来。我只求做一个闪亮的‘小灯泡’。当孩子们有一天发现自己国家的文化博大精深，意识到华夏文化是中华民族的精神家园，是民族赖以生存的根的时候，我希望他们内心充满民族自豪感，能够跟着‘小灯泡’找到回家的路。”

2011年1月18日当地时间16时许，胡锦涛同志乘坐的专机抵达华盛顿安德鲁斯空军基地。同一时间的纽约时代广场，《中国国家形象宣传片》正以每4分钟一次、每小时15次的频率在街角的六块大屏幕上滚动播放。适逢胡锦涛同志访美和国家形象片投放，一些中国游客身处时代广场时情难自已，不禁落泪。宣传片分为两个部分：30秒的《人物篇》和15分钟的《角度篇》。《人物篇》中50位各领域的杰出人士分组亮相，他们代表“智慧的中国人”、“美丽的中国人”、“勇敢的中国人”等诠释中国形象。能把吴敬琏、李嘉诚、姚明、章子怡等中国各领域最牛的人集合在一部宣传片里，恐怕只有《中国国家形象宣传片》能够做到。总策划人朱幼光心中有道不尽的感激：“那十几天真的是一个非常快乐的工作过程，每一个参与其中的人都被爱国情绪感染，都感到非常光荣。”《角度篇》通过800多个画面，从不同的角度来展示中国精神，介绍中国的传统与现代。开篇讲道：早在创造中国历史的这一刻之前，中国人也从未中断过从其他的角度来审视自己的国家。传统是一种背负，还是一种推动发展的动力？文化的传承是太受到关注，还是太漫不经心？你看到的是冲突还是融合？是回忆还是未来？

正如习近平同志指出的那样，中国人对悠久文化传统的自豪感是推动现代化发展的重要因素。要理解中国人为什么那么执著地为民族复兴而努力……必须了解中国人对古代文明的那种自豪感，这是激励现代人去振兴民族的历史动力……中国的发展变化，至少在一定程度上，是由爱国热情和民族自豪感推动的。

第二节　文化是信仰力的护佑

文化宗旨是福泽于民

文化与幸福息息相关，是幸福的一个重要因素。作家冯骥才说：我们人的幸福是立体的、多方面的——有物质的幸福，也有精神的幸福。文化承担的责任就是使人们精神幸福。能给人带来幸福感的固然离不开科学的力量、物质的力量，但唯有文化的力量、精神的力量才能给人带来长久的、持续的、深刻的内心满足——幸福或幸福感。

文化是人类追求幸福的形式之一。文明社会给人们带来陶冶心灵的事物，让人们享受到创新的、高质量的文化艺术作品。社会大众的精神文化需求，实际上就是希望获得精神上的幸福感受。2008 年，德国鲁尔区的埃森当选为“欧洲文化之都”。作为庆祝活动的一部分，鲁尔区一段近 60 公里的高速公路被封闭 6 个小时，来自当地及世界各地的近 200 万人涌上交通主动脉，平时车流滚滚的高速公路成为餐饮、散步、骑车和表演的节庆场所。活动当天消耗 10 万块饼干、30 万个水果，售出约 10 万张纪念明信片。法国巴黎为了让无钱到海边度假的人们在巴黎也能享受阳光与沙滩，市政府在城市河流两岸修建人造沙滩，为巴黎赢得了美誉。文化要福泽于民。非物质文化力是一种想象力和原创力，它们给人类带来快乐的方式值得提倡与推崇。

人们能够追求文化，拥有文化权利，是一种幸福。反过来，文化能够给我们带来美的生活，高尚的生活，幸福的生活。一个幸福的社会必然是一个文化的社会，幸福的生活只有在文化的社会里才能实现。社会的幸福，普遍的幸福，一定是文化普及的结果。瑞典斯德哥尔摩市的人口只有100万，却对儿童美育极为重视，有8个专业级的儿童剧场。英国伦敦花大笔预算，重点补助25岁以下的创作者。美国纽约强力补助青少年看戏听音乐，因而培养了年轻人的艺术修养。韩国汉城则选择补助电子游戏的研究发展。

文化是生活的一部分，好的文化既能带给百姓愉悦的精神享受，又能提升城市的品位，甚至还能拯救一个城市。西班牙第4大城市毕尔巴鄂一举击败纽约、伦敦、墨尔本等77个城市，荣膺首届“李光耀世界城市奖”。与其他城市规划奖项不同的是，这个被誉为“城市界的诺贝尔”的奖项更看重城市的宜居程度以及永续性的活力。30年前，毕尔巴鄂是一座环境问题严重、工业结构陷入危机的城市。世博会上展示了当时的影像记录：在河岸旁的废弃工业区，近百米高的烟囱轰然倒地；街道上，手持燃烧瓶的抗议者与防暴警察对峙；洪水漫过堤坝，摧毁了老城区的众多遗存……当时的毕尔巴鄂人几乎被持续的经济衰退与洪水的双重危机击溃，甚至对生活的前景也失去了信心。城市的管理者开始调整经济结构，决定从重工业转向服务业、通信业和旅游产业。他们与纽约的古根海姆博物馆达成协议，要在毕尔巴鄂建立一座分馆，以此吸引欧洲众多的艺术爱好者。新建的古根海姆博物馆分馆1997年正式启用，被评为20世纪最伟大的建筑之一，以绝美的造型、特异的结构和独一无二的材料举世瞩目，成为毕尔巴鄂人精神上的支柱。古根海姆博物馆分馆不仅倾倒了全球游客，更推动了毕尔巴鄂的发展，成就了著名的“古根海姆效应”。博物馆落成后第一年就吸引了136万人来到这座人口仅35万的小城参观，其中84%的人都是冲着这座博物馆而来的。据不完全统计，参观博物馆所带来的相关收入占市财政收入的20%以上。毕尔巴鄂的城市革命不仅限于一项标志性的建筑，还包括一系列饱含智慧的改造措施。毕尔巴鄂案例馆总结的改变城市的 25 项重大举措中，古根海姆列在第 10 项，其最大价值在于“象征着城市的变革愿望”。被列在第一项的是老城改造，毕尔巴鄂人珍视城市的传统，所以在旧城改造中最大限度地保留了老城原来的风貌。列在其后的举措包括港口外迁、入海口治污、用桥梁连接城市、地铁四通八达、完善街区生活、让老建筑焕发青春……

文化大师林语堂说：“文学、艺术、诗歌这些文化事物的存在，是为了可以让我们感受到更健全的人生意义，使我们回复到健康幸福的生活。我们拥有知识上的鉴别力，以艺术为游戏和个性，读书的艺术，写作的艺术，都是文化上的享受，文化上的幸福。”文化能够给人带来幸福，尤其是能够让人的精神感受到充实、幸福。

文化让世界更多彩

全球化是人类发展的一个新阶段，是这一时代的最重要特征。全球化不仅极大地改变了人类的生产方式、消费方式和交换方式，也极大地改变了人类的思维方式和行为方式，从而对民族文化造成深刻的冲击。文化全球化是指世界上的一切文化以各种方式在“融合”和“互异”的同时作用下，在全球范围内的流动。不同的文化可以相互融会贯通和分享价值观念，形成共同的利益和抱负。多元文化的多元接触要求我们同时具有民族性和全球性的双向思维，有助于不同民族间加深认识和增加友谊。中国要想成为一个有全球影响力的国家，就需要拥有一种世界性的力量，那就必须面对世界文化。

文化全球化引领全人类共同继承各民族的优秀文化遗产。人类历史上各种不同的文明都以各自独特的方式，为人类的进步做出了重要贡献。一切民族的文化传统中都有优秀的成分，无论东方还是西方，文化中最有价值的东西必定是共通的，智慧无国籍。圣哲及后继者思考着人类某些具有永久性的根本问题，他们的思想对于一切民族一切时代的人都有启示意义，像孔子、康德、海德格尔就是世界级的，是属于全人类的。人类社会的发展过程，就是各种文明不断交流、融合、创新的过程。

文化的主要内容是沟通。音乐是一种超越了宗教、语言、种族的特殊语言。中国古代根据一个人在音乐上的完善程度可以衡量他的品德，按照推论，也可衡量一个政府的品德。音乐能激起人们的幸福、快乐，经常被大家用作文化交流的桥梁。1973 年，费城交响乐团成为第一个到中华人民共和国演出的美国乐团。当时中国只有样板戏，没有音乐会。一开始费城交响乐团的团员都很紧张，中国封闭了这么多年，他们不知道会发生什么事情。在这种情况下，唯一可以使用的语言就是音乐。关于演奏的乐曲，指挥尤金·奥曼迪大师要演奏贝多芬《第五交响乐》和《第七交响乐》。有人告诉他："对不起，中国政府希望你演贝多芬第六交响乐。"当时中国的政治环境特殊，《第五交响乐》是命运交响乐，有宿命论，不能演；《第七交响乐》是无标题交响乐，也是资产阶级思想。而《第六交响乐》是田园交响乐，歌颂大自然。奥曼迪回答说："对不起，我憎恨贝多芬第六，我非常厌恶这个交响乐，我实在不想演。你让我演第三、第五、第七交响乐都行，就是不演第六。"美国的政务官给他做工作，说中国政府是靠农民战争得到国家的，所以对农民、对大自然怀有强烈的感情。最终大师被说服了，费城交响乐团在北京成功地进行了贝多芬《田园交响乐》的演出。

文学作品是文化的集中体现之一，也是沟通人文情感和心灵的桥梁。国家汉办的"中国文学海外传播工程"让世界感受到中国文化的博大精深和独特魅力，成为中国走向世界和世界读懂中国的一个重要窗口。中国作家协会主席铁凝评价道，中国文学海外传播所抵达的最终将是人的心灵深处，使世界上不同文化背景的人情感相通。在世界仍被各种文化偏见分割的时候，文学是最没有隔阂和疆域界限的，优秀文学作品里展现的人类相通的喜怒哀乐情感和对正直善良的道德追求，能让异国文化的民众更易于了解和接受他国的独特文化传统。在全球化深入发展的今天，文学作品的传播对于不同国家和文化之间的相互理解，起着至关重要的作用。

可见,全球化不仅是一种经济和政治现象,也是一种文化和学术现象。只有文化走出去了,我们才能谈中国在国外的影响。正如习近平同志指出的那样:文化的影响力是超越时空、跨越国界的。文明多样性是人类社会的客观现实,是当代世界的基本特征。意识形态、社会制度、发展模式的差异不应成为人类文明交流的障碍,更不能成为相互对抗的理由。我们应该积极维护文明的多样性,推动不同文明的对话交流,相互借鉴而不是相互排斥,让世界更加丰富多彩。我们在坚持民族优秀传统文化的基础上,将一如既往地兼收并蓄,博采世界各种文明之长,借鉴各国有益文化,进一步丰富中国人民的精神世界。

传统信仰促进未来发展

人类生存的环境从来没有像今天这样恶劣,环境危机成为当今世界最为严重的全球问题之一。美国海洋生物学家蕾切尔·卡逊在她的名作《寂静的春天》里写道:春天是万物复苏、草长莺飞、百花盛开、百鸟歌唱的季节,人们喜欢去田野踏青,感受大自然的美丽和勃勃生机。可是,如果有一天你突然发现,春天的田野变得寂静无声,再也听不到燕子的呢喃、黄莺的啁啾,只有一片寂静覆盖着田林和沼泽……这个想象中的悲剧可能会很容易地变成一个我们大家都将知道的活生生的现实,也许就在不久的将来。人类是自然之子,在大自然的怀抱中孕育、进化、生长。人类生存和进步的前提是同自然和谐相处。因此,我们必须认识自然、敬畏自然、善待自然。

摆在世界各国经济学家和政治家面前的问题是,如何放眼经济以外的东西,从整体考虑问题,从而做出决策。西方的政治经济学家无法回答这个问题,因为他们的理论是建立在自我主义的启蒙观点之上。中国传统文化尊重前辈和后人的利益,对这一问题的回答是:“我是谁?我是父母的孩子和孩子的父母。”个人利益与宗族利益紧密地结合在一起,可以前后延伸至很多代人。同时,中国传统文化的核心思想之一,就是人与自然和谐共处。不论是儒学"天人合一"的思想,道教"道生万物"的观点,还是佛教"众生平等"的信仰,不同的哲学派别均强调生态平衡的政治智慧。目前中国的大量能源需求仍需要通过低效的火力发电站来满足,但中国已开始大力投资清洁煤炭技术,以提高燃料效率和降低排放量。当被问及为何决定投资非常昂贵但更加清洁的技术时,中国最大的国有电力公司之一华能集团总经理曹培玺回答说:"我们不能单从经济角度看这个问题。它代表着未来。"

深受中国传统文化影响的韩国正在利用传统信仰,促使生态可持续发展。20 世纪 70 - 90 年代,位于上岩洞地区的首尔最大的生活垃圾填埋场臭不可闻。1994 年,首尔市政府决定将世界杯足球赛的体育馆建在上岩洞,同时对垃圾场进行生态改造,实现人与环境的和谐相处。人们开始重新铺设垃圾场。在最下面做了污水排水系统,以此为界线,将垃圾场分为 X 型的四个填埋区,每填埋一层垃圾就盖 20 米厚的土,最后形成了四个约 90 米高的山坡。垃圾腐化过程中产生的沼气是能源,首尔人在垃圾山周边建起了一座沼气发电厂,其输出的电力满足了 2002 年世界杯足球赛、周边住宅区和数字园区的所有需要。垃圾山如今有一个美丽的名字——天空公园。环境改善了,房价也随之上升。这里的山坡每年会下降几厘米,直至 16 年后用完沼气。据说,首尔市政府以此为案例,续建了几个城市垃圾填埋场,为城市提供清洁能源。

奥运会赛场的未来一直是国际奥委会和历届奥运举办城市头痛的问题。举办过 1988 年奥运会的首尔同样面临这个难题。2008 年,这座老旧得几乎被人遗忘的奥运主赛场又焕发出新的光彩,成了时尚、摩登的代名词。体育场穿上了由首尔市民在 40 天中收集到的 173 万个饮水桶、脸盆、饭盒、桌椅碎片等废旧塑料品制成的外衣。体育场内部集合了世界上最大的环境装置艺术作品。走廊里,一个个铺位展示着各种类型设计师的作品;曾经用于开幕式的中央草坪架起充气建筑,成为能够随意移动折叠的千人会议场馆。年轻的设计师被邀请参展,他们的作品大多与环保有关,大到如何建设循环利用的岛屿,小到电话卡如何反复利用……负责人李炅暾说："通过对城市的设计，韩国人发现，理想的城市最终应该是以人为本，是为了让人更方便、更舒适地生活，对环境的保护、对耐用性的提高可以节省开支，从而体现经济价值。"

和谐社会是人类社会发展追求的目标，社会和谐则安，国家和谐则强，城市和谐则美。中国的哲学思想帮助中华文明延续了几千年，是中国和世界解决现在与未来环境问题的重要因素，也是建设和谐社会的强大武器。

第三节　文化是信仰力的根基

文化改变世界

物质产出雄厚的经济和军事实力。历史上船坚炮利的国家甚多，基业长青的却少有，秘密在于文化。文化决定政治，所衍生的先进的价值观念、社会制度、发展模式具有"一种让别的国家不由自主跟随你的吸引力"。从行为意义上说，文化是吸引力；从资源意义上说，文化是一种创造这种吸引力的资产。这些资源既可以创造经济实力，也可以创造军事实力。一个国家的实力主要依赖于三种资源：文化（能够吸引别人的部分）、政治价值观（当该国在国内外都践行了这种价值观）和外交政策（当这些政策被视为合法的并具有崇高的道德威望）。

文化的感召力就是信仰。一个大国的崛起不仅是经济的发达，更意味着文化的昌盛。在国家实力的诸要素中，文化无疑是基本内核，政治价值观和外交政策是外在表现。文化的力量其实就是思想的力量、精神的力量、道德的力量。文化大致涉及三类内容：精神文化，过程性文化（生活方式、运作制度等），结果性文化（文学、艺术、食品、器物、建筑和一切其他类型的人造之物）。文化主要指精神文明，包括：一，知识类，如语言、对世界和各类事物的认知、认知类哲学、科学理论、方法论、各类技术、管理学等；二，信仰、价值、规范和素质类，如宗教信仰或无神论、进取价值、伦理价值、法律体系、人格观念、民族性、企业文化等。过程性文化和结果性文化，取决于精神文化。

世界各国越来越注重开发潜在的国家资源。美国以前所未有的热情关心世界各国的“人权”和“民主”问题。2002年，美国正式组建了全球传播办公室，美国国务院成立了公共关系办公室，五角大楼也成立了对外宣传中心，通过美国文化和价值观的传播，说服全球各地的“意见领袖”和普通民众，在全球范围内制造“同意”。联合国开发计划署《1999年人类发展报告：富于人性的全球化》统计资料显示，美国最大的单项出口产业不是飞机、电脑或汽车，而是娱乐业。好莱坞的影响力几乎涉及了全球的每一个国家。它不仅以无可抵御的诱惑刺激动摇着世界范围内的思想意识和文化价值观念，使政治、经济、军事侵略无法实现的企图在一种自觉不自觉中成为可能和事实，而且以年收入300多亿美元的效益给美国的多耗肌体补充着血液。难怪德国著名编辑约瑟夫·约菲认为，美国的文化实力甚至比它的军事和经济实力还要强大。“美国的文化，无论是低俗文化还是高雅文化，都在世界上闪耀着只有罗马帝国时代才可与之媲美的光辉，而且比罗马时代更加炫目。罗马和苏联的文化影响力仅仅辐射到他们的军事边界内，而美国的文化却统治着一个真正的日不落帝国。”

英国政府规定，28%的彩票收入必须用在文化上，许多博物馆因此得以生存，年轻创业的艺术家也得到补助。德国政府高额补贴剧院的开支，使得低收入的国民也买得起票、看得起戏，国民的艺术修养因此得以提升。瑞典严格立法保障知识产权，规定图书馆中每一本书的借出都要让作者得到一定百分比的报酬，艺术家因而能够专心创作，有尊严地生活。以文化政策为手段促进国力最具代表性的是韩国。1998年，韩国提出“文化立国”的施政战略，把文化产业列为发展国家经济的龙头产业。从《创新企业培育特别法》到《文化产业发展五年计划》、《文化产业前景二十一》、《文化产业发展推进计划》、《文化产业促进法》等；又成立了文化产业振兴院、文化产业局、文化产业基金……短短几年后，韩国成为世界第五大文化产业大国。

作为世界文化体系中最主要的一支，中华文化对人类社会的发展与进步产生过巨大而深远的影响。画家王京西在《文明以止　化成天下》一文中概括道：包括以哲理性的意义符号来反映人类思想意识的文字创造在内，“五大发明”传播到遥远的欧洲后，照亮了西方的工业发展和社会文明发展的道路；欧洲至近代工业文明的许多科学发明和技术知识莫不来源于中国。如果没有13世纪及14世纪100年间西方的旅行家、传教士、商人将中国的文化、产业信息带到西方，欧洲的工业革命和文艺复兴至少要推迟半个多世纪。16世纪，哥伦布海上航道的伟大开创和基督教远征东方各国的史例，加强了中西的经济往来和文化交流，中国文化的本质力量在西方人面前日渐清晰，终于在200多年后形成了“中学西渐”的局面。西方启蒙思想家对孔子一个人的思想影响几千年的人类史深为折服，伏尔泰就曾认为欧洲“应该效法”。

在西方文明的扩张进程中，中华文明受到了前所未有的挑战，但中国改革开放的巨大成就以及国际重心向亚太地区的转移，表明中华文明依然是一种比较强势的文明。美国中国问题专家爱德华·弗雷德曼指出，中国的文化改变了整个世界，尤其是亚洲。在处理国际问题上，中国文化发挥了重要作用。1972年中日建交的最后一场谈判，联合声明文字已经敲定，双方面临的主要问题是文字之外的默契。因为联合声明并未明言日本与中国台湾断交，中方担心日本政府拖延或以某种形式让中国台湾继续保留官方机构。日本方面则担心中国政府会不会输出革命，驻日使领馆会不会成为日本左派武装团体的后勤部。当时受中国无产阶级“文化大革命”的影响，一批自称“赤军”的左派年轻人在日本搞武装革命，多次与警察枪战，并制造爆炸事件。在这互有疑虑的气氛中，周恩来说：“我们重建邦交首先要讲信义，中国有句古话，‘言必信，行必果’。”他当场写下这六个汉字，交给日本首相田中角荣。日本与中国有着文化渊源的共通性，也读《三国演义》。田中角荣心领神会，立即说："日本也有同样的话，'信为万事之本'。"他也用汉字写下这句话，交给周总理。这在古人那里，几乎就是歃血为盟了。歃血之后就是兄弟，共赴汤镬在所不辞。事后双方也确实遵守了默契。日方甚至快刀斩乱麻，在联合声明签署仪式后的记者招待会上，当场宣布与中国台湾断交。

一个国家的兴旺发达，一个民族的自立自强，其背后往往充盈着一种深厚的思想基础和文化力量。正是这种思想文化累积，深刻地拓展了一个国家新的发展视野，开辟了一个民族新的发展空间。尽管中国拥有颇具吸引力的传统文化，但是发展更具吸引力的新文化，还有很长的路要走。英国前首相撒切尔夫人的话令我们警醒：中国未来的发展将面临巨大的挑战，深层次的因素是"中国可用来推进自己的文化力量不强，中国出口的是电视机而不是文化"。可喜的是，中国在进军全球大众文化领域已经取得了一些成绩：《卧虎藏龙》成为票房收入最高的非英语类电影，中国成功举办北京奥运会和世博会。在中国求学的外国留学生人数在过去的10年里，从3.6万人激增至11万人，外国旅游者数量猛增到1700万人。中国在世界各地建立了200多个孔子学院，传授中国的语言和文化。当"美国之音"（VOA）将中文广播时间从每天19个小时缩减到14个小时的时候，"中国国际广播电台"（CRI）却正在全天24小时进行英语广播。世界各地普遍存在的独特的"唐人街"，也证明了中华文明的生命力和凝聚力。

中国兵圣孙子的著作和思想受到众多发达国家的重视。美国兰德公司的著名学者波拉克撰文说："孙子是军事史上最负盛名的思想家之一。他的思想不但在中国，而且对中国之外的许多国家都有很大的影响……《孙子兵法》对军事战略提出了很概括的见解，它的内容是许多不受时间限制的作战指导原则，而不是应付种种具体情况的详细的建议和忠告。从这个方面说，它是名副其实的兵典，学者和军人总能从中获得教益。"美军各军种每年要向军官们推荐书目，《孙子兵法》几乎总是作为必读书列入其中。其他行业对孙子推崇备至者也大有人在。著名作家詹姆斯·克拉维尔为美国出版的《孙子兵法》英译本写了这样一段热情洋溢又充满风趣的前言:"所有的现役官兵,所有的政治家和政府工作人员,所有的高中和大学学生,都要把《孙子兵法》作为必读材料。如果我当了总司令、总统或总理,我就要用法律的形式规定下来,对全体军官,特别是全体将军,每年进行一次《孙子兵法》13 篇的口试和笔试,及格分数是 95 分。任何一个将军如果考不及格,要按制度立即免职,并不许上诉;其他军官(如不及格)一律降级使用。"日本企业家率先将《孙子兵法》应用于企业的经营管理,把孙子的用兵之道作为企业的生存之"道"、发展之"道"、制胜之"道"。军人出身的兵法学者兼企业家大桥武夫运用《孙子兵法》,把一个濒临破产的工厂重建为生机勃勃的东洋精密工业企业,成为《孙子兵法》成功用于商界的典型。索尼公司奉行《孙子兵法》的"择人任势",在用人上不管地位、身份多么普通,只要有能力的一律给予重用,掀起了一场"录用方式革命"。

2011 年,中国共产党十七届六中全会通过的《中共中央关于深化文化体制改革　推动社会主义文化大发展大繁荣若干重大问题的决定》明确提出建设社会主义文化强国。胡锦涛同志在十七大报告中强调指出,要坚持社会主义先进文化前进方向,兴起社会主义文化建设新高潮,激发全民族文化创造活力,提高国家文化实力。2012 年,他在《求是》杂志撰文指出,从国际看,综合国力竞争的一个显著特点就是文化的地位和作用更加凸显,许多国家,特别是主要大国,都把提高文化实力作为增强国家核心竞争力的重要战略。在世界范围内,各种思想文化交流交融交锋更加频繁的背景下,谁占据了文化发展制高点,谁拥有了强大文化实力,谁就能够在激烈的国际竞争中赢得主动……要提高文化产业规模化、集约化、专业化水平,优化文化产业结构,促进文化和科技融合发展,推动文化产业成为国民经济支柱性产业。主要围绕提高中华文化国际影响力和竞争力,积极开拓国际文化市场,创新文化走出去模式,不断提高国家文化实力。

文化是贯穿实力的经纬,维系实力的灵魂。"缺少文化高度的实力是短视的，缺少文化深度的实力是肤浅的，缺少文化包容的实力是狭隘的，缺少文化创新的实力则必然会逐渐僵化和萎缩。”中国只有在世界文化占有一定的份额，才能成为文化大国；只有文化大国，才可能成为世界强国。从某种意义上说，谁开始喜欢我们的文化，我们就开始拥有了谁。

携手共创和谐世界

随着人类共同利益和共同目的的凸显，一种全球性的或者是一定社会范围内的价值观共识，成为人类的普遍需要。2005 年 4 月，胡锦涛同志在参加雅加达亚非峰会时提出：亚非国家应“推动不同文明友好相处、平等对话、发展繁荣，共同构建一个和谐世界”。同年 9 月，他在联合国成立 60 周年首脑会议上发表了题为“努力建立持久和平、共同繁荣的和谐世界”的讲话，站在历史与未来的高度，代表中华民族向全世界表达“构建和谐社会，建设和谐世界”的心愿。《中共中央关于构建社会主义和谐社会若干重大问题的决定》也明确提出：“建设和谐文化是构建社会主义和谐社会的重要任务，社会主义核心价值体系是建设和谐文化的根本。”这是历史的使命、现实的需要和未来的呼唤。中国的“和谐”之声，在国际社会引起了强烈反响。

社会是由不同的人相互组合、不同的思想观念相互共存而形成的和谐有序的整体。从盘古开天地、三皇五帝到今天，社会和谐一直是人们世世代代的永恒追求。“和谐”是指事物在发展过程中的一种相对均衡、统一、协调的状态。和谐是价值观，是信仰，是文明社会的一个重要特征。“社会和谐”是指社会这个大系统中各要素相互协调、良性互动的状态。只有社会和谐，才能使社会既诚信友爱又公平正义，既安定有序又充满活力。和谐世界观追求人与自然、人与社会在生存、共存意义上的完美和谐，核心理念主要包括永久和平、共同安全、相互包容、互惠互利、共同发展与繁荣等。“和谐信仰”是指在仁爱的基础上尊重所有人的信仰，共同和谐生活。只要是有益于造福人类社会生活的、能够引导人们弃恶向善的信仰，都应受到尊重。和谐信仰的基本原则和主张是“人类一家，世界一体，和谐进步，快乐生活”。只有以和为基础，才能互相包容，互相存异，共生共长。

和谐思想一直是中国社会稳定的价值基础，与中国传统文化有着不可分割的内在联系。孔子的学说一言以蔽之：和而以谐。“和”是中国优秀传统文化普遍追求的一种最高境界，“和谐”是中国古代哲学思想的核心范畴之一，其哲学本义是“中和变通后的相谐于律”。这个变通即化机，指事物在矛盾冲突中的相互吸纳、转化的契机。它既具有一分为二的必然性，又具有合二为一的可能性。正是在这一以贯之的分分合合中，不断促使事物向更高层次螺旋式发展。和谐思想体现了“以和为贵”、“和实生物”的理念，同时是对“己所不欲，勿施于人”、“己欲立而立人，己欲达而达人”等忠恕之道的新运用。上海社会科学院副院长黄仁伟谈道，中国儒、释、道三大哲学并存有其相通的核心价值，就是“和”。儒家以格物、致知、修身、齐家、治国、平天下的积极主动参与精神，表征了中国人“赞天地之化育，与天地参”的自然整体和谐思想。道家追求“求道日损，损之又损以至于无为”的“绝圣弃智”、“绝学无忧”的与天地合一的神人境界，也是参与宇宙和谐的积极有为的过程。正是由于中国人善同自然和谐、善同社会和谐、善同他人和谐，以“和”为贵，以“聚合”包容多元，才使中国成为世界四大文明古国中唯一一个遗留下完整的5000年智慧、保全悠久文明的国家。

文明的多样性是当今社会的基本特征，也是人类文明进步的重要动力。和谐是建立在多样性和差异性基础上的统一。和谐社会不是所有人都一样，而是不一样的人能够和平共处。承认差别，承认矛盾、冲突甚至对抗，是和谐的基本前提，即和而不同。“和而不同”是和谐思想的本质，也是建设和谐世界的本质要求。和谐是自然之道，是互爱，是忍让，是祝福，是包容异己的豁达胸怀。孔子的“君子和而不同”、《周易大传》的“天下一致而百虑，同归而殊途”都主张思想文化的多元开放。这种多元开放的文化理念，一方面使儒学不断吸收和融合其他各家各派的思想，成为一种绵延不绝的思想体系；另一方面也极大地影响了中国传统文化，使之形成了兼收并蓄的风格，生生不息。正是这种包容性使中国社会思想文化在内部形成丰富多彩、生动活泼的局面，在外部则向世界开放，不断接受异质文化的激发和营养，从而使自身具有更强的生命力。最著名的一个史实是流落在开封的一支犹太人在中原雄阔的自然环境、豁达而善交往的民族风俗及中原人敢于走闯、不屈服于困厄精神的影响下，自觉融入了中华民族的大家庭。“沧海不遗点滴，始能成其大，泰岱不弃拳石，始能成其高。”包容胜，则文化兴；包容败，则文化衰。大唐的强盛是和大唐文化包容一切的气度分不开的。历史学家钱穆曾把秦汉王朝和罗马帝国的结构形态作了一个比喻，他说罗马帝国就像一个屋子里面悬着一盏巨大的灯，而秦汉就像屋子里有很多的灯相互映照。罗马帝国是用强光征服人家，只要这盏灯一灭，整个屋子都暗了；而秦汉这些灯是各地融合起来的，只灭一盏灯，其他灯还是发光的。所以虽然罗马帝国和秦汉帝国是势均力敌的大帝国，但是罗马帝国很快就破灭了，而秦汉虽然经历了很多波折，但作为一个民族却延续了下来。

和谐理念是一种可持续发展的理念，幸福、富裕、和平是和谐社会的特征。和谐是对人的尊重，对事的尊重和理解，是相互交融、彼此默契，共享光明与信心。《诗经》曰：“惠此中国，以绥四方。”“中”即寓含欢迎四方的意思。30年前，靳羽西第一次到中国时看到的标语是：“让中国走向世界，让世界了解中国。”如今已经进入“互相深入，彼此理解”的阶段了。“不要分中式的、西式的，而是要成为世界的。”我们的眼界不能仅包括自身，也要包括同类和自然万物。老子说：“修之身，其德乃真。”任何信仰都关注生命，和谐的基础是爱，东方称之“仁爱”，西方唤之“博爱”。爱超越了世间一切，是与生俱来的良知。美国前总统吉米·卡特说：“一个国家之所以有权威和影响，是因为道德因素，而不是军事实力；是因为它的谦卑而不是傲慢无礼；是因为我们的国家和人民愿意为别人服务而不是控制别人……一个没有道德的国家很快就会失去他在全世界的影响。”人类在仁爱中生存，和谐需要仁爱，仁爱唤醒良知。

用仁爱和真诚构筑人类精神家园，是全人类共同的信仰。人类只有依靠爱，才能走向和平。因此，重建中国人的信仰必须经由仁爱之路。中国信仰仁爱、和谐、真诚，强调将心比心、感同身受，提倡“真、善、美”，创造信仰的世界。我们的理想是老吾老以及人之老，幼吾幼以及人之幼，四海之内皆兄弟。王少农先生说得好：让我们在和谐思想的指导下，建立起一条全新的“思想丝绸之路”。世界的和谐与希望掌握在我们每个人手中。和谐是中国的国家理念，也必将是全人类的信仰与理念。让我们共同建设和谐世界，保卫地球上的和谐文明。

信仰是文化之树的硕果

当美国思想家爱默生说，“当今世界，人类心灵所得的疾病就是缺乏信仰”，有谁会反对呢？如果接着探究人类心灵缺乏信仰的病因，就不难发现，这正是人类文明肌体衰变、文化力式微的结果。

全球化时代的来临，人类科技理性对人类精神信仰的越俎代庖，迫使从中华文明、印度文明、伊斯兰文明，到西方文明、拉丁美洲文明，世界上所有的文明体系都被裹挟进一个共同的大熔炉里，每种文化都失去了内部平衡的重心，也失去了引导人心、凝聚人心的活力。人类信仰的危机，首先是人类文化命运的危机，文明危机的蔓延导致了人类各种信仰的逐渐失落。

一个世纪前，法国著名社会学家涂尔干就诊断出，在文化危机过程中，社会“道德沦丧”会快速发生。信仰大厦的倾颓坍塌，就在于科技和生产力的发展对文化根基土壤的蚕食。在大众心理的负能量不断无声喷涌的年代，民众的心理空间变得愈发广袤无度，各种价值观念日益多元化，物欲横流，生存压力增大，种种“准信仰”各行其道，把生命中一些片面的次要的方面，误当做生命的终极意义盲目膜拜。

可是，人是离不开信仰的。人性越是在迷茫混乱的时代，就越是渴望寻找到生命深处那个安身立命的神秘的“敬畏者”——信仰。文化是人的整体生命的、物质的、精神的、智慧情感的综合生存方式。文化是信仰的根基。“文化把我们的注意力引向人类事务的自然趋势，以及引向这种趋势持续不断的作用；它不会让我们把我们的信仰钉牢在任何人及其所作所为之上。它使我们不但看到他好的一面，而且也看到他有多少必然的局限性和短暂性……”阿诺德说得多么好啊！文化是生命之树，信仰是匍匐在文化生命之树上最鲜美的果实。文化是人性的“万泉之源”，信仰是一支从文化源泉中喷涌出来的生命之流。

无论是文化还是信仰，都是依赖其自身的力量，才能发挥真正的作用。文化是死的，只有转化成文化力，才能成为信仰的源泉。信仰只有借助文化力参与其中的实践行动，才能对生命灌注进无限强大的精神力量。文化力在复杂变化的社会生活世界里，承担起抚慰缺乏信仰的灵魂的重担。只有依靠文化力，才能纠偏人性的信仰迷失，才能走出精神陷落的泥淖。没有文化力，人类的一切信仰都终将受到质疑而渐渐遭到冷落和抛弃。

人类生存的环境和赖以生存的条件已经大大改变，并正在以加速的形式改变，而我们的文化观念却远远地落在后面，以至于我们不能清晰完整地从全局上意识到，我们的生活已经发生了什么，或者将要发生什么。也许人类的文化思维将被一种“突变”事件强行进行一次整体性的、飞跃性的“进化”，从而把人类带进一个全新的文化世界。只有这样，真正慰藉生命的信仰曙光才能照进每一颗心灵。

从文化到文化力、信仰力的生成，需要每一位个体民众的生命热情投入和主动创造。文化力和信仰力应该在日常生活中自发地、自然地培育生成。那种靠物质利益、权力地位、政治宣传以及意识形态强制性的灌输，绝不可能在民众中间形成真正持久坚固虔诚的信仰。因为没有经过文化力浸润的心田，不会汲取到信仰的真髓。

我们不能不发出这样的呐喊：不要让民众的文化力、信仰力成为一种闲置无用的能力，它像身体一样，缺乏活力就会死亡。